Frankreich Jahrbuch 2010

Herausgeber:

Deutsch-Französisches Institut
in Verbindung mit

Frank Baasner
Vincent Hoffmann-Martinot
Dietmar Hüser
Ingo Kolboom
Peter Kuon
Stefan Seidendorf
Ruthard Stäblein
Henrik Uterwedde

Frankreich Jahrbuch 2010

Frankreichs Geschichte: Vom (politischen) Nutzen der Vergangenheit

VS VERLAG

Bibliografische Information der Deutschen Nationalbibliothek
Die Deutsche Nationalbibliothek verzeichnet diese Publikation in der
Deutschen Nationalbibliografie; detaillierte bibliografische Daten sind im Internet über
<http://dnb.d-nb.de> abrufbar.

1. Auflage 2011

Alle Rechte vorbehalten
© VS Verlag für Sozialwissenschaften | Springer Fachmedien Wiesbaden GmbH 2011

Lektorat: Dorothee Koch
Satz: Waltraut Kruse

VS Verlag für Sozialwissenschaften ist eine Marke von Springer Fachmedien.
Springer Fachmedien ist Teil der Fachverlagsgruppe Springer Science+Business Media.
www.vs-verlag.de

Umschlaggestaltung: KünkelLopka Medienentwicklung, Heidelberg
Gedruckt auf säurefreiem und chlorfrei gebleichtem Papier
Printed in Germany

ISBN 978-3-531-17983-4

Inhalt

Vorwort

Mit dem diesjährigen Schwerpunktthema „Frankreichs Geschichte: Vom (politischen) Nutzen der Vergangenheit" greifen wir ein Thema auf, das in Frankreich von hoher Aktualität und gleichzeitig hoher Brisanz ist. Nicht erst seit der Wahl von Nicolas Sarkozy zum Staatspräsidenten lässt sich die Tendenz beobachten, dass geschichtliche Ereignisse zum Gegenstand der Politik werden, und dass der Umgang mit der eigenen Geschichte Kernprobleme der eigenen Identität und Werte berührt. Diese Verknüpfung von Geschichte mit der aktuellen Politik steht im Mittelpunkt des Themenschwerpunkts. Die hier versammelten Beiträge beleuchten diese Zusammenhänge aus unterschiedlichen Blickwinkeln.

Wie immer sind die hier versammelten Schwerpunktbeiträge aus der Jahrestagung hervorgegangen, die vom 24.–26.6.2010 zum Thema „Frankreichs gegenwärtige Geschichte – nationale Dimension, universeller Anspruch?" in Ludwigsburg stattfand. Die Tagung wurde gemeinsam mit dem Deutschen Historischen Institut Paris veranstaltet, dem wir danken, hierfür eine ebenso inhaltliche wie finanzielle Partnerschaft übernommen zu haben. Dank gebührt auch den Übersetzerinnen, Astrid Kufer, die am dfi für die Koordination der Beiträge zuständig war und Waltraut Kruse, die das komplette Layout des Bandes besorgt hat. Last but not least danken wir der Firma Energie Baden-Württemberg (EnBW) für die großzügige Förderung der Tagung und der Publikation, sowie dem *Bureau de coopération universitaire* der französischen Botschaft für seine Unterstützung.

Die Herausgeber

Themenschwerpunkt

Frankreichs Geschichte:

Vom (politischen) Nutzen der Vergangenheit

Einleitung

Stephan Geifes/Stefan Seidendorf

„Frankreichs gegenwärtige Geschichte – Nationale Dimension, universeller Anspruch?", dies war der Titel der XXVI. Jahrestagung des Deutsch-Französischen Instituts (dfi), die in diesem Jahr erstmals in Zusammenarbeit mit dem Deutschen Historischen Institut Paris (DHI Paris) vom 24. bis 26. Juni 2010 in Ludwigsburg stattfand. Nachdem die dfi-Jahrestagung im Jahr 2000 („Zukunft und Erinnerung") bereits die Vergangenheitspolitik und Erinnerungskulturen im Blick auf den Algerienkrieg, Vichy und die *mémoire collective* behandelt hatte, sollte 2010 ein stärkeres Gewicht auf die Verknüpfung von Geschichte mit der aktuellen Politik, insbesondere auf die Fragen nach der nationalen Identität, gelegt werden.

Zum Zeitpunkt der Konzeption der Tagung und der Ausschreibung für die Beiträge zeichnete sich seit einigen Jahren, für manche insbesondere seit dem Beginn der Präsidentschaft Nicolas Sarkozys, eine Debatte über die wachsende Instrumentalisierung der Geschichte durch die Politik mit dem Ziel der Stärkung der nationalen Identität ab.

Dieser Aktualitätsbezug war auf der Jahrestagung allgegenwärtig und drückte sich in engagierten Beiträgen insbesondere der französischen Teilnehmer aus. Niemand konnte jedoch zu diesem Zeitpunkt bereits vorhersehen, welche mediale Öffentlichkeit die Frage des Umgangs mit der Geschichte im Herbst 2010 mit der endgültigen Entscheidung über die Gründung eines zentralen Museums zur französischen Geschichte, der *Maison d'histoire de France*, gewinnen sollte. Die Heftigkeit der Auseinandersetzung um diese Museumsgründung ist nur zu verstehen, wenn man sie als Kristallisationspunkt verschiedener Auseinandersetzungen über den Umgang mit und das Ringen um die Deutungsmacht der Geschichte in Frankreich versteht. Es geht dabei weniger um die Deutung eines oder mehrerer historischer Ereignisse, sondern vielmehr um die grundsätzliche Konzeption, das Verständnis dessen, was Geschichte für die französische Gesellschaft und ihre (nationale) Identität darstellt bzw. darstellen soll.

Die Heftigkeit der Auseinandersetzung geht auf den besonderen, im internationalen Vergleich einzigartigen Stellenwert der Geschichte in Frankreich zurück. Spätestens seit der zweiten Hälfte des 19. Jahrhunderts war dieser durch eine einheitliche nationale Meistererzählung, den *roman national*, geprägt. Darin ging es ohne größere Brüche von *nos ancêtres les Gaulois* bis hin zum Triumph der Demokratie unter der Dritten

Republik Ende des 19. Jahrhunderts. Gestützt auf den Universalismusanspruch französischer Kultur und französischen Denkens seit der frühen Neuzeit, die in Frankreich bezeichnenderweise als *Temps Modernes* firmiert, begründet der *roman national* auch Frankreichs Rolle in der Welt. Der Historiographiehistoriker Patrick Garcia erkennt in dieser Erzählung des *roman national* eine dreifache Funktion: eine moralische, eine integrative sowie eine zivilgesellschaftliche. Die moralische Funktion liege in der Wertevermittlung, die integrative in der identitätsstiftenden Wirkung und die zivilgesellschaftliche in der Erziehung zum Staatsbürger (*citoyen*).[1]

Im Rahmen der kulturellen und sozialen Pluralisierung Frankreichs seit den sechziger Jahren bröckelte die Einheit der kollektiven Erzählung der Vergangenheit. Vor allem Einwanderer aus dem Maghreb, aber auch aus den ehemaligen Kolonien eigneten sich nicht mehr die franco-französische Nationalgeschichte als ihre eigene an. Vielmehr entwickelten sie ihre eigene Erzählung ihrer Geschichte und damit des Landes, in dem sie nun lebten. Geschichte war nun seit den achtziger Jahren nicht mehr etwas Verbindendes, sondern etwas Trennendes, wie es Jacques Revel auf der Tagung formulierte.

In gleichem Maße, wie die Einheitlichkeit, die Verbindlichkeit der historischen Erzählung des Werdens Frankreich zerbrach, vermehrten sich die Debatten über die Gegenwart der Geschichte in der Gesellschaft. In der wissenschaftlichen Diskussion fand Pierre Noras umfassende Kartographie nationaler französischer Erinnerungsorte Ende der achtziger Jahre, die zentrale Elemente der nationalen Erinnerung einer Historisierung unterzog, weltweite Beachtung.

Jenseits der wissenschaftlichen Ebene zeichneten sich jedoch bereits seit einigen Jahren auf Seiten der Politik Tendenzen der Steuerung, wenn nicht gar der (Wieder-) Vereinnahmung der Erinnerung und damit der Geschichte ab.

Symptomatisch hierfür sind gleich mehrere französische Gesetze, die die Deutung einzelner historischer Ereignisse festschreiben sollten. In einer ersten Phase sind drei Gesetze zu nennen: Als erstes die *loi Gayssot* vom 13. Juli 1990, die die Leugnung des Holocaust unter Strafe stellte. Ferner das Gesetz vom 29. Januar 2001, das die Massenmorde an den Armeniern als Genozid anerkannte, sowie die *loi Taubira* vom 21. Mai 2001, die Sklaverei und Sklavenhandel als Verbrechen gegen die Menschlichkeit qualifizierte.

Waren diese drei Gesetze aufgrund der staatlichen Intervention nicht unumstritten, so waren sie letztlich aber aufgrund ihrer Inhalte dennoch konsensfähig. Dieser Konsens zerbrach jedoch anlässlich der Debatte eines Gesetzesentwurfs 2005, der in den Lehrplänen des Landes die positive Funktion des französischen Kolonialismus festschreiben wollte. Trotz Protesten wurde das Gesetz am 23. Februar 2005 verabschiedet. Die um-

---

1   Patrick Garcia im Gespräch mit Thomas Wieder, Quelle histoire, in: *Le Monde*, 12.–13.9.2010,
     S. 15.

strittenste Passage dieser positiven Bewertung wurde erst nach der Verabschiedung des Gesetzes auf Antrag der Regierung durch das Verfassungsgericht wieder gestrichen.

Die Debatte um die gesetzliche Bewertung des Kolonialismus hatte jedoch die grundsätzliche Skepsis an Erinnerungsgesetzen, für die sich der Begriff der *lois mémorielles* etablierte, gestärkt und in neue Ausdrucks- und Aktionsformen gelenkt.

Außerhalb des Parlaments nahmen sich verschiedene zivilgesellschaftliche Initiativen des Themas an. Eine unter der Überschrift „Liberté pour l'histoire!" parteienübergreifend, von den führenden Historikern des Landes gezeichnete Petition forderte die Abschaffung aller *lois mémorielles* und damit der staatlich vorgegebenen Deutung der Geschichte. Die Petitionäre organisierten sich als Verein zunächst unter der Leitung Réné Rémonds, nach dessen Tod unter der Pierre Noras.[2] Ähnlich agierte das ebenfalls 2005 gegründete „Comité de vigilance face aux usages publics de l'histoire", das sich gegen die staatliche Instrumentalisierung von Geschichte und Erinnerung wandte.[3]

Die Politik reagierte darauf 2008 mit einer umfangreichen Anhörung in der französischen Nationalversammlung. Der Abschlussbericht bestätigte zwar die Gültigkeit der bestehenden Gesetze, empfahl aber auch, in Zukunft darauf zu Gunsten von Resolutionen ohne Gesetzescharakter zu verzichten. Die Bedeutung der Erinnerung für den Zusammenhalt Frankreichs wurde darüber hinaus grundsätzlich bestätigt, wenn auch unter pluralistischer Perspektive und um eine europäische Dimension erweitert.[4]

Mit dem Amtsantritt Nicolas Sarkozys als Staatspräsident 2007 wurde die Frage des Zusammenhangs zwischen nationaler Identität und geschichtlicher Vermittlung neu gestellt. Bereits als Innenminister hatte er sich mit der Vertretung eines normativen nationalen Identitätsideals und einer daran ausgerichteten Integrationspolitik einen Namen gemacht. Sein Wahlkampfprogramm sah u.a. die Schaffung eines zentralen Museums zur französischen Geschichte vor.

Die Stärkung der nationalen Identität nimmt seitdem einen zentralen Platz in seiner Politik ein. Sie findet ihren Ausdruck in der Schaffung eines „Ministère de l'Immigration, de l'Intégration, de l'Identité nationale et du Développement solidaire", welches erst mit der Regierungsumbildung im November 2010 wieder entfiel (und dem Innenministerium zugeschlagen wurde), sowie einer von diesem Ministerium 2010 landesweit organisierten Debatte darüber, was *identité nationale* heute in Frankreich bedeute.[5]

Im Umgang mit der Geschichte haben verschiedene Initiativen des Präsidenten breitere Diskussionen ausgelöst. Dazu gehörte die verpflichtende Lektüre und Diskus-

---

2   http://www.lph-asso.fr
3   http://cvuh.free.fr.
4   http://www.assemblee-nationale.fr/13/rap-info/i1262.asp. Eingesehen am 12.11.2010.
5   Diese Debatte wird auf einer offiziellen Webseite der Regierung begleitet: http://www.debatidentite-nationale.fr.

sion des letzten Briefs des kommunistischen, erst 17jährigen Resistancekämpfers Guy Môquet, verfasst vor seiner Hinrichtung am 22. Oktober 1941, zu Beginn eines jeden Schuljahres. Ferner Sarkozys Vorschlag 2008, jedes Grundschulkind solle das Gedächtnis eines im Holocaust ermordeten französischen Kindes adoptieren; seine Reden in der römischen Laterankirche und in Riad über eine Neudefinition des Laizismus; seine anlässlich einer Afrikareise in Dakar gehaltene Rede, in der er von der „entrée tardive des Africains dans l'histoire" sprach. Schließlich im Frühjahr 2010 die Vorgabe, Auszüge aus den Memoiren de Gaulles in den Kanon des Literaturunterrichts an französischen Schulen aufzunehmen.

Die Jahrestagung im Juni 2010 fand vor diesem Hintergrund statt. Neu ist seitdem die Konkretisierung der seit 2008 andauernden Debatte über das schon erwähnte zentrale französische Geschichtsmuseum. Im September 2010 verkündete Nicolas Sarkozy seine Gründung und Unterbringung auf dem Gelände der *Archives nationales* im Marais, also im Stadtzentrum von Paris. Andere Unterbringungsmöglichkeiten in Versailles, Fontainebleau, Vincennes, sowie dem Gelände des *Dôme des Invalides* wurden damit verworfen. Teile der *Archives nationales* wurden daraufhin (symbolisch) besetzt.

Die Auseinandersetzung darüber mögen drei in *Le Monde* veröffentlichte Beiträge verdeutlichen: Eine Petition von Historikern, eine Stellungnahme des zuständigen Kulturministers, sowie ein offener Brief von Pierre Nora an den Minister.

In einem von neun führenden Historikern des *Collège de France*, der EHESS und der Universität Paris I, darunter einer der Autoren dieses Bandes, Nicolas Offenstadt, gezeichneten Artikel qualifizieren sie das Projekt als gefährlich. Ein Museum zur französischen Geschichte greife in der heutigen Zeit, in der die Bezüge der Gesellschaft Europa und darüber hinaus zunehmend die ganze Welt seien, zu kurz. Ferner kritisieren sie damit einen aus ihrer Sicht rückwärtsgerichteten Diskurs und Willen, über die Erzählung der Geschichte auf die „pseudo-crise identitaire" mit Identität stiftenden Erzählungen der Vergangenheit, letztlich einer Neuauflage des *roman national* zu reagieren. Drittens schließlich wird die ohne Konsultationen festgelegte Unterbringung auf dem Gelände der Nationalarchive kritisiert, da diese der archivistischen und wissenschaftlichen Beschäftigung mit der Geschichte Platz wegnehme.[6]

Der zuständige Kulturminister, Frédéric Mitterrand, rechtfertigte die *Maison d'histoire de France* dagegen als einen Ort, der mehr als ein Museum sein werde, da alle Epochen und Facetten der französischen Geschichte zugänglich gemacht und in Be-

---

6 Isabelle Backouche, Christophe Charle, Roger Chartier, Arlette Frage, Jacques Le Goff, Gérard Noiriel, Nicolas Offenstadt, Michèle Riot-Sarcey, Daniel Roche, La Maison de l'histoire de France est un projet dangereux. Une conception aussi étriquée et rétrograde est inacceptable, in: *Le Monde*, 22.10.2010, S. 21.

zug zur Gegenwart gesetzt würden. Damit antworte die Gründung der *Maison* auf eine breite öffentliche Nachfrage und das Bedürfnis einer auch faktischen Vermittlung von Geschichte unter Bezug auf die großen Ereignisse der französischen Geschichte.[7] Hier scheint der Minister auf die Onlinepetition „Pour le maintien de Napoléon et Louis XIV. au programme d'Histoire de collège" anzuspielen, die bis Mitte November 2010 rund 5.500 Personen gezeichnet hatten.[8] Ferner gibt es seit dem Sommer 2010 bei Facebook die Gruppe „Notre Histoire forge notre avenir", die an den neuen Geschichtslehrplänen kritisiert, dass der nationalen Geschichte zu wenig und anderen Zivilisationen der Erde zu viel Platz eingeräumt werde. Nicht weniger als 7.000 Mitglieder zählt diese Gruppe, ebenfalls Mitte November.[9]

Nachdem er sich in der Debatte zunächst länger zurückgehalten hatte, hat Pierre Nora den Artikel des Ministers zum Anlass eines offenen Briefes an ihn genommen. Er stellt darin das Projekt zu einem Zeitpunkt der „métamorphose profonde du modèle national" unter Ideologieverdacht. Entweder das Museum trage nur das zusammen, was es bereits an anderen Stellen mit einer bestimmten Intention und damit pluralistisch ausgestellt gebe. Dann mache das Museum keinen Sinn, habe keinen Mehrwert und schade sogar der bisherigen pluralistischen Ausstellungskultur. Oder aber es werde mit der Ausstellung eine politische Absicht verfolgt, nämlich die staatlich vorgegebene und auch von *Front National* geförderte Stärkung/Wiederbelebung bzw. Verteidigung der nationalen Identität. In diesem Falle wäre das Museum aus inhaltlichen Gründen abzulehnen. Aufgrund der Sonderstellung der Geschichte in Frankreich und ihrer Wirkungsmächtigkeit sei eine Pluralität historischer Museen notwendig und daher trage auch der Vergleich mit Museen anderer Länder, wie etwa mit dem Deutschen Historischen Museum, nicht.[10]

Die hier abgedruckten Beiträge französischer und deutscher Historiker, Politikwissenschaftler und Romanisten erläutern den größeren, in der Einleitung nur angerissenen Zusammenhang der aktuellen Debatte, untersuchen ausgewählte Beispiele und nehmen zum Teil auch Position.

Den Band eröffnet *Blandine Kriegel*, die als Rechtsphilosophin und -historikerin nach dem universalen Kern des Gedankens der Republik in der *longue durée* der europäischen Ideengeschichte sucht. Indem sie dabei auf die vorrevolutionären Schriften zur

---

7   Frédéric Mitterrand, La Maison de l'histoire de France est une chance pour la recherche. Sa mission: donner des repères aux publics, loin des débats idéologiques, *Le Monde*, 3.11.2010, S. 15.

8   http://www.histoire-avenir.fr.

9   http://www.facebook.com/group.php?gid=129520047090191&v=photos#!/group.php?gid= 129520047090191&v=info. Vgl. zur Debatte über die neuen Lehrpläne Thomas Wieder, Quelle histoire, in: *Le Monde*, 12.–13.9.2010, S. 15.

10   Pierre Nora, Lettre ouverte à Frédéric Mitterrand sur la Maison de l'histoire de France: Ce projet inutile est trop marqué par le funeste débat sur l'identité nationale, in: *Le Monde*, 11.11.2010, S. 25.

politischen Theorie der Frühneuzeit eingeht, vor allem auf Schriften um die Entstehung der Republik der Vereinigten Niederlande im 17. Jahrhundert, verweist sie eindringlich auf die europäischen Wurzeln der Idee. Gleichzeitig wird so deutlich, dass das Prinzip der Republik, dessen universalen Anspruch die Autorin affirmativ bekräftigt, immer in Spannung zur partikularen Versuchung steht, die Republik nationalstaatlich zu überhöhen – Kriegel sieht diese partikularen Tendenzen symbolisiert in den Versuchen zur ‚nationalen' und ‚sozialen' Revolution (nicht nur) in Deutschland und Frankreich. Sobald also eine Nation den universalen Gedanken der Republik für sich (alleine) beanspruche und im Namen des Sozialen oder Nationalen überhöhe, gehe dies einher mit Exzessen, die im schlimmsten Fall zum Totalitarismus führen können.

Einen ‚Ausweg' aus diesem Dilemma, den die Autorin jedoch nicht formuliert, stellt die historische Entwicklung des französischen Nationalstaats im 19. und 20. Jahrhundert dar, die natürlich keine zwangsläufige oder quasi-automatische war: Anstelle einer Identitätsstiftung über scheinbar ‚objektiv gegebene' Kriterien, die die Differenz zu anderen Gruppen und die Gleichheit (‚Identität') der eigenen Nation begründen konnten (z. B. ‚Rasse'), erfolgte die Identitätsbildung im Falle der französischen Republik über ein nur scheinbar absolutes, objektives Kriterium – die gemeinsame Geschichte. Dies funktionierte selbstverständlich nur solange, als der vorgeblich ‚objektive Charakter' dieser Nationalgeschichte nicht in Frage gestellt wurde und die ‚nationale Meistererzählung' ihren verbindlichen, absoluten Anspruch nicht mit anderen, konkurrierenden Erzählungen teilen musste. Mit den bereits beschriebenen gesellschaftlichen Veränderungen in den letzten Jahrzehnten des 20. Jahrhunderts, sozial- und geschichtswissenschaftlich gespiegelt in der ‚konstruktivistischen Wende' und den Arbeiten poststrukturalistischer Provenienz, steht jedoch genau dieser ‚objektive Charakter' der Geschichte in Frage. Auch wenn die Existenz geschichtlicher Fakten nicht als solches geleugnet wird, so ist doch spätestens seit Benedict Andersons Nationalismus-Klassiker *Imagined communities* (1983) klar, dass Interpretation *in Verbindung mit* den gesellschaftlichen Möglichkeiten, eine bestimmte Interpretation für verbindlich zu erklären (über Schulpflicht, Militärdienst, Massenmedien zum Beispiel), für die Vorstellung der Existenz einer (einzigen), objektiv gegebenen Nationalgeschichte verantwortlich sind. Gleichzeitig wurde es so möglich, soziale Ordnungen zu implementieren und zu legitimieren.

Was geschieht aber nun, wenn diese gesellschaftlichen Voraussetzungen nicht mehr gegeben sind, einerseits, weil die Gesellschaft sich in ihrer Zusammensetzung verändert hat, andererseits aber vor allem auch, weil dem Nationalstaat nicht mehr die machtvollen Instrumente zur Verfügung stehen, um seinen Anspruch einer gesellschaftlichen Integration über die nationale Meistererzählung durchzusetzen? Dies ist das Thema *Jacques Revels*, der in einigen grundsätzlichen Überlegungen aufzeigt, warum es zur „Diskordanz der Zeiten", zur Wahrnehmung unterschiedlicher Erinnerungsregime durch Individuen und gesellschaftliche Subkulturen einerseits und den offiziellen Diskurs der Republik andererseits kommen konnte, und welche Konsequenzen dies für ein Gemeinwesen zeitigt, das – wie schon beschrieben – seine Legitimation, einen Teil seiner Existenzberechtigung also, auf seiner Herkunft „aus der Tiefe der Zeiten" (Fernand Braudel) gründete.

Sein Beitrag zeugt im Übrigen vom fruchtbaren intellektuellen Austausch zwischen Historikern und Geisteswissenschaftlern beiderseits des Rheins: Er zeigt konkret, wie Konzepte ‚wandern', wie sie aufgenommen, angepasst und wieder in die andere Richtung transferiert werden. Revel bezieht sich auf Arbeiten des Bielefelder Historikers Reinhart Koselleck, die er aber im spezifisch französischen Kontext aufgreift, bereits transformiert durch den französischen Historiker François Hartog – der dazu seinerseits wiederum auf frühere Arbeiten Hannah Arendts rekurrierte.

Damit ist die Bühne bereitet, sind die grundsätzlichen Überlegungen skizziert: Der Anspruch eines universalen Konzepts (Republik), in dialektischer Spannung zu seiner partikularen Ausformung im französischen Nationalstaat und sein Bezug auf die eigene Geschichte in der Form einer nationalen Meistererzählung – die beide jedoch nur in einem spezifischen zeitlichen und lokalen Kontext ihre integrative Wirkung entfalten und andere mögliche Erzählungen dominieren konnten. Aus dieser Konstellation ergaben sich sodann auf unserer Tagung zwei Fragenkomplexe, die die Akteure auf der geschichtspolitischen Bühne und ihre Kulissen betreffen, oder prosaischer, die auf das Akteurshandeln und auf die Rolle der Institutionen bei der verbindlichen Etablierung beziehungsweise Erschütterung einer bestimmten Version der Nationalgeschichte gerichtet sind: Welche Reaktionen lassen sich auf Seiten der handelnden Akteure, der Politiker und Historiker, erkennen, und welche Ergebnisse zeitigen diese Reaktionen in einem gesellschaftlichen und institutionellen Kontext, der dem Nationalstaat des ausgehenden 19. und beginnenden 20. Jahrhunderts in keiner Weise mehr entspricht?

Zum ersten Bereich, dem Handeln politischer Akteure, gehört die Analyse *Nicolas Offenstadts*. Der Autor, in der Debatte um den Wandel der französischen Meistererzählung durch seine zahlreichen Beiträge inzwischen selbst zu einem zentralen Akteur geworden, untersucht die Geschichtspolitik der gegenwärtigen französischen Regierung und ihres Versuches, ein „Haus der Geschichte Frankreichs" zu etablieren. Seine Position wird hiermit einem deutschsprachigen Publikum in gedruckter Form zugänglich. Offenstadt sieht die Initiativen der Regierung ganz in der geschichtspolitischen Tradition der herrschenden Eliten des französischen Nationalstaats. Es gehe um die Etablierung eines einheitlichen, homogenen Geschichtsbildes, das ‚Frankreich' als Fixpunkt und die ‚Französische Republik' als teleologischen Endpunkt einer über Raum und Zeit einheitlichen und ungebrochenen Entwicklung sieht. Wie auch in Revels Beitrag wird deutlich, dass alle, die diesem Konzept andere oder ihre eigenen Erinnerungen und Erfahrungen entgegen stellen, verdächtig sind: In einer politischen Ordnung, in der der Bezug auf die historische Existenz des Gemeinwesens zur Legitimation der herrschenden Ordnung herangezogen wird, bedeutet Kritik am verbreiteten Geschichtsbild gleichzeitig Zweifeln an der herrschenden Ordnung. Diesen Gedanken, dessen grundsätzliche Relevanz für den französischen Kontext auch von Revel aufgezeigt wird, vertieft Offenstadt am Beispiel des geschichtspolitischen Aktivismus der derzeitigen Regierung und der institutionellen Verflechtungen, die für die Verbreitung der politisch vorgegebenen Sichtweise sorgen.

Man kann sich hier die Frage stellen, ob dieser Aktivismus tatsächlich aus einer ideologisch kohärenten und politisch absichtsvollen Position heraus entstanden ist. *Hartmut Stenzel* wendet dagegen ein, es gehe weniger um die Propagierung einer neuen ‚nationalen Meistererzählung', als vielmehr um die Konsequenzen, die „eine postmoderne nationale Identität" für ein immer noch dem ‚modernen', gesellschaftlich (angeblich) homogenen Nationalstaat des 19. Jahrhundert verhaftetes, einheitliches historisches Gedächtnis zeigt. Im Versuch, die erinnerungspolitischen Ansprüche aller gesellschaftlichen Subkulturen zu bedienen, gleichzeitig die ‚nationalhistorische' Erzählung gesellschaftlich integrativ und verbindlich zu nutzen und schließlich der eigenen politischen Agenda ‚historische Legitimität' zu verleihen, setzte sich das politische Personal der Gefahr einer postmodernen Überdehnung aus. Damit schließt auch Stenzel an die Überlegungen Revels zur nicht mehr integrativen Funktion des ehemals die ganze Nation umfassenden historischen Gedächtnisses an, welches zudem weitgehend mit der wissenschaftlich und offiziell verbreiteten ‚nationalen Meistererzählung' übereinstimmte.

Die folgenden zwei Beiträge *Dirk Petters* und *Kolja Lindners* sind konkrete Beispiele für die Inkohärenz oder, wohlwollender, ideologische Flexibilität, mit der die derzeitige Regierung versucht, ihren ideologisch überhöhten geschichtspolitischen Anspruch mit den konkreten Bedingungen und Bedürfnissen einer sich wandelnden Gesellschaft zusammen zu bringen. Dabei spielt im französischen Fall die sich wandelnde Erinnerung an den Kolonialismus die Rolle eines Katalysators. *Dirk Petter* erläutert, dass es dabei um mittelfristige gesellschaftliche Tendenzen gehe, die auch unabhängig von der gegenwärtigen Regierung ihre Wirkung entfalten. Das von ihm untersuchte ‚Erinnerungsgesetz' zur angeblich positiven Rolle des Kolonialismus beschäftigte die Parlamentarier noch vor der Wahl Nicolas Sarkozys zum Präsidenten (2007). Die gesellschaftliche Konstellation, aus der sich die Brisanz dieses Unterfangens ergab, war da bereits vorhanden: Einerseits eine alternde Gesellschaft mit einer weitgehend unaufgearbeiteten Erinnerung an die koloniale Vergangenheit, andererseits eine veränderte gesellschaftliche Schichtung, manifest in den Kindern und Jugendlichen aus den Vorstädten, die das Erbe ebenjener kolonialen Vergangenheit repräsentieren, sich aber nicht mehr mit dem eben noch konsensualen historischen Blick der französischen Mehrheitsgesellschaft auf die koloniale Vergangenheit identifizieren. Dieser Konstellation wohnt politische Brisanz inne, denn das Wählerreservoir der regierenden bürgerlichen Rechten speist sich natürlich aus dem alternden Teil der Gesellschaft, der dem beschriebenen unkritischen Blick auf die koloniale Vergangenheit nahe steht – während gleichzeitig die Entwicklung eines neuen gesellschaftlichen Konsenses als politische Aufgabe von großer Wichtigkeit angesehen werden muss, wobei der Deutung der kolonialen Vergangenheit die erwähnte Funktion eines Katalysators zukommt.

In *Kolja Lindners* Beitrag wird deutlich, dass sich in der Amtszeit Präsident Sarkozys dieses Spannungsverhältnis noch verstärkt hat, der gesellschaftliche Brückenschlag also gerade nicht gelungen ist. Vielmehr stehe der Versuch einer nationalhistorischen Renovation der verbindlichen ,Meistererzählung' und die Aufgabe ihrer „Modernisierung" im Hinblick auf die beschriebenen gesellschaftlichen Veränderungen weiter unverbunden im schroffen Gegensatz zueinander. Dem Versuch einer Neudeutung der kolonialen Vergangenheit stehe dabei auch die politische Agenda der derzeitigen Regierung im Wege. Auf ihr stehe das Schlagwort ,Sicherheit' weit oben, und als für die angebliche ,Unsicherheit' (die es dann politisch zu bekämpfen gilt) Verantwortliche werden von der Regierung häufig eben jene Bevölkerungsgruppen (Immigranten, Vorstadtjugendliche, Roma) identifiziert, deren gesellschaftliche Integration eigentlich politische Priorität genießen sollte.

Einen dritten Aspekt dieser Problematik beleuchtet *Samuel Kuhn*, der auf die Spannungen zwischen regionalen Subkulturen und ihren partikularen Erinnerungen einerseits und der einheitlichen nationalen Meistererzählung andererseits verweist. Sein Beitrag zeigt dabei sehr deutlich Bedingungen dafür auf, dass Geschichtspolitik die beschriebene Funktion der gesellschaftlichen Integration erfüllen kann. Es ist nicht allein die ideologische Absicht einer Regierung, die dafür verantwortlich ist, dass einem bestimmten Geschichtsbild eine verbindliche gesellschaftliche Rolle zukommt. Vielmehr bedarf es eines strukturellen und institutionellen Unterbaus. Das Geschichtsbild bedarf institutionell einer wissenschaftlichen Legitimation an Universitäten und Forschungseinrichtungen und einer Verbreitung über Schulen und Massenmedien. Schließlich ist es strukturell auf Resonanz mit den individuellen und familiären Erfahrungen und Erinnerungen angewiesen. In Abwesenheit dieser Trias kommt es zu Spannungen, die im vorliegenden Fall zum Verlust der gesellschaftlich integrativ und politisch legitimierend wirkenden Kraft der ,nationalen Meistererzählung' führen. Trotz der in Kuhns Beispiel als gelungen zu bezeichnenden Versuche, regionale und lokale Geschichtsbilder zu delegitimieren (unter Verweis auf fehlende wissenschaftliche Standards, auf einseitige oder voreingenommene Betrachtungsweisen oder auf den Unterschied zwischen ,Erinnerungen' und ,wissenschaftlicher' Historiographie), gelingt es der ,nationalen Meistererzählung' in der gegenwärtigen Konstellation nicht, ihre ehemalige Dominanz wieder zu erlangen.

Neben dieser strukturellen Rolle divergierender gesellschaftlicher Erfahrungen und Erinnerungen tritt mit *Sonia Combes* Beitrag eine eindrückliche Analyse der Rolle, die institutionellen Elementen bei der Etablierung eines dominanten Geschichtsbildes zukommt: Für Combe konnte die ‚nationale Meistererzählung' ihre hegemoniale Stellung zu einem Gutteil auf institutionell etablierte Faktoren zurückführen, auf ein homogenes, auf Elitenbildung ausgerichtetes Ausbildungssystem, auf die Rekrutierung des Nachwuchses über Kooptation und in Netzwerken der Absolventen ebenjener Elitenausbildung, schließlich auf die materielle Beschränkung der Arbeitsmöglichkeiten der Historiker durch die gesetzliche Reglementierung des Zugangs zu Archivmaterial. In ihrer Summe führten diese Faktoren zur Existenz eines weitgehend unhinterfragten, einheitlichen Geschichtsbildes, in dem ‚Frankreich' zwar unterschiedliche Rollen spielen konnte, aber eben ‚immer schon' existierte und als Akteur geschichtlich handelte.

Aber auch diese stabilisierenden Faktoren sehen sich derzeit großen Herausforderungen gegenüber. Im Zeichen von Europäisierung und Internationalisierung hat weder die *Agrégation*, das Staatsexamen, welches auch die Befähigung zum universitären und wissenschaftlichen Dienst verleiht, eine Zukunft, noch ist eine rein auf Frankreich bezogene Berufungspolitik in der Lage, ‚Exzellenz' und ‚wissenschaftliche Standards', wie sie inzwischen international definiert werden, zu gewährleisten. Schließlich sieht sich auch die Archivpolitik dem Vergleich mit den Standards anderer europäischer Länder ausgesetzt. All dies führt auch hier zu Erschütterungen, die nicht nur die Existenz des Geschichtsbildes der ‚nationalen Meistererzählung' in Frage stellen, sondern sehr wohl zur Existenzfrage für die französische Historiographie insgesamt zu werden drohen. Die Auswirkungen knapper Budgets und der Rechtfertigungsdruck für die angeblich ‚weichen' geisteswissenschaftlichen Fächer, ihren gesellschaftlichen ‚Nutzen' aufzuzeigen, tragen ebenfalls ihren Teil zum Bedeutungsverlust der Geschichtswissenschaft und ihrer Rolle bei der Entwicklung eines gesellschaftlichen Konsenses bei.

Der letzte Beitrag zum Themenschwerpunkt, *Stefan Seidendorfs* „Vom Nutzen der Geschichte für Europas Selbstverständnis", beschließt die vorgetragenen Überlegungen mit einem doppelten Gedankengang. Einerseits sei die prinzipielle Berechtigung des Gedankens, ein politisches Gemeinwesen nicht über problematische ‚objektive' Faktoren zu legitimieren (Abgrenzung gegen ‚Andere', über biologische oder kulturalistische Kriterien) gerade im Zusammenhang mit der Europäischen Union (EU) nicht von der Hand zu weisen. Wenn die EU nicht gegen diesen oder jenen Nachbarn, sondern gegen eine als katastrophal empfundene vergangene Erfahrung legitimiert wird, als ‚Lehre aus der kriegerischen Vergangenheit und den totalitären Erfahrungen des Kontinents', so besitze ein solches Konzept wesentlich mehr interpretative Offenheit, um sich wechselnden gesellschaftlichen Bedürfnissen anzupassen. Darin liegen jedoch zugleich seine Grenzen: Wie soll ein solches für den wechselnden ‚Zeitgeist' offenes gesellschaftliches Selbstverständnis die nötige Verbindlichkeit über politische, gesellschaftliche und andere Grenzen hinweg sowie über Zeit hinaus erlangen? Der Beitrag zeigt auf, dass wir heute in der EU durchaus eine grenzüberschreitende geschichtspolitische Debatte identifizieren können. Sie verfügt auch über die institutionellen Möglichkeiten, sich auf politisch verbindliche Kompromisse zu einigen, und erfüllt damit in gewisser Weise eine soziale Ordnungsfunktion, die der Rolle der ‚nationalen Meistererzählung' im 19. Jahrhundert ähnelt. Neben diesem gesellschaftlichen „Nutzen" habe der fehlende institutionelle Unterbau, die fehlende Institutionalisierung des europäisch verhandelten Geschichtsbildes in Schulbüchern, im Unterricht und (zum Teil) in der öffentlichen Debatte, aber auch zur Folge, dass politische Akteure diese Unverbindlichkeit „nutzen" können: Durch die Etablierung bestimmter Normen könne es politischen Akteuren gelingen, den Möglichkeitsraum in politischen Verhandlungen geschickt zu verengen.

Aus all dem ergibt sich eine Situation, in der Prognosen nur schwer zu wagen sind, zumal ihnen, wie Nicolas Offenstadt anmerkt, Historiker „von Berufs wegen" skeptisch gegenüberstehen. Die komplexe Verbindung struktureller, institutioneller und akteursbezogener Faktoren führt zu einer Situation tief greifenden gesellschaftlichen Wandels, in dem über lange Zeiträume etablierte soziale Ordnungen zur Disposition stehen und neu verhandelt werden. Während einige Beiträge von einer leisen Melancholie durchzogen sind, die den Verlust gesellschaftlicher Gewissheiten zu bedauern scheint und auf die Gefahren gesellschaftlicher Atomisierung bei fehlenden verbindenden Erfahrungen und Erinnerungen verweist, so betonen andere bereits die Möglichkeiten, die sich aus den gewandelten Opportunitätsstrukturen ergeben.

Neben die erwähnte politische Aktualität des Themenschwerpunkts tritt somit also auch eine Analyse langfristiger Prozesse gesellschaftlichen Wandels. Diese Transformation ist nicht auf Frankreich beschränkt, ihre Analyse alleine im französischen Rahmen macht auch nur begrenzt Sinn, handelt es sich doch um europäische Phänomene und ist doch der europäische Integrationsprozess maßgeblich mit für sie verantwortlich. Dennoch scheinen die untersuchten Entwicklungen gerade im Fall der französischen Republik besonders tief greifend und von besonderer Bedeutung für die Krisenwahrnehmung, die gesellschaftliche Transformation – und vielleicht auch für die Intensität, mit der nach neuen Begründungsmöglichkeiten sozialer Ordnung gesucht wird. Damit handelt es sich dann doch wieder um ein über Frankreich hinausweisendes Phänomen, das auch in seiner Veränderung und in seinem Wandel noch den Anspruch hat, als von ‚universaler' oder zumindest ‚europäischer' Bedeutung wahrgenommen zu werden. Nicht zuletzt dazu trägt dieser Band bei, indem er, ganz in der Tradition der von Blandine Kriegel untersuchten europäischen Austauschprozesse, die Existenz einer deutsch-französischen und transnationalen öffentlichen Debatte vermittelt.

Geschichte und Politik im französischen Staatsrecht

Blandine Kriegel

Wenn die Veranstalter der XXVI. Jahrestagung des Deutsch-Französischen Instituts einen Titel wählen wie: *„Frankreichs gegenwärtige Geschichte – Nationale Dimension, universeller Anspruch?"*, dann lesen wir Franzosen darin natürlich eine unmissverständliche Aufforderung zur gründlichen Gewissensprüfung. Weichen wir dieser Aufforderung nicht aus, denn sie bietet uns die Gelegenheit, vor der eigenen Tür zu kehren und uns auf ein kritisches Nachdenken einzulassen, das einem durchaus gerechtfertigten Anliegen entspringt. Die engsten Freunde bzw. Bündnispartner Frankreichs sind immer wieder ein wenig irritiert, ja verblüfft angesichts eines Anspruches, der zwar jahrhundertealt, deswegen aber keinesfalls weniger widersprüchlich ist: Unsere Nation hat einen unwiderstehlichen Drang, für sich gleichzeitig sowohl die berühmte exception française zu beanspruchen, als auch die weltweite Tragkraft und Gültigkeit ihrer Botschaft hervorzuheben; der Stolz, den sie aus ihrer Besonderheit bezieht, steht neben ihrer Entschlossenheit, sich für die allgemeingültige Verbreitung ihrer Ansprüche einzusetzen; sie beruft sich gerne auf die eigenen historischen Zufälligkeiten und weist diesen gleichzeitig eine weltweit gültige Vorbildfunktion zu. Wie konnte es dazu kommen, dass diese französische Nation, die doch per definitionem nicht mehr ist als eine Nation unter vielen anderen, zur grande nation aufsteigen konnte, zur Nation nec pluribus impar, wie es die fast anmaßende Devise von Ludwig XIV. postulierte, – und dass es ihr nie gelungen ist, weder in ihren eigenen Augen noch im Blick der anderen, dieses Selbstverständnis hinter sich zu lassen?

Wir haben kontinuierlich und hartnäckig zwei Verhaltensweisen miteinander verknüpft, die sich eigentlich gegenseitig hätten ausschließen müssen. Da haben wir auf der einen Seite die Anerkennung der historischen Konstellation, aus der wir entstanden sind, da Frankreich sich seit jeher als ein zusammengesetztes Gebilde aus Territorien, Sprachen, Völkern und Kulturen versteht, welches in der Zeit und durch die Zeit entstanden ist. Trotz des Leitmotivs ‚nos ancêtres les Gaulois' hat Frankreich sich eigentlich nur selten als ein wirklich autochtones Gebilde postuliert. Frankreich ist zudem das Land der Historiker, von den Verfassern mittelalterlicher Chroniken wie Froissart oder Commynes bis zu den zeitgenössischen Geschichtssoziologen wie Thierry, Migne und dem von Marx bewunderten Quinet – ganz zu schweigen von den *Ateliers de l'histoire*

(Renan), die im 17. und 18. Jahrhundert durch die Bruderschaft von Saint-Maur beherrscht wurden. Die französische Literatur von Chateaubriand bis Proust ist immer,
sofern sie nicht ohnehin durch Historiker wie Michelet verfasst wurde, auf der Suche
nach der verlorenen Zeit, und sie lässt sich dabei durch die Überzeugung leiten, dass
sich alles wiederfinden lässt, dass die fruchtbare Zeit in der Lage ist, jenseits aller Stahl-
gewitter sämtliche Katastrophen zu überwinden. Kurzum: Frankreich weiß seit jeher,
dass es ein in die Endlichkeit eingebettetes historisches Konstrukt ist.

Auf der anderen Seite jedoch ist Frankreich auch das Land der Revolutionen, des
Neubeginns – *ab ovo* und *ex nihilo*. In den Phasen radikalster Umwandlung wendet sich
Frankreich mit einer universalistischen (oder zumindest einer als universalistisch verstandenen) Botschaft an die Welt. Denken wir zum Beispiel an die Erklärung der Men-
schen- und Bürgerrechte vom August 1789. Um es in den Worten der großen deutschen
Philosophen (Hegel) auszudrücken, wäre die sich heute stellende Frage: Wie konnte
der Geist eines Volkes zum Weltgeist werden? Ist ein derartiger Anspruch überhaupt
haltbar? Kann er bestehen bleiben? Für wie lange? Um diesen Fragen angemessen
nachgehen zu können, müssen wir zunächst folgende Frage klären: Woher rührt dieser
Anspruch, und woher stammt die Verknüpfung von Geschichte und Politik im französischen Staatsrecht? Ausgehend von welcher Erfahrung und von welchen Frustrationen
konnte dieser Anspruch überhaupt Fuß fassen? Und schließlich werden wir auch zu
ergründen versuchen, wie dieser Anspruch Frankreichs sich auf die deutsch-französischen Beziehungen hat auswirken können.

In Europa, „im absoluten Westen der Welt", im Lande der westlichen, universellen Idee, wie Hegel es formulierte, ist das französische Moment die Revolution, der
die Aufklärung vorausgeht. Denn die Aufklärung hat die französische Kultur vielleicht
nicht gerade zu einer universellen, aber doch sicher zu einer europäischen Kultur gemacht (wobei Europa zu jener Zeit für uns eben die Welt bedeutet). Voltaire in Preußen
bei Friedrich dem Großen, Diderot in Russland bei Katharina II. oder ganz allgemein
das französische Moment in der Kultur Europas, die sich als Weltkultur empfindet und
in französischer Sprache vom Atlantik bis zum Ural den Diskurs des Universellen vor-
trägt. Den Diskurs von Vernunft und Fortschritt, von bürgerlicher Gesellschaft, Wirtschaft und Handel, den Diskurs von Wissenschaft und Recht, von weltweitem Frieden
und von der weltumspannenden Republik. Selbst wenn, ungeachtet der *Grande Ency-
clopédie* und des *Dictionnaire des arts et des sciences*, in Wirklichkeit ein Kant im fernen Königsberg das dazu gehörende Manifest verfasst, indem er die Frage beantwortet:
„Was ist Aufklärung?". Und der Philosoph formuliert das bekannte Postulat: „Aufklärung ist der Ausgang des Menschen aus seiner selbst verschuldeten Unmündigkeit. [...]
– *sapere aude*, habe Mut, dich deines eigenen Verstandes zu bedienen!". Die Aufklärung, die französische Aufklärung beinhaltet aber leider auch, wenngleich in Moll, den
Diskurs von der Überlegenheit der Zivilisation über die Barbarei, vom Primat der Kom-

petenz über das Bewusstsein, von der Überlegenheit der Eliten: „Das Vulgäre ist nie anders als wild", ruft Voltaire aus. Der Wilde fühlt sich angegriffen und antwortet mit Herder, wie der Schäfer seiner Schäferin antwortet. „Stimmt genau," erwidert er, „aber jenseits aller Einheit der Menschheit darf niemand die unüberwindbare Verschiedenheit der Völker verkennen [...]." Schon bald wird hier von Pluralität die Rede sein, vielleicht gar von Konfrontation der Nationen, von Kulturschock. „Und bei dieser Konfrontation werden die Barbaren, welche Ihr so sehr verachtet, nicht unbedingt die Letzten sein [...]." Die Romantik hat eingesetzt, und sie verbreitet ihr Gedankengut in Deutschland. Aber, „einen Augenblick noch, Henker", Frankreich bewahrt sich seinen Vorsprung, denn die Kulturkritik, die Infragestellung der Überlegenheit der Künste und des Geistes entwickeln sich auch hier, personifiziert in der Anwesenheit des berühmten ‚Genfer Bürgers' in Paris. Jean-Jacques Rousseau bringt bereits die Revanche der Erniedrigten und der Beleidigten zum Ausdruck, der Kleinen und der Titellosen, des Volks, das sich dann in der Revolution freien Lauf verschaffen sollte.

Die Revolution, die französische Revolution, die mit dem Ausruf „Vive la nation!" ihren Anfang nimmt, wird als einzigartige und unersetzliche Erfahrung durch die Gesamtheit der deutschen Denker begrüßt. Denken wir an Goethe, nach dem Sieg bei Valmy: „Von hier und heute geht eine neue Epoche der Weltgeschichte aus", aber auch an Kant, der an einem einzigen Tag in seinem Leben, nämlich am 14. Juli, den Verlauf seines Spaziergangs ändert, – und schließlich auch an Hegel, der einen ‚herrlichen Sonnenaufgang' verkündet. Ohne Zweifel haben die Franzosen mit ihrem ganzen Enthusiasmus auch dieses weltumspannende Wesen der französischen Revolution wahrgenommen. Aber es waren doch die deutschen Denker, die in ihrem Tiefgang erst das Wesen der Revolution vollständig erfasst haben. Kant und Hegel nämlich verdankt die Nachwelt die Gedankenentwürfe, mit deren Hilfe Revolution und Republik am Ende eine Einheit darstellen sollten. Wobei Kant für die Republik steht und Hegel für die Revolution. Mit anderen Worten erkennen Kant und Hegel die weltumspannende Botschaft von Republik und Revolution und billigen ihr den Rang einer für ganz Europa und damit eben für die ganze Welt verbindlichen Botschaft zu – stellt sie für den einen einen Endpunkt der modernen politischen Philosophie dar, so markiert sie für den anderen einen wichtigen Punkt in der Geistesgeschichte. In den Augen eines Kant, des Verfassers der *Idee zu einer allgemeinen Geschichte in weltbürgerlicher Absicht,* ist die französische Revolution der Taufakt von Republik und Menschenrechten. Hegel dagegen schreibt (ich zitiere erneut): „man hat gesagt, die Französische Revolution sei von der Philosophie ausgegangen [...]. Der Gedanke, der Begriff des Rechts machte sich mit einem Male geltend, und dagegen konnte das alte Gerüste des Unrechts keinen Widerstand leisten. Im Gedanken des Rechts ist also jetzt eine Verfassung errichtet worden, und auf diesem Grunde sollte nunmehr alles basiert sein. Solange die Sonne am Firmamente steht und die Planeten um sie herumkreisen, war das nicht gesehen worden, daß der Mensch sich auf den Kopf, das ist auf den Gedanken stellt und die Wirklichkeit nach diesem erbaut [...]. Es war dieses somit ein herrlicher Sonnenaufgang. Alle denkenden Wesen haben diese Epoche mitgefeiert. Eine erhabene Rührung hat in jener Zeit geherrscht, ein Enthusiasmus des Geistes hat die Welt durchschauert, als sei es zur wirklichen Versöhnung des Göttlichen mit der Welt nun erst gekommen".[1] Es ist sicher zutreffend, dass die Vertreter des französischen Volkes nunmehr laut und deutlich die Sprache des Universellen sprechen: „Die Menschen werden frei und gleich an Rechten geboren und sie bleiben es"–„Eine Gesellschaft, in der die Gewährleistung der Grundrechte nicht gesichert und die Gewaltenteilung nicht festgelegt ist, hat keine Verfassung" (Erklärung der Menschen- und Bürgerrechte von 1789). „Ihr könnt uns unsere Gliedmaßen ausreißen und sie quer über Europa verstreuen – es werden immer Republiken daraus erwachsen!", ruft ein Saint-Just aus. Die Akteure der Revolution führen die Sprache der Republik im Munde, als seien sie die ersten Republikaner und deren letzte Propheten. Die Republik ist nämlich sehr wohl eine weltumspannende politische Idealvorstellung, ein ‚weltbürgerliches' Gebilde, wie Kant sagt, der ausgiebig darüber nachgedacht hat. Nur die Republik hat, im Gegensatz zu ihrem Antagonisten, dem Despotentum, dem es lediglich um Privatinteressen geht und bei dem Autorität mit Gewalt gegen unterworfene Untertanen durchgesetzt wird, das allgemeine Wohl und Interesse im Auge – und Autorität wird mit Hilfe des Rechts ausgeübt, und zwar gegenüber freien und gleichen Menschen, nach den Definitionen der antiken Republik, wie wir sie von Aristoteles kennen. Das Universelle ergibt sich einfach daraus, dass die Republik der Natur und dem Wesen des Menschen entspricht, der von einem Leben in Freiheit, Sicherheit und Gleichheit träumt, in dem die Eigenschaften des Einzelnen und ihre Entfaltung gewährleistet sind. Und auch hier denkt Kant ganz im Sinne der französischen Republik: Warum, so fragt er, interessieren wir uns so zwingend für die Geschichte von Athen oder von Rom? Wo wir doch ohne jedes Bedauern so viele Nationen in die tiefsten Abgründe des Vergessens haben sinken lassen? Es muss wohl so sein, dass Athen und Rom an der Wiege des weltumspannenden Ideals von der Republik gestanden haben!

Wir sehen also deutlich: Das Frankreich der Menschenrechte hat sehr wohl seinen Einfluss auf andere Völker in Europa aus dem republikanischen Denken abgeleitet. Aus der Begründung der Republik durch die Generalstände im Jahre 1789 hat Frankreich seine Gewissheit geschöpft, in einem bestimmten historischen Moment zu einer Nation geworden zu sein, die einfach einen Vorsprung gegenüber anderen Nationen besitzt – die *grande nation* –, die sich einen Schritt weiter wähnt als die Schauplätze von Tyrannei und Despotentum.

---

1   Georg Wilhelm Friedrich Hegel [Der Text folgt der Ausg. von F. Brunstäd] (1961): Vorlesungen über die Philosophie der Geschichte. - Stuttgart: Reclam, S. 592–593.

Indes: auch wenn dies alles zutreffen mag, gilt es doch nur für eine gewisse Zeit. Der weltumspannende Anspruch, die Republik etablieren zu wollen, nimmt in seiner Verknüpfung mit der nationalen Geschichte der Revolution rasch den Zuschnitt einer Tragödie an. Die Revolution fegt auf ihrem Wege nämlich mit großer Geste alles hinweg und sorgt für die Wiedereinsetzung des Kriegsrechts und des Rechts auf Eroberung (wieder begegnen wir Saint-Just), von Gewalt und Terror mitten im Inneren ihres eigenen Prozesses. Die nationale Geschichte Frankreichs bzw. die Unauflöslichkeit des Begriffspaares Revolution und Republik wird zumindest in dessen Augen später durch Clémenceau gerechtfertigt werden, der in seinen ebenso schneidenden wie apodiktischen Worten erklären sollte: „Die Revolution ist ein monolithisches Ganzes". Bis es soweit ist, erleben wir jedoch durch die Revanche der Flickschuster und kleinen Arbeiter, im Spiegel des Sieges der Soldaten des Jahres II – alles andere als „de petits compagnons", wie Victor Hugo anmerkte – sowie während der glanzvollen Tage der Armee in Italien, Deutschland, Russland und Spanien, wie nach und nach der Weg einer Rückeroberung mit Feuer und Schwert beschritten wird. Das Recht gelangt über einmal geschaffene Fakten zur Geltung, die Republik über den Weg des Krieges. Und am Ende dieses Weges steht das Reich Napoleons, stehen die neuen Herren, die Protagonisten von Eylau, Wagram, Neapel und anderen Schauplätzen, welche die Revolution mit Gewalt exportierten. Die durch den ‚Weltgeist zu Pferde' erniedrigten Nationen erheben sich und rufen nach Rache. Am Morgen nach Jena entsagt die deutsche Jugend, entsagt die russische Gesellschaft, abgestoßen und entrüstet, ihrem Frankreichkult. Musiker wie Beethoven taufen ihre Werke um und geben ihnen Titel, die ihnen *hic et nunc* ihre nationale Identität zurückgeben. Die grausamste Erkenntnis, die bitterste Konsequenz aus dieser Ausfuhr der Republik mit Hilfe der nationalen Geschichte, das heißt auf dem Wege über die Revolution, ist darin zu sehen, dass die erstere abstirbt, sobald die letztere blüht und gedeiht. Was Frankreich unter dem Strich auf diesem tragischen Wege als Vermächtnis für Deutschland bereit hält, ist nicht die Republik, sondern die Revolution, sind nicht die Menschenrechte, sondern die Macht der Nationen. Das 19. und das 20. Jahrhundert werden eher zur Ära der Nationalitäten und zu einer Zeit der konservativen oder sozialen Revolutionen als zu einer Epoche der Republiken.

Ausgehend von diesem Befund dreht sich die Bühne der Geschichte und es treten völlig neue Darsteller auf. Es sind deutsche Darsteller und nicht länger Franzosen. *De l'Allemagne* schreibt in prophetischem Gestus Germaine de Staël. Und im Übrigen – wer könnte leugnen, dass in punkto Sozialrevolution ein Marx schwerer wiegt als ein Proudhon? Dass im Hinblick auf die konservative Revolution Carl Schmitt mehr Tiefgang entwickelt als Charles Maurras? Nationale Geschichte, aber universeller Anspruch? Waren im 18. Jahrhundert die Aufklärung und die Revolution weitgehend französische Erscheinungen, so folgen im 19. Jahrhundert mit der Romantik und dem Aufstieg der Nation im Grunde deutsche Phänomene.

Gegen Ende des 19. Jahrhunderts sollten wir daher besser nicht nur, wie wir es bei Claude Digeon lesen, von einer *crise allemande de la pensée française* reden, sondern von einer *culture allemande de la pensée française*. Wobei wir durchaus *im europäischen Denken* hinzufügen könnten. Denn ganz Europa wendet sich der Romantik zu – mit Ausnahme vielleicht von Puschkin und Leopardi. Und damit wird auch die deutsche Musik des 19. Jahrhunderts, wird der Gesang der verwirrten Seele der Nationen im Wesentlichen zu unserer Musik. Trotz der als Warnung vorgetragenen Vorbehalte Heinrich Heines gibt es für uns keine andere Philosophie mehr als die deutsche Philosophie – von Kant (und dem klassischen deutschen Idealismus) bis hin zu Heidegger. Die Suche nach dem Absoluten, die Erhellung des Seins, die Phänomenologie von Bewusstsein und Existenz – dies sind die einzigen Wege, die überhaupt irgendwo hinführen. Ob unsere Literatur selbst, die sich, nachdem die Schlacht um Hernani einmal geschlagen war, resolut auf die französische Gesellschaft fixiert (Balzac, Stendhal, Flaubert, Proust) oder auch unsere Malerei, die sich ebenfalls nur historischen Motiven und französischen Landschaften zuwendet, – beide wären nicht zu dem geworden, was sie waren, wenn nicht zunächst die Gefühle gegenüber der abstrakten Vernunft ihre Aufwertung erfahren hätten, wenn nicht zunächst die Impression wiederentdeckt worden wäre, der Weg zu den dunklen Kräften des Instinkts, die Darstellung von Konflikten. Gegen alle abstrakten, universalistischen Ideale von Fortschritt und Vernunft betont und fördert die Philosophie der deutschen Romantik zu Recht die Bedeutung von Emotion und Intuition, den Fluss der Energien. Und sie offenbart uns über Nietzsche und Freud die Existenz eines Unterbewusstseins. Sie ermöglicht die Erneuerung der Literatur und der Geisteswissenschaften. Der Bereich der klassischen Bildung, in dem Frankreich im 18. Jahrhundert seine Vormachtstellung behauptet hatte, absolviert mit der Entzifferung der Hyroglyphen durch Champollion im Jahre 1822 eine letzte ‚Ehrenrunde‘, muss dann aber gegen die Übermacht der deutschen Geschichts- und Gesellschaftswissenschaft die Waffen strecken. Ja, es lässt sich sogar feststellen, dass das deutsche Moment in der französischen Kultur gerade unter der Dritten Republik, als die Gesellschaft ein höheres Maß an Freiheit erlangen konnte, sich erst richtig in seiner unwiderstehlichen Deutlichkeit durchsetzt. Nun sind Autoren wie Kant und Hegel, ja Fichte höchstpersönlich, die Philosophen, welche die Maßstäbe setzen, und im Salon der Malerin Madeleine Lemaire darf die Musik Wagners einen ebenso wichtigen Rang einnehmen wie diejenige eines Debussy.

Und wie steht es mit dem Staatsrecht? Dieses bildet keinesfalls eine Ausnahme, nachdem es durch drei Themenkomplexe erweitert wird, die ihrerseits dem deutschen Denken entstammen bzw. durch dieses Denken weiter vertieft wurden: Es sind die Dimensionen des Nationalen, des Sozialen und des Revolutionären. Die französischen Denker zeigen sich voller Bewunderung für die deutschen Gelehrten, die ihnen mit ihrem Niveau den Rang ablaufen. Ein Beispiel ist Fustel de Coulanges im Verhältnis zu Mommsen. Selbst wenn festzuhalten ist, dass man sich in Frankreich nicht immer den Erkenntnissen der deutschen Kollegen anschließen mochte, kam man doch nicht umhin, sich der romantischen Vorstellung von den nationalen Besonderheiten zu beugen, die das abstrakte Ideal aus der Zeit der Aufklärung weit hinter sich zurückließ. Ein Volk ist schließlich kein Vertrag. Unmittelbar nach der französischen Niederlage im Jahre 1870 sehen Fustel und Renan sich beide, jeder auf seine Weise, veranlasst, die Wahrhaftigkeit dieser Einsicht einzuräumen. Denn jedes Volk hat seine Geschichte, seine Geografie, und wenngleich unsere beiden Historiker protestierend einwenden, die nachfolgenden Generationen müssten sich gegenüber den voraufgegangenen durchsetzen und der Vertrag müsse immer wieder erneut erfüllt werden, sind sie dennoch bereit, der Geschichte und der singulären Stellung der einzelnen Nationen Rechnung zu tragen. Carré de Malberg hat es später so formuliert: Angesichts eines allmächtigen und für die Freiheit des Einzelnen wenig empfänglichen Verwaltungsstaats sind es in vielen Fällen der Staat preußischen Rechts und später der Bismarcksche Wohlfahrtsstaat, welche dem Sozialrecht den Weg bereiten und damit letztlich die Funktion der Fortschrittslokomotive übernehmen.

Mit anderen Worten sind die Erfindung des Sozialen, die Anerkennung der unterschiedlichen Nationalitäten und die Neuzentrierung des Konzepts von der Revolution allesamt Ausfluss einer unerlässlichen Ausweitung unseres Wissens und münden zusammen in die Zuweisung von Besonderheiten. Die Kraft der Romantik liegt somit in ihrem Verständnis des Unterschiedlichen, in ihrer Zuweisung von Endlichkeit, in der Bedeutung dessen, was Hegel das „Sein" nennt – oder „das Kreuz der Gegenwart"; sie liegt kurz gesagt in diesem Ausbrechen des *konkreten Universellen*. Sie bezeichnet mit großer Genauigkeit die Existenz der Nationen, der miteinander debattierenden oder streitenden Kulturen, und das 19. Jahrhundert ist sehr wohl die Zeit, in der die Ära der Nationalitäten und die Epoche der Revolutionen ihren Anfang nehmen. Vor der entsetzlichen Verirrung des Rassismus, das heißt vor der ‚Naturalisierung', oder der ‚Biologisierung' des Anderen und des Vielfältigen, und auch vor dem essentialistischen Denken wird durch die Rückkehr zum Partikularismus, zur Vielfalt und zur Verwurzelung im Gefühl der Horizont der europäischen Kultur aufgebrochen, und diese Ausweitung verdanken wir der Philosophie der deutschen Romantik.

In dem Moment, wo sie verabsolutiert werden, gleiten auch diese Überzeugungen auf einen tragischen Weg ab, der keinen Deut weniger katastrophal verlaufen sollte als die Erfahrungen, in welche schließlich die französische Revolution mündete. In dem Augenblick, da mit der Rede Fichtes an die deutsche Nation der Begriff eben dieser Nation verabsolutiert wird und im Nationalismus aufgeht („Ich spreche zu Deutschen und nur zu Deutschen, und ich spreche zu ihnen über Deutsche und über nichts anderes"), führt dieser Prozess unwiderstehlich zum Gedanken der nationalen Revolution. Die gerechte, nun allerdings hypertrophierte Forderung nach dem Recht der Nationen wandelt sich zu einem expansionistischen Nationalismus, aus dessen Boden im Prinzip der Erste Weltkrieg sprießen sollte. Keine Nation ist mehr in der Lage, ad infinitum die ‚große Nation' zu bleiben, und dies gilt ebenso wenig für die deutsche Nation, deren Geschick es laut Fichte ist, alle anderen zu führen, wie für die französische Nation, der es nach den Worten von Saint Just verheißen ist, alle Völker anzuführen. Keine Nation in Europa sollte im Übrigen unbeschädigt und intakt aus dieser Phase eines ausschließlichen und revolutionären Nationalismus hervorgehen, und unmittelbar nach der Festlegung der unklugen Bedingungen des Versailler Vertrages, die durch Keynes zu Recht kritisiert wurden, kommt es erneut zu einer Ausbreitung und bald zum Scheitern der nationalen Revolution – ein Prozess, der dann schließlich im 20. Jahrhundert zur Katastrophe führen wird.

In Frankreich war die Versuchung der nationalen Revolution zu jeder Zeit weniger ausgeprägt als diejenige der sozialen Revolution, die nach der Niederlage von Robespierre mit Babeuf begonnen hatte und im utopischen Frühsozialismus ihre Fortsetzung fand. Der endgültige Untergang der sozialen Revolution kommt schließlich allerdings erst im Zusammenhang mit dem Scheitern des Sowjetsystems in der zweiten Hälfte des 20. Jahrhunderts. Bei zwei Gelegenheiten erlebt somit das 20. Jahrhundert ein Scheitern des universellen Revolutionären als eines nur vermeintlich Universellen: Da ist einerseits die Niederlage des Nazitums und der konservativ-nationalen Revolution, andererseits das Scheitern des Kommunismus und der sozialen Revolution. Selbst wenn man wie ich auf eine Gleichstellung dieser beiden Systeme verzichtet, kommt man nicht umhin festzustellen, dass es einen gewissen Zusammenhang zwischen ihnen gibt. Denn sowohl für das eine als auch für das andere System stellt der Krieg immer die Fortsetzung der Politik mit anderen Mitteln dar. Und der Staat steht immer und überall nur für Macht und ist damit das Gegenteil des republikanischen Rechtsstaats. Es gibt keinen Raum für die Republik, sondern nur Despotentum.

Müssen oder sollen wir also demzufolge darauf verzichten, die nationale Geschichte in einen Zusammenhang mit dem Universellen zu rücken? Müssen wir jedwede Geschichtsphilosophie zurückweisen, wie manche Altvordere dies heute nahelegen, weil sie die Zeit Europas für vergangen halten? Ich will diese Tendenz nicht widerlegen, aber dennoch anregen, dass wir uns von der durch Hegel vorgeschlagenen Geschichtsphilosophie abwenden. In der Folge von Entwicklungen, durch welche die Ansprüche von Nation und Revolution herabgeschraubt werden, sollten wir anerkennen, dass Hegel ebenso überwunden gehört wie Marx, selbst wenn die beiden auf dem Ball der Vampire des toten Denkens von heute weiterhin allgegenwärtig sind. Wird dies im Falle Marx' offenbar allgemein verstanden, so erscheint ein Überwinden des Denkens Hegels außerordentlich problematisch. Dem großen Philosophen ging es darum, nationale Geschichte und universelle Botschaft miteinander in Einklang zu bringen. Sein grandioses Vorhaben, die gesamte Geistesgeschichte mit dem ‚Kreuz der Gegenwart' zu erfassen, das heißt, alles Universelle im Geiste eines Volkes bzw. in den aufeinanderfolgenden Geistesperioden anzusiedeln, macht allerdings Halt an den Grenzen der germanischen Welt und greift damit leider zu kurz. Denn das Anders-, das Verschiedenartige tritt immer über diese Grenzen hinweg. Hegel vergisst Afrika, verkennt den Orient, und heute sind wir davon überzeugt, dass die Geschichte gar kein Ende kennt – ob dies nun Fukuyama missfällt oder nicht. Die Endlichkeit, die Verschiedenartigkeit widerstehen dem Universellen genau dann, wenn dieses Universelle vom Besonderen aus gedacht wird. So wie sich nämlich der Fehler der radikal-revolutionären Aufklärung in Frankreich aus der Partikularisierung des Universellen ergibt, also aus der Überzeugung von der Einzigartigkeit der einen republikanischen Nation, der französischen *grande nation* eben, so resultiert die Fehleinschätzung der romantischen Bewegung eben aus der Verabsolutierung des Partikularen und aus dem Gedanken, dass die Weltgeschichte – der gegenwärtige Augenblick ohne Fortsetzung und ohne einen Weg zurück – das Tribunal der Welt darstellt.

Hier wird deutlich, dass trotz aller offenkundigen, wirtschaftlichen und wissenschaftlichen Entwicklung das republikanische Ideal auf dem Wege der europäischen Nationen, der letztlich zu den großen Explosionen des Ersten und Zweiten Weltkriegs führen sollte, im Zuge des Aufkommens von nationalen und sozialen Revolutionen immer mehr an den Rand tritt. In Deutschland macht die Weimarer Republik lediglich einen äußerst kurzen Augenblick aus, während in Frankreich die Republik während des gesamten 19. Jahrhunderts mehrfach erlischt, um durch andere politische Systeme abgelöst zu werden. Und die weltumspannende Botschaft, mit der Frankreich sich identifiziert zu haben glaubte, wird ebenso wie ihre deutlichste Manifestation, die Menschenrechte, zunehmend an den Rand gedrängt und gilt nunmehr als ein deklamierender Text ohne jedwede juristisch bindende Wirkung. Und doch treten sehr vorsichtig und schüchtern die Republiken am Morgen nach dem Zweiten Weltkrieg wieder auf den Plan. In Deutschland ist es die Bundesrepublik, nach dem Scheitern des Deutschen Reichs, in Frankreich die IV. Republik nach dem Zusammenbruch des *Etat français* von Vichy. Mit dem Ende der Revolution stellt sich nunmehr die Entkopplung des vermeintlich Unauflöslichen ein: In den gängigen Denkkategorien findet sich nicht länger die bisher bestehende Einheit von Republik, Revolution und Nation.

Wie kann es von hier aus weitergehen? Wäre es denkbar, einen angemesseneren Übergang zwischen einer nationalen Geschichte und einem universellen Diskurs herzustellen? Lässt sich das Ideal von der universellen Republik aufrechterhalten? Ich halte dies für möglich, wenn wir bereit sind, Republik und Revolution zu entkoppeln und die Republik auch von nationalen Einzelerfahrungen zu lösen. Dies gelingt unter der Bedingung, dass wir ein wenig weiter zurückgehen und die republikanische Geschichte Europas aus größerer Entfernung betrachten. Im Falle Frankreichs resultieren daraus zwangsläufig drei Tatbestände: 1. Die Republik entstammt einer allgemeineren

Geschichte. 2. Das Staatsrecht der Republik stammt nicht aus der Zeit der Revolution. 3. Die Verknüpfungen zwischen nationaler und universeller Geschichte sind ganz anderer Art als wir vermuten.

Frankreich wird zunächst einmal im Sinne der Weiterentwicklung der Geschichtswissenschaften und der politischen Philosophie den Umstand akzeptieren müssen, dass die Geschichte der Republik keinesfalls mit den Revolutionen des 18. Jahrhunderts beginnt und dass diese Geschichte auch keine eng zu betrachtende französische Geschichte ist. Ausgehend von ihrer Wiege in den Städten der Antike (Athen, Rom) stellt die Republik sich neu auf und nimmt eine neue Entwicklung in den emanzipierten Städten Italiens und Deutschlands (Hamburg, Florenz, Venedig und anderen), um in der Folge schließlich die Bevormundung durch das Kaisertum abzuschütteln.

Überdies gilt es anzuerkennen, dass das französische republikanische Recht nicht mit der Revolution beginnt, mit der die Republik sich gleichwohl identifiziert. Das französische *droit politique*, wie Rousseau es dann im 18. Jahrhundert nennen wird, entstammt in Wirklichkeit dem 16. Jahrhundert. In der *Ecole de Bourges*, einer durch Michel de l'Hospital geschaffenen Einrichtung auf höchster Ebene, beschäftigen die französischen Juristen sich kritisch mit dem römischen, dem mittelalterlichen und dem kaiserlichen Recht, und dies im Interesse eines modernen republikanischen Rechts. Bodin erarbeitet in seinen *Les six livres de la république* die rechtliche Grundlage staatlicher Souveränität. Ein François Hotman mit *La Franco-Gallia* (1573), ein Théodore de Bèze mit *Du droit des magistrats* (1574) sowie schließlich ein Hubert Languet mit *Vindiciae contra tyrannos* (1571) sind die Autoren einer Reihe von Veröffentlichungen, mit denen die Fundamente für ein modernes politisches Recht in Frankreich geschaffen werden. Diese Werke entstammen unmittelbar dem Kontext der Religionskriege, sind aber auch und sogar auf grundlegendere Weise im Kontext des spanischen Erbfolgekrieges verwurzelt, in dem diese unsere Autoren nach besten Kräften das Wort ergreifen sollten. Charles du Moulin gewährt seinen Rat den Brabanter Ständen, und François Baudouin stößt vorübergehend zu Wilhelm von Oranien, während Hubert Languet und Philippe Duplessis-Mornay sich regelrecht in den Dienst des ‚der Schweiger‘ genannten Wilhelm von Oranien stellen und an der Abfassung seiner großen und wichtigsten Reden beteiligt sind (*La justification* und *l'Apologie*). Frankreich wird demzufolge im Auge haben müssen, dass sein universalistischer Schwung in der Zeit des Aufstandes der Vereinigten Provinzen der Niederlande seinen Anfang genommen hat. Die erste moderne Republik, die auf der Ebene eines Staats und eben nicht länger einer Stadt oder einer *Cité* eingerichtet wurde, war die Republik der Vereinigten Provinzen, und ihre Entstehung wird mit dem Abschluss des Vertrages von Utrecht datiert, also mit dem Jahre 1579. Sie kam demnach deutlich früher zustande als die französische Republik des Jahres 1792, natürlich lange vor der amerikanischen Republik von 1776 und auch vor der sehr kurzlebigen englischen Republik Cromwells von 1648 – allerlei Versuche und Ansätze, die wir heute als erste Versuche, als Aufgalopp für die zeitgenössische Republik sehen und bezeichnen. Im Zusammenhang mit dem Aufstand der Niederlande, der zur ersten Staatsrepublik führte, haben demnach Franzosen eine herausragende internationale und hochpolitische Rolle gespielt – eine Rolle, die sie allerdings weder für sich selbst noch ganz allein gespielt haben.

Allerdings hat die Republik der Sieben Vereinigten Provinzen der Niederlande zunächst der germanischen Welt sehr vieles zu verdanken. Nach dem Aufbegehren, den Ausfällen der republikanischen Städte gegen das Heilige Römische Reich stehen der Humanismus mit seiner Rückkehr zum antiken Modell der Republik sowie die Reformation, welcher das Entstehen eines Bewusstseins von moderner Freiheit zu verdanken ist, an der Spitze der Herausforderungen, denen sich das Papsttum als zweite große Macht des Mittelalters stellen muss. Mit der lutherschen Reformation rücken die deutschen Denkansätze um Glauben und Freiheit ins Zentrum. Gegen alle theologisch-politische Autorität des Mittelalters setzt sie auf das direkte, einzelne Gespräch des Christenmenschen mit seinem Gott, auf das *sola fide, sola scriptura*. Gegen Pomp und Pracht der Kirche, gegen Permissivität und Laxheit vertritt sie Disziplin, Askese und die evangelische Kirche ‚von unten' und kämpft für die Vorherrschaft von Konzil und Synode. Gegen den bestehenden Heiligenkult setzt sie den reinen Glauben an den einzigen Gott und seinen Sohn Jesus Christus durch. Besser als jeder andere im 19. Jahrhundert hat Max Weber zum Ausdruck gebracht, in welchem Maße durch diese neue Ethik, mit der die Trennung von Säkularem und Geistlichem aufgehoben wird, die gesamte Existenz des Menschen unter den Blick Gottes gestellt und jeder Mensch zur Bibel zurückgeführt wird, so wie sie ihm ursprünglich offenbart wurde. Der Aufstand der Vereinigten Niederländischen Provinzen gegen den spanischen Monarchen und seine Pläne zur Einsetzung der Inquisition, ihre Loslösung von der spanischen Krone wurde angeregt und genährt durch die kritischen Glaubensvorstellungen in der deutschen und deutschsprachigen Sprach- und Denkkultur, wenngleich vielleicht durch einige leichte calvinistisch-französische Akzente moduliert, die in ihren Anfängen eine etwas stärker demokratische Prägung und eine größere Nähe zu dem freieren Denken der flämischen Städte bedeuten.

Die neuen Erkenntnisse der politischen Philosophie der Moderne, so wie wir sie bei Denkern wie Grotius, Pufendorf, Hobbes, Locke, Spinoza und im 18. Jahrhundert dann Wolff, Montesquieu und Rousseau, aber auch bei den Gründungsvätern der amerikanischen Republik antreffen, finden ihren Ausdruck und ihre Bestätigung in der Theorie vom ‚Vertrag', in der Entwicklung der Menschenrechte, der Legitimität des Aufstandes und der Lehre von der Repräsentation. Es sind dies Denkansätze, welche durch Franzosen unter dem Einfluss der Reformation und im Dienste der Vereinigten Niederländischen Provinzen entwickelt wurden. Um nur dieses eine Beispiel zu nennen, will ich kurz auf die *Vindiciae contra tyrannos, vindicte* (im doppelten Wortsinne

von Klage und Rache) *gegen die Tyrannen* eingehen. Unter den zweitausend Schmäh-
schriften, welche zur Zeit des Aufstandes in Holland in Umlauf gebracht wurden, hat
gerade dieser Text ein ganz außerordentliches Echo hervorgerufen. Abgefasst wurde er
(höchst wahrscheinlich) von Hubert Languet, und herausgegeben hat ihn wohl Philippe
Duplessis-Mornay in Verbindung mit dem Kreis um François Hotman und Théodore de
Bèze. Es ist ein Text, in dem ganz verblüffende neue Gedanken und Vorstellungen entwickelt werden. Legitime Macht sei nicht feudale Macht, da Gott der alleinige Herr und
Eigner sei. Sie sei jedoch auch nicht imperiale Macht nach Art des kaiserlichen Herr-
schers, da Gott allein göttlichen Wesens sei. Die Untertanen seien weder Sklaven noch
Leibeigene, denn sie seien ,Angehörige des Volks Gottes' und hätten ipso facto ihre
eigenen Rechte. Bei Hubert Languet ist zu lesen, dass die Bezeichnung ,König' weder
Erbanspruch noch Eigentum oder Nießbrauch bedeutet, sondern vielmehr Last, Delegation und Auftrag. Nur das Volk kann Könige einsetzen, das Volk in seiner Eigenschaft
als ,Eltern und Bruder des Königs'. Diese neue Doktrin der Macht vollzieht im Bezug
auf alles Politische dieselbe Säkularisierungsübung, wie Max Weber sie im Bezug auf
das Wirtschaftliche analysiert hat. Durch die Allmacht Gottes wird dem König das Eigentum an Grund und Boden entzogen, und diese gehen an das Volk. Durch die Ideale
der Reformation wird das öffentliche Leben säkularisiert, so wie dies auch mit dem
wirtschaftlichen Leben geschehen ist. Die Theorie des in beide Richtungen abzuschlie-
ßenden, reziproken Vertrages als die große Innovation der Neuzeit, angeregt durch das
Studium der Schrift, beruht ebenfalls auf der Zurückweisung des unilateralen, von der
Hierarchie bestimmten Feudalvertrages. Der erste und oberste Vertrag, so wie er zwischen Gott, dem König und dem Volk abgeschlossen wird, hat die Unterwerfung unter
das göttliche Gesetz zum Gegenstand, während der zweite, zwischen König und Volk
zustande kommende Vertrag einen gegenseitigen ,Partnerschaftsvertrag' darstellt, denn
das alleinige Ziel des Königtums ist es, für Recht und Gerechtigkeit zu sorgen und seine
Waffen im Interesse und zum Schutz der Öffentlichkeit und des Einzelnen einzusetzen,
um diese vor Übergriffen und Schäden aller Art zu bewahren. Die Macht hat nichts anderes zu tun als für das Wohl des Volkes zu sorgen. Aus dieser Erkenntnis stammt auch
die Kategorie des Aufstandes und von dieser ausgehend die Pflicht zur Einmischung,
die durch Hubert Languet gerechtfertigt wird – nicht nur für das Volk und seine Anwälte
und Vertreter, sondern auch für ausländische Staaten, die einem gepeinigten Volk zur
Hilfe zu eilen haben. Es sind dies Themen, die auf diese Weise mehrere Jahrhunderte
brauchen, um sich in die geschichtliche Überlieferung einzuschreiben, und natürlich
geht dies nicht ohne blutige Rückschläge ab. Dennoch lässt sich festhalten, dass vor
diesem Hintergrund die universelle Botschaft über das politische Recht des republikanischen Staats bereits vollständig abgefasst ist. Bis auf ein wichtiges Detail allerdings:
Die Botschaft ist vollständig in der vom biblischen Wort inspirierten Sprache formu-

liert, wie sie noch von der amerikanischen Revolution gesprochen wird, während die französische Revolution sie längst hinter sich zurückgelassen hat.

Das Engagement der Franzosen für den Aufstand der Niederlande, welches sich durch sämtliche Doktrinen der Monarchomachen (i. Sinne von Monarchen- oder Königsbekämpfer, d. Übers.) hindurchzieht, geht über den kleineren Kreis der Hugenotten weit hinaus und ergreift schließlich die gesamte Partei der ‚Politischen', also der Republikaner von damals. Es gilt für den Duc d'Alençon, der im Augenblick der Thronbesteigung von Heinrich III. Herzog von Anjou wird, und spielt auch eine Rolle bei der Partei der *Malcontents*, als letzterer auf Wunsch von Wilhelm von Oranien Gouverneur der Vereinigten Provinzen wird. Schließlich wandelt sich, schon zu Beginn des 16. Jahrhunderts, die Sache Hollands zur Sache derer, welche die Anerkennung und die Koexistenz religiöser Pluralität erreichen wollen (Montaigne und La Boëtie zum Beispiel). Schon lange vor Lafayette und seinen Freunden von der Cincinnati Society werden auf diese Art und Weise französische Denker von größtem Format wie Hubert Languet und Philippe Duplessis-Mornay zu den diplomatischen Vertretern von Wilhelm von Oranien und fassen dessen Schriften ab (*La justification* im Jahre 1568, *Apologie* 1580). Gleichzeitig führen sie eine Reihe von Verhandlungen für die im Entstehen befindliche Protestantische Internationale. Aus eben diesem Enthusiasmus für die Sache Flanderns, der sich bis hin zu dem katholischen Historiker Auguste de Thou nachweisen lässt, ist in Frankreich jene universalistische republikanische Strömung entstanden, die im Ergebnis zu dem ersten Vorhaben einer europaweiten Verbreitung der republikanischen Union führte, zum *Grand Dessein* von Heinrich IV. In seinem großen, gegen die Kaiserlichen (die Spanier) gerichteten Projekt träumte Heinrich IV. nämlich davon, alle Fürstentümer und Monarchien zusammenzuführen, die mit den unterschiedlichsten Regierungsformen (Aristokratien, Monarchien etc.) republikanische Staaten in sich bargen und sich von Schottland bis nach Böhmen, über Frankreich und Deutschland, mit dem Hinweis auf die Gefahr eines religiösen Flächenbrandes allesamt dem Gedanken einer Vereinigung im Kaiserreich widersetzten. Das erste Vorhaben in der Geschichte, Europa friedlich durch republikanische Staaten und nicht durch Eroberungszüge zu vereinigen, ist niemals Wirklichkeit geworden. Allerdings sollte es später, unmittelbar nach dem Zweiten Weltkrieg, durch Persönlichkeiten wie Jean Monnet, Robert Schuman und Konrad Adenauer neu aufgegriffen werden. Sie hielten sich sogar an die Begriffe, die im Vorhaben Heinrichs IV. niedergelegt worden waren, nämlich: ‚Europäischer Rat' und ‚Europäische Kommission'.

Wohin führt uns also letztlich diese Geschichte von der Republik in Europa? Zu einer weltumspannenden Botschaft, die sich durch unsere gesamte nationale Geschichte hindurchzieht. Handelt es sich bei den Kategorien von Republik und Menschenrechten sehr wohl um politische Universalien, die allerdings jeweils anhand der Geschichte einzelner Länder bzw. Gebilde zutage treten, so müssen wir daraus verstehen, dass die Republik ihre Definition nicht im Maßstab einer einzigen Nation erfahren hat. Schließlich haben die protestantischen Fürsten in Deutschland, der pfälzische Kurfürst Johann Kasimir, Kaiser Maximilian von Habsburg mit seinem Neffen Matthias sowie auch Frankreich mit dem Herzog von Anjou und England mit Leicester und Philip Sidney in der engen Umgebung von Elisabeth I., jeder auf seine eigene Weise zu dem geschilderten Widerstand beigetragen. Und des Weiteren sollten wir ipso facto verstehen und einsehen, dass Aufstand, Widerstand und Revolution, die durchaus ihre gewisse Legitimität aufweisen können, keine Universalien darstellen. Immer wieder stehen sie nämlich im Zusammenhang mit einer Krise nationaler Geschichte. Das authentisch Universale liegt dagegen im Ergebnis und nicht im Prozess selbst, und es ist sogar denkbar, dass dieser Prozess dann, wenn mit ihm zu Unrecht die Anwendung von Gewalt legitimiert wird, das angestrebte Ergebnis wie eine Flutwelle hinwegspült. Machiavelli können wir an dieser Stelle sicher nicht Recht geben.

Nun ist es aber Zeit, Antwort zu geben auf die eingangs gestellten Fragen. Natürlich ist der Anspruch einer Nation, die Entwicklung bis zu einem ‚Punkt D' der Geschichte zu treiben, absolut haltbar. So war es in Frankreich zur Zeit der Aufklärung und im Deutschland der Romantik. Dabei darf jedoch niemals vergessen werden, dass der jeweilige Schritt nach vorn nie mehr bringen kann als einen teilweisen oder zeitweisen Vorsprung. Wissen ist zu jeder Zeit ein Licht, das in irgendeine Richtung auch Schatten wirft. Die Endlichkeit des Menschen will es so: Keine Nation beherrscht zu irgendeinem Zeitpunkt den gesamten Raum und die gesamte Strecke der universellen Entwicklung, die einfach eine Angelegenheit der ganzen Menschheit bleiben muss. Jeder Übergang zu virtueller Universalität, jeder Fehler in der logisch-hierarchischen Denkstruktur, jedes falsche Subsumieren hat immer dieselbe Ursache: Wir neigen zu hysterischem Leugnen von Niederlage und Endlichkeit. Zur negativen Aufarbeitung bzw. zum Verdrängen der notwendigen Überlieferung, zu Gewalt und Vergessen. Denn das Vergessen ist die Mutter der Gewalt. Das Negative zu negieren bedeutet, die *dream world* zu befördern, die Traumwelt der Engel. Trotz der massiven Beteiligung der Franzosen am Aufstand der Niederlande war die Geschichte der Republik der Sieben Vereinigten Provinzen, dieser ungeheuer wichtige Augenblick in der Entstehung der modernen Republik, aus dem französischen Denken praktisch verbannt. Von Quinet einmal abgesehen, waren es nur die Deutschen, waren es Goethe und Schiller, die über sie nachgedacht und sie in ihren Dramen *Egmont* und *Don Carlos* dargestellt haben. Was haben wir verschlossen gehalten, was haben wir vergessen wollen? Die Niederlage der Waffenbrüder von Heinrich IV., das Scheitern der Reformation. Als Turenne, Enkel von Wilhelm von Oranien und Marschall Ludwigs des XIV., an die Spitze der französischen Truppen gegen Holland gestellt wird und als das Edikt von Nantes zurückgenommen wird, ist diese Seite im Heldengedicht um die Waffengefährten von Heinrich IV. endgültig umgeblättert. Danach gelangt der Jansenismus zu neuem Elan und lässt die Reformation in Vergessenheit geraten (Was unterscheidet einen Jansenisten von einem Protestanten? Die Antwort ist dieselbe wie auf die Frage: „Was unterscheidet einen Psychoanalytiker von einem Beichtvater?" – Eine Generation). Die Reformation in Frankreich verdankt ihr Scheitern dem durch die katholische Liga angezettelten populistischen Furor anlässlich des Massakers in der Bartholomäusnacht. Zwei Jahrhunderte später können die Jansenisten und die wenigen überlebenden Protestanten nicht mehr auf Akzeptanz hoffen, da sie es nunmehr sind, die die Mengen anstacheln und Angst und Terror verbreiten. So verlangt die Revolution nach dem Einsatz despotischer Methoden, um überhaupt der Republik zum Siege verhelfen zu können. In Frankreich gilt ebenso wie in Deutschland und im Rest Europas: Die französische Revolution, welche die (erste) französische Republik begründet hat, wäre kaum denkbar gewesen, hätte es nicht unterschwellig diese Vorstellung von der Republik gegeben – abgesteckt teilweise durch die *République des Lettres* im 17. und 18. Jahrhundert und entstanden als eine Art Ersatz für das Scheitern der Reformation. Sie stellt eine späte Revanche für den Widerruf des Edikts von Nantes im Jahre 1685 dar, aber auch und vor allem einen Wechsel ins Virtuelle, einen Aufruf an die Welt, mit dem versucht wird, eine bittere Erfahrung zu kompensieren.

Diese unsichere Verfassung der Republik zur Zeit der französischen Revolution könnte es uns ermöglichen, durch Vergleichen und analoges Beobachten ein Verständnis dafür zu entwickeln, was die Verwundbarkeit der nationalen Einheit Deutschlands ausgemacht hat. Nachdem man sie mit Feuer und Schwert erfolglos angestrebt hatte, kam sie am Ende doch erst im Frieden zustande – in Form der Bundesrepublik im Jahre 1989. Die konfessionelle Spaltung Deutschlands während des Dreißigjährigen Krieges hatte länger angehalten als irgendwo sonst. Den Willen zur nationalen Einheit hatte das Deutschland der Städte und der Moderne getragen, so wie es durch Weimar, die Stadt Goethes und Schillers, verkörpert wurde. Dort sollten die Begründer der Republik von 1918 nach dem Versuch mit der Versammlung der Paulskirche im Jahre 1848 ein zweites Mal zusammentreten. Und dieses Streben nach nationaler Einheit war daher geprägt durch die Stimmungen in den zersplitterten feudalen Fürstentümern und Kleinststaaten, die sich im Übrigen mit ihren mittelalterlichen Sehnsüchten und Reminiszenzen bis mitten in die Zeit des 2. Reichs halten sollten. Warum war es einem Staat preußischen Rechts und mit der Prägung eines Bismarck, der ja zumindest zeitweise nach außen das Gleichgewicht der Mächte in Europa und im Inneren sogar eine Politik der kontrollierten Demokratisierung akzeptiert hatte, nicht möglich, zur Stabilität zu finden, nachdem man sich Elsass-Lothringen einmal einverleibt hatte? Warum konnte die soziale Einheit Deutschlands trotz ihrer Grundlagen in der Zeit der *Belle Epoque* und der Bereitschaft zur Lösung der sozialen Frage auch in rechtlichen Kategorien am Ende doch nicht vollständig realisiert werden? Sicherlich weil wir in dem Konflikt der Nationalismen, der im Jahre 1914 seinen Gipfelpunkt erreicht, in Deutschland Zeugen eines zweifach gelagerten Prozesses von Subversion werden. Einerseits erleben wir, wie der rationale bismarcksche Militärstaat zugunsten eines neuen Staats überwunden wird, der von dem politischen Credo der uneingeschränkten Eroberung lebt, das auf einer den anderen Staaten überlegenen nationalen Identität Deutschlands und dem Primat des Militärs gegenüber der Politik fußt – hier haben wir die konservative Revolution in ihrer tieferen Logik. Und wir erleben andererseits, wie die Sozialdemokratie unter der mächtigen Erschütterung und angesichts des Auftretens des extrem linken Flügels von Rosa Luxemburg regelrecht explodiert. Letztere träumt ihrerseits davon, die in ihren Kinderschuhen steckende Republik in einer sozialen Revolution hinwegzufegen. Die gemäßigten Republikaner Weimars mussten mit anderen Worten mitansehen, wie sie permanent auf beiden Seiten durch die Intoleranten der nationalen Revolution und diejenigen der sozialen Revolution angegriffen wurden. Ich spreche hier aber nicht nur von Deutschland, sondern auch von Frankreich, denn trotz der zweiten deutsch-französischen Annäherung zwischen Weimar und der Dritten Republik, zwischen Briand und Stresemann, sollte sich Frankreich kaum stabiler zeigen. Und das französische Parlament sollte im Jahre 1940 seinerseits per Abstimmung den *Maréchal* Pétain mit aller Macht und sämtlichen Befugnissen ausstatten – kurz nachdem der Weimarer Rechtsstaat die Machtergreifung Hitlers im Jahre 1933 unterstützt hatte.

Ob universell oder virtuell – jedes falsche Subsumieren, jeder Fehler in der Denkstruktur hat in allen Fällen dieselbe Ursache. Ob Niederlage der Republik oder Verzögerung der Nationalstaatsbildung – unsere Fantasie besetzt die Räume des Wirklichen, die Revolution gleicht die Wunden aus, und unsere Traumwelt muss das leisten, was die Wirklichkeit uns nicht geben kann. So haben sowohl Deutschland als auch Frankreich die sich gegenseitig zugefügten Wunden zu tragen. Wie könnte die Heilung anders verlaufen als über eine Rückkehr zur Wahrheit, als über den Weg in die Geschichte? Die historische Wahrheit sagt, dass die Geschichte der Republik nicht das Erbe oder das Vorrecht einer einzelnen Nation ist. Sie beginnt erneut im Europa des 16. Jahrhunderts, und wir sollten sie im 21. Jahrhundert nicht verpassen.

Und heute? Heute bedeutet die europäische Republik, deren Pioniere und Wegbereiter Franzosen und Deutsche waren, das wechselseitige Überwinden unserer alten Dämonen aus Zeiten von Revolution und Nationalismus. Es ist uns bewusst, dass gewisse Kreise gegenwärtig bemüht sind, sie erneut zum Leben zu erwecken. Zahlreiche Franzosen sind im Stolz auf ihren Diskurs an die ganze Welt der Auffassung, sie könnten auf Europa verzichten und ihren Partnern weiterhin und unablässig Lehren erteilen. Viele Deutsche dagegen sind sich bewusst, dass man sie um ihre Arbeit und um ihre ebenso blühende wie disziplinierte Wirtschaft beneidet, und sie sind der wortreichen, jedoch nicht ausreichend arbeitsamen Länder im Süden Europas überdrüssig, so dass sie sich am liebsten nur noch auf sich selbst verlassen würden.

Und doch steht die Europäische Union von heute nicht allein für die Chance Europas, als wirtschaftlicher Machtfaktor neben den Giganten zu bestehen, zu denen heute

Amerika und die neuen Wirtschaftsmächte vorwiegend in Asien (China, Indien), aber auch Brasilien zählen. Die Europäische Union steht auch und viel mehr für die Vertretung und die Verteidigung des Ideals der Universalität, der Republik, so wie Kant sie beschrieben und wie Beethoven sie besungen hat. Und das bedeutet mit anderen Worten die Gestaltung und Regulierung des Zusammenlebens der Völker mit Hilfe der Instrumente des Rechts. Das arbeitsame Deutschland, das seine Beziehungen zur Außenwelt auf friedliche Weise regelt und gestaltet, das die Fehler aus der Zeit des Dritten Reichs tiefgreifend bewältigt und aufgearbeitet hat, ist für Europa ein ganz entscheidender Trumpf. Frankreich, das vielleicht nicht genug arbeitet, hat sich Kompetenzen im Bereich von Offenheit, Gastfreundschaft und Dialog mit der Außenwelt bewahrt, die ihren Ausdruck in einer unumstrittenen Integrationspolitik gefunden haben, und das Land ist eins geblieben mit den universellen Werten der Republik. Damit Europa, ohne prätentiös zu wirken, weiterhin seinen universellen Diskurs, ausgehend von seinen Idealen, pflegen kann, brauchen wir die vereinte Wirkung der Republik, der Aufkärung und der Vielfalt aus der Zeit der Romantik.

Selbst und gerade wenn die Zeiten so schwierig sind wie wir es heute feststellen müssen, wäre es ein großer Fehler, wollten wir auf den Dialog zwischen Frankreich und Deutschland verzichten, wollten wir den immer wieder neuen Versuch unterlassen, unsere jeweiligen nationalen Geschichten miteinander in Einklang zu bringen und sie dabei gleichzeitig mit Hilfe unserer europäischen und universellen Ideale zu überhöhen. Denn in diesem Dialog der Republiken stehen wir nach wie vor lediglich am Anfang, haben wir zunächst immer noch erst die Unterschiede zu erheben und sie in Einklang zu bringen. Und für die Franzosen geht es darum, dass sie ihr zentralstaatlich geprägtes Staatsrecht mit Hilfe föderaler Elemente korrigieren, dass sie den Finanzstaat am Maßstab der Gerechtigkeit neu ausrichten, dass sie den Dialog der nationalen Kulturen in Europa dazu nutzen, nach und nach sicherer zu werden im Umgang mit der Sprache der Menschheit und der Menschlichkeit.

(Übersetzung aus dem Französischen:
Jürgen Stähle, Frank Baasner, Stefan Seidendorf)

Diskordanz der Zeiten

Die Franzosen und ihre Nationalgeschichte heute

Jacques Revel

Wahrscheinlich können sich nicht viele der hier Anwesenden an jene Episode erinnern, die zu Beginn der 1980er Jahre in Frankreich eine Saison lang die Gemüter erregte. Das ist natürlich eine Frage der Generationen und der Grenzen. Damals entdeckte man plötzlich, oder man tat zumindest so, dass die jungen Franzosen die Geschichte ihres Landes nicht mehr kennen. Der Befund war eindeutig und das Urteil pauschal. Und auch unwiderruflich, denn es erging von den höchsten Spitzen des Staates. Der französische Staatspräsident selbst – damals François Mitterrand – hatte erkannt, welche Gefahr damit der nationalen Identität drohte. Er brachte seine Sorge und seine Unzufriedenheit darüber öffentlich zum Ausdruck. Daraufhin äußerten in hierarchischer Reihenfolge, wie es sich gehört, zunächst die Minister ihr Empfinden, danach die Abgeordneten und dann das gesamte Politikervolk hintendrein. Die Meinungspresse mischte sich ein und sorgte mit dicken Schlagzeilen dafür, dass die Diskussion auf das angemessene Ausmaß anschwoll. Am Ende kam man sogar auf die Idee, die Lehrer um ihre Meinung zu bitten, deren Beruf es immerhin ist, Geschichte zu unterrichten, und die bei diesem Thema eine gewisse direkte Erfahrung aufweisen dürften. Die Aufregung hielt einige Monate lang an. Wie es in Frankreich üblich ist, wurde eine Kommission eingerichtet, die Reformen erarbeiten sollte. Sie tagte unter dem Vorsitz der beiden großen Historiker Jacques Le Goff und Philippe Joutard – der eine Spezialist für das Mittelalter, der andere Zeitgeschichtler –, sie befasste sich intensiv mit dem Thema und äußerte sinnvolle Empfehlungen. Es wurden Maßnahmen für den Geschichtsunterricht getroffen, deren Wirksamkeit seither, wie ich glaube, jedoch kaum jemals evaluiert wurde. Unterdessen war das Thema außer Mode gekommen, und die öffentliche Meinung hatte sich abgewandt. Es war jetzt einfach wieder eine Sache zwischen den Lehrern und ihren Schülern.

Diese Episode mag ein gutes Beispiel für die Flüchtigkeit des zivilgesellschaftlichen Verhaltens der Franzosen sein. Allerdings ist meine Ironie nicht ganz angebracht. Zunächst deshalb, weil diese Episode, auch wenn falsch damit umgegangen wurde, auf ein wirkliches, ernstzunehmendes Problem verweist. Dieses Problem ist übrigens nicht spezifisch für Frankreich. In den meisten Ländern ist der Geschichtsunterricht für Kinder, und vor allem für Jugendliche, zu einem heiklen, schwierigen und zuweilen fast unmöglichen Unterfangen geworden. Wenn diese Tatsachenfeststellung jedoch in Frankreich vielleicht stärker wahrgenommen wird als in anderen Ländern, dann deshalb, weil seit dem letzten Drittel des 19. Jahrhunderts, also seit den Anfängen der Dritten Republik, der Geschichtsunterricht eine dauerhafte Verbindung mit staatsbürgerlicher Bildung eingegangen war. Dies erklärt auch das starke politische, ja moralische Echo auf einen Befund, der eine der Klauseln des republikanischen Vertrags in Frage zu stellen schien.

1   Drei Themen der französischen nationalen Meistererzählung

Wovon erzählt jener Roman, der über Jahrhunderte hinweg unablässig fortgeschrieben und angereichert wurde? In erster Linie bringt er drei Themen in einen Zusammenhang, deren Verflechtung das Zusammenwirken von Zeit und historischer Erfahrung begründete. Frankreichs Geschichte ist die Geschichte einer Person: Von dem Augenblick an, da die Geschichte Frankreichs zu einer eigenen Gattung wird, also mit den *Grandes chroniques* am Ende des 13. Jahrhunderts, wurde sie von dem Benediktinermönch Primat mit menschlichem Antlitz ausgestattet: Es ist die Geschichte der Domina Francia, der „vor den anderen Nationen gerühmten Dame". Im Laufe der Zeit setzte sich diese Allegorie immer stärker durch. Sechs Jahrhunderte später erklärt Michelet in seinem unnachahmlichen Stil (den man auch unerträglich finden kann): „England ist ein Imperium; Deutschland ist ein Land, eine Rasse; Frankreich ist eine Person. Die Persönlichkeit, die Einheit sind es, die dem Wesen seinen Rang innerhalb der Ordnung der Wesen zuweisen" („Tableau de France", 1831).

Das zweite zentrale Thema ist die ungebrochene Kontinuität, die als wesentlich für das französische Schicksal gesetzt wurde. Seit ihren Anfängen ist die gesamte Geschichtsschreibung Frankreichs darum bemüht, Beweise dafür zu finden und häufig zu erfinden. Von entscheidender Bedeutung ist in diesem Punkt die Erzählung, die so aufgebaut wird, dass eine logische zeitliche Abfolge entsteht: Es ist eine Erzählung von den Ursprüngen, eine Erzählung von Übergängen und von Wiederaufnahmen (nach denen entsprechend gesucht wurde), deren Funktion darin bestand, eine Fortdauer über Zeit zu gewährleisten, die man als Existenzgarantie empfand. Diese Fortdauer war homogen, überzeitlich und beinhaltete so manche Lehre. So ermahnte einst Ernest Lavisse die Grundschüler, sich besser für die Revanche am deutschen Feind zu rüsten: „Eure Vorfahren, die Gallier, waren tapfer. Eure Vorfahren, die Franken, waren tapfer. Eure Vorfahren, die Franzosen, waren tapfer." Somit war der Sieg notwendigerweise in das historische Schicksal Frankreichs eingeschrieben.

Das dritte zentrale Thema ist logischerweise die Gemeinschaft. Dieser Begriff muss in doppelter Bedeutung verstanden werden. Es geht zunächst um eine Schicksalsgemeinschaft: Aus ihrer sehr langen Geschichte konnten die Franzosen Gründe für das Zusammensein herleiten, die nicht im Blut, auch nicht auf dem Boden, sondern in der Geschichte selbst gründeten. Noch im 19. Jahrhundert haben Michelet und dann Renan in berühmten Texten daran erinnert. Diese Gemeinschaft forderte aber darüber hinaus unablässig eine absolute Ausnahmestellung für sich selbst. Dieser Anspruch ist zwar alt, doch wurde er durch die Französische Revolution in seinen Inhalten, seinen Formen und seinem Echo ins Unermessliche gesteigert, so als habe der revolutionäre Bruch – als Beginn einer neuen Zeitrechnung für die Menschheit, als zweite Geburt und wirkliche Inkarnation – Frankreich endlich als das anerkannt, was es war, nämlich als Christus unter den Nationen. Indem sich die Demokratie als universell behauptete, konnte die französische Singularität als Vorbild für die gesamte Menschheit dargestellt werden.

So hat sich über die Zeit ein selbstverständlicher Diskurs ausgebildet, der untrennbar mit der Selbstdarstellung der Nation verbunden war und als dessen einflussreicher Mittler seit dem letzten Drittel des 19. Jahrhunderts die republikanische Schule fungierte. Von diesem Diskurs ist heute zweifelsohne in der Vergangenheitsform zu sprechen. Die eingangs erwähnte Episode macht deutlich, dass es immer schwieriger wird, ihn über die Institution Schule vermitteln und rezipieren zu lassen. Ganz gewiss ist er weniger identitätsstiftend als beispielsweise der Sport. Vor allem tritt er heute in Konkurrenz zu anderen Formen der Beziehung zur historischen Zeit.

Denn weit über den rein schulischen Bereich hinaus ist in den letzten drei Jahrzehnten eine Welle des Erinnerns entstanden, die alles unter sich begrub und dies ehrlich gesagt heute noch tut. Auch dieses Phänomen, auf das ich später zurückkommen werde, ist nicht nur in Frankreich zu beobachten. Es hat zunächst die alten, entwickelten Staaten erfasst und daraufhin nach und nach jüngere Länder, die in geringerem Maße an der Last ihrer Vergangenheit tragen und von denen man glaubte, dass sie sich nicht so leicht von dieser Erinnerungswalze überrollen lassen würden. Das Phänomen hat eine solche Dimension erreicht, dass es zuweilen nicht ohne Grund als Symptom für einen Umbruch betrachtet wird; dieser Umbruch betrifft die kollektive Beziehung, die zeitgenössische Gesellschaften zur historischen Zeit unterhalten; und sie betrifft die Art und Weise, wie die Kategorien miteinander verbunden werden, welche uns erlauben, diese Zeit zu denken – Vergangenheit, Gegenwart, Zukunft. Vielleicht sind wir gerade dabei, in ein neues „Regime der Zeitlichkeit" einzutreten, um den Begriff aufzugreifen, den Reinhart Koselleck und nach ihm François Hartog in einem jüngeren Buch geprägt haben.

2   Transformation der nationalen Meistererzählung

Dass durch diese aktuellen Transformationen, die wir erst allmählich erkennen, auch
die am besten etablierten Modelle der historischen Erzählung in Frage gestellt werden
– an erster Stelle jenes der Nation – darauf hat als einer der ersten Pierre Nora hingewiesen, als er am Ende seiner umfangreichen Untersuchung zu den *Lieux de mémoire*
(dt. Erinnerungsorte) 1992 die Frage stellte: „Wie ist heute die Geschichte Frankreichs
zu schreiben?". Wie ist heute die Geschichte Frankreichs zu schreiben? Die Frage mag
rhetorisch erscheinen. Sind nicht in den 1980er und 1990er Jahren eine ganze Reihe
von Bänden zu jenem Gebiet veröffentlicht worden, das damals etwas vernachlässigt
erschien, nämlich die Geschichte Frankreichs? Ich will vier Beispiele anführen, die
meine Beobachtung veranschaulichen sollen, nicht nur, weil jene Projekte die größte
Aufmerksamkeit der professionellen Historiker und der breiten Öffentlichkeit auf sich
lenkten, sondern auch, weil jedes einzelne von den Fragestellungen zeugt, an denen
man in jenen Jahren zur Geschichte Frankreichs zu arbeiten begann. Es sind dies nach-
einander Yves Lequin und die Historiker, die er in seinen drei Bänden der *Histoire des
Français* versammelte, die dem 19. und 20. Jahrhundert gewidmet ist; Pierre Nora
und jene 130 Autoren, die mit ihm an dem monumentalen Werk *Lieux de mémoire*
(1984–1992) arbeiteten, das sieben Bände und 5.000 Seiten umfasst und Ergebnis
eines Unterfangens ist, das man noch weiter hätte fortsetzen können; Fernand Braudel,
dessen allein geführte Reflexion über *L'identité de la France* (1986) durch den Tod des
großen Historikers unterbrochen wurde; und schließlich nenne ich, wenn Sie erlauben,
jene vier Bände des Kollektivwerks *Histoire de France*, die ich zusammen mit André
Burguière herausgegeben habe und die zwischen 1989 und 1993 erschienen sind. In
ihren Ansätzen, ihrer Zielsetzung, ihrem Stil – auch in ihrer Bedeutung – unterscheiden sich diese Versuche sehr stark voneinander. Doch ist ihnen zumindest ein Punkt
gemeinsam: Sie alle berücksichtigen, dass für die nationale Geschichtsschreibung ein
anderer Ansatz als die alte, mächtige, nahezu biografische Erzählung von der Nation
Frankreich gefunden werden musste, denn aus einer ganzen Reihe von Gründen wurde
diese Erzählung nicht mehr akzeptiert und war auch nicht mehr akzeptabel. Angesichts
der Kürze der zur Verfügung stehenden Zeit beschränke ich mich darauf, nur die wichtigsten Gründe dafür zu nennen:

–   Der erste, vermutlich offenkundigste und am häufigsten kommentierte Grund be-
    steht darin, dass die Erinnerung mehr als die Geschichte zum bevorzugten Mittel
    wurde, Vergangenheit zu erfassen und zu benutzen. Was in den *Lieux de mémoire*
    so eindrucksvoll thematisiert wird, ist die gelehrte und kritische Version einer
    Basisbewegung, die in der Gesellschaft entstanden ist, noch bevor sich Historiker
    und auch Politiker damit befassten. Diese Bewegung äußerte sich auf vielfälti-

ge und vielfache Weise, jedoch hat sich, um die Äußerungen von Pierre Nora aufzugreifen, „die Vorstellung einer Verpflichtung gegenüber der Vergangenheit allgemein verbreitet". Ja, sie wurde sogar bis in die Gegenwart ausgedehnt, deren Protagonisten wir sind und die wir ganz lebendig konservieren und archivieren möchten so wie die Vergangenheit, zu der sie eines Tages wird, ohne jene Auswahl- und Klärverfahren wirken zu lassen, die man traditionell der historischen Zeit überantwortete. Unsere Gesellschaften haben sich in Agenturen für Gedenken und Verwaltung des historischen Erbes verwandelt.

– Damit komme ich zum zweiten Grund, der mir wichtig erscheint. Es ist genau diese Beziehung, die wir zur historischen Zeit unterhalten, die sich in den letzten Jahrzehnten des vergangenen Jahrhunderts zutiefst veränderte. Seit dem 18. Jahrhundert war die Vorstellung von der Gegenwart und die Art und Weise, wie wir die Vergangenheit ordneten und verstanden, von unserer Erwartung der Zukunft bestimmt. Unsere Gesellschaften, so auch die französische – sie vielleicht sogar mehr als alle anderen, da sie sich selbst gerne als Avantgarde betrachtete – lebten in einer vektoriellen Zeit, in einer Zeit des Fortschritts, die Kohärenz und Bedeutung von historischer Erfahrung in ihrer Gesamtheit garantierte. Wie Sie sicher erkannt haben, greife ich hier in vereinfachter Form die von Reinhart Koselleck in „Die vergangene Zukunft – zur Semantik geschichtlicher Zeiten" vorgeschlagene Lesart auf. Dieser Bezugsrahmen ist jedoch unter den Attacken der Gegenwart zerbrochen. Die Zukunft, wie wir sie uns vorstellen können, ist ungewiss geworden. Sie hat uns nichts mehr zu sagen, sie lockt uns nicht mehr. Die Gegenwart mit der Wirtschaftskrise, mit der sozialen und politischen Neuordnung der Welt ist undurchschaubar geworden. Damit bietet auch die Vergangenheit keine verlässlichen Wegweiser mehr auf dem unaufhaltsamen Marsch in den Fortschritt. Es ist gewiss zutreffend, dass unsere Gesellschaften noch niemals schnellere Veränderungen erlebten, was das Wissen und die Zirkulation des Wissens anbelangt, als in den letzten 30 Jahren. Wir sind jedoch nicht mehr sicher, dass uns diese Veränderungen zu einem besseren Ganzen führen. Ehrlich gesagt, wissen wir trotz der unglaublich leistungsfähigen Instrumente, über die wir heute verfügen, nicht mehr so recht, wohin unser Weg führt, und wir schenken Prognosen, die doch nur Prophezeiungen sind, kein Vertrauen mehr.

– Ich komme zu einer dritten Kategorie von Gründen. Lange Zeit war in Frankreich das Vertrauen in das Schicksal der Nation – in die Geschichte Frankreichs im eigentlichen Sinn – von einer Art Messianismus getragen. Dieser wurzelte im französischen Fall zugleich in einer sehr langen kollektiven Erfahrung, deren Ursprünge man mit allen Mitteln so weit wie möglich in die Vergangenheit zurück

verlegen wollte, bis zu den Franken, zu den Galliern, ja warum nicht bis zu den
Trojanern, einer Erfahrung, die weitergereicht wurde von der Größe der Monarchie
an die Versprechen der Revolution und der Republik. Nach dem Zweiten Weltkrieg konnte Frankreich diesen messianischen Anspruch nicht mehr behaupten,
auch wenn unsere Politiker und Kulturschaffenden zuweilen noch das Recht der
exception française, der französischen Ausnahme, einfordern. Wenn es überhaupt
noch eine französische Ausnahme gibt, dann ist sie allenfalls noch eine Ausnahme
unter vielen. Mit großem Widerstreben, das sich noch heute schmerzlich äußert,
musste Frankreich leidvoll anerkennen, dass es ins Glied zurückgetreten ist – mit
allen Konsequenzen für die Art und Weise, wie es seine Geschichte zu betrachten
und mit ihr zu leben hat.

Dieser Befund mag melancholisch stimmen, lässt er doch vermuten, dass eine Seite
umgeblättert wurde. Dass die Franzosen keine andere Wahl mehr haben, als nostalgisch auf eine Vergangenheit zu blicken, die ihnen keinen Vorgeschmack der Zukunft
mehr erlaubt. Die Nationalgeschichte neu zu denken, wäre demnach künftig nur noch
der etwas verzweifelte Versuch, eine verlöschende Glut neu zu entfachen – ein letztes
Aufflackern des nationalen Mythos' zu erzeugen, der zum Verschwinden bestimmt
ist. Diese These hat beispielsweise der amerikanische Historiker Steven Englund in
seiner beißenden und scharfen Kritik zu den *Lieux de mémoire* aufgestellt, die im *Journal of Modern History* (1994) veröffentlicht wurde. „Ein Gespenst geht um unter den
französischen Historikern, das Gespenst der Nation. Bei der heutigen wie schon bei
vielen früheren Generationen von Gelehrten entfacht das Gespenst immer wieder eine
tief verwurzelte Nostalgie, deren Schmerz die Seele umklammert und die Arbeiten
durchtränkt [...]. Der unerschrockenste Verteidiger der ‚Nation' bleibt bis heute Pierre
Nora." Nachdem Englund pflichtschuldigst Originalität und Qualität des Unterfangens Anerkennung gezollt hat, schließt er unwiderruflich mit einer Parallele, die keine Zweideutigkeit aufkommen lässt: „… die vielleicht engste Verbindung zwischen
Pierre Nora und Ernest Lavisse (jenem Autor, der die republikanische Version der Nationalgeschichte zum Ende des 19. Jahrhunderts am stärksten prägte) ist die Strategie,
die beide Historiker verfolgen: Die Verteidigung, ja die Verherrlichung – durch eine
‚wissenschaftliche' Erzählung, die völlig neu daherkommt – von gewissen, lieb ge-
wonnenen Mythen der post-revolutionären französischen Geschichtsschreibung, insbesondere hinsichtlich der Universalität und Unvergänglichkeit der ‚Nation'". Englund
geht sogar noch weiter, denn am Ende seiner Analyse rät er, diese *Lieux de mémoire*
als einen verzweifelten und selbstverständlich vergeblichen Versuch zu lesen, „einer
schwammigen ideologischen Einheit, genannt ‚Nation'" in letzter Minute ein wenig
laizistische Transzendenz einzuflößen, um so „eine spirituelle Leere zu füllen".

Kritik kam aber auch von dieser Seite des Atlantiks. Bei der Verteidigung und Er-
läuterung seines komparatistischen Ansatzes, den Marcel Detienne seit einigen Jahren
verfolgt, sind ihm keine Worte scharf genug für die Generation der oben erwähnten
französischen Historiker, beginnend bei *L'identité de la France* von Braudel, über die
Lieux de mémoire oder auch die Versuche, die wir, Burguière und ich unternommen
haben. „Die Gattung ‚Geschichte Frankreichs' oder pompös Nationalgeschichte ist
notwendigerweise dem Bereich der Mythenideologie zuzuordnen [...]". Sie gibt von
vorneherein zu, dass ihre Ursprünge dem Mythos zuzuordnen sind und schafft damit
ein Hindernis für eine kritische Analyse, wie sie Detienne in seinem komparatistischen
Ansatz propagiert. Dieser allein sei in der Lage, „die Bestandteile dieser Identitätsmy-
thologien zu erschließen".

Man darf diese und auch andere Kritiken (ich denke hier insbesondere an die von
Gérard Noiriel vorgebrachten Einwände) nicht ignorieren. Man darf auch das Umfeld
nicht ignorieren, in dem sie entstanden sind – eher ideologischer und politischer Art
bei Englund, stärker epistemologisch orientiert bei Detienne. Mir scheint jedoch, dass
sie alle übersehen, was den jüngeren Versuchen, die Geschichte Frankreichs oder allgemein die Geschichte eines nationalen Ganzen neu zu denken und zu schreiben, gemein
ist. So besteht in den *Lieux de mémoire* das Puzzle aus 130 Teilen, es ist ein unvollen-
detes und gewiss nicht zu vollendendes Puzzle; Braudel denkt über die Art und Weise
nach, wie sich eine französische Identität im Vergleich zu vielen anderen ausbildete,
die in bestimmten zeitlichen Momenten möglich waren; Burguière und ich wählten in
der *Histoire de la France* einen thematischen Ansatz, der bewusst mit chronologischen
Kontinuitäten brach: All dies sind Versuche, mit der allzu selbstverständlichen Evidenz
des Nationalen zu brechen und zu verstehen, wie sich im Laufe der langen historischen
Erfahrung eine Singularität ausbildete. Das betrifft Frankreich wie jedes andere Kollektiv, das zu einem gegebenen Moment das Bewusstsein besaß, etwas Gemeinsames zu
teilen. Letztlich, so scheint mir, ist es belanglos, ob wir die Idee des Nationalen mögen
oder nicht: Es geht dabei um die Auswahl und den Kontext. Ein Historiker darf dabei
aber nicht das Kind mit dem Bade ausschütten und verfügen – weil er heute zu Unrecht
oder zu Recht der Ansicht ist, die Nation sei eine Illusion, ein Mythos, eine Ideologie –
dass das Nationale als historische Gegebenheit nicht mehr gedacht werden kann. Es ist
zunächst eine Gegebenheit, über die nachzudenken wir aufgefordert sind.

Indem wir diese Prämisse akzeptieren, haben wir uns aber noch nicht aus der Affäre gezogen. Der Bequemlichkeit und Einfachheit halber habe ich bislang von einem
kollektiven Akteur gesprochen: Von den Franzosen, unserer Gesellschaft, unseren Gesellschaften, diesem „wir", dessen neuerdings veränderte Beziehungen zur historischen
Zeit ebenso wie zur nationalen Erfahrung ich in groben Zügen zu beschreiben versucht
habe. Wir haben diese Veränderungen, die unser Leben als Historiker durchzogen, aufmerksam beobachtet, wir wurden von ihnen aufgestachelt und sicher auch fasziniert,

wir haben sie analysiert, als könnten sie den Bezugsrahmen abgeben, der allen gemeinsam ist. Allerdings ist nichts weniger gewiss. Das Problem liegt hier nicht in erster Linie in der Distanz, die notgedrungen immer zwischen der gemeinsamen Erfahrung und den mehr oder weniger differenzierten Darstellungen der Berufshistoriker besteht. Dies war gewiss schon immer so, zu Zeiten von Lavisse ebenso wie von Braudel oder von Nora. Nein, das Problem reicht tiefer. Gibt es zu Beginn des 21. Jahrhunderts in einem Land wie Frankreich noch eine gemeinsame Erfahrung von historischer Zeit? Oder sehen wir uns nicht vielmehr mit unterbrochenen Zeitenfolgen konfrontiert, mit einer Diskordanz der Zeiten, um den Titel aufzugreifen, den ich meinem Beitrag gegeben habe?

3   „Diskordanz der Zeiten" in Gesellschaft und Politik

Fangen wir beim Einfachsten an. Seit 20 oder 25 Jahren wird beklagt, dass unsere Schüler und Gymnasiasten die Geschichte ihres Landes nicht mehr kennen. Fernand Braudel nahm Stellung zu dieser öffentlichen Debatte, die zu Beginn der achtziger Jahre geführt wurde, und vertrat die Ansicht, dies sei „ein alter Streit", der immer wieder neu entfacht werde und „aus dem wir nichts Neues lernen". Er hatte Recht. Aber, er hatte nicht ganz Recht. Viele Lehrer in der Sekundarstufe wissen heute, dass ein nicht unbeträchtlicher Teil ihrer Schüler keinerlei elementare chronologische Anhaltspunkte mehr hat und auf einer Zeitachse nicht mehr Jeanne d'Arc, Richelieu, Bonaparte oder Victor Hugo einordnen kann. Inzwischen wurden Lehrpläne überarbeitet, wurde die Pädagogik angepasst, was gewiss nützlich war, aber die Dinge nicht grundlegend änderte. Denn wenn diese Bezugspunkte, die man früher selbstverständlich nennen konnte, auch wenn man sonst nichts behielt, heute verblasst sind, dann deshalb, weil die sich dabei abzeichnende zeitliche Anordnung, die nationale Chronologie, für einen Teil der heutigen Schülerbevölkerung – den Erwachsenen von morgen – keine Bedeutung mehr hat. Zunächst deshalb, weil für viele dieser jungen Leute diese Geschichte nicht mehr ihre eigene ist. Zu Zeiten, da Frankreich ein Imperium besaß, konnte es stolz den Landeskindern in den Kolonien lehren, dass ihre Vorfahren Gallier waren und in Strohhütten lebten. Diese Vulgata ist heute in den Schulen des Hexagons nicht mehr zu vermitteln, und dies gilt nicht nur für die Vorstädte. Das Land ist multikulturell geworden, und es ist durchaus bereit, verschiedene historische Bezüge, die erlernt, gehört oder erfunden wurden, miteinander zu verbinden – doch sie ergeben keinen Zusammenhang. Für viele ist der Fußballer Zidane gewiss wichtiger als Jeanne d'Arc oder auch Asterix. Man wird einwenden, dass es auch gute Schüler gibt, die ihren Stoff beherrschen und ihre Geschichte kennen, und auch dies ist richtig. Aber diese Geschichte ist keine gemeinsame mehr. Im Gegenteil, da wo sie vor 50 Jahren noch zusammenführte, wirkt sie heute trennend.

Aber da ist noch mehr im Spiel. Die Erinnerungsoffensive der letzten 30 Jahre hat mächtige Wirkungen hervorgebracht. Sie hat das französische Kollektiv zuweilen zu einer Anamnesearbeit gezwungen, der es sich oft verweigert hatte. Dies galt für die Vichy-Zeit – und den Weg, den ein großer amerikanischer Historiker, Robert Paxton, gewiesen hatte – und in jüngerer Zeit für den Algerien-Krieg. Allgemeiner, und weniger dramatisch, hat in Frankreich wie in anderen Ländern die Erinnerungsarbeit dazu beigetragen, dass sich die Idee von der Existenz eines nationalen Kollektivs auflöste. Dies hatte zunächst zur Bildung von Identitäten unterschiedlicher Provenienz geführt, die sich jeweils als nicht reduzierbare Besonderheit behaupteten. Lange Zeit wurden Erinnerungen von Zeitzeugen als Beitrag zum Verständnis einer gemeinsamen Erfahrung betrachtet. Diese Regel galt selbstverständlich für die Erinnerungen großer Persönlichkeiten. Doch sie galt auch für die Erzählungen jener, deren als exemplarisch dargestellter Werdegang, von welchem Ort in der Gesellschaft sie auch kamen, mit dem kollektiven Schicksal in Verbindung gebracht wurde: Dies betraf die Autobiografien vieler Arbeiter im 19. Jahrhundert, die politischer Aktivisten im 20. Jahrhundert. Heute erwartet man jedoch von solchen Zeugnissen ganz im Gegenteil die Bestätigung einer unhintergehbaren Differenz und einer grundsätzlichen Vielfalt innerhalb der nationalen Gemeinschaft. Wenn es um Erinnerungen von Protestanten, Juden, Italienern, Polen, Spaniern, aber auch Okzitanen, Bretonen oder Elsässern geht, die immer zahlreicher auftauchen, dann erwartet man nicht mehr zu erfahren, wie diese jeweils zu Franzosen wurden; vielmehr will man verstehen, wie sie innerhalb des Gesamtgebildes Frankreich sie selbst blieben. Die Auswirkungen dieses Mechanismus', die in den meisten unserer Länder zu finden sind, kennen wir mittlerweile gut. Der Historiker hat darüber nicht zu urteilen, seine Aufgabe ist es, sie als Untersuchungsgegenstände zu erfassen. Aber er muss feststellen, dass die Zeit in der Erinnerung von Kommunisten und Bauern, von Frauen, Protestanten oder *beurs* – angenommen, diese Erinnerungen wären innerhalb ihrer Gruppe homogen, woran man zu Recht zweifeln mag – dass all diese Zeiten nicht synchron sind und nicht in eine große Erzählung integriert werden können, da sie nicht mehr existiert. Hier gibt es nichts zu bedauern, doch muss man dies zumindest zur Kenntnis nehmen.

Ich komme schließlich zu einer letzten Dimension dieser summarischen Diagnose. Die französische Gesellschaft, verstanden als Gesamtheit dieser verschiedenen Subkulturen, die anerkannt werden wollen, ist wie alle Gesellschaften heute mit Umstrukturierungsbewegungen konfrontiert, die über sie hinweggehen und von denen sie nicht weiß, wohin sie führen und wohin sie mit ihnen geführt wird. Man denkt hier natürlich an das, was heute Modernisierung oder Globalisierung genannt wird, auch wenn diese Erfahrung nicht die erste dieser Art ist. Wer glaubt noch daran, dass sie alle Unterschiede, die aus der Geschichte hervorgingen, auslöschen wird, wo doch der Alltag unerbittlich genau das Gegenteil vor Augen führt. Und wie lange wird dies andauern? Wer will hier noch eine Prognose wagen?

Man kann, ja man muss hier auch bescheidener an die langwierige Schaffung Europas denken, die unsere Regierenden heute so sehr beschäftigt. Man weiß, nicht zuletzt aufgrund der sehr niedrigen Wahlbeteiligung bei den letzten Wahlen zum Straßburger Parlament, dass sie die Massen nicht mobilisiert. Doch sie beunruhigt sie häufig so sehr, dass Europa gerade jene Länder gegen sich aufbringt, die eben erst große Anstrengungen unternommen haben, um beitreten zu können. Sie stört Interessen, sie schürt Erwartungen, sie erzeugt Spaltungen und ungewöhnliche Solidaritäten, die weitaus tiefer reichen als das relative Verschwinden unserer Grenzen. Die Entscheidungen der internationalen Politik in der Irak-Krise vor sieben Jahren ließen hervortreten, was man schon lange hätte ahnen müssen: Die Länder Mittel- und Osteuropas leben nicht in der gleichen Zeitlichkeit, sie leben nicht in der gleichen Geschichte wie die Länder des Westens; sie definieren sich immer noch mit Bezug auf 1939 und 1945 – aus offenkundigen Gründen, deren Wirkungen wir heute registrieren. Die heftige Diskussion über die Aufnahme eines Bezugs auf christliche Werte in die Europäische Verfassung hat andere Wurzeln zu Tage treten lassen und andere Bruchlinien, die auf noch andere Geschichten verweisen. Und auf welche gemeinsame Geschichte wird sich dieses neu zusammengesetzte Gebilde morgen berufen, das sich nicht mehr – schon heute nicht mehr – auf die verlorene Einheit der mittelalterlichen Christenheit beziehen kann? Wir wissen es nicht. Wir wissen es umso weniger, als sich auch innerhalb unserer Länder neue Strukturen auszubilden beginnen, deren Folgen als tiefe Kluft zwischen Insidern und Outsidern sichtbar werden, ob es um gesellschaftliche Gruppen, um regionale Einheiten oder um identitätsstiftende Gemeinschaften geht. Natürlich ist dies alles sehr normal: Schließlich handelt es sich genau um dieselbe Erfahrung wie in jenen Ländern, die im 19. bzw. im 20. Jahrhundert ihre Einheit geschaffen haben. Aber im Guten wie im Schlechten wurden sie von einem nationalen Projekt getragen, das die Geschichte, derer sie bedurften, hervorbrachte und häufig erfand. Ein solches Projekt ist heute nicht mehr erkennbar, und wir wüssten auch nicht mehr, an welche Geschichte wir dabei anknüpfen können. Wir wissen nur, dass unsere alten Geschichten dazu nicht geeignet sind.

Ich möchte dem bereits erschütterten Bild ein weiteres Element der Ungewissheit hinzufügen. Wir argumentieren immer so, als ob wir, Lehrer und Forscher, die einzigen wären, die sich im Auftrag der Allgemeinheit, die uns dafür entlohnt, mit Geschichte beschäftigen. Diese Situation, die vielleicht für das 19. und einen guten Teil des 20. Jahrhunderts galt, trifft heute nicht mehr zu. Andere Protagonisten sind inzwischen auf die Bühne der Geschichtsschreibung getreten, und mehr als die professionellen Historiker informieren sie die öffentliche Meinung und nähren die Diskussionen; es sind dies Journalisten, Richter, Zeitzeugen, zuweilen auch Politiker. Darf in einer Epoche der beschleunigten, quasi sofortigen Historisierung der Gegenwart sich auch der Historiker so weit vorwagen, dass er „Geschichte live" präsentiert und von einem Tag auf den anderen den Standpunkt der Nachwelt zu einem Ereignis einnimmt, so wie es der Journalist tut? Darf er sich jedoch verweigern? Welches wäre der Preis im einen und im anderen Fall? Diese Frage muss zumindest gestellt werden. Auch die Justiz hat hier die Bühne betreten, wie es beim Prozess gegen Klaus Barbie und bekannte Kollaborateure wie Paul Touvier und Maurice Papon zu beobachten war. In diesen Fällen konnte man feststellen, dass die Anforderungen eines Gerichtsverfahrens und die historische Analyse oft schwer miteinander vereinbar sind. Zu dieser Zeit meinten auch gewählte Politiker, dafür verantwortlich zu sein, ihre eigene Version der Vergangenheit bekannt zu geben. So verabschiedete die französische Nationalversammlung einen Gesetzesentwurf, der den Völkermord an den Armeniern anerkennt. Sie tat dies gewiss aus guten Gründen, dennoch kann man sich fragen, worin ihre Kompetenz für die Bewertung einer historischen Tatsache besteht. Und was wäre geschehen, wenn sie zur gegenteiligen Entscheidung gelangt wäre? Diese Hypothese ist nicht ganz fiktiv, denn dieselbe Instanz hatte 2005 zunächst zugestimmt, dann unter dem Druck des Präsidenten der Republik Jacques Chirac wieder darauf verzichtet, einen Änderungsantrag zu verabschieden, der die Segnungen des Kolonialismus verkündete. Ganz allgemein dringen die sich häufenden so genannten Erinnerungs-Gesetze ganz bewusst in das Gebiet der Historiker ein, und dies in einem solchen Maße, dass sich diese mobilisierten, um kollektiv die „Freiheit für die Geschichte" zu verteidigen.

In der Debatte zur zeitgenössischen Geschichtsschreibung sind aber vermutlich die Zeitzeugen zu den sichtbarsten Protagonisten geworden. Was wiegt das Wort eines Historikers angesichts der Stimme und des Gesichts eines Überlebenden, eines Opfers. Unterschiedliche Umsetzungen wie der große Film von Claude Lanzmann „Shoah" (1985) oder das Unterfangen der Stiftung Spielberg, Zeugnisse von allen Überlebenden der nationalsozialistischen Lager zusammenzutragen und daraus die wirkliche Geschichte des Genozids an den Juden zu machen, führen geradewegs zu der Frage, ob der Zeuge eine „Quelle" oder eine „Stimme" ist, die man lieber direkt wahrnehmen sollte, ohne Vermittlung von Historikern und ohne dass man diese benötigte, also zur Frage: Wer ist heute Historiker? Wenn hier an diese veränderten Bedingungen erinnert wird, dann nicht, um zu klagen und nostalgisch irgendwelche angestammten Rechte für die Historikerzunft auf ihrem ureigenen Terrain zu fordern, sondern um sie zu ermutigen, stärker und besser als bisher den tief greifenden Wandel zu berücksichtigen, der ohne jeden Zweifel ihre Berufspraxis beeinträchtigt und auch, und dies ist vermutlich noch wichtiger, über die Beziehungen zur Geschichte bestimmt, wie sie sich die französische Gesellschaft in ihren verschiedenen Bestandteilen vorstellt.

4   Verblassen der Meistererzählung der französischen Nation

Man kann zweifellos in vielen Ländern parallele Entwicklungen finden, wie ich sie für
Frankreich aufgezeigt habe. Der Historikerstreit der 1980er Jahre in Deutschland ist
dabei ein entscheidendes Ereignis, das die intellektuelle Debatte vielleicht am stärksten mobilisierte, nicht nur in Deutschland. Wenn diese Veränderungen in Frankreich
aber so intensiv empfunden werden, dann weil sie einen Sockel sehr alter Gewissheiten frontal erschütterten, der Garant für die Einzigartigkeit, die Ausnahmestellung
des französischen Schicksals war und weil diese Gewissheiten unablösbar mit der Erzählung von der Nation verbunden waren. Der revolutionäre Messianismus und der
pädagogische Zwang der Dritten Republik haben dieser Erzählung eine solche Macht
verliehen, dass sie scheinbar alle Unterschiede in der gesellschaftlichen Welt schrump-
fen ließ. Von diesem Moment muss man heute in der Vergangenheitsform sprechen.
Das Verblassen der Erzählung von der Nation setzte eine ganze Palette heterogener,
häufig dissonanter und unverbundener Erfahrungen frei, mit denen wir leben müssen,
denn sie konstituieren die wirkliche Welt, die Welt, in der wir leben.

Für uns Franzosen und vielleicht auch für jene, die uns beobachten, für Sie alle
mag diese Situation ungewöhnlich neu erscheinen. Ist sie es wirklich? Die Frage ist
nicht leicht zu beantworten. Immerhin könnte es sein, dass die historisch-nationale
Synthese des 19. Jahrhunderts die Ausnahme war und nicht die Regel. In seinen an-
spruchsvollen, schwierigen Überlegungen, die François Hartog vor einigen Jahren in
seinen *Régimes d'historicité* anstellte, setzte er die Gedanken von Reinhart Koselleck
auf noch komplexere Weise fort. Dem großen deutschen Historiker ging es darum, die
Konstellationen der Beziehung zu charakterisieren, die die europäischen Gesellschaften zur historischen Zeit unterhielten. Hartog interessiert sich seinerseits dafür, was er
nach Hannah Arendt „Traditionsbruch" nennt, für jene Störungsmomente, in denen die
Geschichte weniger lesbar wird, weil sie umfassend neu gedacht werden muss. Chateaubriand, dem er ein sehr schönes Kapitel in seinem Buch widmet, verkörpert in seinen Augen die Schwierigkeit, die darin besteht, zu leben und neu zu denken, hin- und
hergerissen zwischen nicht zu vereinbarenden Regimen geschichtlicher Zeiten. Solche
Überlegungen kommen im richtigen Augenblick, denn vermutlich befinden wir uns gerade in einem solchen Traditionsbruch. Dies ist eine unbequeme, aber anregende Position. Letztlich erinnert sie uns Historiker daran, wie schwierig, aber auch erhebend es ist,
Zeitgenossen des Zeitgenössischen sein zu wollen.

(Übersetzung aus dem Französischen: Dr. Erika Mursa)

Literatur

Braudel, Fernand (1986–1988): L'identité de la France (3 vol.) - Paris: Arthaud-Flammarion.

Braudel, Fernand (1989–1990): Frankreich (3 Bände) - Stuttgart: Klett-Cotta.

Burguière, André/Jacques Revel (Hg. 1989–1993): Histoire de la France (4 vol.) - Paris: Seuil.

Englund, Steven (1992): „The Ghost of Nation Past (Review Article)." Journal of Modern History 64:2, S. 299–320.

Hartog, François (2003): Régimes d'historicité: présentisme et expérience du temps. - Paris: Seuil.

Koselleck, Reinhart (1979): Die vergangene Zukunft. Zur Semantik geschichtlicher Zeiten - Frankfurt am Main: Suhrkamp.

Lequin, Yves (1983–1984): Histoire des Français XIXe–XXe siècles (3 Bände). - Paris: Colin.

Nora, Pierre (Hg., 1984–1992): Les lieux de mémoire (7 vol.) - Paris: Gallimard.

Paxton, Robert (1972): Vichy France: old guard and new order, 1940–1944. - New York: A. Knopf.

Brauchen wir ein „Haus der Geschichte Frankreichs"?

Oder die Rückkehr der nationalen Meistererzählung

Nicolas Offenstadt

Anlässlich seines Besuches der prähistorischen Grotte von Lascaux am 12. September 2010 verkündete der Präsident der französischen Republik, Nicolas Sarkozy, dass das Projekt eines „Hauses der Geschichte Frankreichs" konkrete Formen annehme und im Herzen von Paris, auf dem Gelände des französischen Nationalarchivs, realisiert werde. Er erinnerte in seiner Rede daran, dass seine Mitarbeiter sich bereits seit einigen Jahren diesem Projekt widmen und sich um ein gelungenes Konzept, geeignete Orte und eine gute Organisationsform bemühen. „Dies ist ein Projekt von höchster Wichtigkeit", fasste er abschließend zusammen. Offensichtlich möchte Nicolas Sarkozy die Tradition der französischen Präsidenten fortsetzen, die immer daran dachten, Spuren ihrer Macht zu hinterlassen, indem sie wichtige Kulturstätten errichteten. Man denke nur an das Centre Pompidou, die Pyramide des Louvre oder das Museum am Quai Branly…

Dieses Projekt von „höchster Wichtigkeit" ist Gegenstand des vorliegenden Beitrags, der sich genauer mit den drei vom Präsidenten erwähnten Aspekten befassen wird: Dem Konzept des Projekts, den Standorten und der Organisation. Das Projekt wirft Fragen auf, die sowohl den zeitgenössischen Umgang mit Geschichte, die Geschichtsschreibung im öffentlichen Raum – was man heute im angelsächsischen oft *public history* nennt – als auch den Platz des Historikers in diesem Gefüge betreffen. Aber um die Herausforderung, das „Konzept" des Hauses der Geschichte Frankreichs zu verstehen, empfiehlt es sich, zunächst den Kontext dieses Projekts in Erinnerung zu rufen.

1   Anstelle eines Konzepts: Die Rückkehr der nationalen Meistererzählung[1]

Die Geschichte, als das Studium des Vergangenen verstanden, ist nie ausschließlich in den Klöstern geblieben. Die Obrigkeiten, selbst die noch so republikanischen, haben in großem Stil Gebrauch von ihr gemacht, sei es, um eine Erzählung zu schreiben, die sie im rechten Licht erscheinen ließ, oder um das Zugehörigkeitsgefühl ihrer Untertanen oder ihrer Bürger zu stärken.[2] Die direkten Verbindungen zwischen republikanischen Historikern und den Regierungen der III. Republik gehen über die Rolle informeller Netzwerke hinaus und verweisen auf den Zusammenhang zwischen gesellschaftlichem Fortschritt durch demokratische Vernunft und positive Wissenschaftsgläubigkeit, ein Glauben an das Potential der historischen Methode, zur Hebung des öffentlichen Bewusstseins beizutragen. In einem berühmt gewordenen Text von 1876 für die erste Ausgabe der *Revue historique* schreibt Gabriel Monod, dass es angesichts der vorangegangenen Ereignisse (insbesondere die Annexion Elsass-Lothringens durch Deutschland 1871) die Aufgabe des Historikers sei, „in der Seele der Nation ihr Selbstbewusstsein anhand einer vertieften Kenntnis ihrer Geschichte zu wecken". Die Geschichte arbeite „auf eine verdeckte und zuverlässige Weise sowohl an der Größe des Vaterlandes als auch am Fortschritt der Menschheit." Dennoch ruft Monod im gesamten Text immer wieder zu Wahrheit, Wissenschaft und Sachlichkeit auf.[3] Auf diese Weise gingen engagierter Patriotismus und historische Arbeit bei vielen Historikern dieser Zeit Hand in Hand: „Die Kenntnis der Geschichte [...] erleuchtet die Vaterlandsliebe".[4]

Diese Zeit der Entstehung der Republik hat das gefestigt, was man heute den *roman national* oder *récit national*, die nationale Meistererzählung, nennt.[5] Die Historiker

---

1   Beim folgenden Text handelt es sich um eine aktualisierte Fassung der Analyse, die der Autor in *L'Histoire Bling-Bling*, Paris, Stock, 2009 veröffentlicht hat.

2   Dazu neuerdings A.-M. Thiesse , „L'Histoire de France en musée. Patrimoine collectif et stratégies politiques", *Raisons politiques*, 37, février 2010, S. 103–118. Besonders S. 105 über die Funktionen von Nationalgeschichte: Verbindung von Nation und Herrschaftsgebiet, Definition „nationaler" Gruppen.

3   S. zur Definition dieser republikanischen und wissenschaftlichen Moral: „Comment Gabriel Monod faisait parler les morts: les modèles de référence du rôle social du savant", O. Dumoulin, *Le rôle social de l'historien. De la chaire au prétoire*, Paris, Albin Michel, 2003, S. 149–187.

4   Ernest Lavisse, Ibid., S. 180, s. auch S. 184.

5   Der Ausdruck „nationale Meistererzählung" (*roman national*) verbreitete sich in Frankreich in den neunziger Jahren des letzten Jahrhunderts und setzte sich schließlich in der Öffentlichkeit durch, um die patriotische Einheitserzählung zu bezeichnen, die die lange und ungebrochene Geschichte Frankreichs betont, die großen Ereignisse unterstreicht, die französischen „Helden" feiert, und dabei die eher problematischen Seiten der Geschichte oft verwässert. Die „nationale Meistererzählung" verwandelt seit jeher den „Patriotismus" in etwas normales, quasi-natürliches. Siehe dazu P. Garcia, J. Leduc, *L'enseignement de l'histoire en France. De l'Ancien Régime à nos jours*, Paris, Armand Colin, 2003, S. 51f. und detailliert S. Citron, *Le mythe national. L'histoire de la France revisitée*, Paris, Editions de l'Atelier, 2008. S. auch „1500 ans d'histoires de France", *Les collections de l'Histoire*,

und selbst die Akteure des öffentlichen Lebens verwenden diese Ausdrücke nunmehr mit Vertrautheit und Distanziertheit. Das war jedoch nicht immer so. Die Darstellung der Geschichte Frankreichs, vornehmlich in Schulbüchern und populärwissenschaftlichen Werken, vermittelte über lange Zeit die Vorstellung, dass seit der Antike der Gang der Geschichte ungebrochen und natürlicherweise auf die Entstehung und Entwicklung Frankreichs zulaufe, mit Frankreich als Akteur und Einheit seit grauer Vorzeit. Die Aufgabe der Historiker war es also, sowohl die übergeordneten Merkmale, als auch das sich Wandelnde dieses Gangs der Geschichte zu unterstreichen, um so zu demonstrieren, wie geographische Einheiten sich auf fast natürliche Weise zu „Frankreich" zusammenfügten. Innerhalb dieses großen Freskos würdigte die historische Erzählung besonders die berühmten Persönlichkeiten und Gründungsmomente, die man für die Entwicklung Frankreichs als bedeutsam ansah.

Die Schul-, Erziehungs- und Kulturpolitik der III. Republik verbreitete diese Ansicht weitläufig, wie die berühmten Schriften Ernest Lavisses bezeugen, einem „Nationalhistoriker" und Produzenten von Schulbüchern mit beträchtlichem Publikum, der die Meinung vertrat, „wenn wir dem Schüler nicht die lebendige Erinnerung an unsere nationalen Sternstunden mitgeben [...], wenn er sich nicht zu einem von seinen Pflichten überzeugten Bürger und zu einem Soldaten, der seine Flagge liebt, entwickelt, so hat der Lehrer seine Zeit verschwendet".[6]

Diese große nationale Geschichtserzählung, bisweilen auch mit einigen Variationen, hatte natürlich eine politische Dimension: Sie diente dazu, das Gefühl der Zugehörigkeit zu stärken und die Republik als Schlusspunkt einer großen und teilweise zusammenhängenden geschichtlichen Entwicklung darzustellen. Der Patriotismus stand im Mittelpunkt des Schulsystems, wobei manche sogar von einer Art „staatsbürgerlicher Religion"[7] sprechen. Die unterrichtete Geschichte hatte also eine starke patriotische

---

juillet–septembre 2009. Bei einem Blick zurück auf die Arbeiten der achtziger Jahre, die diese Inszenierung der Geschichte und der Vergangenheit behandeln, zeigt sich, dass sie meistens andere Begriffe bevorzugen, wie „republikanische Legende" („légende républicaine") oder „Text à la Lavisse" („texte" lavissien, Suzanne Citron), „nationale Mythologie" („mythologie nationale", Christian Amalvi, Suzanne Citron), „Heilige Geschichte" („Histoire sainte", Pierre Nora). Heute befürworten manche Wissenschaftler den Begriff, wie der israelische Historiker Elie Barnavi: „Die nationale Meistererzählung? Damit muss man schon anfangen. Wieviele Generationen kleiner Juden, Italiener, Polen haben für sich den Refrain über unsere Vorfahren, die Gallier, nachgestottert? Erst etwas später haben sie verstanden, dass die Angelegenheit nicht ganz so einfach war." in D. Bermond, „Un musée, pour quoi faire?", *1500 ans d'histoire de France, op. cit.*, S. 92. François Fillon, wie Hartmut Stenzel in diesem Band zeigt, benutzt den Begriff ebenfalls affirmativ während der Debatte über die „nationale Identität" im November 2009.

6   Zitiert in J. Leduc, „L'école des Hussards noirs et la République des professeurs d'histoire", C. Amalvi éd., *Les Lieux de l'histoire*, Paris, Armand Colin, 2005, S. 304.

7   C. Amalvi, „D'une histoire sacrée à une histoire profane: la vulgarisation, 1814–1914", in: Id., *Les Lieux de l'histoire... op. cit.*, S. 214 und allgemeiner P. Garcia, J. Leduc, *L'enseignement de l'histoire...*,

Färbung, Entwicklungen und Diskussionen nicht ausgeschlossen, vor allem nach dem Ersten Weltkrieg.[8]

Seit etwa vierzig Jahren wird diese Sichtweise von allen Seiten angegriffen. Die Unterdrückung regionaler Subkulturen[9] wird kritisiert, die Verharmlosung der sozialen und politischen Konflikte, die die französische Geschichte enthielt, und neuerdings die sehr kolonialistische Lesart des Verhältnisses zwischen Mutterland, Ureinwohnern und Einwanderern. Zeitgenössische Historiker zeigten ihrerseits, dass die Nation oft eine Konstruktion jüngeren Datums ist, und dass die Reden von Politikern, die Gelehrtendiskurse oder die Beiträge von Schriftstellern zentral für die Existenz einer Nation sind.[10] Man darf ebenfalls nicht vergessen, dass die territorialen Gebilde früherer Zeiten weit davon entfernt waren, bereits die Gegenwart vorzuzeichnen, dass auch andere Begriffe, wie das Reich (eine noch im 19. Jahrhundert dominierende Struktur), die Gedanken und Regierungsformen mit flexibler gestalteten Treuepflichten und „Zugehörigkeiten" definierten.[11] Und dabei sprechen wir noch nicht von der Vielfältigkeit und der Komplexität identitärer Empfindungen am Ende des Mittelalters, das doch gerne als die Geburtsstunde von „La France" gesehen wird. Eine einfache geografische Ansicht macht deutlich, wie viele der heute zu Frankreich gehörenden Gebiete weit entfernt davon waren, Teil des Königreichs zu sein, sei es der englische Süd-Westen oder die vielen Einheiten, die zu diesem Zeitpunkt zum Heiligen Römischen Reich Deutscher Nation gehörten! Man

---

op. cit., besonders S. 49f. Es ist bezeichnend, dass Pierre Nora heute zur Wiederherstellung einer solchen „Zivilreligion, die in ihrer Zeit die republikanische Integration ermöglichte" aufruft, in: Le Monde, 4. Juni 2005, S. 10. Vor zwanzig Jahren, in seinem Werk der Erinnerungsorte, distanzierte er sich noch von jener sehr uniformen Erinnerungskonstruktion, wie sie die III. Republik betrieb. Sie übersah dabei den „unglaublichen Flickenteppich von Völkern, Gegenden und Sprachen…" (S. 652, in Lieux de mémoire Vol. 1, La République, Paris, Gallimard, 1984). Er zeigt auch andernorts seine Empfänglichkeit für die große und ungebrochene Meistererzählung.

8   S. O. Loubes, L'Ecole et la Patrie. Histoire d'un désenchantement, 1914–1940, Paris, Belin, 2001, und M. Siegel, The Moral Disarmament of France. Education, Pacifism and Patriotism, 1914–1940, Cambridge, Cambridge University Press, 2004.

9   Im Geschichtsdiskurs der III. Republik wurde das Beziehungspaar national/lokal jedoch vielfältiger und differenzierter gebraucht. So wurde eine pädagogische Anstrengung unternommen, um der lokalen Dimension Gerechtigkeit widerfahren zu lassen, die dann in den siebziger Jahren wieder vergessen wurde, s. A.-M. Thiesse, Ils apprenaient la France. L'exaltation des régions dans le discours patriotique, Paris, Edition de la Maison des Sciences de l'homme, 1997, besonders S. 120. S. auch die Arbeiten von Jean-François Chanet.

10   S. auch den Übersichtsartikel Blaise Wilfert-Portals, „Nation et nationalisme", in C. Delacroix e.a.: Historiographies. Concepts et débats, II, Paris, Gallimard, 2010, S. 1090–1102, von S. Kott und S. Michonneau, Dictionnaire des nations et des nationalismes dans l'Europe contemporaine, Paris, Hatier „Initial", 2006. Und A.-M. Thiesse, La création des identités nationales. Europe XVIIe–XXe siècle, Paris, Le Seuil, 1999, éd. de Poche 2001, 314 S.

11   R. Bertrand, „Par delà le grand récit de la Nation: l'identité nationale au prisme de l'histoire globale", Savoir/agir, 2, décembre 2007, S. 51–60.

kann Pierre Nora also nicht zustimmen, wenn er davon ausgeht, dass seit dem Mittelalter verschiedene „nationale Identitäten" aufeinander gefolgt seien: „feudalistisch", „monarchisch", „revolutionär", „republikanisch".[12] Hier handelt es sich vielmehr um das Glaubensbekenntnis der ewigen Existenz der Nation. Damit würde sich alles wandeln, außer der „ewigen" Nation („eine außergewöhnliche Kontinuität [...] dynastisch, territorial, historisch"), welche in eine Art Transzendenz überhöht wird. Hier findet man Lavisse wieder, der von einem „ungebrochenen und kollektiven französischen Werk" (1885) spricht.[13]

Neben der Geschichte als wissenschaftlicher Disziplin stehen das Gedächtnis und seine Erinnerungen, die ebensoviel Vergangenheit beinhalten, aber auf andere Weise, und die dazu beigetragen haben, die Matrix der großen Nationalerzählung brüchig werden zu lassen: Erinnerungen von Gemeinschaften, von bestimmten Gruppen, jüdische Erinnerungen, Erinnerungen der Bewohner der Antillen, der Pieds-Noirs, der Armenier und so viele andere Erinnerungen, die ihre eigene Version der Vergangenheit erzählen, voller Subjektivität und oft traumatisch, mit Verletzungen verbunden und doch voller Geschichte. Berufshistoriker dürfen sich diesen Erinnerungen nicht verweigern, noch sollten sie sich diesbezüglich übermäßige Sorgen machen. Solche Erinnerungen können zu ihren Arbeitsmaterialien werden, originelle Fragestellungen hervorrufen und zu fruchtbaren Dialogen führen. Einem Konfrontationskurs – nach dem Motto „die Erinnerung spaltet, allein die Geschichte vereint"[14] – sollte eine dialektische Sichtweise aus kreativen Spannungen, gegenseitig fruchtbaren Meinungen und manchmal auch, notwendigerweise, Distanzierungen und Unstimmigkeiten entgegentreten.

Dies führt zur Frage, wie sehr diese Angst vor „den Erinnerungen" das Projekt des „Hauses der Geschichte" beeinflusst. Der heute als etabliert angesehene Wissensstand (dass die Nation nicht schon immer existierte; dass sie andere Aspekte umfasste, jenseits einer ununterbrochenen Kontinuität; dass sie mit anderen historischen Entwick-

---

12 P. Nora, „Le nationalisme nous a caché la nation", *Le Monde*, 18./19. März 2007.

13 Über die Arbeiten Pierre Noras (v.a. die *Lieux de mémoires/Erinnerungsorte*) als staatsbürgerliches und politisches Werk s. P. Anderson, *La pensée tiède. Un regard critique sur la culture française*, Paris, Seuil, 2005, S. 51f. mit der Antwort Noras, S. Englund, „Note critique: Lieux de mémoire en débat", *Politix*, 26, 1994, S. 141–158 der nach Parallelen zwischen Nora und Lavisse fragt (S. 142–143), P. Garcia, „*Les Lieux de mémoire*, une poétique de la mémoire?", *EspacesTemps*, 74–75, 2000, S. 123f.; L. Valensi, „Histoire nationale, histoire monumentale. *Les Lieux de mémoires* (note critique)", *Annales HSS*, novembre–décembre 1995, S. 1271–1277. Über den Aspekt der „Ungebrochenheit" in einigen seiner Werke s. auch C. Jouhaud, D. Ribard, N. Schapira, *Histoire, littérature, témoignage. Ecrire les malheurs du temps*, Paris, Gallimard, 2009, S. 31f., 38.

14 Folgt man der Sichtweise Pierre Noras, „Pierre Nora et le métier d'historien", *Le Monde 2*, 18. Februar 2006, S. 26 (allgemeiner P. Garcia, „*Les Lieux de mémoire*...", art. cit., S. 125) oder auch Daniel Lefeuvre und Michel Renard, *Faut-il avoir honte de l'identité nationale?*, Paris, Larousse, 2008, S. 109. Derselbe Ton bei Nicolas Sarkozy: „Ich verachte dieses Bereuen, das die Franzosen gegeneinander aufbringt" (Lyon, April 2007).

lungspfaden konkurrierte und dass den Historikern eine Schlüsselposition zukam bei
der Definition, was eine legitime Nation sei) scheint nicht mehr die Grundlage zu sein,
auf der diese Geschichtspolitik und ihre Projekte stattfinden. Die partikularen Gedächt-
nisse sowie die Gruppierungen, die sie vertreten, werden von vielen Essayisten zu einem veritablen „Anti-Frankreich" aufgebauscht, zu einer zentralen Gefahr für die nationale Einheit.[15] Dies ist die „Apokalypse der Erinnerung".[16] Dabei werden jenen Gruppen, die ein solches kollektives Gedächtnis teilen, ständig strategische und partikularis-
tische Absichten unterstellt, und gewählten Politikern, die diese Gruppen unterstützen,
werden taktische Motive nachgesagt.[17] Die Welt der Intellektuellen ist durchzogen von
einer Besessenheit mit diesem angeblich tödlichen Triumph der „Erinnerungen",[18] der

---

15   Beispiele für dieses Vokabular der Gefahr, der Bedrohung in agonistischem Sinn: „Pierre Nora et le
      métier d'historien"..., S. 27, und an anderem Ort: „Die Emanzipation der Partikulargedächtnisse lässt
      die Nationalgeschichte, die im Zentrum der französischen Identität stand, wirkungsvoll verrosten",
      in: „Le nationalisme... „, art. cit. Vor der Accoyer-Kommission erwähnt der Autor eine öffentliche
      Meinung, die „vergiftet durch Erinnerungen des Leides, des Kampfes, der Forderungen" sei (S. 210).
      Der weit rechts stehende Abgeordnete Christian Vanneste sagt in derselben Anhörung: „Es ist ange-
      bracht, die Gefahr der Forderungen identitärer Gruppen nach Anerkennung ihrer Partikularerinnerun-
      gen besonders zu unterstreichen", S. 189. S. auch J.-P. Rioux, *La France perd la mémoire. Comment
      un pays démissionne de son histoire*, Paris, Perrin, 2006 „Denn wenn wir alles verlieren, dann haben
      wir dies zu befürchten: Dieses Land [...] ist schon so lange vom Kurs abgekommen, dass es daran ist,
      zunächst die Erinnerungen der Historie vorzuziehen, dann das Identitäre dem Erinnerungswürdigen,
      die disparate Vielfältigkeit der Einheit, den kommunitaristischen Schrebergarten dem Ruf des weiten
      Horizonts...", S. 15, auch S. 149, 156–157 zur „Gefahr" kommunitaristischer Erinnerungen, sinnent-
      leert im Dienste einer „mediatisierten Gegenwart".
      „Kommunitarismus", Forderungen im Namen einer Gemeinschaft jenseits oder unterhalb der repub-
      likanischen Gesellschaft, erlangen dabei eine sehr abwertende Bedeutung. So wirft Nicolas Sarkozy
      der Linken „historischen Kommunitarismus" vor (Caen, März 2007), um damit die von ihm bei der
      Linken vermutete Engstirnigkeit zu verurteilen, die angeblich das Frankreich des *Ancien Régime* ab-
      lehne.
16   Um den Ausdruck Christiane Taubiras zu gebrauchen in *Egalité pour les exclus. Le politique face à
      l'histoire et à la mémoire coloniales*, Paris, Temps Présent éditions, 2009, S. 70.
17   Beispielsweise bei Tzvetan Todorov, *Les Abus de la mémoire*, Paris, Arléa, 1998, S. 52f., meistens
      ohne soziologische Analyse jener erwähnten „Aktivisten der Erinnerung". Rioux seinerseits erwähnt
      „ausgebuffte *Pressure groups*, gemeine Partikularinteressen...", *La France...*, op. cit., S. 15. Die Ab-
      geordnete von Guayana, Christiane Taubira weist indigniert eine solche Sichtweise zurück, die sich
      weigert, einem echten „Spiegelbild der Nation" gute Absichten zu unterstellen, sondern vermutet,
      dass diese von „offensichtlich stolz an ihrem Analphabetismus festhaltenden, unsympathischen Be-
      sessenen" bewohnt wird. Die Abgeordnete verweist zurecht auf den viel unstrukturierteren, heteroge-
      nen Charakter der berühmt-berüchtigten „Subkulturen", als gemeinhin angenommen wird, *Egalité...*,
      op. cit., S. 55, 70–71.
18   Zum ersten Mal beschrieben und kritisiert wurde der „Missbrauch der Erinnerung" von S. Gensbur-
      ger, M.-C. Lavabre, „Entre ‚devoir de mémoire' et ‚abus de mémoire': La sociologie de la mémoire
      comme tierce position", in: B. Müller éd., *L'histoire entre mémoire et épistémologie*, Lausanne, Payot,
      2005, S. 75–96.

Geschichten gesellschaftlicher Subkulturen, und einem Teil des Geschichtsdiskurses Sarkozys und seiner Berater liegt ebendiese Besessenheit zugrunde, die sich dann konsequenterweise auch im Projekt des „Hauses der Geschichte" wiederfindet.[19]

Dabei stellt sich die Frage, wie man überhaupt die Möglichkeit eines „universellen Gedächtnisses" vertreten kann, das alle verschiedenen Erinnerungen einebnen würde, das die Opfer mit den Tätern vermischen und zusammenführen würde, um das Ganze zu legitimieren? „Wie sollte man denn obendrein anders als mit einer Form offizieller Geschichtsschreibung beitragen zu einer einvernehmlichen Erinnerung an eine Vergangenheit, die spaltet?"[20] Hier scheint sich die triumphale Wiederkehr der nationalen Meistererzählung abzuzeichnen.

Sicherlich haben sämtliche Präsidenten auf sehr unterschiedliche Weise mit großen Gesten, wie es ihre Funktion erlaubt, die nationale Vergangenheit in Erinnerung gerufen oder verherrlicht.[21] Aber der Präsident „Bling-Bling", wie Sarkozy spöttisch genannt wird, gestaltet seinerseits die Geschichte in „bling-bling"-Manier, anders ausgedrückt: Er stellt das Getöse und das Glitzernde über die Analyse oder selbst über eine relativ standardmäßige, bereinigte Darstellung der Vergangenheit. Diese „Bling-Bling"-Geschichte ist in einer Gegenwart verankert, die weit über den Präsidenten hinausreicht, allerdings ist er einer ihrer wichtigsten Vertreter. Bei ihm hat die „Bling-Bling"-Geschichte einen Sinn (dieses neu erfundene Nationale, die Aufwertung der „Seele Frankreichs"), eine Richtung (von den Galliern[22] bis Sarkozy), einen Willen (keine Reue, ob es sich um Vichy oder den Kolonialismus handelt[23]) und einen öffentlichen Feind (die „Erinnerungen" der „Partikular-Gemeinschaften"). Diese „Bling-Bling"-Geschichte

---

19 Kolja Lindner zeigt in diesem Band, dass die Regierung in dieser Hinsicht flexibel ist: In anderem Zusammenhang legt sie einen positiven Schwerpunkt auf den Beitrag der Kolonialisierten zur Geschichte Frankreichs, besonders auf ihr militärisches Engagement.

20 S. Gensburger, M.-C. Lavabre, „Entre ‚devoir de mémoire'...", art. cit., S. 94. S. auch die kritischen Bemerkungen Antoine Garapons über diese Bewegung: „Wie sollte man denn überhaupt diese Koexistenz (partikularistischer Gemeinschaften) erlangen, ohne zuerst über ihre offizielle Anerkennung zu reden? Diese ganzen Kritiken sind überholt, schlimmer noch: sie verstehen überhaupt nicht, was ihnen geschieht. Sie beziehen sich immer noch auf ein goldenes Zeitalter...", *Peut-on réparer l'histoire? Colonisation, Esclavage, Shoah*, Paris, Odile Jacob, 2008, S. 17.

21 S. den Überblicksartikel Patrick Garcias: „„Il y avait une fois la France'. Le Président et l'histoire en France (1958–2007)", in C. Delacroix, F. Dosse, P. Garcia éds., *Historicités*, Paris, La Découverte, 2009, S. 183–202.

22 Natürlich haben sich alle Präsidenten der V. Republik das eine oder andere Mal in einer Rede auf die Gallier berufen, *Ibid.*, S. 190.

23 Über die Anfänge dieser Argumentation 2005, s. R. Bertrand, *Mémoires d'Empire. La controverse autour du „fait colonial"*, Bellecombe-en-Bauges, Editions du Croquant, 2006, S. 135f. Für die linke Version der Verweigerung der „Reue" steht B. Poignant, „France, j'aime ton histoire", *Le Monde*, 14. Dezember 2005: „Es wird ermüdend, jede Etappe der Geschichte Frankreichs zu bereuen und sich dafür zu entschuldigen".

zeichnet sich durch eine Rückkehr der nationalen Meistererzählung aus, dem bereits definierten *roman national* entsprechend, der die überzeitliche Kontinuität Frankreichs und die großen Ereignisse in der politischen Geschichte des Landes hervorhebt. „Unser nationales Bewusstsein hat sich in den Bewährungsproben gebildet. Vom 100-jährigen Krieg bis zur *Résistance* in der Macchia des Vercors, der Corrèze oder des Glières, von Valmy bis zum *Chemin des Dames*".[24]

Ihre verschiedenen Aspekte vermischen sich mit unterschiedlichen Streitfragen und treffen dabei auch auf die Anliegen einiger Intellektueller und Historiker, die beunruhigt sind über die „Atmosphäre von Reue und Buße",[25] die eine französische Einheit mystifizieren, die sie von allen Seiten gefährdet sehen. So bilden sich dann wechselseitige Legitimationen heraus zwischen der politischen Macht und den neuen Hohepriestern der nationalen Transzendenz. Das Projekt des „Hauses der Geschichte Frankreichs" krönt in gewisser Weise sämtliche Reden über die Geschichte, die bislang vom Präsidenten gehalten oder von den ihn umgebenden und ihn unterstützenden Herolden des Nationalen konzipiert wurden.

2 Die „Seele Frankreichs" ins Museum

Während des Neujahrsempfangs für die Kulturschaffenden kündigte Nicolas Sarkozy am 13. Januar 2009 die Errichtung eines Museums der Geschichte Frankreichs an einem „symbolischen", näher zu bestimmenden Ort an, um auf das „Bedürfnis nach Sinn", „nach Bezugspunkten" zu reagieren und die französische „Identität zu stärken". Ohne weiteres Nachdenken wird der Ort des Wissens und der Bildung eines kritischen Geistes, der ein Museum sein kann, dem ideologischen und identitären Aspekt untergeordnet.[26] Damit beginnt eine neue Episode in dieser bewussten und reaktionären Rückwendung zum Nationalen, gegen jede fragmentierte Version des Vergangenen, gegen jede Reue.[27] Tatsächlich erklärt der Präsident, dass man bisher die Präsidenten der Republik immer nur von der Geschichte Frankreichs sprechen hörte, wenn es darum ging sich zu „entschuldigen"... Die Anspielung auf seinen Vorgänger Jacques Chirac ist offensichtlich, da dieser im Juli 1995 die Mitverantwortung des französischen Staates für die Deportation der Juden des Landes anerkannt hatte und da sich während seiner Amtszeit die Gedenkfeiern anlässlich traumatischer vergangener Ereignisse vervielfacht hatten (Gedenktag für die Opfer von Antisemitismus und rassistischen

---

24 Rede in *Chapelle-en-Vercors,* einem der Gedenkorte der *Résistance*, am 12. November 2009. Diese Rede ist ein veritables Potpourri diskursiver Inszenierungen der Geschichte durch den Präsidenten.
25 „Pierre Nora et le métier d'historien", art. cit., S. 22.
26 Die ersten Ergebnisse in D. Bermond, „Un musée...", art. cit., S. 90–93.
27 Für die Debatten zwischen 2007 und 2009, s. *L'Histoire Bling-Bling, op. cit.*

Verbrechen des *Etat français* und der Würdigung der Gerechten Frankreichs, 2000; Tag der Würdigung der Harkis, 2003; Tag der Abschaffung der Sklaverei, 2006 etc.[28]). Er hatte es auch vermocht, die Betonung auf „den Respekt der Erinnerungen eines jeden Einzelnen, diese teilweise traumatisierten Erinnerungen, die für einen Großteil unserer Landsleute einen Teil ihrer Identität ausmachen" zu legen (Erklärung vom 9. Dezember 2005).

„Die Geschichte Frankreichs": Ist das in unserer heutigen Welt wirklich eine museologische Selbstverständlichkeit? Gilt es nicht neue Räume aufzuwerten, zu erklären, an erster Stelle Europa, das für viele so undurchsichtig ist, oder die Beziehungen zwischen den verschiedenen Weltregionen, wie es die „vernetzte Geschichte"[29] tut?

Und welches Frankreich eigentlich? Die Antwort ist klar: Das zeitlich ungebrochene „ewige" Frankreich, da der Präsident in seiner Neujahrsansprache versichert, dass die „Geschichte Frankreichs ein ununterbrochener Zusammenhang ist", ohne Unsicherheiten und Zufälle bei der Entstehung der Nation zu beachten, ohne von der erwähnten Vielfalt der Zugehörigkeitsgefühle überhaupt zu sprechen...

Auf welchem Aspekt will dieses Museum also aufbauen? Die erste Antwort beruht auf einem Bericht von Hervé Lemoine, dem Verwalter des nationalen Kulturerbes, aus dem Jahr 2008, erschienen in zwei Fassungen, eine zu Beginn jenes Jahres, die zweite im April. Es ist hochinteressant, die beiden sehr unterschiedlichen Fassungen zu vergleichen, nicht wegen der Grundlagen des Projektes, sondern wegen ihrer Darstellung, denn Hervé Lemoine scheint nicht nur die Idee für dieses Projekt gehabt zu haben, er hat es anscheinend auch aus eigener Initiative dem Präsidentschaftskandidaten Sarkozy 2007 vorgeschlagen.[30]

Wenden wir uns also zunächst der ersten, Anfang 2008 veröffentlichten, Version zu. Sie verkündete die Schaffung eines großen Museums der Geschichte Frankreichs, das provisorisch „Haus der Geschichte" getauft wurde und das majestätisch auf dem Gelände des Ensembles um den Invalidendom angelegt werden sollte. Beim Lesen des Textes steigt schon nach ein paar Zeilen das Bild eines ideologischen Kampfes auf. Die wesentliche Thematik des zukünftigen Museums ist dem Essayisten Max Gallo entlehnt und seinen Formulierungen, die die „Seele Frankreichs" rühmen.[31] Die unterhaltsame Prosa Max Gallos hat allerdings absolut keinen Bezug zu einer wie auch immer definierten ernsthaften Auseinandersetzung mit heutigen historischen Arbeits- oder Reflexionsweisen. Aber lassen wir das auf sich beruhen, denn es ist ja nicht immer das

28　2005 hat der Präsident, wie es scheint zum ersten Mal, öffentlich die Verantwortung für die Repressionen beim Massaker 1947 in Madagaskar übernommen, s. R. Bertrand, *Mémoires...*, op. cit., S. 132–133.

29　Diese Perspektive wird entwickelt in R. Bertrand, „Par delà le grand récit...„, art. cit.

30　S. O. Le Naire, „Sarkozy aux portes de l'Histoire", L'Express, 4. August 2010, S. 16–21, bestätigt durch einen Berater für Erinnerungsfragen der gegenwärtigen Regierung.

31　M. Gallo, L'âme de la France. *Une histoire de la Nation, des origines à nos jours,* Paris, Fayard, 2007.

Beste oder der größte Scharfsinn vonnöten, um ein Projekt in die Wege zu leiten. Aber anzunehmen, dass ein historisches Museum die „Seele" Frankreichs erhaschen oder an sie erinnern muss, ist Zeichen einer erschreckenden intellektuellen Regression (zitieren wir den Text: „Das Zentrum wird versuchen, die grundlegenden und einzigartigen sowie besonderen Elemente dieser Seele zu beleuchten"). Einerseits beweist dies einen erstaunlichen Essentialismus (Frankreich an sich), da man alles auf eine psychologische Einheit zurückführt, die auf einer Glaubensfrage basiert, und nicht auf historischer Analyse, ohne dabei näher auf das psychologisierende Vokabular selbst einzugehen, das die Historiker schon lange Zeit abgelegt haben. Vor mehr als 60 Jahren, im Jahr 1943, schrieb der Mediävist Charles Petit-Dutaillis, obwohl er genau aus dieser methodischen und patriotischen Historikergeneration stammte, über ein Werk über den Albigenser-Kreuzzug, das die „Seele Frankreichs" erwähnte: „Das alles ist wirklich hohl. Ich wage zu behaupten, dass ich weder weiß, was für einen Historiker die ‚französische Tradition' sein soll, noch, ob er akzeptieren würde, die ‚französische Seele' zu definieren."[32]

Der Einfluss des Verteidigungsministeriums, an welches der Autor des Berichts zur Zeit der Abfassung abgeordnet war,[33] trägt ebenfalls zu einer bestimmten Ausrichtung des neuen Projekts bei, zum Nachteil des Kultur- oder Bildungsministeriums. Zumal diese Bevormundung absolut nicht zufällig ist, da der Bericht an die Bedeutung einer Verbindung von Kultur und Verteidigung erinnert. Die ersten Formulierungen über das Projekt charakterisieren es als Zentrum, das „der zivilen und militärischen Geschichte Frankreichs" gewidmet ist. Diese Konzeption der Geschichte, die zwischen dem „Zivilen" und dem „Militärischen" unterscheidet, muss besonders betont werden. Eine solche Unterteilung entstammt ganz offensichtlich keinem musealen oder geschichtswissenschaftlichen Projekt, sondern spiegelt einen rein militärischen oder militarisierten Standpunkt wider.

Dennoch könnten auch diese Punkte zweitrangig bleiben, wenn der im Bericht vorgeschlagene Geschichtsdiskurs Interpretationen anbieten würde, die mit heutigem historischem Grundlagenwissen übereinstimmten. Im Gegensatz jedoch zu allen Studien, die auf der Komplexität dessen, was eine Nation ist bzw. nicht ist, und auf der konstruierten Dimension dieses Begriffes beharren, weist Hervé Lemoine darauf hin, dass das Museum in seinem Ganzen unter das Zeichen der überzeitlichen Kontinuität Frankreichs gestellt ist. Die einzige für den Autor noch offene Fragestellung ist, den genauen Ursprung Frankreichs auszumachen…. Liest man diesen Bericht, so denkt man unentwegt daran, wie wichtig es doch gewesen wäre, die große Masse an Arbeiten zu diskutieren, die die Nation als ein Phänomen der Moderne interpretieren, entstanden im Zusammenhang wirtschaftlicher und gesellschaftlicher Modernisierungsprozesse;

---

32   Zitiert in O. Dumoulin, *Le role social…, op. cit.,* S. 303.
33   Bevor er 2009 zum Direktor des *Musée des Monuments français* befördert wurde.

die „Nation" nicht ausschließlich als Resultat eines langen geschichtlichen Prozesses sehen, sondern auch als eine politische, gesellschaftliche und kulturelle Konstruktion, als eine juristische und rechtliche Konstruktion, als Produkt einer identitären Selbstverständigung, die die Bürger nationalisiert und ihre ursprüngliche Zugehörigkeitsgefühle verniedlicht.

Es ist weiterhin zu bemerken, dass die „Großen Männer" einen nicht zu unterschätzenden Platz im Geschichtsdiskurs des Berichts einnehmen, da erfreut vermerkt wird, dass der Invalidendom, wo das Museum entstehen könnte, gleichzeitig Ludwig XIV. (der die Einrichtung begründete), Napoleon (der sie förderte und dort begraben ist) und seit neuestem Charles de Gaulle (mit der ihm dort gewidmeten historischen Gedenkstätte) repräsentieren könnte. In einem Interview in France Culture vom 16.1.2009 wird Hervé Lemoine von Ali Baddou gefragt, welche Objekte er denn in diesem Museum gerne sähe: seine erste Antwort ist... der Thron Dagoberts, des Merowingerkönigs, der solchermaßen jenes Pantheon einer Geschichte, in der große Gestalten aufeinander folgen, vervollkommnen würde. In derselben Logik ist das Thema der Tage des Kulturerbes 2010 das der „großen Persönlichkeiten".

Der Lemoine Bericht, dieser Eintopf aus geliftetem Lavisse und Gallo, zielt darauf ab, einen von Anfang an klar identifizierten Feind zu bekämpfen: Jene Erinnerungen individueller Gruppen, und besonders ihre Träger, Erinnerungsgemeinschaften, die für sich einen Platz in den Narrativen der Nationalgeschichte beanspruchen. Gegen diese „Erinnerungsflut", deren logische Folge die sogenannten *lois mémorielles** seien, ruft der Autor zur Besinnung auf chronologische Wegmarken und die „wahre Geschichte" auf, jedenfalls die regierungsoffizielle Geschichte, denn der Text beklagt endlos die „Identitätskrise des Landes" und die Auflösung ebenjener Wegmarken. Während des Präsidentschaftswahlkampfs hatte Nicolas Sarkozy festgestellt, es handele sich um „eine der schlimmsten Identitätskrisen" der Geschichte Frankreichs (Caen, März 2007). Er wiederholt dies auch heute noch, zum Beispiel in der Rede anlässlich der großen Debatte über „nationale Identität" 2009 in Chapelle-en-Vercors. Das Thema der „Identität" hat de facto in den Reden des Ministers und Kandidaten Sarkozy seit 2006 an Intensität und Dichte ununterbrochen dazugewonnen. So taucht das Thema der „Identitätskrise" im Januar 2007 auf, bevor es ab Herbst 2009 erstmals zur Organisation einer öffentlichen „Debatte" über das Thema kommt.[34] In einer Analyse des Lemoine-Berichts weist

---

* In den letzten Jahren in Frankreich verabschiedete Gesetzgebung zum „richtigen" Umgang mit der Vergangenheit, bspw. die Erinnerung an die Kolonialzeit betreffend, Anm. d. Übers.

34 L. J. Calvet, J. Véronis, *Les Mots de Nicolas Sarkozy, Paris, Editions du Seuil, 2008*, S. 143–144. S. die offizielle Webseite der „Debatte" von 2009–2010, http://www.debatidentitenationale.fr. Eine kritische Darstellung findet sich in *Cahier spécial* „Dire Non", der Webseite von Mediapart, Dezember 2009, 32 S. Über den Begriff s. g. Noiriel, *A quoi sert l'„identité nationale"*, Marseille, Agone, 2007, S. 15.

der Historiker Denis Woronoff darauf hin: Dies ist die klassische Wiederaufführung des
Diskurses über den „Niedergang". „Dieselbe Ideologie, dieselbe Fähigkeit, eine Pro-
phezeiung als Diagnose auszugeben."[35]
    Hervé Lemoine, ein kluger Kopf, liest oder erahnt Kritikpunkte, wie sie hier ange-
führt werden, und die endgültige Fassung des Berichts geht darauf ein. Damit erscheinen
die politisch und ideologisch am stärksten belasteten Begriffe in ihrem Gebrauch dann
besonders weichgespült. Der Bericht nimmt auch die Kritik an der im Zwischenbericht
so deutlich uniformen und linearen Geschichtsauffassung auf. So führt er den Begriff der
nationalen Meistererzählung (*roman national*) ein, die in der ersten Fassung nicht vorkam,
und unterstreicht die kritische Distanz, mit der einer solchen Erzählung begegnet werden
müsse. Er verteidigt sich auch gegen den Vorwurf, eine zu uniforme Geschichte produzieren zu wollen (in der ersten Fassung ging es nur darum, eine reine „Ereignisgeschichte" zu
vermeiden). In die gleiche Richtung zielt der Versuch, die Rolle von Vergleichen und der
„Alterität" zu stärken, um so den Kritikern eines Museums, das einen engstirnigen, allzu
frankreichbezogenen Nationalismus vermittelt, zu begegnen. Dennoch bleibt festzuhalten,
dass das Herz des Projekts nach wie vor besteht, nämlich die Schaffung eines Museums,
das „die Seele Frankreichs" verkörpern muss, eines Museums, das gegen den „Sieg der
Partikularerinnerungen" (und unausgesprochen natürlich alle Art von damit verbundenen
Forderungen der unterdrückten Minderheiten) bestehen will.[36]
    Diese zweite Version hat bedeutend an Format gewonnen, was die Anzahl der
Seiten betrifft (doppelt so viele), aber auch was die Ambitionen des Projekts betrifft:
Es handelt sich nicht mehr nur um ein Museum, sondern auch um ein echtes Ge-
schichts- und Dokumentationszentrum, mit Veröffentlichungsprojekten, Vernetzung
zu anderen historischen Museen, Forschungsdienstleistungen, Ausstellungen zu Forschungsprojekten, Verbindungen zu universitären Forschungszentren. Die Angelegenheit entwickelt krakenhafte Züge und eine gewisse Beunruhigung stellt sich ein. Wenn
das Museum tatsächlich zu dem werden sollte, was das Projekt beschreibt, mit den
entsprechenden Subventionen ausgestattet, und mit dem Reiz des Neuen versehen,
besteht dann nicht die Gefahr, dass diese Institution Interpretationen durchsetzen und
Forschungsansätze vorgeben kann? Wenn man die sehr starken Bezüge zum Begriff
des Nationalstaats sieht, auch die vielfältigen Bezüge zur militärischen Dimension der
Geschichte, und wenn man die Reden des Präsidenten über die Geschichte liest, kann
man sich vorstellen, welche Ansätze bevorzugt werden.

---

35   „Un Musée pour l'histoire de France?" http://cvuh.free.fr/spip.php?article175
36   Derselbe Diskurs bei J.-P. Rioux, *La France...*, *op. cit.*, S. 77: „Wir leben in einer ‚Gedenk-Epoche',
      aber wir verstehen es nicht mehr, die Seele Frankreichs zu erfassen, in dem Sinne, wie dies Michelet,
      Péguy, Marc Bloch oder de Gaulle verstanden", S. 77.

Offensichtlich drängt sich der Vorschlag, das Museum auf dem Gelände des Invalidenensembles zu platzieren, nicht gerade auf und so besteht der nächste Schritt in der Auswahl eines Standorts. Am 16. Februar 2009 hatte der Kulturminister dem Historiker Jean-Pierre Rioux die Aufgabe anvertraut, einen neuen Bericht zu erarbeiten. Er wird vom Regierungsschulrat Dominique Borne und einem Zivilbeamten des Verteidigungsministeriums unterstützt, erneut also eine tendenziöse Besetzung für ein Museum der Geschichte Frankreichs. Erneut ist der Autor dieses Expertenauftrags nicht neutral bezüglich der Fragen, die uns hier beschäftigen. Er ist einer der Vertreter der „Seele Frankreichs", den die Bedeutung der partikularen „Erinnerungsgemeinschaften" beunruhigt.[37] Dieser neue Schritt nährt Spekulationen und Konkurrenzkämpfe. Die Stadt und das Schloss von Vincennes liefern medienwirksam ihre Bewerbung ab, unterstützt durch eine Internet-Seite und Gelehrtennetzwerke, und argumentieren mit der nationalstaatlichen Bedeutung der Vergangenheit des Ortes, der Nähe zu Paris, dem einfachen Zugang, den Erweiterungsmöglichkeiten, oder auch mit der Notwendigkeit eines kulturellen Projekts im Osten von Paris.[38] Daneben wird eine Kampagne für das Schloss von Fontainebleau gestartet, das ebenfalls zu den möglichen Standorten zählt: „Ich bin für Fontainebleau". Nachdem er eine Untersuchung nach verschiedenen museologischen Kriterien durchgeführt hat, übergibt Rioux am 5. Mai 2009 seinen Bericht, zunächst ohne die Empfehlungen zu veröffentlichen (außer einer Präferenz für fünf realisierbare Standorte unter den ursprünglich fünfzehn: Vincennes, Invaliden, Fontainebleau, Grand Palais und Palais de Chaillot[39]).

Der Historiker erzählt, dass er stark von Kommunalpolitikern umworben wurde, auch aus Orten, mit denen niemand gerechnet hatte, wie Bouvines, Valmy oder Verdun. Als Folge des Berichts schlägt die Kulturministerin Christine Albanel im Juni 2009 dem Präsidialamt zwei Standorte vor, die öffentlich ungenannt bleiben, in informierten Kreisen jedoch als erstens das Hôtel des Invalides, zweitens Fontainebleau identifiziert werden. Vincennes befände sich demnach nicht auf der Shortlist, weil es zu wenige Sammlungen aufweise und hohe Baukosten verursache. Das Lobbying gewählter Politiker und der Befürworter des Schlosses geht weiter. Schließlich kommt es zu einem Showdown zwischen verschiedenen Standorten und Ministerien, sowie zwischen den verschiedenen Akteuren. Im mehr oder

---

37 Wie er es erneut am 27. November 2010 gegenüber Daniel Roche bekräftigt. In der Sendung *Répliques* des Radiosenders *France Culture* verteidigt er erneut das moralische und politische Triptychon aus ‚Identitätskrise', ‚Gefährdung durch Erinnerungen' und ‚Seele Frankreichs'.

38 http://www.pourlemuseedelhistoiredefranceavincennes.com, s. auch die Argumente des Mediävisten Jean Chapelot, eines großen Experten der Geschichte des Schlosses, in: D. Bermond, „Un musée, pour quoi faire?", *1500 d'histoires de France, op. cit.,* S. 92. Der Historiker betont die Existenz bedeutender Sammlungen in Vincennes.

39 Inzwischen kann der Bericht auf der Webseite des Kulturministeriums abgerufen werden, mit einer ausführlichen Vorstellung der verschiedenen erwähnten Standorte.

weniger offenen Widerstand gegen den Standort Invalidendom spielt ohne Zweifel eine nicht zu vernachlässigende Rolle, dass das Verteidigungsministerium und die militärischen Organe befürchten, von diesem Ort, der doch mehrere emblematische Einrichtungen der Armee vereint, gewissermaßen enteignet zu werden. Fontainebleau, das anfänglich vom neuen Kulturminister Frédéric Mitterrand (im Juni 2009 ernannt) gefördert wird, erscheint also als Mittelweg. Als eine bedeutungsvolle Wahl auch, da so die ganze Geschichte Frankreichs in die Fußstapfen der triumphierenden Monarchie treten würde. Aber Fontainebleau ist relativ weit vom Pariser Zentrum entfernt.

In all diesen Diskussionen minimieren die Protagonisten häufig die ideologische Dimension des Museums, um so das ganze Projekt als ein gewissermaßen selbstverständliches erscheinen zu lassen, bei dem einzig der Standort zur Debatte stehe. Gleichzeitig bleiben die Diskurse auf Frankreich in seiner Majestät bezogen, ohne Fragen nach seinen gesellschaftlichen Gliedern, nach ihrem Geschlecht oder ihrer Herkunft zu stellen: „Ein roter Faden dieser Einrichtung könnte die Konstruktion des Nationalstaats sein", wiederholt erneut Hervé Lemoine auf einem Kolloquium, das im Juni 2009 in der *Cité de l'Architecture et du Patrimoine* stattfindet und offensichtlich mit dem Ziel geplant worden war, zur Legitimierung des Projekts beizutragen, indem die aufgekommene Kritik zum Schweigen gebracht wird. Er fügt hinzu, dass in einer Art Suche nach Ursprüngen die gute Frage bleibt: „Seit wann Frankreich?". Auf demselben Kolloquium erklärt Jean-Pierre Rioux, dass das Museum die Frage widerspiegeln müsse, „warum wir zusammen sind und es bleiben möchten".[40] Man sieht, dass die Wissensfragen, um die es geht, immer der berühmten Identitätsfrage untergeordnet erscheinen. Die Regierung ihrerseits steht klar zu diesem Eindruck. Die Mission, die Nicolas Sarkozy und François Fillon am 31. März 2009 dem neuen Minister für Immigration, Integration, nationale Identität und solidarische Entwicklung Eric Besson in einem Brief übermittelt hatten, enthielt einen Abschnitt mit dem Titel: „Die Verbreitung unserer nationalen Identität muss im Mittelpunkt Ihrer Aktivität stehen." Es wird darin spezifiziert, dass der Minister der nationalen Identität an der Verwirklichung des Museums teilnehmen wird. Man sieht hier sehr gut, dass die Rückkehr der Nationalideologie ein weites und vielfältiges Unterfangen ist.

Mit dem neuen Kulturminister Frédéric Mitterrand nehmen die Dinge weiter ihren Lauf, denn er überträgt eine weitere Vorstudie zum Museum Jean-Francois Hébert, einem Vertrauten Lemoines. Folgen wir Olivier Le Naire, so möchte der Minister hier seine Spur in einem großen Projekt hinterlassen, das er mehr und mehr zu übernehmen scheint.[41] Auch der Hébert-Bericht im April 2010 zeigt, dass er die von verschiede-

---

40   S. die Diskussionen in D. Bermond, „Un musée, pour quoi faire?", *1500 ans d'histoires de France, op. cit.*, S. 90–93.

41   O. Le Naire, „Sarkozy…", art. cit.

nen Historikern, auch vom Autor dieses Beitrags, geäußerte Kritik vernommen hat und präzisiert, dass das „Haus der Geschichte" keine Darstellung der nationalen Meistererzählung sein werde (S. 5). Er beantwortet die Kritik an der für ein historisches Museum engstirnigen Beschränktheit auf „Frankreich", indem er betont, die Interaktion zwischen dem Land und seiner Umwelt würde natürlich in Betracht gezogen. Weiter erwähnt er eine „nationale, europäische und Weltgeschichte". Gleichzeitig spricht der Autor trotzdem weiterhin von der „Perversion" einer auf die Bewertung der Vergangenheit durch die Gegenwart beschränkten Erinnerung. Das Projekt bleibt zentriert auf die „Galerie der Geschichte Frankreichs" und damit auf eine grundsätzlich chronologische Achse. Der Bericht insistiert außerdem auf die Ausrichtung auf Schüler und Lehrer und sogar auf die Einladung und Unterstützung der Forschung (Stipendien, Kolloquien und sogar „Stellen"). Das Haus werde, versichert Jean-Francois Hébert, ohne „politische Intervention" gestaltet: „Und es wird keine ‚offizielle Geschichte' geben". Der Raum, der den „großen Persönlichkeiten" eingeräumt wird, bleibt weiterhin prägend für den Bericht und unter den vorgesehenen ersten Ausstellungen dürften die folgenden kaum erstaunen: „Seit wann Frankreich?" oder die Geschichte der Fahne, der Grenzen oder des Verhältnisses der Franzosen zur Steuer. Man sieht hier, wie sehr die großen Erklärungen über die europäische und globale Öffnung des Museums nur rein rhetorische Antworten auf berechtigterweise geäußerte Sorgen sind. Entlang der Maßstäbe des Rioux-Berichts und seiner verschiedenen Auswahlkriterien untersucht der Hébert-Bericht erneut sieben Standorte: Das Invaliden-Ensemble, das Hôtel de la Marine, die Nationalarchive, das Museum der Volkskunst und -tradition, Vincennes, die Île Seguin und Fontainebleau.

Die wirtschaftliche Situation, besonders die Krise von 2008, ruft erneut die Budgetfrage auf den Plan. So werden schließlich das Nationalarchiv und das Hôtel Soubise ausgewählt, um das zukünftige „Haus der Geschichte Frankreichs" zu beherbergen. Umgehend wehren sich die Angestellten dieser Einrichtung gegen die Enteignung, die das bereits beschlossene Entwicklungs- und Renovierungsprojekt der Archive stark behindern würde.

Eine von der CGT angeführte Gewerkschaftsbewegung besetzt die Räumlichkeiten der Archive als Zeichen des Protestes gegen diese Enteignung. Die Bewegung schließt sich den zahlreichen Historikern an, die die hier vorgestellten Vorbehalte keineswegs als aufgehoben ansehen. So kommt es am 14. Oktober 2010 zu einer Debatte auf dem Gelände des *Hôtel de Soubise*, die ein starkes Medienecho findet.[42] Es wird nicht nur über das Projekt selbst – kritisch – diskutiert, sondern auch über den Begriff

---

42 Mehr als zweihundert Personen nehmen an der Debatte teil, s. Magali Jauffret, „Le futur musée Sarkozy retoqué par les historiens", L'Humanité, 18.10.2010, Pierre Siankowski, „L'histoire défiance", Les Inrockuptibles, 20.10.2010, S. 16-17, und Lucie Delaporte, „Les historiens disent non au Musée", Bakchich, 16.10.2010, http://www.bakchich.info/Les-historiens-disent-non-au-musee,12145.html

Geschichtsmuseum, den einige Historiker von vorneherein ablehnen,[43] und schließlich über die Rolle der Archive. Dieselben Historiker, darunter der Autor dieses Beitrags, entschließen sich, das Ergebnis der Debatte in einem kritischen Beitrag in *Le Monde* zu veröffentlichen. Die Zeitung bringt den Beitrag am 22. Oktober 2010 auf der Titelseite, was die Debatte weiter befeuert.[44] Andernorts verweist Roger Chartier auf die Künstlichkeit einer Sichtweise, die den Nationalstaat „retrospektiv, nach hinten über einen langen Zeitraum" projizieren will, sowie auf den überholten Charakter der Projektvorschläge.[45]

Das Haus der Geschichte wird wieder zu einem Gegenstand der öffentlichen Debatte und Kontroverse,[46] zumal im Frühjahr eine Kommmission zur Vorbereitung des Museums geschaffen wurde. Der Kulturminister ergreift die Initiative und verteidigt das Projekt, indem er die zweifelhafte Klaviatur einer angeblichen volkstümlichen Vorliebe für die Geschichte, die von den Historiker vernachlässigt würde, bedient.[47]

Es ist natürlich unnötig zu betonen, dass die so beschuldigten Historiker ohne Unterlass ihre Erkenntnisse weit über die Universität hinaus verbreiten, ohne auf die Bemerkungen eines Ministers gewartet zu haben, der zuvor noch nie als Unterstützer der *Public history* erschienen ist. Vincent Duclert reagiert folgendermaßen:[48] „Indem er eine Antwort zur Sache verweigert, indem er das rhetorische Motiv der ‚Eliten gegen das Volk' und des ‚übergeordneten Interesses' bedient, beweist Frédéric Mitterrand, dass alle Argumente erlaubt sind, um die Kritik zu ersticken anstatt sie zu hören". So als ob ‚Geschichte für alle' erzwungenermaßen eine Rückkehr zur überkommenen Volkspädagogik bedeuten müsste, zur Vereinfachung und zur „Aneinanderreihung der Ereignisse". Gerade weil diese kritischen Historiker glauben, dass die Geschichtswissenschaft ihren aktuellsten Forschungsstand präsentieren muss, das, was den Bürgern zur eigenen Urteilsbildung nützt, haben sie die Öffentlichkeit gesucht.[49]

---

43 S. die Sichtweise Michèle Riot-Sarceys, die an diesem Abend auftrat, „Mémoire, l'Etat fait son propre état des lieux", *Libération*, 15.10.2010, S. 29.

44 Titelseite: „Une maison de l'histoire de France obsolète" und der Text auf S. 21. Die Unterschriften Pierre Touberts (*Collège de France*) und Denis Woronoffs (*Université de Paris I*) trafen zu spät ein, um in der Druckausgabe noch berücksichtigt zu werden.

45 S. *Libération*, 15.10.2010, S. 28.

46 Vor allem François-Guillaume Lorrain, „Maison de l'histoire de France: le clash", *Le Point*, 25.11.2010, S.126–128. Und die detaillierte Analyse Isabelle Backouches, „La Maison de l'histoire de France: essai de socio-histoire d'un projet", http://cvuh.free.fr/spip.php?article255

47 Er antwortet den kritischen Historikern in *Le Monde* (3.11.2010) und nimmt an einem *Chat* teil: „La Maison de l'histoire n'est pas un brûlot de propagande", 19.11.2010. Schließlich debattiert er auch im Radio (*France Culture*, 1.12.2010).

48 „Pour un musée de l'histoire en France", *Le Monde*, 25.11.2010.

49 Hier verweise ich auf die Überlegungen Gérard Noiriels, besonders in *Penser avec, penser contre. Itinéraire d'un historien*, Paris, Belin, 2003.

Diese aktuelle Situation brachte auch Pierre Nora dazu, Position zu beziehen und sehr ernsthafte Vorbehalte gegen das zukünftige Haus zu formulieren, besonders wegen dessen „unreinen und politisierten" Ursprungs, sowie wegen der Schwierigkeit, ein Museum zu gestalten, welches verschiedene Sichtweisen der Geschichte einbezieht. Dabei distanzierte er sich jedoch von jenen Historikern, die diese Kritik bisher vertraten.[50] In Anbetracht der hier präsentierten früheren Überlegungen Noras verdient es diese Position aber dennoch, hier erwähnt zu werden. Man sieht daran sehr deutlich, dass geschichtswissenschaftliche Konflikte nicht ohne weiteres deckungsgleich mit politischen Konflikten sind.[51] Wenn Pierre Nora Nicolas Sarkozys von 2007 an geführte Geschichtspolitik kritisiert, dann nicht so sehr wegen ihrer grundlegenden Ansätze – hier stellt er sogar fest, dass Sarkozy möglicherweise „die besten Absichten" hatte – sondern wegen seiner Unfähigkeit, eine breite Zustimmung zu erlangen, wegen seines praktischen Misserfolgs: „Dieser Politikbereich gelingt ihm nicht". Er kommt auch auf seine Sorgen zurück über jene „starke Korrosion", die seiner Meinung nach die vielfältigen Erinnerungen darstellen, und befürchtet für das Museum: „Ein wenig Ludwig XIV. und viel Sklavenhandel? Ein wenig Napoléon und viel Haiti? Ein wenig Republik und viele Kolonien? Einige katholische Bauern und viele muslimische Immigranten?"

Die Vorbereitungskommission wird Ende des Jahres [nach Redaktionsschluss Anm. d. Übers.] den zukünftigen wissenschaftlichen Beirat berufen.[52] Offensichtlich bereitet die Zusammensetzung Schwierigkeiten, denn nicht wenige bedeutende Historiker haben, im Privaten oder öffentlich, ihre Vorbehalte gegen das Projekt formuliert.

---

50   „ich teile jedoch nicht die prinzipielle Feindschaft vieler Historiker, die es [das Haus der Geschichte] als verdammt ansehen, weil es von Nicolas Sarkozy kommt (hat man schon mal ein Museum außerhalb der Sphäre des Politischen entstehen sehen?) und es vor allem zu einer kriminiellen Initative erklären, weil es Frankreich und seiner Geschichte gewidmet ist.", „Lettre ouverte à Frédéric Mitterrand sur la maison de l'histoire de France", *Le Monde*, 11.11.2010, S. 25.

51   Ibid. Auch dieser Beitrag wird auf der Titelseite angekündigt: „Pierre Nora: l'histoire de France ne réussit pas à Nicolas Sarkozy".

52   Während dem *Rendez-vous de l'histoire in Blois*, einem der größten Treffen von Historikern und Geschichtsliebhabern in Frankreich am 17.10.2010, haben die Mitglieder dieser Kommission einen Zwischenstand des Projekts präsentiert, während das aus Paris gekommene Personal der Archive aus dem Saal heraus Fragen stellte und auf Widersprüche verwies. Es wurde erneut betont, wie geeignet der Standort sei (historisch, zentral, kostenneutral). Der Vorstand der Kommission ist Jean-François Hébert, der Vizevorstand Charles Personnaz. Der erste bekräftigte in dieser Debatte erneut, dass das Haus sich in eine Überlegung über „die Möglichkeit, zusammen zu leben" einschreibt, in einem Land, das „das Gefühl für die Zeitlichkeit verloren hat". Drei Achsen strukturieren das Projekt, einmal als „Brückenkopf", dann als „Forschungsforum", schließlich als Internetportal. Notizen des Autors. S. auch Thomas Wieder, „Réserves et incertitudes autour du projet de la Maison de l'histoire de France", *Le Monde*, 19.10.2010.

Ein leitendes Mitglied der Kommission gibt diesbezüglich zu: „Die Berufung ist politisiert [...]. Wir sind in einer Ära des Verdachts".[53]

So stehen also im gegenwärtigen Frankreich der Gebrauch und Nutzen der Geschichte im Mittelpunkt des politischen Lebens. Die Vergangenheit erscheint als eine so wirksame Ressource, dass ein Präsident, der von sich ständig behauptet, ein Mann der Moderne, des Bruchs und der Reform zu sein, ohne Ende die „nationale Identität" anruft und den Verlauf der Geschichte Frankreichs in Szene setzt. Aber wie weit geht diese Rückkehr zur Nationalerzählung? Ist es eine zufällige Politik, die sich bisweilen auch mit einer Öffnung zum Gedächtnis der Immigranten äußert, wie es Kolja Lindner in diesem Band zeigt, ein Spielen mit einer Stimmung, die gleichzeitig gefühlt und konstruiert wird und deren Analyse diesen Artikel sprengen würde, die aber in den anderen Beiträgen des Bandes reiches Material findet? Oder muss man in diesem „Haus der Geschichte" einen symbolischen Ausdruck tiefgründiger Erwartungen und verfestigter Diskurse sehen? Schließlich, in welchem Maße ist diese Rückkehr der französischen Nationalerzählung das Echo anderer neo-nationalistischer Erinnerungspolitiken in anderen europäischen Ländern, besonders in Italien? Die weiteren Entwicklungen des „Hauses der Geschichte" werden Antworten bringen, die der Historiker, dem Vorhersagen von Berufs wegen wenig liegen, nicht zu geben vermag.

(Übersetzung aus dem Französischen: Stefan Seidendorf)

Literatur

Anderson, P.: La pensée tiède. Un regard critique sur la culture française, Paris, Seuil, 2005.

Backouches, I.: „La Maison de l'histoire de France: essai de socio-histroire d' un projet", http://cvuh.free.fr/spip.php?article255

Bermond, D.: „Un musée, pour quoi faire?",1500 ans d'histoires de France', Les collections de l'Histoire, juillet–septembre 2009.

Bertrand, R.: „Par delà le grand récit de la Nation: l'identité nationale au prisme de l'histoire globale", Savoir/agir, 2, décembre 2007.

Bertrand, R.: Mémoires d'Empire. La controverse autour du „fait colonial", Bellecombe-en-Bauges, Editions du Croquant, 2006.

Calvet, L. J., Véronis, J.: Les Mots de Nicolas Sarkozy, Paris,: Editions du Seuil, 2008, S. 143–144.

Citron, S.: „1500 ans d'histoires de France", Les collections de l'Histoire, juillet–septembre 2009.

---

53   Zitiert in F.G. Lorrain, art. cit.

Citron, S.: Le mythe national. L'histoire de la France revisitée, Paris, Editions de l'Atelier, 2008.

Dumoulin, O.: Le rôle social de l'historien. De la chaire au prétoire, Paris, Albin Michel, 2003.

Gallo, M.: L'âme de la France. Une histoire de la Nation, des origines à nos jours, Paris, Fayard, 2007.

Garapons, A.: Peut-on réparer l'histoire? Colonisation, Esclavage, Shoah, Paris, Odile Jacob, 2008.

Garcia, P., Leduc, J.: L'enseignement de l'histoire en France. De l'Ancien Régime à nos jours, Paris, Armand Colin, 2003.

Garcia, P.: „Il y avait une fois la France. Le Président et l'histoire en France (1958–2007)", in C. Delacroix, F. Dosse, P. Garcia éds., Historicités, Paris, La Découverte, 2009.

Gensburger, S., Lavabre, M.-C.: „Entre ‚devoir de mémoire' et ‚abus de mémoire': La sociologie de la mémoire comme tierce position", in: B. Müller éd., L'histoire entre mémoire et épistémologie, Lausanne, Payot, 2005.

http://www.debatidentitenationale.fr

http://www.pourlemuseedelhistoiredefranceavincennes.com

Jouhaud, C., Ribard, D., Schapira, N.: Histoire, littérature, témoignage. Ecrire les malheurs du temps, Paris, Gallimard, 2009.

Kott, S.: und Michonneau, S.: Dictionnaire des nations et des nationalismes dans l'Europe contemporaine, Paris, Hatier „Initial", 2006.

Lavisse, E.: La première année d'histoire de France, Paris 1887.

Le Naire, O.: „Sarkozy aux portes de l'Histoire", L'Express, 4. August 2010.

Leduc, J.: „L'école des Hussards noirs et la République des professeurs d'histoire", in: Amalvi, C.: éd., Les Lieux de l'histoire, Paris, Armand Colin, 2005.

Lefeuvre, D. und Renard, M.: Faut-il avoir honte de l'identité nationale?, Paris, Larousse, 2008.

Lorrain, F.-G.: „Maison de l'histoire de France: le clash", Le Point, 25.11.2010, S. 126 – 128. I.

Loubes, O.: L'Ecole et la Patrie. Histoire d'un désenchantement, 1914–1940, Paris, Belin, 2001.

Noiriels, G.: A quoi sert l',,identité nationale", Marseille, Agnone, 2007.

Noiriels, G.: Penser avec, penser contre. Itinéraire d'un historien, Paris, Belin, 2003.

Nora, P.: „Le nationalisme nous a caché la nation", *Le Monde,* 18./19. März 2007.

Offenstadt, N.: L'Histoire Bling-Bling, Paris, Stock, 2009.

Poignant, B.: „France, j'aime ton histoire", *Le Monde,* 14. Dezember 2005.

Rioux, J.-P.: La France perd la mémoire. Comment un pays démissionne de son histoire, Paris, Perrin, 2006.

Siegel, M.: The Moral Disarmament of France. Education, Pacifism and Patriotism, 1914–1940, Cambridge, Cambridge University Press, 2004.

Taubira, C.: Egalité pour les exclus. Le politique face à l'histoire et à la mémoire coloniales, Paris, Temps Présent éditions, 2009.

Thiesse, A.-M.: „L'Histoire de France en musée. Patrimoine collectif et stratégies politiques", Raisons politiques, 37, février 2010.

Thiesse, A.-M.: Ils apprenaient la France. L'exaltation des régions dans le discours patriotique, Paris, Edition de la Maison des Sciences de l'homme, 1997.

Thiesse, A.-M.: La création des identités nationales. Europe XVIIIe–XXe siècle, Paris, Le Seuil, 1999, éd. de Poche 2001.

Todorov, T.: Les Abus de la mémoire, Paris, Arléa, 1998.

Wilfert-Portals, B.: „Nation et nationalisme", in C. Delacroix e.a.: Historiographies. Concepts et débats, II, Paris, Gallimard, 2010.

Woronoff, D.: „Un Musée pour l'histoire de France?", http://cvuh.free.fr/spip.php?article175

Eine postmoderne nationale Identität?

Die Banalisierung des historischen Gedächtnisses in der aktuellen Debatte in Frankreich

Hartmut Stenzel

Die Geschichte war schon immer eine Leidenschaft der Franzosen. „Das hohe Alter Frankreichs, sein Bestehen über die Jahrhunderte hinweg [...], kurzum, sein von der Vorsehung gefügtes Schicksal – dies sind die Züge des nationalen, historischen Bewusstseins", schreibt ein Historiker, der diese Leidenschaft behandelt. Er spielt damit auf die berühmten ersten Zeilen von de Gaulles Memoiren an, die die historische Größe zum Zentrum des französischen Selbstbewusstseins erklären.[1] Nach einer seit den Anfängen der Dritten Republik verbreiteten Überzeugung stützt sich die nationale Identität der Franzosen auf ein Geschichtsbild, das von der historischen Kohärenz der Nation ausgeht. Noch heute sei diese Identität „vor allem eine historisch bedingte",[2] so zumindest die Verfasser einer kürzlich erschienenen Veröffentlichung. Wenn sie Recht haben und die nationale Identität tatsächlich „eine beständig gegenwärtige Vergangenheit ist, die jeder Einzelne bei seiner Geburt als gegeben vorfindet", so könnte man die Geschichtsbegeisterung der Franzosen durch den Wunsch erklären, eine ‚Schicksalsgemeinschaft' historisch zu verstehen, deren Zukunft derzeit sowohl von der Globalisierung als auch von den Entwicklungen einer multikulturellen französischen Gesellschaft in Frage gestellt wird. Das historische Gedächtnis wird so zu einer unveränderlichen Gegebenheit und soll es ermöglichen, das Fundament des nationalen Zusammenhangs vor dem Hintergrund einer gesellschaftlichen und kulturellen Identitätskrise zu festigen.

Die Auffassung von der Geschichte als unumgänglicher Grundlage der nationalen Identität kann ihre Nähe zu der Konzeption des Nationalismus nicht verleugnen, die Maurice Barrès Ende des 19. Jahrhunderts entworfen hat. Dessen Ausspruch, der Nati-

---

1   Philippe Joutard, „Une passion française: l'Histoire", in: André Burguière/Jacques Revel, Hrsg., *Les formes de la culture*, Paris 1994, S. 513.

2   Daniel Lefeuvre/Michel Renard, *Faut-il avoir honte de l'identité nationale?*, Paris 2008, S. 30.

onalismus sei die Anerkennung eines Determinismus,[3] versteht die historische Tradition als wesentlichen Faktor für die Einheit der Nation und als eine Bestimmung, der sich niemand entziehen kann. Die Konstruktion einer historisch gegebenen nationalen Zusammengehörigkeit ermöglicht es der Nation zudem, klare Grenzen zu setzen zwischen dem, was ihr eigen, und dem, was ihr fremd sei. Damit kann einer als defizitär oder gar bedrohlich empfundenen gesellschaftlichen Lage entgegengewirkt werden. Eine solche Kompensationsfunktion erfüllte auch das Nationalgefühl, wie es in der zweiten Hälfte des 19. Jahrhunderts, vor allem nach der Niederlage im deutsch-französischen Krieg und während der ersten Einwanderungswelle gegen Ende des Jahrhunderts entwickelt worden ist.[4]

Diese Kompensationsfunktion scheint auch der eigentliche Grund der aktuellen Debatte zum Thema nationale Identität zu sein, die einem Verlangen nach identitärer Orientierung entspricht und sich reichlich der Geschichte bedient. Wenn – wie jüngste Umfragen ergeben – 37 % der Franzosen der Ansicht sind, man fühle sich in Frankreich nicht mehr wirklich zuhause,[5] oder gar zwei Drittel der Befragten angeben, das nationale Zugehörigkeitsgefühl werde schwächer,[6] so kann man diese Zahlen als Anzeichen einer tief greifenden Identitätskrise sehen. Davon zeugt auch die Beliebtheit des Ausdrucks „Français de souche"[7] in den letzten Jahren. Dieser Begriff ist eindeutig rassistisch konnotiert und Ausdruck des Wunsches, die nationale Zugehörigkeit über eine biologische und zugleich historische Genealogie zu definieren und damit den Zusammenhalt der Nation zu sichern.[8] Man könnte diese Debatten mit der bissigen Wendung des bekannten deutschen Psychologen Horst Eberhardt Richter beschreiben: „Wer von Identität redet, zeigt, dass er keine hat."[9]

Mich interessieren an den hier angeführten Überlegungen vor allem die diskursiven Strategien, die vor dem Hintergrund einer eigentlich rein politisch motivierten Identitätsdebatte das historische Gedächtnis bemühen. Ich halte es für unnötig, an die-

---

3   *Scènes et doctrines du nationalisme* (1902), in: *L'œuvre de Maurice Barrès*, hrsg. von Philippe Barrès, Paris 1966, Bd. V, S. 25.

4   Siehe Gérard Noiriel, *A quoi sert l'identité nationale?*, Marseille 2008, S. 23 ff.

5   *Le Monde*, 15.01.2010.

6   http://www.debatidentitenationale.fr/IMG/pdf/100205_-_Debat_Identite_Nationale_-_Etude_TNS_ Sofres.pdf (aufgerufen am 22.04.2010).

7   Anm. d. Üb.: etwa: Urfranzose

8   Siehe z.B. auf der Internetseite http://www.fdesouche.com oder auf Facebook „Mémorial des Français de souche" (http://www.facebook.com/pages/Memorial-des-francais-de-souche/304077015279, aufgerufen am 22.04.2010). Siehe auch das Diskussionsforum zum Thema nationale Identität, wo sich Beiträge zu der Begründung und Verteidigung dieses Begriffs finden (http://contributions.debatidentitenationale.fr/francais-de-souche-1, aufgerufen am 22.04.2010).

9   Zitiert nach Lutz Niethammer, *Kollektive Identität: heimliche Quellen einer unheimlichen Konjunktur,* Reinbeck 2000, 36.

ser Stelle näher auf die Entstehung oder die wahltaktischen Motive dieser Vorgehensweise einzugehen. Wir werden auf diese noch zu sprechen kommen, wenn wir Beispiele für die Schaffung eines historischen Gedächtnisses analysieren, das vor allem dazu dient, die Konstruktion einer homogenen nationalen Identität zu rechtfertigen. Im Folgenden werde ich mich darauf beschränken, anhand von Auszügen aus politischen Reden und Beiträgen im Diskussionsforum zu untersuchen, welche Funktionen man dem historischen Gedächtnis im Zeitalter der Postmoderne zuerkennt und wie es öffentlich eingesetzt wird.

1 Die Banalisierung historischer Referenzen im aktuellen politischen Diskurs

In den letzten Jahren lässt sich eindeutig eine starke Häufung von medial weit verbreiteten politischen Reden verzeichnen, die mit Bezügen auf die französische Geschichte arbeiten, um eine identitäre Orientierung zu vermitteln. Nicolas Sarkozy hatte dies bereits im Wahlkampf zu einem zentralen Thema seiner Reden gemacht und sich in dieser Hinsicht auch als Präsident weiter positioniert.[10] Schon in einer Rede in Rouen zwischen den beiden Präsidentschaftswahlgängen kommt er darauf zu sprechen:

> Wovon sollte ein Anwärter auf die Präsidentschaft der Französischen Republik wohl sprechen, wenn nicht von Frankreich? Doch von Frankreich zu sprechen, ohne auf seine Geschichte einzugehen, hieße, Frankreich nicht zu kennen – und somit seiner Vertretung nicht würdig zu sein.
> Das ist die Wahrheit.[11]

Auf diese Weise wird das Verstehen der Geschichte Frankreichs zu einem Hauptkriterium für die Qualifikation und damit auch die Qualität des Präsidentschaftskandidaten, der mit seiner Vision der Geschichte belegen will, wie gut er die Grundlagen der Nation versteht, deren politische Führung er anstrebt.

Genau diese Vision soll es ihm auch erlauben, eine überparteiische Position einzunehmen. So zielt Sarkozy mit seiner Wahlkampfstrategie auch darauf ab, eine kohä-

---

10 Der selektive und parteiische Einsatz von geschichtlichen Bezügen ist eine der wichtigsten diskursiven Strategien Sarkozys und wurde von Laurence de Cock e.a. systematisch analysiert: *Comment Nicolas Sarkozy écrit l'histoire de France*, Marseille 2008. Nicolas Offenstadt erläutert, wie seine Reden die Geschichte aus dem Kontext herausgelöst oder gar verfälscht darstellen, um den ‚Roman der Nation', diesen französischen Geschichtsmythos mit vereinheitlichenden Tendenzen, wiederzubeleben und zu rehabilitieren (*L'Histoire bling-bling. Le retour du roman national*, Paris 2009).

11 Rede in Rouen, 24.04.2007. Zitiert nach http://sites.univ-provence.fr/veronis/Discours2007/transcript. php?n=Sarkozy&p=2007-04-24, aufgerufen am 23.04.2010.

rente, widerspruchsfreie und bruchlose Geschichte Frankreichs zu zeichnen, wodurch er sich gleichzeitig von seiner politischen Gegenspielerin abgrenzt:

> Ich habe gesagt: „Es gibt nur eine Geschichte Frankreichs." Die Sozialisten haben widersprochen und behauptet, es gäbe eine linke und eine rechte Geschichte Frankreichs. Ich habe gesagt: „Es gibt nur ein Frankreich." Die Linke hat entgegnet: „Es gibt ein Frankreich der Linken und ein Frankreich der Rechten."

Der Wille, Frankreich zu einen und der Entwurf einer kohärenten französischen Geschichte gehen somit Hand in Hand.[12] Auch wenn es sich hier ganz offensichtlich um Wahlkampfpolemik handelt, so bezieht sich Sarkozy doch auch auf einen Geschichtsmythos, der in den ersten Jahrzehnten der Dritten Republik entstand, als die Geschichte zur nationalen Meistererzählung (*roman national*) wurde, welche den Werdegang des ahistorischen Gebildes Frankreich beschreibt:

> Frankreich hat so viele Schicksalsschläge gemeistert, so viele Dramen überwunden, und dabei eine Willensstärke und einen Charakter entwickelt, die die Welt oft in Erstaunen versetzten. Das wahre Frankreich, das ewige Frankreich mit seiner weit zurückreichenden Geschichte ist die Summe all dieser Einzelschicksale. Es kann nicht untergehen, weil ein jeder von uns will, dass es weiterlebt.

Diese Konstruktion eines dauerhaft bestehenden „Wesens" Frankreichs über die Jahrhunderte hinweg hat viel gemein mit der berühmten Sichtweise de Gaulles von einem Frankreich, dessen Schicksal von der Vorsehung bestimmt ist. De Gaulle wiederum baut wesentlich auf der Deutung der französischen Geschichte auf, die in der Zeit der Dritten Republik entwickelt und in ihren Schulbüchern wie den berühmten von Ernest Lavisse popularisiert worden ist.[13]

Sarkozy steht also in der geschichtsmythologischen Tradition derjenigen, die Frankreich als einen privilegierten Protagonisten der Geschichte ansehen und ihm eine entscheidende Rolle bei den historischen Abläufen zugestehen; auf seinem Weg durch die Jahrhunderte habe Frankreich weder Brüche noch interne Auseinandersetzungen gekannt.[14] Zwar klammert Sarkozy hier das Phänomen aus, das seit dem Ende des 19. Jahrhunderts und der Dreyfus-Affäre als der Kampf zwischen den „beiden Frankreich" bezeichnet wird, doch auch damit erweist er sich nur als treuer Anhänger dieser Mythologie. Sarkozys Bestreben nach politischer Modernisierung geht einher mit ei-

---

12   Siehe die Analysen von Nicolas Offenstadt (Anmerkung 10).
13   etwa Ernest Lavisse, *La première année d'histoire de France*, Paris 1887.
14   Vgl. hierzu Christian Amalvi, *De l'art et la manière d'accomoder les héros de l'histoire de France*, Paris 1988 sowie Suzanne Citron, *Le mythe national. L'histoire de France revisitée,* Paris 2008 (1987).

nem geschichtlichen Traditionalismus, der das historische Gedächtnis als Garant für das Weiterbestehen der Nation und als wichtige Grundlage für die nationale Identität sieht. Dieser Traditionalismus stellt auch eines der Kernelemente der so genannten „großen Debatte über die nationale Identität" dar, welche die von Sarkozy und seiner Regierung angepriesene identitäre Rückbesinnung der Franzosen vorantreiben sollte. François Fillon führt die Bedeutung der Geschichte für diese Diskussion in seinem Beitrag zu dem Diskussionsforum folgendermaßen aus:

> Wir sind die Erben einer außergewöhnlichen Geschichte, derer wir uns nicht schämen müssen [...]. Unsere Nation hat sich beständig selbst erbaut, vergrößert, geeint. Rebellische Provinzen wurden eingebunden, unterschiedliche Religionen in Einklang gebracht und Einwanderungswellen aus gänzlich fremden Kulturen aufgenommen. Die französische Identität hat sich schrittweise herausgebildet: Wir verdanken sie der Stärke unseres Staates, unserer gemeinsamen Sprache und unserem Rechtssystem; wir haben sie mit Blut erkauft und ihr Gedächtnis und ihre Mythen mit Stolz weiter getragen und ihr schließlich das Siegel unserer demokratischen und laizistischen Republik aufgeprägt.
>
> Diesen langen Weg, den wir gemeinsam zurückgelegt haben, diesen Roman von der Nation müssen wir fortführen und an die Gegenwart anpassen.[15]

Fillon verwendet hier den Begriff „Roman von der Nation" (*roman national*) ohne jegliche Ironie und als selbstverständlich erscheinende Charakterisierung der Nationalgeschichte, obwohl dieser Terminus in seiner Verwendung in der Geschichtswissenschaft eine unzweideutige Kritik an der Mythologie der Nationalgeschichte beinhaltet.[16] Im Wirken seiner Regierung sieht er, will man diese Äußerung ernst nehmen, die Weiterführung des Mythos vom einheitlichen Frankreich und von dessen außergewöhnlicher Geschichte, welche über die Jahrhunderte hinweg sein Schicksal bestimmte und weiter bestimmt. Was ihn an diesem Mythos jedoch eigentlich interessiert, ist nicht das mythisch kohärente Bild von der Geschichte Frankreichs, sondern vielmehr die Möglichkeit, seine politische Position durch die Identitätsdebatte zu legitimieren, indem er das Erbe einer schon lange bestehenden Vergangenheitskonstruktion für sich in Anspruch nimmt. Der einzig wichtige Faktor dieses Mythos ist seine Kontinuität, mit der suggeriert wird, Frankreich, diese mythische Einheit, habe in der Geschichte dauerhaft bestanden.

Doch der Rückgriff auf den in der Tradition der Dritten Republik stehenden Diskurs über die Geschichte zeugt auch von dessen Banalisierung, da die konkreten, wich-

---

15 François Fillon, „Réflexion et convictions sur l'identité de la France" (04.11.2009), (http://www.debatidentitenationale.fr/actualites/contribution-du-jour-francois.html, aufgerufen am 22.03.2010).

16 Siehe Nicolas Offenstadt (Anmerkung 10) sowie Christian Delacroix e.a., *Les courants historiques en France XIXe–XXe siècles*, Paris 1999, S. 236 ff.

tigen Inhalte dieser Tradition ihres Sinnes entleert werden. Ohne hier zu weit gehen zu wollen, kann man doch die Theorie aufstellen, dass die Vereinnahmung der Geschichte als Sinnstifterin in der Diskussion um den nationalen Zusammenhalt dazu beiträgt, historische Inhalte letztlich beliebig werden zu lassen. Anders gesagt: Die traditionelle Geschichtsschreibung zieht ins Zeitalter der Postmoderne ein, indem sie Teil eines Spiels mit den Signifikanten wird, die sie sorgfältig geordnet und erläutert hatte. Diese Signifikanten bezeichnen jetzt willkürlich einen eher unbestimmten Inhalt, den nationalen Zusammenhalt, um die konkrete Bedeutung historischer Prozesse jedoch geht es dabei kaum noch. Man kann zu Recht die Frage stellen, ob die Banalisierung dieser Inhalte im Keim nicht bereits in der historiographischen Tradition selbst enthalten ist, auf die der aktuelle Diskurs über Geschichte zurückgreift. Doch auch wenn dies der Fall ist, so wird diese Tendenz in den letzten Jahrzehnten durch die postmoderne Relativierung des historischen Gedächtnisses verstärkt. In der Postmoderne hat der ‚Roman von der Nation' – so wie alle großen Erzählungen – an Plausibilität verloren. Und da niemand mehr wirklich an ihn glaubt, kann man Fragmente herauslösen und für politische Zwecke einsetzen, ohne sich um die Kohärenz der ‚großen', von der traditionellen Geschichtsschreibung verfassten Erzählung kümmern zu müssen.

Doch unabhängig davon fällt hinsichtlich der Rückgriffe auf das historische Gedächtnis im aktuellen Diskurs vor allem eines auf: Die mehr oder weniger präzisen geschichtlichen Bezüge scheinen rein nach Gutdünken ausgewählt worden zu sein. So bleibt es etwa im bereits angeführten Zitat von Fillon unklar, was mit Ausdrücken wie „rebellische Provinzen wurden eingebunden" oder „unterschiedliche Religionen wurden in Einklang gebracht" nun genau gemeint ist, obwohl ihre Bezugsgegenstände doch den Bildungsprozess einer Nation konkretisieren sollen, die eigentlich schon vor diesem Prozess bestand. Sollte es sich hier um Euphemismen handeln, die beispielsweise den Albigenser-Kreuzzug oder die Religionskriege bezeichnen, so sind sie ungeeignet, um den historischen Sachverhalt dieser Konflikte auch nur annähernd zu beschreiben.

Doch solche Anspielungen werden auch nur dazu eingesetzt, um politischen Zielen eine pseudohistorische Dimension zu geben. Damit verbindet sich die Absicht, die inneren Konflikte der heutigen Gesellschaft zu verleugnen. So ist es Fillon möglich, ein politisches Projekt pseudohistorisch zu legitimieren, das soziale Konflikte und kulturelle Differenzen ignorieren und sie durch das als historisch ausgegebene Postulat von der Einheit der Nation beseitigen soll.

In dieser Strategie politischer Reden werden die historischen Bezugsobjekte nicht nur banalisiert, da deren konkrete Inhalte unerheblich sind, sondern sie werden darüber hinaus in ein postmodernes Spiel mit der Geschichte integriert, bei dem jegliche historische Anspielung erlaubt zu sein scheint, sofern sie bei den Zuhörern die gewünschte Wirkung erzielt. Ein anschauliches Beispiel hierfür findet sich in der bereits zitierten Rede Sarkozys in Rouen:

Wie kann man in Rouen sein und nicht an den Cid denken, an Horace und all die Helden, von denen wir schon im Kindesalter so viel über die Größe des Menschen und die Tragik des Lebens gelernt haben?

Wie kann man in Rouen sein, an Corneille, an Horace und an den Cid denken – und sich nicht die Frage stellen, wie viel ein bisschen mehr moralische Integrität und Großmut für die Politik in unserem Lande bedeuten würde? Auch im Jahr 2007 hat Moral in Frankreich noch ihren Stellenwert. Dies ist eine politische Botschaft, die ich verbreiten möchte.

Wie kann man in Rouen sein, ohne an Flaubert zu denken?

Wie kann man in Rouen sein, ohne an Jeanne d'Arc zu denken?

Man kann sich nun zu Recht fragen, was Flaubert in dieser Runde eigentlich zu suchen hat. Im Gegensatz zu Corneille oder Jeanne d'Arc verkörpert er keinerlei Wertvorstellungen. Flaubert ist Flaubert, ein Name, der kulturelle Bedeutung transportiert, und das genügt. Aber das ist vielleicht auch besser so, denn im Falle von Corneille wird man verblüfft zur Kenntnis nehmen, wie Sarkozy eine mehr als zweifelhafte Beziehung zwischen „moralischer Integrität" und „Großmut" einerseits und der Figur des Horace andererseits herstellt. Diese bringt schließlich bei Corneille aus Liebe zum Vaterland (oder auch aus Hochmut) seine Schwester um (auch wenn der König ihn später aus Gründen der Staatsräson von diesem Verbrechen freispricht). Doch solche Überlegungen sind schlichtweg müßig: Die literarisch bedeutsamen Namen wurden nur eingeflochten, um der einheimischen Zuhörerschaft zu schmeicheln, Sarkozys hervorragende Allgemeinbildung zu betonen (obgleich er sein diesbezügliches Wissen wohl dem *Robert des noms propres* entnommen haben dürfte[17]), weiter, um zu zeigen, dass er einige nicht allzu präzise bestimmbare und somit wenig verpflichtende Werte vertritt, und letztlich, um die Liste der Rouennaiser Persönlichkeiten mit dem Namen Jeanne d'Arcs zu einem krönenden Abschluss zu bringen.

Dieses *name-dropping* kaschiert zunächst also ein Kokettieren mit den Wählern des *Front national* (der Partei, die als einzige unverdrossen am 1. Mai die *Fête de Jeanne d'Arc* feiert). Vor allem jedoch soll mit diesen pseudohistorischen Bezügen die unverbrüchliche Einheit der Nation behauptet werden – eine Behauptung, die für den Präsidentschaftskandidaten in seinem Spiel mit dem historischen Gedächtnis von grundlegender Bedeutung ist.

So führt Sarkozy im Anschluss an die eben zitierte Stelle zunächst Zitate von Michelet und Barrès an, welche die nationale Bedeutung Jeanne d'Arcs – und sein Geschichtswissen – belegen sollen, um dann zu erklären: „Jeanne steht über allen Parteien,

---

17   In dem sich unter dem Stichwort „Rouen" wie bei allen Städten ein Hinweis auf berühmte Persönlichkeiten findet. Neben weiteren bedeutenden Franzosen werden hier natürlich auch Corneille und Flaubert genannt.

niemand kann sie für sich beanspruchen. Jeanne ist Frankreich. Es war mir wichtig, dies hier in Rouen zu sagen."

Das Ergebnis dieser historischen Bezüge ist eine betont traditionalistische Haltung, die den konservativen Diskurs über Jeanne d'Arc aufgreift, die vor allem aber mit einer völlig inkohärenten historischen Argumentation einhergeht. Die konkrete Bedeutung der geschichtlichen Verweise ist dabei von völlig untergeordneter Bedeutung, solange diese nur vage genug sind, um die Identitätskonstruktion zu untermauern, zu rechtfertigen und im politischen Diskurs herauszuarbeiten, die Sarkozy zur Geltung bringen will. Wie wir bereits bei Fillon gesehen haben, wird die Geschichte bei dieser Rechtfertigung politischer Projekte zum bevorzugten Instrument. Die historische Dimension der nationalen Einheit wird zum Hauptargument in der französischen Identitätsdebatte und soll Ziel und Notwendigkeit eines nationalen Konsenses rechtfertigen.

Sehen wir uns als letztes Beispiel die Rede an, die Sarkozy am 12. November 2009 auf dem Vercors gehalten hat, einem der wichtigsten Erinnerungsorte der *Résistance*. In dieser Rede wird das Gedenken der *Résistance* schnell zu einer Apologie seiner Politik der nationalen Identität. Die folgende Behauptung stellt die französische Widerstands-bewegung völlig undifferenziert als Teil eines mehrere Jahrhunderte umfassenden Pro-zesses zur Herausbildung des Nationalbewusstseins hin:

> Unser nationales Zugehörigkeitsgefühl hat sich in Zeiten schwerer Prüfungen geformt. Vom Hundertjährigen Krieg bis hin zu den Widerstandskämpfern im Vercors, in Corrèze oder von Glières; von Valmy bis zum Chemin des Dames.[18]

Auch hier handelt es sich wieder um eine gänzlich zusammenhanglose Aufzählung. Der Vergleich des Hundertjährigen Kriegs, eines Kriegs zwischen Herrscherhäusern, mit der Widerstandsbewegung erstaunt ebenso sehr wie der zwischen Valmy, dem ersten Sieg der gerade entstehenden Ersten Republik mit dem Massaker am *Chemin des Dames*, in das der französische Generalstab im Ersten Weltkrieg seine Soldaten schickte. Doch auch hier sind die konkreten historischen Inhalte der geschichtlichen Ereignisse unerheblich. Von Bedeutung ist nur, dass die diffuse Behauptung, der Krieg sei der Schmelztiegel, aus dem Nation und Nationalbewusstsein hervorgegangen sei-en, nun scheinbar historisch belegt werden kann.

Dieser Behauptung folgt eine geradezu schwindelerregende Aufzählung histori-scher Personen und Ereignisse, die aus einer tausendjährigen französischen Geschichte nur eine Schlussfolgerung zieht – die eines notwendigen Einigungsprozesses:

---

18   „Discours de M. le Président de la République française – La Chapelle-en-Vercors (Drôme) – Jeudi 12 novembre 2009", http://www.elysee.fr/president/les-actualites/discours/2009/discours-de-m-le-president-de-la-republique.1678.html, aufgerufen am 24.03.2010.

> Sehen wir uns an, was die Republik dem *Ancien Régime* verdankt. Sehen wir uns an, wie die Republik den alten Traum der Kapetinger von einem geeinten und unteilbaren Frankreich und von einem Staat, der des Feudalwesens Herr wird, erfüllt hat. Sehen wir uns die stets neu geführte, jahrhundertealte Debatte zwischen Jakobinern und Girondisten, zwischen Zentralisten und Dezentralisten an: Schon seit Hugo Kapet stehen die Provinzen der Zentralgewalt gegenüber. Aus dieser Spannung bildete sich Schritt für Schritt die französische Einheit heraus. Hinter der Vielfalt, den Gegensätzen, den Widersprüchen und den Konflikten, von denen das Volk nur allzu oft aufgerieben wurde, steht die unverbrüchliche Einheit unserer Kultur und unserer Zivilisation.

Sarkozy argumentiert in dieser Passage sowohl syllogistisch als auch teleologisch: Da Frankreich ja schon immer eine „unverbrüchliche" kulturelle und zivilisatorische Einheit besitze, müsse seit den Anfängen der Monarchie (und warum nicht gleich seit „unseren Vorfahren, den Galliern"?) alles auf diese Einheit hinwirken; sämtliche historische Protagonisten und Ereignisse finden ihren Sinn allein im Erstreben und Fördern dieser Einheit. Den Kapetingern die republikanische Devise vom „geeinten und unteilbaren Frankreich" unterjubeln zu wollen ist noch das kleinere Kunststück, denn es geht noch weiter: Ob nun Hugo Kapet, die Girondisten oder die Jakobiner, das *Ancien Régime* oder die Republik – sie alle werden über denselben Kamm geschoren und sollen nur belegen, dass die französische Regierung recht daran zu tut, die nationale Identität stärken zu wollen. Schließlich handle es sich um eine jahrtausendealte Konstante der französischen Geschichte. Natürlich gibt es eine „Debatte zwischen Jakobinern und Girondisten" oder eine mehrere Jahrhunderte während Spannung zwischen rebellischen Provinzen und Zentralmacht, doch diese Konflikte sind nicht Teil der nationalen Einheit. Sie werden nur erwähnt, um auf die Gefahr hinzuweisen, die von ihnen ausgehe: Sie bedrohten die Nation und rieben das Volk auf.

Daraus folgt der Schluss, man müsse zur Festigung der nationalen Identität vor allem das Wissen um die Geschichte und deren Lehre fördern:

> Wenn wir möchten, dass das zukünftige Frankreich unseren Kindern noch etwas bedeutet, so müssen wir stolz sein auf unsere Geschichte und sie ihnen vermitteln.

All diese Beispiele beinhalten einen grundlegenden Widerspruch. Während einerseits feierlich die Bedeutung des historischen Gedächtnisses für Stärkung und Fortbestehen der nationalen Identität betont wird, wird andererseits eben dieses Gedächtnis trivialisiert, indem die historischen Fakten ihrer eigenen, keineswegs kohärenten Bedeutung entkleidet werden. Doch das eine setzt wohl das andere voraus: Im Zeitalter der Postmoderne kann man sich nur dann auf eine ‚große Erzählung' berufen, wenn man die konkrete Bedeutung der Elemente vernachlässigt, aus denen sie sich zusammensetzt. Auch wenn in solchen pseudohistorischen Bezügen noch immer der ‚Roman von der

Nation' präsent ist, so hat er doch seine narrative Kohärenz eingebüßt und ist – wie ja auch der postmoderne Roman – zu einem narrativen Spiel mit den Fragmenten der traditionellen ‚großen Erzählung' geworden.

2 Die Banalisierung historischer Referenzen in der Internet-Diskussion über nationale Identität

Man könnte dieser These vorwerfen, sie basiere nur auf einigen wenigen Auszügen aus politischen Reden, die allenfalls beweisen, wie das historische Gedächtnis speziell im Bereich der Politik eingesetzt wird. Doch die kursorische Lektüre einiger Stellungnahmen und Kommentare, die in dem Internetforum zum Thema nationale Identität eingestellt wurden, zeigt, dass die postmoderne Trivialisierung des historischen Gedächtnisses keineswegs allein auf die Politik beschränkt ist. Auch wenn die Debatte künstlich angestoßen und sozusagen vorgefertigt wurde, stellt das Diskussionsforum mit seinen Beiträgen doch eine Art soziokulturelle Laborsituation beachtlichen Ausmaßes dar, aufschlussreicher als viele Umfragen, jedenfalls für Probleme und Tendenzen des Identitätsbewusstseins der Franzosen. Sofern man den Angaben des zuständigen Ministers Glauben schenken kann, haben über ein 1 % der erwachsenen französischen Bevölkerung an der Diskussion aktiv teilgenommen.[19] Selbst wenn diese Beteiligung auf ganz spezifische und somit wohl kaum repräsentative Beweggründe zurückzuführen ist, zeigt sie doch, dass ein bestimmter Teil der französischen Bevölkerung ein Bedürfnis nach identitärer Orientierung verspürt, und dass die Debatte über die in den Medien verbreiteten und viel diskutierten politischen Reden zur nationalen Identität dieses Bedürfnis mobilisieren konnte.

An diesen Beiträgen kann man deutlich ablesen, welche Bedeutung dem historischen Gedächtnis für die Legitimierung und Festigung der nationalen Identität auch von vielen Franzosen beigemessen wird.[20] Die Beiträge, die mit historischen Bezügen arbeiten, um ihre – oft sehr traditionsorientierte – Auffassung von nationaler Identität darzu-

---

19 Laut Eric Besson wurden auf der Internetseite www.debatidentitenationale.fr 760.000 Aufrufe und 56.000 Beiträge in verschiedenen Rubriken gezählt. (http://www.immigration.gouv.fr/spip. php?page=discours2&id_rubrique=307&id_article=2096, aufgerufen am 17.04.2010).

20 Angesichts der Menge der Diskussionsbeiträge greife ich im Folgenden auf nach einer Stichwortsuche aufgefundene Beispiele zurück, vor allem auf solche, auf denen sich auch Kommentare zu den Stellungnahmen finden. Siehe etwa die zahlreichen Beitrage auf http://contributions.debatidentitenationale.fr/nos-valeurs-historiques-et-communes, http://contributions.debatidentitenationale.fr/lidentite-nationale-cest-notre-histoire, http://contributions.debatidentitenationale.fr/patrimoine und http://contributions.debatidentitenationale.fr/ma-definition-de-lidentite-nationale (aufgerufen am 07. und 08.05.2010).

legen, nehmen mitunter rassistische Züge an und sind vor allem gegen die gegenwärtige multikulturelle Gesellschaft gerichtet. Sehen wir uns hierzu folgendes Beispiel an:

> Franzose zu sein bedeutet, einem Geschlecht anzugehören, einem Geschlecht, das „aus den Tiefen der Zeiten" stammt (Charles de Gaulle). Von „unseren Vorfahren den Galliern" zu sprechen ist im Ganzen gesehen korrekt, denn dies heißt anzuerkennen, dass das französische Volk das Erbe der Gallo-Romanen fortführt. Seine ethnische Zusammensetzung ist bis in die 1970er Jahre nahezu unverändert geblieben – weiß und europäisch.[21]

Es geht hier deutlich um die Thematik des „français de souche". Sieht man von politisch nicht gerade korrekten Schlagwörtern wie „weiß[e]" Rasse – in einem anderen Beitrag ist von „europäischer Rasse"[22] die Rede – einmal ab, so ist die hier vertretene Sichtweise doch ziemlich nah an Sarkozys und Fillons Konzeption der nationalen Identität. Wie die beiden Politiker bewegt sich auch dieser Beitrag mit dem berühmten Zitat des Historikers Camille Jullian („unsere Vorfahren die Gallier") im historischen Denken der Dritten Republik und bezieht sich explizit auf deren rassische Vorstellungen. Da die nationale Identität auf der – „bis in die 1970er Jahre nahezu unveränderte[n]" – „ethnische[n] Zusammensetzung" beruhe, werden die Einzelheiten der Jahrtausende alten Geschichte mit Sinn erfüllt, ohne dass es notwendig wäre, sie zu nennen. Wie bei Sarkozy oder Fillon sind sie von vornherein über den ‚Roman von der Nation' bestimmt.

Die Probleme beginnen, wenn die Diskussionsteilnehmer ihre Argumente mit konkreten Beispielen untermauern möchten und Aspekte oder Ereignisse anführen, die ihre persönliche Auffassung von nationaler Identität als historische Gegebenheit erscheinen lassen. Denn dann folgen oft gänzlich zusammenhangslose Aufzählungen, die einmal mehr davon zeugen, wie willkürlich die Auswahl dieser geschichtlichen Belege erfolgt. Um dies zu veranschaulichen, scheint mir das folgende Beispiel besonders geeignet:

> Die Identität frankreichs[23] würde ohne seine einzigartig reiche und außergewöhnliche Geschichte nicht existieren, denn die Vergangenheit frankreichs entspricht dem heutigen frankreich, das so verankert und verwurzelt ist, dass sie unvergänglich ist.
> Frankreich ist kein Land wie jedes andere, mit drei Daten, die die Hoffnungen der Welt ändern sollten: 843 taucht das Wort Frankreich durch den Vertrag von verdun auf,

---

21 Zitiert nach http://www.debatidentitenationale.fr/IMG/pdf/100104_-_Debat_Identite_Nationale_-_Analyse_TNS_Sofres.pdf, p. 21, aufgerufen am 13.04.2010

22 http://contributions.debatidentitenationale.fr/ne-pas-nier-les-evidences, aufgerufen am 08.05.2010.

23 Bei Zitaten, die dem Diskussionsforum debatidentitenationale.fr entnommen sind, wird die Schreibweise des Verfassers stets beibehalten. (Anm. des Übersetzers: Orthographiefehler im französischen Originalzitat wurden entsprechend ins Deutsche übertragen, Stil- und Syntaxfehler so gut wie möglich nachgeahmt.)

> Jeanne d'Arc rettet das Königreich frankreich vor den Engländern, 1789 der Sturm
> auf die Bastille und die französische revolution, Freiheit Gleichheit, Brüderlichkeit,
> Napoleon und der Code civil, der Vertrag von amiens und die Schlacht von Moskau
> veränderte die Welt und General de gaulle wird die Welt beeindrucken durch so
> französische Qualitäten wie Entsagung, Ehre, Bescheidenheit Widerstand gegen die
> Tyrannei.

Es erübrigt sich wohl, nach dem konkreten Sinn dieser wenig kohärenten Aneinanderreihung von Ereignissen aus den unterschiedlichsten Epochen zu fragen. Im Vordergrund stehen die drei großen, mythisch verklärten Gestalten der französischen Geschichte: Jeanne d'Arc, Napoleon und de Gaulle, die als Retter des Vaterlands gelten
können – und seltsamerweise auch mit der revolutionären Tradition vereinbar sind.
Sie werden hier nur genannt, um die Eingangsbehauptung, Frankreich verfüge über
eine „einzigartig reiche und außergewöhnliche" Geschichte, zu untermauern. Es wäre
ebenso müßig zu untersuchen, inwiefern der „Vertrag von Verdun" (dessen Bedeutung
in der Geschichtswissenschaft umstritten und dessen Text auch nicht erhalten ist) oder
die „Schlacht von Moskau" beweisen, dass „die Vergangenheit frankreichs [...] dem
heutigen frankreich [entspricht]". All diese Geschichtsfragmente lassen auf eine na-
tionalistische Überzeugung schließen, die keines auch nur im Geringsten kohärenten
historischen Gedächtnisses bedarf. Dies zeigt auch eine Folgepassage des Beitrags,
in der Universalitätsansprüche sowie die kulinarische und kulturelle Überlegenheit
Frankreichs bunt gemischt präsentiert werden:

> Die französische Identität ist stets auf der Suche nach Lebensqualität, nicht Quantität.
> Sie will gleichheit in der Welt und Frieden gegen den Krieg, denn Frankreich fühlt sich
> mit einer Mission betraut: sein Gesellschaftsmodell in der Welt. Frankreich ist dass
> Land der Esskultur mit Brot und Wein und der Literatur.[24]

Im folgenden Beitrag findet sich ebenfalls eine vergleichbare Mischung aus historischen Persönlichkeiten, Ortsnamen und Kochkunst:

> Chlodwig, Karl Martell, Molière, Montesquieu, Ludwig XIV., Jeanne d'Arc, Napoleon,
> de Gaulle, die Religionskriege, die Revulution, der Widerstand von 40 bis 45... wie
> kann man davon noch nie gehört haben? Wie kann man nicht wissen, wo sich Brest,
> Straßburg, Clermon-ferrand, Bordeaux, aber auch Vire, Cholet, Millau, St. Claude,
> Reims befinden? Wenn ein Bäcker fragt, ob Sie ein belegtes Brötchen lieber mit Brie
> oder mit greyerzer möchten, wie kann man dann nicht wissen, was Brie ist (Ist diese
> Woche passiert?)? Wie kann man noch nie von Pasteur oder Jules Ferry gehört haben
> oder ganz einfach einen französischen Pass besitzen aber kein oder kaum Französisch

---

24   http://contributions.debatidentitenationale.fr/nos-valeurs-historiques-et-communes, aufgerufen am
      08.05.2010.

sprechen!!!, wie ist das möglich? Dies stimmt nachdenklich, denn unser Kulturgut ist Träger starker Symbole, die uns einen und unsere Zukunft bestimmen.[25]

Folgt man dieser Argumentation, dann hätte die Kenntnis willkürlich aufgezählter historischer Personen und Ereignisse die gleiche Bedeutung für die Ausbildung einer nationalen Identität wie geographisches Wissen oder die Fähigkeit, verschiedene Käsesorten auseinander zu halten. Diese Aneinanderreihung von Begriffen, die das französische Kulturgut darstellen sollen, ist vielleicht am bezeichnendsten für die Trivialisierung des historischen Gedächtnisses. Spricht man von nationaler Identität, so kann man nicht umhin, sich auf die Geschichte zu beziehen. Doch wichtiger sind die alltäglichen Erlebnisse, die kleine Szene beim Bäcker oder der Umgang mit Landsleuten, die „kein oder kaum Französisch sprechen!!!".

Man könnte hier weitere, vergleichbare Beiträge zitieren, in denen die obligatorische Aufzählung historischer Gestalten („die Geschichte des gallischen Volkes, von Chlodwig, von Jeanne d'Arc, von Karl Martell, Ludwig XIV., de Gaulle") auf eine Stufe gestellt wird mit „der französischen Küche, unseren Weinen", welche zu „den erlesensten" zählten und „aus zahlreichen und doch so unterschiedlichen Regionen" stammten. Im Anschluss an diese Aufzählung steht folgende Schlussbemerkung:

> Lasst und stolz sein auf unserer Eroberungen, unsere Schlachten, unsere Kämpfer, unsere Ahnen, unsere Geschichte, unsere europäische Kultur, unsere Flagge, unsere Nationalhymne...[26]

Dieses Zitat vermittelt mit seinem stolz zur Schau getragenen Nationalbewusstsein auf besonders anschauliche Weise, wie das historische Gedächtnis trivialisiert wird. Die nationale Identität erscheint in den genannten Beiträgen als heterogenes Gebilde, als Verknüpfung von Bruchstücken des historischen Gedächtnisses, vagen Inhalten und Szenen aus dem Alltag.

Diese vorläufige Reihe einiger Beispiele müsste natürlich ausgeweitet und differenziert werden. Sie bedarf zudem noch einer sehr viel genaueren Analyse, als es mir hier möglich war. Dennoch erlauben es schon diese wenigen Beispiele, einen Zusammenhang mit den zahlreichen soziologischen und kulturwissenschaftlichen Studien herzustellen, aus denen eine generelle Tendenz zu einer Auflösung verschiedener Formen des kollektiven Bewusstseins hervorgeht.[27] Bezüglich der französischen Identi-

---

25 http://contributions.debatidentitenationale.fr/patrimoine, aufgerufen am 07.05.2010

26 http://contributions.debatidentitenationale.fr/lidentite-nationale-cest-notre-histoire, aufgerufen am 08.05.2010.

27 Vgl. dazu die Überblicksdarstellung von Günter Oesterle, „Kontroversen und Perspektiven in der Erinnerungs- und Gedächtnisforschung", in: Judith Klinger/Gerhard Wolf (Hrsg.), *Gedächtnis und kultureller Wandel*, Tübingen 2009, S. 11 ff.

tätsdebatte gilt festzustellen, dass die historischen Inhalte, die zur Untermauerung einer oder mehrerer Identitätsentwürfe angeführt wurden, viel zu unpräzise und heterogen sind, um eine tatsächliche kollektive Zusammengehörigkeit zu begründen.

Zum historischen Gedächtnis in der aktuellen Debatte lässt sich festhalten, dass es ein wenig von allem enthält, was in der französischen Geschichte gut und teuer ist, vom prähistorischen Gallien über sämtliche Phasen der Monarchie bis hin zur Revolution und zur *Résistance*. Es ist jedoch auffällig, dass die Diskussionsbeiträge in ihren Versionen des ‚Romans von der Nation' ein Element systematisch übergehen – die Geschichte Frankreichs als Kolonialmacht und die Folgen, die sie für die heutige gesellschaftliche Realität Frankreichs hat. Dabei stehen Konflikte der postkolonialen Gesellschaft, doch insgeheim im Zentrum der Identitätsdebatte, bei der es laut einer Umfrage für 49 % der Franzosen „vor allem um die Frage des Islam geht".[28] Die gesellschaftlichen Probleme, die sich aus der Einwanderung und der multikulturellen Realität des heutigen Frankreich ergeben, sind zweifellos die Hauptgründe für das Bedürfnis nach identitärer Orientierung, an das die Regierung mit ihrer Identitätsdebatte anknüpfen konnte. Das Erbe der Kolonialzeit ist somit zumindest von ebenso großer Bedeutung für das heutige Frankreich und seine Identität(en) wie die Traditionen des *Ancien Régime* oder der Revolution, von den mythischen gallischen Ursprüngen ganz zu schweigen. Und angesichts der Pfeifkonzerte, von denen die Marseillaise insbesondere bei Spielen der französischen Nationalmannschaft gegen Mannschaften aus den Maghreb-Ländern in den Stadien begleitet wird, ist es heute vielleicht doch der zur Fußball-WM 98 entstandene Slogan „black-blanc-beur[29]", der die nationale Identität Frankreichs am besten beschreibt.

Literatur

Amalvi, Christian: De l'art et la manière d'accomoder les héros de l'histoire de France, Paris 1988.

Barrès, Philippe: Scènes et doctrines du nationalisme (1902), in: L'œuvre de Maurice Barrès, Paris 1966, Bd. V.

Citron, Suzanne: Le mythe national. l'histoire de France revisitée, Paris 2008.

de Cock, Laurence e.a.: Comment Nicolas Sarkozy écrit l'histoire de France, Marseille 2008.

Delacroix, Christian e.a.: Les courants historiques en France XIXe–XXe siècles, Paris 1999.

---

28   *Le Monde*, 15.01.2010.
29   Anm. d. Üb.: In etwa „schwarz-weiß-braun", Anspielung auf die multikulturelle Zusammensetzung der französischen Nationalmannschaft in Anlehnung an die frz. Trikolore „blau, weiß, rot".

Fillon, Francois: „Réflexion et convictions sur l'identité de la France" (04.11.2009), (http://www.debatidentitenationale.fr/actualites/contribution-du-jour-francois.html, aufgerufen am 22.03.2010).

http://contributions.debatidentitenationale.fr/

http://www.debatidentitenationale.fr/IMG

Joutard, Philippe: „Une passion française: l'Histoire", in: André Burguière/Jacques Revel, Hrsg., Les formes de la culture, Paris 1994.

Lavisse, Ernest: La première année d'histoire de France, Paris 1887.

Lefeuvre, Daniel/Renard Michel: Faut-il avoir honte de l'identité nationale?, Paris 2008.

Niethammer, Lutz: Kollektive Identität: heimliche Quellen einer unheimlichen Konjunktur, Reinbeck 2000.

Noiriel, Gérard: A quoi sert l'identité nationale?, Marseille 2008.

Oesterle, Günter: „Kontroversen und Perspektiven in der Erinnerungs- und Gedächtnisforschung", in: Judith Klinger/Gerhard Wolf (Hrsg.), Gedächtnis und kultureller Wandel, Tübingen 2009.

Offenstadt, Nicolas: L'Histoire bling-bling. Le retour du roman national, Paris 2009.

Die koloniale Vergangenheit als Deutungsreservoir in den politischen Debatten um das französische Erinnerungsgesetz vom Februar 2005

Dirk Petter

Als die Nationalversammlung im Februar 2005 die „positive Rolle der französischen Präsenz in Übersee" (JORF 24.2.2005: 3128) per Gesetz festschreiben und in den Lehrplänen für den Geschichtsunterricht verankern wollte, löste dies scharfen öffentlichen Protest gegen eine solche staatlich sanktionierte Geschichtsdoktrin aus und führte zu einer kontroversen Debatte um den gesellschaftlichen Umgang mit der Kolonialgeschichte in Frankreich. Insbesondere eine Gruppe französischer Historiker, der renommierte Professoren wie Claude Liauzu, Gérard Noiriel und Gilbert Meynier angehörten, ging hart mit den Abgeordneten ins Gericht und warf ihnen in einem von *Le Monde* Ende März 2005 veröffentlichten Artikel vor, den Staat zur alleinigen Deutungsinstanz über die koloniale Vergangenheit erheben und eine, wie es dort hieß, „offizielle Lüge" als allgemeingültiges Geschichtsbild etablieren zu wollen (*Le Monde* 25.3.2005: 15). Tags darauf erschien der Aufruf in *Libération*, dem sich binnen weniger Wochen mehrere hundert weitere Historiker anschlossen, die ihrerseits die Aufhebung des Gesetzes forderten (*Libération* 26.3.2005: 15).

Erstaunlich ist die Tatsache, dass ein Gesetzesvorhaben dieser Tragweite erst nach seiner Verabschiedung in die Öffentlichkeit gelangte und der parlamentarische Diskussionsprozess, der bereits im Juni 2004 begonnen hatte, sich nahezu fernab jeglicher medialer Wahrnehmung vollzog. Der hauptsächliche Grund hierfür mag darin liegen, dass die ohnehin nur sehr spärlich im Halbrund vertretenen Abgeordneten den vorgelegten Entwurf in keiner Weise kontrovers behandelten (Bertrand 2006: 42–46). Die Sitzungsprotokolle vom 11. Juni 2004 und vom 10. Februar 2005 vermitteln vielmehr das Bild einer stillen Einmütigkeit der Parlamentarier im Geiste der französischen Zivilisierungsmission (Costantini 2008; Conklin 1997). Mit Ausnahme der kommunistischen Redner griffen Vertreter aller Fraktionen auf eine kolonialnostalgische Rhetorik zurück, die keinen Zweifel daran ließ, dass Frankreich mit Stolz auf die Zeit kolonialer Expansion und Herrschaft zurückblicken könne. Der PS-Abgeordnete Kléber Mesquida hob lobend die „objektive Sichtweise der Geschichte" hervor, die durch das Gesetz etabliert würde (JORF 11.6.2004: 4839). Auch sein Fraktionskollege Jacques Bascou bekannte sich vorbehaltlos zu den Wohltaten des französischen Kolonialismus und betonte die Bereitschaft seiner Partei zur „Anerkennung des französischen Werkes in Übersee" (JORF 11.6.2004: 4853). In ganz ähnlicher Weise argumentierten die Redner der rechtsliberalen UDF: Francis Vercamer interpretierte die Kolonialherrschaft als einen bedeutenden Beitrag zur Ausstrahlung Frankreichs in der Welt (JORF 11.6.2004: 4824), Rudy Salles erklärte: „Frankreich [...] kann stolz auf sein zivilisatorisches Werk sein, insbesondere in Nordafrika" (JORF 10.2.2005: 1044). In den von nationalem Pathos in besonderem Maße durchwirkten Beiträgen von Parlamentariern der UMP erschien die Zeit des Kolonialismus gar als „Heldenepos des größeren Frankreich" und als „menschliches Abenteuer" (JORF 11.6.2004: 4821, 4828). Vor der Schlussabstimmung fasste Michel Diefenbacher die Position seiner Fraktion wie folgt zusammen: „Ein jeder erkennt heute an, dass die französische Präsenz in Übersee ein großer Augenblick der Geschichte unseres Landes gewesen ist" (JORF 10.2.2005: 1064). Die Eintracht der Abgeordneten nahm erst durch die öffentliche Diskussion nach der Verabschiedung des Gesetzes ein Ende. Aufgrund des anhaltenden Protests wurde die Abänderung der besonders kritisierten Passage des Textes auf Initiative der mittlerweile geläutert auftretenden Sozialistischen Partei am 29. November 2005 auf die Tagesordnung der Nationalversammlung gesetzt, scheiterte aber an der Stimmenmehrheit der UMP, die an der umstrittenen Formulierung „positive Rolle" festhielt und geschlossen gegen den Antrag votierte. Erst ein Machtwort von Staatspräsident Jacques Chirac, der den betreffenden Abschnitt im Januar 2006 nach Anrufung des Verfassungsrates per Regierungsdekret aus dem Gesetz streichen ließ, beendete schließlich die Kontroverse (JORF 2.2.2006: 1747).

Die ganz im Zeichen eines breiten parlamentarischen Einvernehmens stehenden Sitzungen der Nationalversammlung sowie insbesondere die von kolonialer Nostalgie gefärbten Reden der Parlamentarier erwecken den Eindruck, dass sich im kollektiven Gedächtnis der politischen Führungsschicht Frankreichs Bilder des Kolonialreiches festgesetzt haben, welche die Dekolonisation und vor allem deren blutige Seite völlig ausblenden. Die bemerkenswerte Tatsache, dass diese Wahrnehmungen einen Zeitraum von mehr als vier Jahrzehnten nach dem Ende des französischen Empire überdauern konnten, lenkt den Blick unweigerlich auf die Ursprünge dieser aktuellen Symptome postimperialer Amnesie. Der vorliegende Beitrag will diesen Ursprüngen auf den Grund gehen und skizzieren, welche Deutungsmuster von der Auflösung des Kolonialreiches die französischen Regierungen während der Endphase der Dekolonisation zwischen 1954 und 1962 in der Bevölkerung zu verankern suchten und welcher Mittel sie sich hierzu bedienten. In einem ersten Abschnitt steht dabei die Untersuchung der parlamentarischen Debatten und öffentlicher Stellungnahmen verantwortlicher Politiker im Mittelpunkt des Interesses. In einem zweiten Schritt werden die Ziele und Methoden der staatlichen Informationspolitik in diesem Zusammenhang beleuchtet, bevor schließlich ein dritter Teil der Frage nachgeht, wie die offiziellen Interpretationen über einen solch langen Zeitraum konserviert und damit zu einem Deutungsreservoir der gegenwärtigen französischen Politik werden konnten.

1 Parlamentarische Debatten als Forum gouvernementaler Deutungskonstruktionen

Im Frühjahr 1954 war das Ende der kolonialen Dominanz Frankreichs in Indochina nach acht Jahren bewaffneter Auseinandersetzungen besiegelt (Dalloz 2002; Valette 1994b). Die Stellungnahmen der Regierung trugen dieser Tatsache jedoch in keiner Weise Rechnung, sondern waren vielmehr darauf ausgerichtet, die Erschütterungen an der kolonialen Peripherie zu verschleiern. Noch nach der eklatanten militärischen Niederlage von Dien Bien Phu im Mai 1954 beschwor Ministerpräsident Joseph Laniel vor dem französischen Parlament den Heldenmut der französischen Soldaten, die in Fernost für die Verteidigung der westlichen Welt vor dem drohenden Zugriff des Kommunismus ihr Leben einsetzten (JORF 11. 5. 1954: 2336). Außenminister Georges Bidault erklärte wenige Wochen später, Frankreich bewahre die Freiheit und Unabhängigkeit der Staaten Indochinas vor dem kommunistischen Joch (JORF 9. 6. 1954: 2847). Der sich seit 1950 verschärfende Ost-West-Konflikt hatte der französischen Regierung ein Erklärungsmuster in die Hände gespielt, das es ihr ermöglichte, ihr militärisches Vorgehen in Indochina vor den Augen der Öffentlichkeit als freiheitlichen antikommunistischen Kampf darzustellen (Cooper 2001; Van Thao 1995). Dass es sich um einen Krieg handelte, der die französische Kolonialherrschaft in Frage stellte und letztlich deren Ende bedeutete, wurde geflissentlich übergangen. In seiner Antrittsrede als neuer Regierungschef am 17. Mai 1954 bekräftigte Pierre Mendès-France: „Frankreich wird im fernen Osten präsent bleiben. Weder unsere Verbündeten noch unsere Gegner dürfen den geringsten Zweifel an der Zielrichtung unserer Bestimmung haben" (JORF 17. 6. 1954: 2993). Auch die Unabhängigkeit der neuen Staaten Vietnam, Kambodscha und Laos, die Frankreich in der Schlusserklärung der Genfer Friedenskonferenz vom Juli 1954 anerkannte, vermochte es nicht, den Regierungsdiskurs zu wandeln. Am 22. Juli erklärte Mendès-France vor der Nationalversammlung, Frankreich habe die drei Staaten zur Unabhängigkeit geführt, werde aber weiterhin für ihre Sicherheitsbelange Sorge tragen. „Unsere Aufgabe in Indochina ist also nicht beendet" (JORF 22. 7. 1954: 3536). Durch die Beteuerung, Frankreich werde in Fernost präsent bleiben und seinen Einfluss weiterhin geltend machen, brachte sich die französische Regierung gar nicht in die Verlegenheit, den Verlust Indochinas öffentlich erklären zu müssen. Der Dekolonisationsprozess wurde ganz einfach verschwiegen.

Eine ähnliche Strategie verfolgten die politisch Verantwortlichen auch hinsichtlich der Dekolonisationsprozesse in Marokko und Tunesien, wo seit dem Zweiten Weltkrieg die Forderungen nach nationaler Unabhängigkeit immer offener formuliert worden waren (Valette 1993: 75–97; Perkins 2004: 117–125; Julien 1978: 141–145). Als nach schweren Unruhen in Marokko im Sommer 1955 deutlich wurde, dass auch in den beiden sogenannten Protektoraten lang anhaltende gewaltsame Auseinandersetzungen drohten, falls Paris nicht einlenkte, reagierte die französische Regierung und erkannte die Unabhängigkeit der beiden Kolonien nach mehrmonatigen Verhandlungen im März 1956 an (Droz 2006: 173–195; Aldrich 1996: 291). Ministerpräsident Edgar Faure kleidete diesen Akt in die griffige Formel „Unabhängigkeit in Interdependenz" (JORF 8.10.1955: 4948), die sich auch sein Nachfolger Guy Mollet zu eigen machte, der mit Blick auf die zukünftigen Beziehungen zwischen Frankreich und den beiden nordafrikanischen Staaten im Juni 1956 von „vielgestaltigen Verbindungen zwischen Frankreich, Tunesien und Marokko" sprach, welche durch die Vokabel der Interdependenz ausgekleidet würden und vor der Nationalversammlung klarstellte: „Frankreich ist stolz auf sein in Tunesien und Marokko vollbrachtes Werk [...]. Es beabsichtigt, dieses Werk, welches in hohem Maße das Zeugnis seiner Geistesgröße ist, fortzuführen." (JORF 2.6.1956: 2277) Durch die Akzentuierung des Schlagwortes „Interdependenz" bei gleichzeitiger Bedeutungsminderung des Begriffes „Unabhängigkeit" suggerierten die Regierungen der französischen Öffentlichkeit, es sei eine neu gestaltete Verbindung zwischen Frankreich und seinen einstigen Kolonien geschaffen worden. Der koloniale Machtverlust wurde zur „Interdependenz" umdeklariert. Auf diese Weise sollte der Bevölkerung offenbar ein für Frankreich weniger kompromittierendes Bild der Dekolonisation vermittelt werden.

In den französischen Kolonien südlich der Sahara fand ein weitgehend friedlicher Machttransfer statt, weshalb die dortigen Dekolonisationsprozesse für die französischen Regierungen einen willkommenen Anlass boten, um der Bevölkerung im Nachhinein eine koloniale Erfolgsgeschichte zu präsentieren (Valette 1994a: 187–219; Adamolekun 1993; Chafer 2002). War nicht die Emanzipation der afrikanischen Völker im Einklang mit der Metropole offensichtliches Zeugnis einer im Guten verwirklichten Zivilisierungsmission? Hatte nicht Frankreich seit langem auf diesen Augenblick hingearbeitet? So jedenfalls wollten es die verantwortlichen Politiker glauben machen, die die koloniale Ablösung zunächst als Ausdruck einer tief verwurzelten franko-afrikanischen Freundschaft erscheinen ließen, als „Beispiel der Brüderlichkeit", Beweis dafür, dass Frankreich seine Macht und seine Größe zum Wohle der Menschen einsetze (de Gaulle 1970a: 97, 108). Dieser Erklärungsansatz, welcher in besonderem Maße das vermeintliche Vertrauen Afrikas in die Metropole herausstrich, ermöglichte es Staatspräsident und Regierung, den Franzosen das fortschreitende Schwinden imperialer Größe zu vermitteln, ohne dabei das viel beschworene zivilisatorische Werk Frankreichs in schlechtes Licht rücken zu müssen. Mit einem Gefühl unverhohlenen Stolzes blickten denn auch die politisch Handelnden nach den afrikanischen Unabhängigkeiten im Jahr 1960 auf die Zeit der französischen Kolonialherrschaft zurück. Im Mai 1960 erklärte Jean Foyer, Staatssekretär für die Beziehungen mit den afrikanischen Staaten: „Nichts wird eine große Vergangenheit, die wir mit Stolz bewahren, vergessen machen" (JORF 9.6.1960: 1218). Seit dem Zweiten Weltkrieg habe man kontinuierlich auf das Ziel der Unabhängigkeit hingearbeitet. Nunmehr seien die afrikanischen Völker reif, ihre Geschicke selbst zu lenken. Auch Staatspräsident de Gaulle betonte nun unentwegt, dass Frankreich in der Gewissheit, Fortschritt, Bildung und Wohlstand und vor allem seine freiheitlichen Ideale und Werte nach Afrika exportiert zu haben, den von ihm zivilisierten Völkern das Recht auf Selbstbestimmung gewähre: „Sein freiheitlicher Geist hat Frankreich dahin geführt, die Bevölkerungen, die bis jetzt von ihm abhängig waren, zu emanzipieren", so de Gaulle in einer Radio- und Fernsehansprache vom 4. November 1960 (de Gaulle 1970a: 257). Unabhängigkeit kam demnach als eine Gabe Frankreichs an die Völker Afrikas daher, die aufgrund eines von der Kolonialmacht kontrollierten Reifeprozesses nun bereit waren, diese zu empfangen.

Algerien hatte als integraler Bestandteil des französischen Staates eine Sonderstellung im kolonialen Ensemble inne (Gosnell 2002: 25). Die Bewahrung und Verteidigung von Französisch-Algerien war allen Regierungen der Vierten Republik gemein. So stellte Ministerpräsident Mendès-France nach Ausbruch des Algerienkrieges im November 1954 vor dem Parlament klar, dass die Einheit Frankreichs in Algerien verteidigt werden müsse, denn die algerischen Departements stellten einen Teil der Republik dar, und zwar seit langem und auf unwiderrufliche Weise. „Niemals wird Frankreich, eine französische Regierung, ein französisches Parlament [...] von diesem fundamentalen Prinzip abweichen" (JORF 12.11.1954: 4961). In derselben Debatte formulierte der damalige Innenminister François Mitterrand wegweisend: „Algerien, das ist Frankreich. Und wer unter Ihnen [...] würde zögern, alle Mittel einzusetzen, um Frankreich zu schützen?" (JORF 12.11.1954: 4961). Seit 1954 führte das koloniale Mutterland einen zunehmend eskalierenden Krieg um seine algerischen Besitzungen (Harbi und Stora 2004; Kohser-Spohn und Renken 2006; Mollenhauer 2006). In den öffentlichen Stellungnahmen wurde jedoch von einem Aufstand oder ganz schlicht von „Ereignissen" gesprochen (JORF 12.11.1954: 4967), unablässig betonte man dort, dass Algerien ein Teil Frankreichs sei, die Kombattanten der algerischen Unabhängigkeitsbewegung wurden als Terroristen, Gesetzlose oder Rebellen bezeichnet. Diese Deutungskonstruktionen, die den Algerienkrieg als eine ausschließlich innerfranzösische Angelegenheit erscheinen ließen, hatten offenbar zum Ziel, eine Dekontextualisierung des Konfliktes aus seinem kolonialen Bedeutungszusammenhang herbeizuführen. Erst nachdem die Vierte Republik an der Algerienfrage zerbrochen war, änderte sich diese Strategie (Winock 2006). Nun ging es vor allem darum, eine Entwicklung, die nicht mehr aufzuhalten war, nachträglich als geplanten und kontrollierten Prozess darzustellen. In seinen

Memoiren urteilte de Gaulle, Frankreich habe den Algeriern im September 1959 das Selbstbestimmungsrecht aus einer Position der Stärke und gemäß seiner liberalen Prinzipien zugestanden. „Es kann keine Rede davon sein, dass es [Frankreich] durch militärische Misserfolge dazu gezwungen [...] oder durch eine parlamentarische Agitation dazu gebracht worden wäre" (de Gaulle 1970b: 50). Eine starke, allein von ihren Interessen geleitete, generöse französische Republik führt getreu ihrer freiheitlichen und humanitären Tradition Algerien auf den Pfad der Unabhängigkeit. So wollten Staatspräsident und Regierung den Machttransfer in Algerien, der 1962 zu seinem Abschluss kam, verstanden wissen. Die algerische Bevölkerung taucht hier lediglich in der Rolle passiver Entscheidungsempfänger auf.

2   Staatliche Informationspolitik als Instrument imperialer Bewusstseinsformung

Neben öffentlichen Stellungnahmen in Form von Parlamentsreden oder Radio- und Fernsehansprachen bedienten sich die französischen Regierungen zur Vermittlung einer offiziellen Version der Vorgänge an der kolonialen Peripherie vor allem des Instruments breit angelegter Informations- beziehungsweise Propagandakampagnen. Bereits im November 1953 war im Überseeministerium mit dem Service d'Information et de Documentation eine Einrichtung geschaffen worden (CAOM 110 COL 405: Dossier 3a), die zum Ziel hatte, dem „hexagonalen Komplex" der Franzosen entgegenzuwirken, wie der zuständige Minister Robert Buron formulierte (CAOM 110 COL 406: Dossier 7a). Der Bevölkerung sei das Bewusstsein zu vermitteln, sich nicht nur als Angehörige Kontinental-Frankreichs zu begreifen, sondern als Teil eines Landes von 100 Millionen Menschen und 12 Millionen Quadratkilometern. Hierzu sollte der Informationsdienst den Weg über die Presse, das Radio, Ausstellungen und insbesondere die Messen der Industrie- und Handelskammern suchen. Allein im Jahr 1954 war das Ministerium auf fünfzehn nationalen Messen vertreten, wo den Besuchern Übersee-Frankreich anhand von Bildern, Texten und vor allem Erzeugnissen aus den Kolonien nahegebracht wurde (CAOM 110 COL 503: Dossier 142). Mit Bienenwachs und Bananen aus Guinea, Maniok aus dem Senegal, Erdnüssen und exotischen Hölzern aus dem französischen Sudan schuf man dort ein Kolonialreich für jedermann – zum Anschauen, Fühlen und Schmecken. Die präsentierten Exponate sollten offenbar die Funktion von Katalysatoren zur Formung eines imperialen Bewusstseins der Bevölkerung einnehmen. Mochte der überseeische Besitzstand Frankreichs ab 1954 auch schrittweise zusammenschmelzen, hier wurde den Besuchern das Tableau eines intakten Kolonialreiches vorgeführt. Das überaus positive Echo, das diese Manifestationen imperialer Größe allenthalben in der regionalen Presse verzeichnen konnten, kann zumindest als Indiz dafür gelten, dass die propagandistischen Bemühungen der Regierung Früchte trugen. So hieß es etwa in einem Kommentar der Tageszeitung *La Tribune* vom Juni 1954, das Überseeministerium habe den Besuchern auf der Messe von Chalon-sur-Saône eine bewundernswerte und lebendige Lehreinheit geboten, dazu beigetragen, die Franzosen von dem kolonialen Schuldkomplex zu befreien, der mancherorts immer noch aufrecht erhalten würde, und ihnen ein gerechtfertigtes Gefühl des Stolzes über das von Frankreich in seinen überseeischen Gebieten vollbrachte Werk vermittelt (*La Tribune* 23. 6. 1954: 2).

Da insbesondere die junge Generation ins Visier der staatlichen Aufklärungsarbeit genommen werden sollte, bildete neben Messen, Ausstellungen und den Medien vor allem die Schule einen geeigneten Ansatzpunkt zur kolonialen Durchdringung der französischen Gesellschaft (CAOM 110 COL 405: Dossier 3b). In Kooperation mit dem Erziehungsministerium wurden in den staatlichen Bildungseinrichtungen Informationsveranstaltungen sowie Foto- und Filmvorführungen abgehalten, die aus Sicht der Verantwortlichen ein probates Mittel abgaben, um den jungen Franzosen imperiales Identifikationspotenzial mit auf den Lebensweg zu geben (CAOM 110 COL 406: Dossier 7b). In ähnlicher Weise fungierten auch die Schulbücher für den Geschichtsunterricht als Trägermedium der staatlichen Informationskampagnen und trugen durch eine zumeist einseitig positive und zum Teil stark heroisierende Darstellung des französischen Ausgreifens nach Übersee zur Konstruktion einer legitimatorischen Grundlage der Kolonialherrschaft Frankreichs bei (Petter 2008).

Neben dem Überseeressort initiierte vor allem das Algerienministerium groß angelegte öffentliche Kampagnen, um der Bevölkerung die gouvernementale Interpretation der Vorgänge in Algerien nahe zu bringen. Angesichts der sich zunehmend verschärfenden militärischen Lage beauftragte der zuständige Minister Robert Lacoste den Presse- und Informationsdienst seines Ministeriums im September 1956, die propagandistischen Anstrengungen auszuweiten und zu intensivieren (CAOM FM 81F 251a). Hierzu gehörte das Lancieren von Presseartikeln, welche die Algerienpolitik der französischen Regierung stützten, ebenso wie das Erstellen und der Vertrieb von Informationsmaterial oder die Organisation von Ausstellungen, die das zivilisatorische Werk Frankreichs in Algerien ins rechte Licht rücken sollten. Daneben lag es gleichermaßen im Interesse des Ministeriums, regierungskritische Stimmen zum Verstummen zu bringen und ihnen damit den Einfluss auf die öffentliche Meinung zu entziehen. Im Rahmen der aus diesem Grunde eingerichteten Pressezensur überwachte und kontrollierte der Informationsdienst des Algerienministeriums bereits seit 1955 nahezu einhundert französische Tageszeitungen und weitere periodisch erscheinende Publikationen und beschlagnahmte nicht selten ganze Auflagen von als „subversiv" eingestuften Presseorganen (CAOM FM 81F 251b).

Welchen Stellenwert die französische Regierung der staatlichen Informationspolitik beimaß, lässt sich an einer als „streng geheim" eingestuften Direktive des damaligen Premierministers Michel Debré vom April 1960 ablesen, in welcher der Regierungschef das Ministerium persönlich instruierte, wie das Bild auszusehen habe, das der Öffentlichkeit bezüglich der Lage Algeriens vermittelt werden sollte: Die französische Bevölkerung sei zunächst von dem erfolgreichen Transformationsprozess in Algerien in Kenntnis zu setzen, welchen Frankreich auf den Weg gebracht habe. Insbesondere sei auf die sich zusehends bessernde militärische Situation, auf das reibungslose Funktionieren des politischen Lebens nach demokratischen Prinzipien sowie auf die positiven Auswirkungen der wirtschaftsfördernden und sozialen Maßnahmen, die Frankreich ergriffen habe, zu verweisen. Das Ziel der staatlichen Informationsarbeit müsse letztlich sein, „dass alle Franzosen sich der Notwendigkeit bewusst werden, enge Verbindungen zwischen Frankreich und Algerien aufrecht zu erhalten, nicht nur zum Wohle Algeriens, sondern ebenso zum Wohle Frankreichs" (CAOM FM 81F 295). Mit dieser stark beschönigenden Deutung, welche die harten Realitäten des Krieges in Nordafrika bewusst kaschierte, wurde den Franzosen suggeriert, Algerien sei Frankreich aufgrund seiner ordnenden Hand und seiner wohlmeinenden zivilisatorischen Maßnahmen weiterhin eng verbunden. Von der Notwendigkeit der Errichtung eines unabhängigen algerischen Staates war hingegen nicht die Rede. Das Fortschreiten des Dekolonisationsprozesses und damit das Schwinden imperialer Größe galten als unangenehme Wahrheiten, die nicht in das Bewusstsein der französischen Bevölkerung einzudringen hatten.

Wie viele Personen letztlich durch die staatlichen Propagandakampagnen erreicht und vor allem im Sinne der Regierung beeinflusst werden konnten, lässt sich zwar nicht genau ermitteln, doch gibt eine Vielzahl zustimmender Reaktionen seitens der Bevölkerung, die in Form von Briefen bei den betreffenden Ministerien eingingen, sowie das vermehrte Anfordern von Informationsmaterialien oder von Erzeugnissen aus den Kolonien zur Gestaltung eigener Ausstellungen zumindest Hinweise darauf, dass die französische Regierung über einen Kanal verfügte, mittels dessen sie ihre Sichtweise der Dekolonisation in die Öffentlichkeit transportieren konnte. 1958 gab das Algerienministerium unter dem Titel „Aspects véritables de la rébellion algérienne" eine Broschüre heraus, mit Hilfe derer die staatlichen Wahrheiten über den Algerienkrieg in der Bevölkerung verbreitet werden sollten. Die Schrift stieß in verschiedenen Bereichen des öffentlichen Lebens auf reges Interesse. So orderten etwa französische Verbandsfunktionäre, Unternehmer, Kommunalpolitiker, Studenten und Verwaltungsbeamte den Text beim Informationsdienst des Ministeriums, um, wie sie einhellig erklärten, ihren Teil dazu beizutragen, die offizielle Version des Algerienkrieges in der Öffentlichkeit zu unterstützen. Stellvertretend sei die Anfrage zu nennen, die ein Pariser Philosophielehrer im Dezember 1958 an das Ministerium richtete: Gegen „subversive Ideen" wolle er kämpfen und der Wahrheit über Französisch-Algerien an seinem *Lycée*, bei Schülern und Kollegen, zum Triumph verhelfen. Dabei wolle er auf die Broschüre des Ministeriums zurückgreifen. Das Schreiben endet mit der Schlussformel „Es lebe Frankreich, es lebe Französisch-Algerien, es lebe die Wahrheit" (CAOM FM 81F 255). Zumindest punktuell, das wird anhand dieses Beispiels deutlich, waren die seitens der französischen Regierung konstruierten Bilder des imperialen Abschieds in der Mitte der Gesellschaft angekommen.

3 Gedächtnislücken und postkoloniale Nostalgie als Determinanten der Erinnerung

In den insgesamt sieben Bänden der zwischen 1984 und 1992 erschienenen „Lieux de mémoire" Pierre Noras, in welchen dem Leser die aus Sicht der Autoren wesentlichen Elemente zur Formung des französischen kollektiven Erbes präsentiert werden, findet sich Frankreichs koloniale Vergangenheit auf einen etwas mehr als dreißig Seiten umfassenden Beitrag zur Pariser Kolonialausstellung von 1931 reduziert (Nora 1984–1992; Ageron 1984). Waren die Kriege in Indochina und Algerien mit all ihren zum Teil bis heute andauernden Nachwirkungen also nicht der Erinnerung wert? Das Kolonialreich und die Dekolonisation außerhalb des Rahmens nationaler Geschichtsschreibung und demnach kein Erinnerungsort, sondern vielmehr eine billigend in Kauf genommene Gedächtnislücke?

Mag Noras Werk auch nicht als Beweis für eine bewusste Verdrängung der konfliktbehafteten kolonialen Thematiken aus dem französischen Bewusstseinshorizont dienen, so liefert es doch zumindest einen Hinweis darauf, wie wenig Aufmerksamkeit dem einstigen Empire nach dessen Ende entgegengebracht wurde. Im Jahr 1980 urteilte der amerikanische Historiker John Talbott, nach 1962 habe sich hinsichtlich des Algerienkrieges eine „große Stille" über Frankreich gelegt (Talbott 1980: 249). In der Tat verschwand nach der algerischen Unabhängigkeit nicht nur das Thema Algerien, sondern das Kolonialreich in seiner Gesamtheit schlagartig aus den öffentlichen Debatten, vielfach überlagert durch die drängenden innen- wie außenpolitischen Fragestellungen der sechziger Jahre (Rémond 2006). Frankreich schien nach imperialer Berufung und Zivilisierungsmission in seine kontinentalen Grenzen zurückgekehrt und nun ganz mit dem eigenen Vorankommen beschäftigt. Der Mantel des Schweigens, welcher sich über die koloniale Vergangenheit breitete, wurde auch von der Geschichtswissenschaft lange Jahre nicht gelüftet. Die Arbeiten der französischen Historiker Yves Courrière und Raoul Girardet, die zwischen 1968 und 1972 erschienen, bildeten während eines Zeitraumes von mehr als zwanzig Jahren, die auf den Zerfall des *Empire* folgten, rare Ausnahmen (Courrière 1968–1972; Girardet 1972). Noch 1991 konstatierte Charles-

Robert Ageron, das koloniale Frankreich bleibe die versteckte oder unverstandene Seite der französischen Geschichte (Ageron 1991: 7).

Da von Seiten der Forschung keinerlei Anstalten gemacht wurde, die Epoche kolonialer Herrschaft und insbesondere deren Ende umfassend aufzuarbeiten, blieb das Feld der Erinnerung in zunehmendem Maße kolonialen Nostalgikern überlassen. Hierzu gehörten vornehmlich ehemalige Kolonialadministratoren, hohe Offiziere und Politiker, deren autobiographische Zeugnisse seit den sechziger Jahren den französischen Buchmarkt geradezu überschwemmten (Soustelle 1965; Sergent 1972; Argoud 1974). Der Historiker Benjamin Stora hat festgestellt, dass siebzig Prozent der in Frankreich zwischen 1962 und 1982 erschienenen Abhandlungen, welche sich mit der Kolonialherrschaft Frankreichs in Algerien beschäftigten, der Aufrechterhaltung von Französisch-Algerien aufgeschlossen gegenüberstanden (Stora 1998: 239). Ähnlich rückwärts gewandt präsentierte sich ein Großteil der Memoirenliteratur, die dem Indochinakrieg gewidmet war (Ely 1964; Salan 1971; Bigeard 1975). Dieser Befund konnte kaum ohne Konsequenzen für die öffentliche Wahrnehmung und Erinnerung bleiben.

Das Fehlen einer wissenschaftlichen Aufarbeitung der kolonialen Thematik, die erst ab Ende der achtziger Jahre einsetzte (Ageron 1986, 1990 und 1991a; Pervillé 1991), und damit verbunden das Ausbleiben eines öffentlichen Diskussionsprozesses, sowie die Tatsache, dass sich die Erinnerung an das Kolonialreich über den Weg staatlich sanktionierten Schweigens und nostalgisch verklärender Aufladung konstruierte, sind in ihren Auswirkungen bis in die Gegenwart hinein von Bedeutung. Anzeichen hierfür liefern beispielsweise die Ergebnisse demoskopischer Erhebungen in Frankreich. So befürworteten etwa in einer im Januar 2006 durch das Institut CSA durchgeführten Meinungsumfrage 60 % der befragten Franzosen das Geschichtsgesetz vom Februar 2005 und erklärten sich mit der Festschreibung der „positiven Rolle" des französischen Kolonialismus in den schulischen Lehrplänen einverstanden (CSA 2006: 3–4). Es erhärtet sich hierdurch der Eindruck, dass die Deutungsmuster, welche die französischen Regierungen während der Phase der Dekolonisation im öffentlichen Raum platziert hatten, weitergetragen und teilweise verstärkt durch unterschiedliche Medien und ehemalige Protagonisten sich in Frankreichs kollektivem Gedächtnis festsetzen konnten. Diese Bilder, welche die Kolonialzeit als glanzvolles Kapitel französischer Weltgeltung beschrieben, den kolonialen Ablösungsprozess zunächst gänzlich verschwiegen oder umdeuteten und später den Machttransfer als freiwillig vollzogenen Akt des Großmuts erscheinen ließen, schufen den Nährboden postkolonialer Nostalgien, die auch Eingang in die zu Beginn dieses Beitrags thematisierten Debatten der französischen Nationalversammlung fanden. Der bewusste oder unbewusste Rückgriff der Parlamentarier auf die seit vier Jahrzehnten tradierten Narrative des imperialen Exports französischer Zivilisation und französischer Werte in die Kolonien diente somit als Quelle der Legitimation für die Verabschiedung des Erinnerungsgesetzes vom Februar 2005.

Quellen und Literatur

1. Ungedruckte Quellen

Centre des archives d'outre-mer, Aix-en-Provence (CAOM)
CAOM 110 COL 405, Dossier 3a: Dekret vom 14. November 1953 über die Auflösung der Agence économique de la France d'Outre-Mer und die Schaffung des Service d'Information et de Documentation des Überseeministeriums.

CAOM 110 COL 405, Dossier 3b: Vermerk des Leiters des Service d'Information et de Documentation, Jacques Santoni, für Überseeminister Louis Jacquinot vom 10. November 1953.

CAOM 110 COL 406, Dossier 7a: Protokoll der Rede des Überseeministers Robert Buron im Rahmen der Direktorenkonferenz des Überseeministeriums am 15. November 1954.

CAOM 110 COL 406, Dossier 7b: Schreiben des Erziehungsministers Jean Berthoin an Überseeminister Robert Buron vom 25. August 1954.

CAOM 110 COL 503, Dossier 142: Auflistung der Messen und Ausstellungen, bei denen das Überseeministerium im Jahr 1954 repräsentiert war.

CAOM FM 81F 251a: Schreiben des Kabinettsbeauftragten des Algerienministers an den Leiter des Presse- und Informationsdienstes vom 1. September 1956.

CAOM FM 81F 251b: Schreiben des stellvertretenden Leiters des Informationsdienstes des Algerienministeriums an den Presse- und Informationsdienst beim Generalgouverneur vom 17. Mai 1955.

CAOM FM 81F 255: Schreiben eines Pariser Philosophielehrers an den Leiter des Presse- und Informationsdienstes des Algerienministerium vom 12. Dezember 1958.

CAOM FM 81F 295: Direktive Michel Debrés über die Informationspolitik bezüglich Algeriens vom 2. April 1960.

2. Gedruckte Quellen

Argoud, Antoine (1974): La décadence, l'imposture et la tragédie, Paris: Fayard.

Bigeard, Marcel (1975): Pour une parcelle de gloire, Paris: Plon.

CSA (Hrsg.) (2006): L'opinion des Français sur la loi inscrivant le rôle positif de la colonisation française dans les programmes scolaires, Paris: CSA.

De Gaulle, Charles (1970a): Discours et messages, Band 3: Avec le renouveau, Mai 1958–Juillet 1962, Paris: Plon.

De Gaulle, Charles (1970b): Mémoires d'espoir. Le renouveau 1958–1962, Paris: Plon.

Ely, Paul (1964): Mémoires. Indochine dans la tourmente, Paris: Plon.

La Tribune (23.6.1954): L'Afrique Occidentale Française à la foire de Chalon-sur-Saône.

Le Journal officiel de la République française (JORF): Assemblée nationale, Débats parlementaires, 11.5.1954, 9.6.1954, 17.6.1954, 22.7.1954, 12.11.1954, 8.10.1955, 2.6.1956, 9.6.1960, 11.6.2004, 10.2.2005.

Le Journal officiel de la République française (JORF): Conseil constitutionnel, Décision 2006-203 L, 2.2.2006.

Le Journal officiel de la République française (JORF): Lois et décrets, 24.2.2005.

Le Monde (25.3.2005): Colonisation: non à l'enseignement d'une histoire officielle.

Libération (26.3.2005): L'Assemblée nationale glorifie la colonisation en douce. Des historiens s'élèvent contre un article de la loi sur les harkis.

Sergent, Pierre (1972): Je ne regrette rien. La poignante histoire des légionnaires-parachutistes du 1er R.E.P., Paris: Fayard.

Salan, Raoul (1971): Mémoires. Fin d'un empire, Band 2: Le Viet Minh, mon adversaire, octobre 1946–octobre 1954, Paris: Presses de la Cité.

Soustelle, Jacques (1965): La page n'est pas tournée, Paris: La Table Ronde.

3. Literatur

Adamolekun, Ladipo (1993): The Road to Independence in French Tropical Africa, in: Welliver, Timothy K. (Hrsg.), African Nationalism and Independence, New York/London: Garland, S. 66–79.

Ageron, Charles-Robert et al. (1990): Histoire de la France coloniale, Band 2: 1914–1990, Paris: Colin.

Ageron, Charles-Robert (1991a): La décolonisation française, Paris: Colin.

Ageron, Charles-Robert (Hrsg.) (1986): Les chemins de la décolonisation de l'Empire colonial français, Paris: Editions du CNRS.

Ageron, Charles-Robert (1984): L'Exposition coloniale de 1931, in: Nora, Pierre (Hrsg.), Les lieux de mémoire, Band 1: La République, Paris: Gallimard, S. 561–594.

Ageron, Charles-Robert (1991b): Préface, in: Meyer, Jean et al. (Hrsg.), Histoire de la France coloniale, Band 1: Des origines à 1914, Paris: Colin, S. 7–9.

Aldrich, Robert (1996): Greater France. A History of French Overseas Expansion, Basingstoke: Macmillan.

Bertrand, Romain (2006): Mémoires d'empire. La controverse autour du „fait colonial", Bellecombe-en-Bauges: Editions du Croquant.

Chafer, Tony (2002): The End of Empire in French West Africa. France's successful Decolonization?, Oxford/New York: Berg.

Conklin, Alice L. (1997): A Mission to Civilize. The Republican Idea of Empire in France and West Africa 1895–1930, Stanford: Stanford University Press.

Cooper, Nicola (2001): France in Indochina. Colonial Encounters, Oxford/New York: Berg.

Costantini, Dino (2008): Mission civilisatrice: le rôle de l'histoire coloniale dans la construction de l'identité politique française, Paris: Editions La Découverte.

Courrière, Yves (1968–1972): La guerre d'Algérie, 5 Bände, Paris: Fayard.

Dalloz, Jacques (2002): La guerre d'Indochine 1945–1954, Paris: Editions du Seuil.

Droz, Bernard (2006): Histoire de la décolonisation au XXe siècle, Paris: Editions du Seuil.

Girardet, Raoul (1972): L'idée coloniale en France de 1871 à 1962, Paris: La Table Ronde.

Gosnell, Jonathan K. (2002): The Politics of Frenchness in Colonial Algeria 1930–1954, Rochester: University of Rochester Press.

Harbi, Mohammed/Stora, Benjamin (Hrsg.) (2004): La guerre d'Algérie 1954–2004. La fin de l'amnésie, Paris: Robert Laffont.

Julien, Charles-André (1978): Le Maroc face aux impérialismes 1415–1956, Paris: Editions J.A.

Kohser-Spohn, Christiane/Renken, Frank (Hrsg.) (2006): Trauma Algerienkrieg. Zur Geschichte und Aufarbeitung eines tabuisierten Konflikts, Frankfurt am Main: Campus-Verlag.

Mollenhauer, Daniel (2006): Die vielen Gesichter der pacification: Frankreichs Krieg in Algerien (1954–1962), in: Klein, Thoralf/Schumacher, Frank (Hrsg.), Kolonialkriege. Militärische Gewalt im Zeichen des Imperialismus, Hamburg: Hamburger Edition, S. 329–366.

Nora, Pierre (Hrsg.) (1984–1992): Les lieux de mémoire, 7 Bände, Paris: Gallimard.

Perkins, Kenneth J. (2004): A History of Modern Tunisia, Cambridge: Cambridge University Press.

Pervillé, Guy (1991): De l'Empire français à la décolonisation, Paris: Hachette.

Petter, Dirk (2008): Bilder imperialen Abschieds. Die französische Dekolonisation im Spiegel von öffentlichen Debatten und Geschichtsschulbüchern (1954–1962), in: Internationale Schulbuchforschung, Vol. 30, No. 3, S. 717–740.

Rémond, René (2006): Histoire de France, Band 6: Le XXe siècle de 1918 à 1995, Paris: Librairie Générale Française.

Stora, Benjamin (1998): La gangrène et l'oubli. La mémoire de la guerre d'Algérie, 2. Auflage, Paris: Editions La Découverte.

Talbott, John (1980): The War without a Name. France in Algeria 1954–1962, London/Boston: Faber and Faber.

Valette, Jacques (1993): La France et l'Afrique, Band 1: L'Afrique française du Nord 1914–1962, Paris: Sedes.

Valette, Jacques (1994a): La France et l'Afrique, Band 2: L'Afrique subsaharienne 1914–1960, Paris: Sedes.

Valette, Jacques (1994b): La guerre d'Indochine 1945–1954, Paris: Colin.

Van Thao, Trinh (1995): La décolonisation vietnamienne à l'épreuve de la Guerre Froide. La conjoncture indochinoise 1950–1951, in: Décolonisations européennes. Actes du colloque international „Décolonisations comparées", Aix-en-Provence: Publications de l'Université de Provence, S. 85–99.

Winock, Michel (2006): L'Agonie de la IVe République. 13 mai 1958, Paris: Gallimard.

Policing minorities and postcolonial condition
Sarkozystische Geschichtspolitik zwischen ideologischer Anrufung und gesellschaftlicher Modernisierung

Kolja Lindner

Im Jahre 1978 veröffentlichte der Kulturkritiker Stuart Hall mit anderen die Studie *Policing the Crisis*. In dieser wurde für die britische Gesellschaft der 1970er Jahre eine ‚moralische Panik' um *mugging*, d.h. eine im Verhältnis zur Realität übersteigerte Wahrnehmung von Straßenraub diagnostiziert und diese in ein Verhältnis zur Krise des britischen (Wohlfahrts-)Staates gesetzt: „race, Verbrechen und Jugendliche – verdichtet im Bild des ‚Straßenraubs' – treten zunehmend in den Dienst eines Artikulationsmediums der Krise, eines ideologischen Blitzableiters" (Hall et al. 1978: viii). Hall hat das in dieser Zeit entstehende politische Projekt der britischen Konservativen unter Führung von Margaret Thatcher, die 1979 Premierministerin wird, als ‚autoritären Populismus' bezeichnet. Damit fasst er „eine neue Form von Hegemonie-Politik", eine ideologische Offensive, die auf die Staatskrise reagiert und eine Veränderung der „Formen politischer Autorität und sozialer Regulation" mit dem Zweck der erneuerten soziopolitischen Kontrolle betreibt. Entscheidend ist dabei die Verankerung dieser Veränderungen in weit verbreiteten sozialen Sorgen und Ängsten (Hall 1986: 84).

Auch in Frankreich lässt sich eine weitreichende Krise beobachten, die durchaus Ähnlichkeiten mit der britischen von vor gut 30 Jahren aufweist, vor allem was das als Reaktion formulierte politische Projekt der bürgerlichen Rechten unter Führung von Präsident Nicolas Sarkozy angeht. Dieses wird mittlerweile gemeinhin und ob seiner relativen Einheitlichkeit zu Recht als ‚Sarkozysmus' bezeichnet. Die französische Krise soll im Folgenden kurz skizziert werden, bevor die sarkozystischen Geschichtsdiskurse bezüglich der Kolonialvergangenheit in diesem Kontext analysiert werden. Schließlich will ich zeigen, wie vor diesem Hintergrund eine konkrete Modernisierung der Geschichtspolitik beziehungsweise eine Umgestaltung der Gedenkpolitiken ins Werk gesetzt wird.[1]

---

1   Für Anmerkungen zum vorliegenden Text danke ich Lotte Arndt und Nicolas Offenstadt

1   Die Krise des Republikanismus

Mit Antonio Gramsci lässt sich für die Verhältnisse jenseits des Rheins von einer ‚organischen Krise' sprechen. Diese betrifft die Ideologie, mit der der Staat in Frankreich gesellschaftliche Kohäsion stiftet (Poulantzas 1968, I: 40ff und II: 36f): Den Republikanismus. Die organische Krise artikuliert, das heiß gliedert die Effekte von ökonomischen, politischen und kulturellen Prozessen miteinander (Solomos et al. 1982: 11). Sie fällt nicht einfach mit dem Terrain staatlicher Politik zusammen, sondern ist mit zahlreichen moralischen und intellektuellen Fragen verbunden (Hall 1987: 167f). Spätestens seit Ende der 1970er Jahre ist diese Krise manifest. Zu ihrer Entstehung haben diverse politische Auseinandersetzungen (um öffentlichen Dienst, Vorstädte, Rassismus, Laizismus etc.) beigetragen (Schild/Uterwedde 2009). Von zentraler Bedeutung sind dabei die Auseinandersetzungen um rassifizierte gesellschaftliche Minderheiten, die seit den frühen 1980er Jahren zunehmend als eigenständige Akteure in Erscheinung treten (Lindner 2009: 305ff).[2] Diese verweisen größtenteils auf die französische Kolonialgeschichte und tragen dazu bei, dass das ‚koloniale Faktum' (*fait colonial*) seit den 1970er Jahren zu einem „Diapason" (Bancel et al. 2006: 21) geworden ist. Insofern gehören die im Folgenden behandelten geschichtspolitischen Auseinandersetzungen in nicht unwesentlicher Hinsicht in diesen Kontext, in dem es nicht nur um das historische Selbstbild der französischen Nation, sondern eben auch um den Platz gesellschaftlicher Minderheiten in ihr geht.

Etwas allgemeiner formuliert ist meine These also, dass mit dem Republikanismus in Frankreich die allgemeine politische Matrix in die Krise geraten ist, Fragen des sozialen Zusammenhalts also genauso berührt werden, wie die nach dem nationalen Selbstverständnis. Vor diesem Hintergrund ist politische Führung prekär geworden und kulturelle Autorität zunehmend in Frage gestellt. Sarkozys geschichtspolitische Interventionen sind auch in diesem Zusammenhang zu sehen. Sie zielen unter anderem darauf ab, ideologische Führung und politische Kontrolle (wieder) zu gewinnen.

---

2   Ich gehe davon aus, dass diese derzeitige Form der organischen Krise eine antisemitische (Emanzipation der Juden nach der Revolution) und koloniale (Assimilation der *indigènes* zu Zeiten des Kolonialismus) Vorgeschichte hat (Geisser 2005: 25). Diese vorgängigen Krisen sind durch heftige gesellschaftliche Auseinandersetzungen (Dreyfus-Affäre und erfolgreiche Befreiungskämpfe in den ehemaligen französischen Kolonien) gelöst worden, bzw. haben die sich in ihnen äußernden Widersprüche durch politische Regelungen eine halbwegs stabile Bewegungsform gefunden.

2　Sarkozystische Interventionen zur französischen Kolonialgeschichte

Sarkozys Diskurse oszillieren zwischen traditionellen Positionen der bürgerlichen Rechten und einer Modernisierung. Das heißt, einerseits verherrlicht er den Kolonialismus und andererseits stellen seine Diskurse ein ‚multikulturelles' Frankreich in Rechnung und damit die Möglichkeit, dass die französischen StaatsbürgerInnen bezüglich der Kolonialgeschichte multiple Erinnerungen haben. Bemerkenswert scheint mir, dass der Sarkozysmus an diesem Punkt versucht, verschiedene und widersprüchliche Diskurse in einer ideologischen Formation zu integrieren und zu gliedern.

2.1　Glorifizierung des Kolonialismus

Sarkozy gesteht in seinen Reden zwar durchaus ein, dass es im Kolonialismus „Verbrechen" und „Ungerechtigkeiten" gegeben habe (Sarkozy 2007a) sowie „Fehler" begangen worden seien (Sarkozy 2007c: 46): „Der Kolonisator kam und nahm, er füllte seine Taschen, er machte sich alle und alles zu Nutzen, er plünderte Ressourcen und Schätze, die ihm nicht gehörten. Er raubte dem kolonialisierten Menschen seine Persönlichkeit, seine Freiheit, sein Land, die Frucht seiner Arbeit" (Ebd.: 40). Gleichzeitig aber hebt der Präsident hervor, welchen vermeintlich positiven Einfluss die Kolonisierung gehabt habe. In Algier will er erkennen, welche „schönen Städte" die KolonisateurInnen erbaut und welche landwirtschaftlichen und kulturellen Leistungen sie erbracht hätten (Sarkozy 2004: 97f). Der Ausbau der Infrastruktur soll Sarkozy zufolge entscheidend gewesen sein: Auf Brücken, Straßen, Krankenhäuser und Schulen weist er zu verschiedenen Anlässen hin (Sarkozy 2007a und 2007c: 41). Individuell seien die KolonisateurInnen oft von höheren Motiven und Brüderlichkeit geleitet gewesen (Sarkozy 2007a). Und schließlich hätten sie „die Herzen und den Geist der Afrikaner für das Universelle und für die Geschichte geöffnet" (Sarkozy 2007c: 46f). Daraus resultiert das Fazit, dass gerade der französische Kolonialismus im Vergleich zu dem anderer Mächte „Zivilisation" und „Entwicklung" vorangebracht hätte und wenig von Ausbeutung gekennzeichnet gewesen sei (Sarkozy 2007b).

Viele AutorInnen haben bereits auf die historische Unhaltbarkeit dieser Äußerungen hingewiesen. Sarkozy „verleugnet die Realitäten der Kolonialgesellschaften" (de Cock 2008: 78), seine ganze Erzählung sei „auf die alte Lüge [gegründet], der zufolge die Kolonisation ein menschenfreundliches Unternehmen war und zur Modernisierung der alten, in Auflösung befindlichen Primitivgesellschaften beitrug" (Mbembe 2007: 69).[3]

3　Die ‚Modernisierung', die der französische Kolonialismus den unterworfenen Gebieten brachte, beschränkte sich in der Regel auf die Infrastruktur, die zur Ausbeutung der Bodenschätze und anderer

Die vehemente Zurückweisung von ‚Reue' (*repentance*) über den Kolonialismus ist in Sarkozys Reden zum Thema allgegenwärtig, so weit, dass der Mediävist Nicolas Offenstadt sie als „Grundsatz des geschichtspolitischen Sarkozysmus" (Offenstadt 2009: 67) bezeichnet. Dieser dient nicht nur dazu, den französischen Nationalstolz aufzurichten, sondern unterstreicht zugleich „die Macht der politischen Herrschaft festzulegen, welche Version der Geschichte nicht nur gelehrt, sondern auch von allen erlernt wird" (de Cock et al. 2008: 156). Darüber hinaus lässt sich konstatieren, dass das ‚Reue'-Thema von Sarkozy systematisch mit dem bei französischen StaatsbürgerInnen mit Migrationshintergrund angeblich zu konstatierenden ‚Widerwillen sich zu integrieren' in Verbindung gebracht wird (ebd.: 157). Es kommt zur „Umkehr des Herrschaftsverhältnisses: Es sind die ‚Reuesüchtigen', die die französische Identität bedrohen sollen" (Offenstadt 2009: 68), das heißt gesellschaftlich Marginalisierte werden als Mächtige präsentiert. Grosso modo reklamiert Sarkozy durch Kolonialismusglorifizierung und Zurückweisung von ‚Reue' eine ‚gute' Geschichte Frankreichs – um den Preis der „Vertuschung der Konflikte, die sie ausmachen" (de Cock et al. 2008: 160).[4]

Reichtümer von Nöten war. „So verhält es sich auch mit der Gesundheit: Nach einer Zeit der demographischen Regression (von 1890 bis 1930), die weitgehend den Konsequenzen der europäischen Eroberung zuzuschreiben ist (Epidemien und Misshandlungen), erlaubten es die ersten Gesundheitsmaßnahmen für Afrikaner (Beginn der Impfkampagnen) ab 1930 wieder ein Wachstum der Bevölkerung zu erreichen (vor der demographischen Explosion nach dem Zweiten Weltkrieg und vor allem nach der Unabhängigkeit). Die zahlenmäßige Bedeutung der gesundheitspolitischen Anstrengungen der dreißiger Jahre sollten nicht übertrieben werden: Im gesamten AOF-Raum [*Afrique Occidentale Française*; K.L] praktizierten 1929 189 europäische und 88 afrikanische Ärzte sowie 133 Hebammen. 1946 gab es 505 Ärzte, davon 335 Afrikaner (Annuaire statistique de la France d'Outre-Mer)" (Arzalier 2007: 30f). Die Projektion der kolonisierten Gesellschaften als ewig stagnierende Einheit – der afrikanische Mensch, der angeblich „nicht ausreichend in die Geschichte eingetreten" sei (Sarkozy 2007c: 44), ist mittlerweile zum bonmot in der Kritik an Sarkozy geworden – reproduziert eine ganze orientalistische Tradition, die sich von François Bernier über René Descartes bis zu Hegel und Marx findet (Lindner 2010: 28ff). Zudem schöpft Nicolas Sarkozy aus der Tradition der kolonialen Ethnologie. Die Hauptmotive seiner Rede in Dakar stammten aus einer „Bibliothek des Kolonialismus und Rassismus" (Mbembe 2007: 64). Er benutzt „Stereotype mit rassistischer und archaischer Duftnote", die „von einer ethnozentrischen und paternalistischen Haltung zeugen, die es dem Präsidenten erlaubt, die zivilisatorische Mission der früheren Metropole wieder aufzuwärmen" (de Cock et al. 2008: 32). Diese negiert die Existenz einer nicht-europäischen Moderne, ja einer afrikanischen *agency* überhaupt.

4   Der Kolonialhistoriker Olivier Le Cour Grandmaison hat hervorgehoben, dass die gesamte sarkozystische Geschichtserzählung, in der die Kolonialvergangenheit nur ein wichtiges Element ist, darauf zielt, „ein breites Pharmazeutikum voll von Mitteln, die geeignet sind, die Leiden der Gegenwart zu heilen" (Le Cour Grandmaison 2009: 371), anzubieten: „die Mobilisierung einer monumentalen Vergangenheit erlaubt es, an die Rückkehr der Größe und der Macht zu glauben und den Glauben und das Vertrauen in eine strahlende Zukunft wieder aufzurichten" (ebd.: 372). Ähnlich hebt Offenstadt hervor, dass die geschichtspolitischen Diskurse des Sarkozysmus „die Möglichkeit einer ‚universel-

Mit seiner Haltung steht Sarkozy in der Tradition der bürgerlichen Rechten in Frankreich. Bereits sein Vorgänger Jacques Chirac unterhielt enge Verbindungen zu revisionistischen Vereinigungen der *Pieds Noirs*, wie *Le Recours*. Er schlug mehrere Maßnahmen zur finanziellen Begünstigung (Schuldenerlass, Entschädigungen etc.) ehemals in den Kolonien lebender StaatsbürgerInnen vor und setzte sie als Premierminister ab 1986 teilweise um. Ähnlich wie Sarkozy propagierte Chirac eine mythische Vision der Kolonialgeschichte, beispielhaft abzulesen an seiner Rede zur Einweihung des Denkmals für im Algerienkrieg umgekommene Landsleute im November 1996 im 19. Pariser Arrondissement. Dort gab Chirac zu Protokoll, diese hätten in Nordafrika „zur Größe unseres Landes" beigetragen und das „Werk der Zivilisation Frankreichs" verkörpert, indem sie medizinischen Fortschritt gebracht und Infrastruktur aufgebaut hätten (Morin et al. 2006: 25ff). Sarkozys Kolonialismusverherrlichung steht in dieser Tradition und zielt auf den Teil der bürgerlichen Rechten, der offen einer kolonialen Mythologie frönt (ebd.: 35ff). Neben Stimmenfang im Spektrum der *Front National* zielen Sarkozys Aussagen darauf ab, „zwei Strömungen der Rechten zu versöhnen, die seit dem Ende des Algerienkrieges voneinander getrennt sind" (Le Cour Grandmaison 2009: 367).

2.2 Aufgreifen subalterner Erinnerung

Parallel zur Verherrlichung des Kolonialismus findet sich in den sarkozystischen Diskursen über die französische Kolonialvergangenheit eine moderne Dimension: Subalterne Erinnerungen werden aufgegriffen. Seit der Präsidentschaft Sarkozys ist es zur Regel geworden, bei Gedenkfeiern besonders für den zweiten Weltkrieg an Kolonialsoldaten zu erinnern: Die marokkanischen Bataillone unter französischem Befehl, die *Tirailleurs Sénégalais* (so bezeichnete Frankreich alle seine Soldaten aus dem subsaharischen Afrika), die Spahis (Kavallerie der afrikanischen Kolonialarmee), die asiatischen Kolonialsoldaten etc. (Sarkozy 2008b, 2009 und 2010a). Sie hätten „unter französischer Fahne gekämpft, um die universellen Werte zu verteidigen, die trotz der kolonialen Unterdrückung Frankreich in ihren Augen weiter verkörperte" (Sarkozy 2008b). Besondere Aufmerksamkeit erfahren in den Diskursen über die Kolonialtruppen die Harkis, die einheimischen Hilfssoldaten im Algerienkrieg, die mit der Kolonialmacht das Land verlassen mussten und bisher kaum Anerkennung erfahren haben. Frankreich hätte ihnen gegenüber „Fehler begangen, die wieder gut gemacht werden müssen" (Sarkozy 2007b).

---

len Erinnerung' [behaupten], die jegliches historisches Erbe glättet, das der Opfer mit dem der Henker vermischt und beide eingliedert, um das Ganze aufzuwerten" (Offenstadt 2009: 18).

Allen ehemaligen Soldaten der früheren Kolonien möchte ich die Anerkennung
Frankreichs aussprechen und ich möchte Jacques Chirac würdigen dafür, dass er
ihnen Gerechtigkeit widerfahren ließ. All den Algeriern, Marokkanern, Tunesiern, all
denjenigen, die aus unseren früheren Kolonien stammen, die an Frankreich glaubten
und hergekommen sind, um hier zu leben – ich möchte, dass Frankreich ihnen die Hand
reicht, sie brüderlich empfängt, dass es ihnen nicht mit Reue begegnet, sondern mit
Verständnis und Respekt (Sarkozy 2007a).

Auch Kolonialsoldaten des Ersten Weltkrieges werden von nun an in die Gedenkritu-
ale einbezogen (de Cock 2008: 185f und Sarkozy 2008d). Das letzte Beispiel dieser
Art Geschichtspolitik, das große Aufmerksamkeit erregte, war die Beteiligung von
Truppen vormals von Frankreich kolonisierter afrikanischer Staaten an der Militärparade über die Champs-Elysées am 14. Juli 2010 zu Ehren der „ehemaligen Kämp-
fer [aus den Kolonien; K.L.], die an der Befreiung Frankreichs teilgenommen haben"
(Presseerklärung des Elysée-Palastes, *Le Monde* 14.7.10: 6). Sarkozy nutzte dabei die
Gelegenheit des Empfangs 13 afrikanischer Staatschefs um ein – einer vorhergehen-
den Entscheidung des Verfassungsrats (CC Décision Nr. 2010-1 QPC) entsprechendes
– Gesetz zur Gleichstellung der Renten von ehemaligen Soldaten französischer und
kolonialer Herkunft zum 1. Januar 2011 anzukündigen (*Le Monde* 15.7.10: 11).

In der französischen Debatte um Geschichtspolitik herrscht weitgehend Einigkeit,
dass die Forderung nach Erinnerung an Kolonialismus und Sklaverei für rassifizierte gesellschaftliche Minderheiten ein Einsatz im Kampf für soziale Anerkennung ist
(Bancel/Blanchard 2010: 484 und Ndiaye 2008: 337ff). Diese Forderung wird aus einer
Position der sozialen Ohnmacht erhoben (Ernst 2006: 113). Meine These ist, dass Sarkozy dies erkannt hat und mit seiner Geschichtspolitik ein Angebot macht, diese Ohnmacht herrschaftsaffirmativ aufzulösen. Gleichzeitig reagiert Sarkozy auf zunehmende
‚Opfer-Politik‘ und politische Forderungen rassifizierter gesellschaftlicher Minderheiten. Er nimmt ihnen den Wind aus den Segeln, um das postkoloniale Arrangement nicht
durcheinander zu bringen. Denn die Forderung nach Erinnerung an Kolonialismus und
Sklaverei erlaubte bisher „eine Alternative zum offiziellen Diskurs vorzuschlagen, sie
zeigt seine Leerstellen, [...] die albernen Leugnungen auf und erschüttert dadurch die
Macht und alle Netzwerke, Cliquen, Gefolgschaften, deren Gefüge sich auf diese Macht
stützt" (Taubira 2009: 16).

Wenn Ideologie nach Louis Althusser Individuen als Subjekte ‚anruft‘, das heißt
einerseits als „Zentrum von Initiativen, Urheber und Verantwortlicher seiner Handlungen", andererseits als „unterworfenes Wesen, das einer höheren Autorität untergeordnet ist und daher keine andere Freiheit hat, als die der freiwilligen Anerkennung
seiner Unterwerfung" (Althusser 1969: 311), dann handelt es sich bei Sarkozys Ge-
denkdiskursen um eine ideologische Operation. Auch Subalterne sollen sich mit ihrer

Erinnerung in das nationale Gedenken einschreiben, sie haben einen Platz in der nationalen Geschichte. Sicher lässt sich vor dem Hintergrund der oben herausgearbeiteten Glorifizierung auf die Doppelbödigkeit von Sarkozys Diskursen über die Kolonialgeschichte und die offensive Rehabilitierung Frankreichs hinweisen (Bancel/Blanchard 2010: 496ff und Manceron 2007). Mir scheint damit jedoch nicht das Entscheidende angesprochen, nämlich das politische Projekt des Sarkozysmus, offensiv Lösungen für die Krise des Republikanismus zu suchen. In diesem Zusammenhang werden neue nationale ‚Anrufungen' entworfen, die es allen Bevölkerungsteilen des zeitgenössischen Frankreich, auch den Minderheiten *issues de la colonisation*, erlauben, sich als Teil eines nationalen Projektes zu begreifen, das sich seinerseits wieder gegen ‚Andere' konstituiert. So steht in dem Buch zur Debatte um die ‚nationale Identität' des zuständigen Ministers Eric Besson der „republikanische Schmelztiegel", das heißt das Frankreich der letzten Jahrhunderte, gegen die „illegale Einwanderung" (Besson 2009: 45ff). Und Gérard Noiriel hat für Sarkozys Wahlkampfreden aus dem Jahr 2007 gezeigt, wie dieser sich ältere Formen der Immigration als „legitimen Teil des nationalen Gedächtnisses" angeeignet hat, um sie gegen neuere ImmigrantInnen in Anschlag zu bringen (Noiriel 2007: 140).

2.3 Die ‚Nationalisierung' der Erinnerung

Was ergibt sich für ein Gesamtbild, wenn man Sarkozys Doppelstrategie, die Glorifizierung des Kolonialismus und das Aufgreifen subalterner Erinnerungen, in Rechnung stellt? Zunächst einmal das eines entpolitisierten und unspezifischen Gedächtnisses, einer „künstlichen Erinnerung, die sich an ‚alle Franzosen' richtet" (de Cock et al. 2008: 14). Aus dieser ist jeglicher Konflikt verschwunden und die Grenzen zwischen sozialen, kulturellen und politischen Gruppen sind in ihr vollkommen nivelliert. Sarkozy will „verschiedene Erfahrungen im Namen der ‚Liebe zu Frankreich'" überwinden und „die Gründe für Zwietracht beseitigen, die das Zusammenleben bedrohen. Dies ist zugleich eine Absage an die Vorstellung, dass es tatsächlich erzählbare und machbare Geschichten gibt, die es erlauben, dieses Zusammenleben trotz der entzweienden Erlebnisse herzustellen" (ebd.: 21). Nur so lassen sich die Überlegungen erklären, „Erinnerungen einander anzunähern", wie es der Staatssekretär für Kriegsveteranen, Alain Marleix, im März 2008 in Algerien vorschlug (Bancel/Blanchard 2010: 504). Auch Sarkozy selbst erklärte anlässlich des jährlich am 10. Mai zelebrierten Gedenkens an die Sklaverei recht unzweideutig, dass die Erinnerung „uns zusammenbringen muss" (Sarkozy 2008c) und „die Bande verstärken [soll], die uns im Innersten der nationalen Gemeinschaft um die Werte der Republik und Frankreichs herum einen" (Sarkozy 2010b). Was sich im Außenverhältnis Frankreichs als oftmals schwierig erweist,[5] scheint für die Erzählung eines ‚multikulturellen' Frankreichs bisher nicht auf größeren Widerstand zu stoßen.

Anscheinend hat Sarkozy mit der Aneignung des Gedenkens an die Kolonialsoldaten ein Feld gefunden, auf dem verschiedene Erinnerungspraxen zusammengebracht werden können: Klassische, an die Weltkriege erinnernde, und solche, die auf subalterne (Kolonial-)Erfahrungen rekurrieren – wenngleich das ganze Problem der Rekrutierung und der späteren Behandlung der Kolonialsoldaten ausgeblendet bleibt (Rheinisches JournalistInnenbüro 2005: 51ff und 90ff) – zugunsten einer gemeinsamen Kriegserfahrung von französischen und aus den Kolonien kommenden Soldaten, bei der bestenfalls am Rande und verklausuliert erwähnt wird, dass sie im Krieg nicht gleich behandelt wurden (Sarkozy 2009).

3 Modernisierung der Geschichtspolitiken

Die Fusion herrschaftlicher und subalterner Erinnerungen ist ein Beispiel für die autoritär-populistische Dimension des Sarkozysmus. Seine Ideologie ist zugleich Kompromissbildung und widersprüchliche Form, die herrschaftlich dominiert ist, aber auch subalternen Perspektiven ein Ventil einräumt (Rehmann 2008: 198f). Die aktive Suche nach einem Kompromissgleichgewicht findet sich auch in anderen Betätigungsfeldern des Sarkozysmus als der Geschichtspolitik. Diese erfährt durch ihn eine Modernisierung, wenngleich Offenstadt (2009: 47f) am Beispiel des Gedenkens an den 1. Weltkrieg zu Recht den konservativen Charakter einer fortgesetzt auf zentralisierte und militärische Rituale setzenden Erinnerungspraxis hervorhebt. Die Modernisierung vollzieht sich auf einer anderen Ebene und zwar dadurch, dass diesen Ritualen eine erweiterte Bedeutung gegeben wird. Das geschickte Umdefinieren ist für das Gleichgewicht von politischen Forderungen verschiedener gesellschaftlicher Gruppen entscheidend, es ermöglicht eine ‚konservative Modernisierung'. Drei Punkte sind dabei hervorzuheben.

---

5   Bei seinem Algerien-Besuch Ende 2007 handelte sich Sarkozy vom algerischen Präsident Abdelaziz Bouteflika zunächst eine Absage ein: Den Appell an die ‚gemeinsame Vergangenheit' beantwortete letzterer mit der Forderung nach einer Entschuldigung für das Massaker von Setif am 8. Mai 1945. Dies lehnte Sarkozy unter Verweis darauf ab, dass er gekommen sei, um in die „Zukunft" zu schauen und „nicht der Nostalgie wegen". Später auf seiner Reise schlug er vor, eine algerisch-französische HistorikerInnen-Kommission einzusetzen, um die ‚gemeinsame Vergangenheit' zu erforschen (Ziegler 2008: 74ff).

3.1 Eingeständnis der Kolonialverbrechen

Nunmehr wird vergleichsweise offen über die dunklen Seiten der französischen Geschichte gesprochen. Auf Sarkozys Aufrufe von „Verbrechen", „Ungerechtigkeiten" und „Fehlern" im Rahmen des Kolonialismus wurde bereits hingewiesen. Neu scheint mir zu sein, dass dieses Bekenntnis auch zur Vorgabe von Bildungspolitik und Erinnerungspraxen wird. So schreibt die im März 2008 in einem äußerst zugespitzten geschichtspolitischen Klima (ebd.: 99ff) eingesetzte Informationsmission der Nationalversammlung, in ihrem für Gesetze und Verordnungen relevanten[6] Abschlussbericht:

Die Pflicht zu Erinnerung unterhält [...] eine unentbehrliche Verbindung zur Geschichte, die gekannt, in Erinnerung gerufen und akzeptiert werden muss. Eine aufschlussreiche Aussage in der Rede des Präsidenten der Republik am 10. Mai 2008 anlässlich des nationalen Gedenktages zur Erinnerung an den Sklavenhandel, die Sklaverei und ihre jeweilige Abschaffung erlaubt es, diese Absicht zu illustrieren: „Schauen wir uns diese Geschichte an, so wie sie war, schauen wir sie uns in aller Klarheit an, denn es ist die Geschichte Frankreichs." In dem so die Erinnerung einer manchmal mit bestem Gewissen vergessenen oder heruntergespielten Vergangenheit in das kollektive Gedächtnis aufgenommen wird, wird eine Möglichkeit geschaffen. Die Pflicht zu Erinnerung kann zu einer Aufforderung werden, sich um eine nationale Geschichte herum zu sammeln, die vollständig erzählt werden können muss. Dies lässt eine Verstärkung des Gefühls der kollektiven Zugehörigkeit der Staatsbürger zur Nation erwarten (Accoyer 2008: 66f).

,Eine Geschichte, die vollständig erzählt werden können muss', wird so zur neuen Leitlinie von Gedenkpraxen, die alles Erzählte umfassen sollen. So heißt es weiter in dem Abschlussbericht, dass es wünschenswert sei, einen Gedenktag für den Alge-

---

6   Bezüglich der Kolonialgeschichte sind seit Amtsantritt Sarkozys keine konkreten Anweisungen des Bildungsministeriums an den Schulunterricht ergangen. Anders verhält es sich mit der Vermittlung von Wissen über und der Erinnerung an den Sklavenhandel, wobei die Maßnahmen weniger auf seine Initiative zurückzuführen sind, als auf das 2001 erlassene Gesetz (Nr. 2001-434), das vermehrte schulische und akademische Wissensvermittlung bezüglich der Sklaverei vorsieht, und den 2006 eingeführten Sklaverei-Gedenktag am 10. Mai (http://www.education.gouv.fr/bo/2005/41/MENE0502383C.htm, http://www.education.gouv.fr/bo/2006/16/MENE0601128N.htm und http://www.education.gouv.fr/bo/2007/40/MENE0701788N.htm, letzte Zugriffe: 23.6.10). Zu Recht weißt der Historiker Sébastien Ledoux (2008) darauf hin, dass sich Sarkozy mit seinem präsidialen Insistieren darauf, dass die Geschichte der Sklaverei nun endlich in den Schulen gelehrt werden solle (Sarkozy 2008c), vor allem als ignorant gegenüber den verschiedenen Anstrengungen von LehrerInnen, Schulbuchverlagen etc. in der Vergangenheit erweist. Wichtiger scheint mir demgegenüber jedoch die Feststellung, dass es Sarkozy überhaupt für nötig erachtet, sich mit Vorstößen auf diesem geschichtspolitischen Feld zu profilieren. Und dieser Umstand hängt ganz entscheidend mit den Kämpfen um Geschichte zusammen, die maßgeblich von zahlreichen, oft marginalisierten Gruppen und ihren Organisationen, zum Beispiel dem *Comité pour le memoire de l'esclavage*, geführt werden.

rienkrieg zu finden, der „es erlaubt, an alle Apekte des Algerienkrieges zu erinnern":
„Dabei sind nicht nur die militärischen Verluste, die in direkter Verbindung mit dem
Konflikt stehen, in Rechnung zu stellen, sondern auch das Exil der Repatriierten, die
Massaker an den Harkis und den Hilfstruppen nach dem Waffenstillstand, der tödli-
che Terrorismus der OAS" (ebd.: 115). Sarkozy scheint anders als seine Vorgänger
in der Lage zu sein, eine seit gut zehn Jahren im Gange befindliche Modernisierung
der Geschichtspolitik entscheidend voranzutreiben und herrschaftsfunktional in sein
politisches Projekt einzubinden – nicht zuletzt, weil die systematische Einbeziehung
bisher verschwiegener oder verleugneter Erinnerung dieser gleichzeitig die politische
Spitze bricht.

3.2 Die Berücksichtigung unterschlagener Geschichten

Eine weitere Modernisierung der Geschichtspolitik liegt darin, dass vormals ausgeblendete Perspektiven nun einen Platz im nationalen Gedächtnis haben. So hält der
Abschlussbericht der parlamentarischen Informationsmission fest, dass in den geschichtspolitischen Verschiebungen, die sich seit gut zehn Jahren in einer Reihe Gesetze abbilden, zwei Brüche zum Ausdruck kommen. „Der Held ist nicht mehr der für
Frankreich gestorbene Soldat, sondern das Opfer: Der deportierte Jude, der Sklave
oder der Repatriierte." Und weiter: „Der politische Zweck des Gedächtnisses ist nicht
mehr der gleiche: Wo das Recht auf Erinnerung dazu dient, die nationale Ideologie zu
verankern, dient die Pflicht zu Erinnerung dazu, die Menschenrechte zu verwurzeln"
(Accoyer 2008: 35).[7] Diese Entwicklung geht nicht erst auf die bürgerliche Rechte unter Sarkozys Führung zurück, aber sie ist nun deutlich auf rassifizierte Minderheiten in
Frankreich bzw. die Krise nationaler Selbstdefinition bezogen. In den Worten der parlamentarischen Informationsmission, die sich ihrerseits auf eine kommunalgeschicht-
lich orientierte Arbeitsgruppe zum Sklavenhandel in Bordeaux bezieht:

> Gedenken heißt, die Franzosen um ein symbolisches Datum zu sammeln. Es heißt also,
> die Brüderlichkeit im Innersten der Republik hervorzuheben. Ob man des ehemaligen
> Soldaten, des Sklaven oder des deportierten Opfers gedenkt, man verschreibt sich

---

7   Diese Aussagen scheinen mir in zweierlei Hinsicht bemerkenswert. Erstens weil die Opfer von anti-
     semitischen Deportationen und Sklaverei mit den in Folge der Unabhängigkeit geschassten Kolonisa-
     teurInnen in einem Atemzug genannt werden. Nur erstere sind jedoch Opfer im Sinne einer willkürli-
     chen Unterdrückung beziehungsweise Verfolgung und Vernichtung geworden. Letztere dagegen sind
     wegen ihrer Handlungen oder zumindest der Rolle, die sie strukturell in der Kolonisierung ausgefüllt
     haben, des Landes verwiesen (und nicht vernichtet, versklavt etc.) worden. Zweitens lässt sich en pas-
     sant der erstaunlich offen eingestandene national-ideologische Charakter der Erinnerungspraxen fest-
     halten.

dem unermüdlichen intellektuellen und moralischen Kampf, der geführt werden muss, damit der Andere „nicht mehr wie ein Gegner, der vernichtet werden muss, wie ein auszubeutendes Objekt oder ein verächtlicher Unterworfener wahrgenommen wird" (Accoyer 2008: 122f).[8]

3.3 Bekenntnis zur postkolonialen Situation

Schließlich ist das Gedenken an Sklaverei und Kolonialismus in neuer Form mit dem Eingeständnis einer postkolonialen Gegenwart verbunden. Die Erinnerung des Kolonialismus, schreibt Besson in seinem Buch,

hat weder mit sinnlosen Reue-Erklärungen zu tun, noch mit der Fortsetzung des Streits unserer Väter, Großväter und Urgroßväter oder den Forderungen, die die einen oder anderen gegenwärtig aus dem Ergebnis der vergangenen Kolonisierung ableiten wollen. Diese Erinnerungsarbeit soll unserer Nation vielmehr erlauben, die derzeitigen Fortwirkungen dieser Kolonialvergangenheit zu überwinden. Deren Auswirkungen können vielfältig sein bezüglich der Beziehungen zwischen *communities*, der Ghettoisierung der Vorstädte, der Schwierigkeiten und Blockaden der Integration, der Verfälschung der Erinnerung, der Auffassung der Nationalgeschichte, der Außenpolitik, der humanitären Hilfe oder der Debatte um Laizismus und den Islam in Frankreich. Unsere Gesellschaft muss endlich als postkoloniale Nation begriffen werden, die zu sich steht (Besson 2009: 61).

Und auch Sarkozy gesteht ein,

dass auch noch heute Ungleichheiten bestehen, die ihren Ursprung in diesem schmerzhaften Erbe [der Sklaverei; K.L.] haben. Lasst uns den Mut haben, darüber zu sprechen und zur Gesamtheit unserer Geschichte zu stehen. Die Kolonialzeit und die Abschaffung der Sklaverei werden häufig als äußerliche, ich bin versucht zu sagen randständige Geschichten erlebt. Sie sind jedoch innerster Teil der französischen Geschichte. Diese Geschichte muss in Gänze erzählt werden können. Den Generationen, die aus den Gebieten stammen, in denen es Sklaverei gegeben hat, das Begreifen der eigenen Vergangenheit zu verweigern, hieße identitäre Einschlüsse zu verstärken zu Lasten des republikanischen Modells (Sarkozy 2008c).

---

8   Wenngleich ebenfalls nicht direkt auf Sarkozys Initiative zurückzuführen, jedoch im Einklang mit dieser Tendenz steht die im Oktober 2007 eröffnete *Cité Nationale de l'Histoire de l'Immigration*. Hier wird „die immense Bedeutung der Zu- und Abwanderung für die gegenwärtige [französische; K.L.] Gesellschaft anerkannt" (Arndt 2008: 43) und damit zugleich ein Signal der Zugehörigkeit an ältere ImmigrantInnen und ihre Nachkommen gesendet. Dieses Aufgreifen subalterner Erfahrungen entpuppt sich jedoch letztlich als Vereinnahmung: „Die Idee, die ‚Menschen für sich selbst sprechen zu lassen', bleibt [...] aufgrund der kuratischen Auswahl und Inszenierung der Exponate nur eine scheinbar partizipative Öffnung" (ebd.: 45).

Unliebsame Wahrheiten zu erzählen, bisher ausgeblendete Perspektiven aufzugreifen bzw. scheinbar partizipieren zu lassen und die gegenwärtigen Nachwirkungen von Sklaverei und Kolonialismus einzugestehen – das ist der Dreiklang der sarkozystischen Modernisierung von Geschichtspolitik.

4   Die Neuausrichtung der Gedenkpolitik

Die Pläne zur sarkozystischen Neuausrichtung der Nationalfeiertage sind in einem fortgeschrittenen Stadium. Eine von Marleix im November 2007 eingesetzte Kommission zu deren Reform verschreibt sich in ihrem ein Jahr später vorgelegten Bericht vollauf dem sarkozystischen Projekt der ,nationalisierten', auch als Angebot an die rassifizierten gesellschaftlichen Minderheiten formulierten Gedenkpraxis.

Zunächst hält die Kommission fest, dass die meisten der zwischen 1999 und 2006 eingeführten Nationalfeiertage mit der Kolonialgeschichte oder sonstigen, rassifizierte gesellschaftliche Minderheiten in Frankreich betreffenden Daten zusammenhängen. Die Kommission führt dies auf verstärkten Druck von partikularen Interessensgruppen zurück, die nach Anerkennung ihrer Existenz und ihres vergangenen Leids suchten, und wittert die Gefahr eines Verlusts der „geistigen Einheit" *(unité spirituelle)* Frankreichs (Kaspi 2008: 25). Sie schlägt daher die Konzentration nationalen Gedenkens auf drei Daten vor: den 14. Juli, den 11. November und den 8. Mai. Zum 11. November als Gedenktag für die Toten des Ersten Weltkrieges heißt es dazu als Begründung:

> Für viele Franzosen ruft der Erste Weltkrieg keine Erinnerungen wach. Sie haben einen sogenannten Migrationshintergrund, wobei die neuere Immigration gemeint ist. Ihre Eltern und erst recht ihre Großeltern wohnten von 1914–1918 nicht in unserem Land. Ihre Namen stehen nicht auf den Kriegerdenkmälern. Warum sollten sie sich betroffen fühlen? Die Antwort ist einfach. Afrikanische, maghrebinische und asiatische Soldaten haben an der Seite der europäischen Truppen gekämpft. Ihre Erfolge, ihre aktive und unverzichtbare Beteiligung muss dem Vergessen entrissen werden. Der Eintritt in die nationale Gemeinschaft bringt eine Übernahme der Geschichte seines neuen Vaterlandes mit sich (ebd.: 30f).

Angesichts der zahlreichen Daten, die an Ereignisse im Zusammenhang mit dem Zweiten Weltkrieg erinnern, spricht sich die Kommission für eine Konzentration auf den 8. Mai aus, obwohl dieser sich für das Projekt des Zusammenbringens verschiedener historischer Perspektiven in einem Gedenken nur mäßig eigne. Denn Frankreich sei während des Krieges innerlich zerrissen gewesen und dessen Ende habe anders als der 11. November 1918 keine Einheit gestiftet. „Am gleichen Tag, an dem die Franzosen das Ende des Krieges in Europa feierten, begannen die Unruhen von Setif, die tausende algerische Opfer kosteten. Die Jahrestage sind so zahlreich, dass jeder von ihnen nur auf einen Teil der französischen Bevölkerung verweist" (Kaspi 2008: 33). Sicher ließe sich Einiges zu den euphemistischen Formulierungen ('Unruhen von Setif'), „mythischen Begriffen" *(„unité spirituelle')* und dem „moralischen Volontarismus" der Kaspi-Kommission sagen (Offenstadt 2009: 93). Entscheidend ist im vorliegenden Zusammenhang jedoch, dass die Kommissionsmitglieder sich der kolonialen Dimension der Weltkriege bewusst sind und daraus die Forderung ableiten, dass sich diese Dimension in den Gedenkritualen abbilden muss – zumal, wie ganz offen ausgesprochen wird, ein Teil der heutigen französischen Bevölkerung *issue de la colonisation* ist.

5 Conclusio

Dass das politische Lager des Konservatismus nicht nur „gegen die Zukunft" denkt (Hirschman 1991), sondern sich auch einer gesellschaftlichen Modernisierung verschreiben kann, ist hinlänglich bekannt. Dies scheint auch beim Sarkozysmus der Fall. Die vorangegangene Analyse gibt anhand der geschichtspolitischen Bezüge auf die französische Kolonialvergangenheit ein Beispiel dafür. Diese Modernisierung steht in engem Zusammenhang mit der umfassenden politischen Krise, die Frankreich derzeit durchlebt. Dabei lässt sich nicht nur in der Geschichtspolitik eine deutliche Verschiebung erkennen. Auch in anderen politischen Bereichen, wie etwa dem Kampf gegen rassistische Diskriminierung, können neue Diskurse und verstärkte politische Anstrengungen der bürgerlichen Rechten ausgemacht werden (Lindner 2008).

Entscheidend ist bei all diesen Maßnahmen der im Sinne Stuart Halls 'autoritär-populistische' Zug, gesellschaftliche Widersprüche aufzugreifen und herrschaftsaffirmativ 'aufzulösen'. Der Sarkozysmus versucht, seine ideologische Führung und politische Kontrolle durch das aktive Einbinden eines popularen Konsenses über die Krise nationaler Zugehörigkeit und nationalen Selbstverständnisses herzustellen. Die sarkozystische Geschichtspolitik ist ein Teil dieses umfassenden politischen Projekts. Sie verlangt „Zustimmung, nicht jedoch Reflexion" (Offenstadt 2009: 26). Sie etabliert eine der gesellschaftlichen Debatte entzogene Moral des Zusammenlebens (Lindner 2007: 471ff). Und schließlich kann sie als 'autoritär-populistisch' gelten, weil verschiedene und widersprüchliche Diskurse, um beim Beispiel der Geschichtspolitik zu bleiben: Subalterne und herrschaftliche Erinnerungen, in einem einheitlichen ideologischen Diskurs zusammengeführt werden (Laclau 1977: 89f). Diese Operation ist als „retour du roman national" (Nicolas Offenstadt) treffend beschrieben worden.

Literatur

Accoyer, Bernard (2008): Rapport d'information au nom de la mission d'information sur les questions mémorielles, download: http://www.assemblee-nationale.fr/13/rap-info/i1262.asp (letzter Zugriff: 21.6.10).

Althusser, Louis (1969): Ideologie et Appareils Idéologiques d'Etat (Notes pour une recherche), in: Ders.: Sur la reproduction, hrsg. v. Jacques Bidet, Paris 1995 (PUF), S. 269–314.

Arndt, Lotte (2008): Geschichtslose Kunst. Zwei Pariser Museen beschäftigen sich mit Ethnologie und Migration, in: iz3w. Informationszentrum 3. Welt, Nr. 306, Heft 3/2008, S. 42–45.

Arzalier, Francis (2007): „Colonialisme et impérialisme: ‚l'exception française' ou le mythe ‚humaniste'", in: Une mauvaise décolonisation. La France: de l'Empire aux émeutes des quartiers populaires, Pantin/Napoli 2007 (Le Temps des Cerises/La città del sole), S. 15–43 (ohne Hrsg.).

Bancel, Nicolas/Blanchard, Pascal (2010): „Colonisation: commémorations et mémoriaux. Conflictualité sociale et politique d'un enjeu mémoriel", in: Dies. et al. (Hrsg.): Ruptures postcoloniales. Les nouveaux visages de la société française, Paris 2010 (La Découverte), S. 480–508.

Bancel, Nicolas et al. (2006): „La fracture coloniale: une crise française", in: Dies. (Hrsg.): La fracture coloniale. La société française au prisme de l'héritage colonial, Paris 2005 (La Découverte), S. 9–31.

Besson, Eric (2009): Pour la Nation, Paris 2009 (Grasset).

Cichon, Peter et al. (Hrsg.) (2010): Der undankbare Kontinent? Afrikanische Antworten auf europäische Bevormundung, Hamburg 2010 (Argument).

De Cock, Laurence et al. (Hrsg.) (2008): Comment Nicolas Sarkozy écrit l'histoire de France, Marseille 2008 (Agone).

Ernst, Sophie (2006): „Le fait colonial, les lois de mémoire et l'enseignement", in: Liauzu/Manceron 2006, S. 111–126.

Geisser, Vincent (2005): „Ethnicité républicaine versus République ethnique?", in: Mouvements. Des idées et des luttes, Nr. 38, Heft 2/2005, S. 19–25.

Hall, Stuart (1986): „No Light at the End of the Tunnel", in: Hall 1988, S. 80–92.

– (1987): „Gramsci and Us", in: Hall 1988, S. 161–173.

– (1988): The Hard Road to Renewal. Thatcherism and the Crisis of the Left, London/New York 1988 (Verso).

Hall, Stuart et al. (1978): Policing the Crisis. Mugging, the State, and Law and Order, Houndmills/Basingstoke/Hampshire/London 1978 (MacMillian).

Hirschman, Albert O. (1991): Denken gegen die Zukunft. Die Rhetorik der Reaktion, Frankfurt a. M. 1995 (Fischer).

Kaspi, André (2008): Rapport de la commission de réflexion sur la modernisation des commémorations publiques, download: http://www.ladocumentationfrancaise.fr/ rapports-publics/084000707/index.shtml (letzer Zugriff: 21.6.10).

Laclau, Ernesto (1977): Politik und Ideologie im Marxismus. Kapitalismus – Faschismus – Populismus, Berlin 1981 (Argument).

Le Cour Grandmaison, Olivier (2009): La République impériale: politique et racisme d'Etat, Paris 2009 (Fayard).

Ledoux, Sébastien (2008): La mémoire courte de Nicolas Sarkozy: A propos de l'enseignement de l'histoire de l'esclavage, download: http://cvuh.free.fr/spip.php?article186 (letzter Zugriff: 23.6.10).

Liauzu, Claude/Manceron, Gilles (Hg.) (2006): La colonisation, la loi et l'histoire, Paris 2006 (Syllepse).

Lindner, Kolja (2007): „Soziale Bewegungen und autoritärer Populismus. Proteste und Präsidentschaftswahlen in Frankreich", in: Prokla. Zeitschrift für kritische Sozialwissenschaft, Nr. 148, Heft 3/2007, S. 459–479.

– (2008): „Black, blanc, beur. Sarkozys ‚regressiver Multikulturalismus' ist eine Antwort auf die Krise des französischen Republikanismus", in: iz3w. Informationszentrum 3. Welt, Nr. 308, Heft 5/2008, S. 37–39.

– (2009): „25 Jahre ‚Marche des Beurs': Kämpfe der Migration im Frankreich der 1980er Jahren und heute", in: Peripherie. Zeitschrift für Politik und Ökonomie in der Dritten Welt, Nr. 114/115, 29. Jg., Heft 2/2009, S. 304–324.

– (2010): „Marx's Eurocentrism. Postcolonial Studies and Marx scholarship", in: Radical Philosophy Nr. 161, Heft 3/2010, S. 27–41.

Manceron, Gilles (2007): Passé colonial. Les propos inquiétants de Nicolas Sarkozy, download: http://www.ldh-toulon.net/spip.php?article2019 (letzter Zugriff: 21.6.10).

Mbembe, Achille (2007): „Das Afrika des Nicolas Sarkozy", in: Cichon et al. 2010, S. 57–72.

Morin, Esclangon et al. (2006): „Les origines et la genèse d'une lois scélérate", in: Liauzu/ Manceron 2006, S. 23–58.

Ndiaye, Pap (2008): La Condition Noire. Essai sur une minorité française, Paris 2008 (Calmann-Lévy).

Noiriel, Gérard (2007): À quoi sert l'„identité nationale", Marseille 2007 (Agone).

Offenstadt, Nicolas (2009): L'histoire bling-bling. Le retour du roman national, Paris 2009 (Stock).

Poulantzas, Nicos (1968): Pouvoir politique et classes sociales, 2 Bände, Paris 1972 (François Maspero).

Rehmann, Jan (2008): Einführung in die Ideologietheorie, Hamburg 2008 (Argument).

Rheinisches JournalistInnenbüro (2005): „Unsere Opfer zählen nicht." Die Dritte Welt im Zweiten Weltkrieg, hrsg. v. Recherche International, Hamburg/Berlin 2005 (Assoziation A).

Sarkozy, Nicolas (2004): La République, les religions, l'espérance, Paris 2004 (Les Editions du Cerf).

– (2007a): Discours de Toulon, download: http://sites.univ-provence.fr/veronis/Discours2007/transcript.php?n=Sarkozy&p=2007-02-07 (letzter Zugriff: 21.6.10).

– (2007b): Discours de Caen, download: http://sites.univ-provence.fr/veronis/Discours2007/transcript.php?n=Sarkozy&p=2007-03-09 (letzer Zugriff: 21.6.10).

– (2007c): Discours de Dakar, download: http://www.elysee.fr/elysee/elysee.fr/francais/interventions/2007/juillet/allocution_a_l_universite_de_dakar.79184.html (letzer Zugriff: 21.6.10) (deutsch nach: „Rede des französischen Staatspräsidenten Nicolas Sarkozy. Universität Dakar – Senegal. Donnerstag, 26. Juli 2007", in: Cichon et al. 2010, S. 37–56).

– (2008a): Vœux aux armées et aux anciens combattants, download: http://www.elysee.fr/president/les-actualites/discours/2008/voeux-aux-armees-et-aux-anciens-combattants.6873.html (letzer Zugriff: 21.6.10).

– (2008b): Discours d'Ouistreham. Cérémonie du 63e anniversaire du 8 mai 1945, download: http://www.elysee.fr/president/les-actualites/discours/2008/ceremonie-du-63e-anniversaire-du-8-mai-1945.2006.html (letzter Zugriff: 21.6.10).

– (2008c): Discours de Paris. Journée de commémoration nationale des mémoires de la traite négrière, de l'esclavage et de leurs abolitions, download: http://www.elysee.fr/president/les-actualites/discours/2008/journee-de-commemoration-nationale-des-memoires-de.2007.html (letzter Zugriff: 21.6.10).

– (2008d): Discours de la Nécropole nationale de Douaumont. 90e anniversaire de l'armistice de 1918, download: http://www.elysee.fr/president/les-actualites/discours/2008/90e-anniversaire-de-l-armistice-de-1918.5213.html (letzter Zugriff: 21.6.10).

– (2009): Discours de La Nartelle. 64e anniversaire de la victoire du 8 mai 1945, download: http://www.elysee.fr/president/les-actualites/discours/2009/64e-anniversaire-de-la-victoire-du-8-mai-1945.5721.html (letzter Zugriff: 21.6.10).

– (2010a): Discours de Colmar. 65e anniversaire de la Victoire du 8 mai 1945, download: http://www.elysee.fr/president/les-actualites/discours/2010/65e-anniversaire-de-la-victoire-du-8-mai-1945.8778.html (letzer Zugriff: 21.6.10).

– (2010b): Cérémonie pour la journée nationale des mémoires de la traite, de l'esclavage et de leurs abolitions. Message de M. le Président de la République lu par M. Brice HORTEFEUX, download: http://www.elysee.fr/president/les-actualites/communiques-de-presse/2010/mai/ceremonie-pour-la-journee-nationale-des-memoires.8787.html (letzer Zugriff: 21.6.10).

Schild, Joachim/Uterwedde, Henrik (Hrsg.) (2009): Die verunsicherte Französische Republik. Wandel der Strukturen, der Politik – und der Leitbilder?, Baden-Baden 2009 (Nomos).

Solomos, John et al. (1982): „The organic crisis of British capitalism and race: the experience of the seventies", in: Centre for Contemporary Cultural Studies (Hrsg.): The Empire Strikes Back. Race and racism in 70s Britain, London/New York 1994 (Routledge), S. 9–46.

Taubira, Chrstine (2009): Egalité pour les exclus. Le politique face à l'histoire et à la mémoire coloniales, Paris 2009 (Editions du Temps Présent).

Ziegler, Jean (2008): Der Hass auf den Westen. Wie sich die armen Völker gegen den wirtschaftlichen Weltkrieg wehren, München 2009 (Bertelsmann).

Die Lokalgeschichte – ein Gegenentwurf zur Nationalgeschichte?

Samuel Kuhn

Das zentrale Thema der XXVI. Jahrestagung des Deutsch-Französischen Instituts, die gegenwärtige Geschichte Frankreichs, umfasst auch die Geschichtsdarstellung und -verbreitung auf lokaler Ebene. Die Geschichte, diese alte „französische Leidenschaft" (Joutard 1993), erhält neuen Auftrieb – und eine der Hauptquellen des historischen Diskurses ist die lokale Ebene. Die Begeisterung für die Vergangenheit zeigt sich in allen Bereichen: Ahnenforschung, historische Schauspiele, Gelehrtengesellschaften oder auch Vereine zur Erhaltung des Kulturguts. Wie Daniel Fabre so treffend sagt: „Die Geschichte hat den Schauplatz gewechselt" (Bensa/Fabre 2001: 13–41).

Doch die lokale Geschichte trägt mitunter militante Züge und schürt Konflikte, die man für längst verjährt halten würde. Bisweilen nimmt sie gar die Gestalt einer regelrechten Gegengeschichte an, der die Vergangenheit als politisches Argument dient. Von regionalistischen Bewegungen ins Feld geführt, wird die Ortsgeschichte zu deren Bezugspunkt und Gegenentwurf zur nationalen, „offiziellen" und „jakobinischen" Geschichte. Gedenkzyklen wie beispielsweise der 150. Jahrestag der Abtretung von Savoyen und Nizza an Frankreich, der dieses Jahr begangen wird, lassen jedoch auch die Stimme einer anderen Geschichte erklingen, für die die nationale Sichtweise nur eine von vielen ist und die Geschichtsökonomie dem Gedenken an die Vergangenheit und an das gemeinsame Kulturgut zu weichen scheint.

Die Definition der „Gegengeschichte" ist jedoch nicht ganz einfach. Was ist darunter zu verstehen? Eine Geschichte, die in Opposition zur offiziellen Version steht? Eine Meinungsumkehr im Sinne von: Die Guten werden die Bösen und die Bösen die Guten? Oder aber ist darüber hinaus eine andere, eine alternative Geschichte gemeint, sowohl im Hinblick auf ihre Herangehensweisen als auch auf ihre Themen, ein Gegenentwurf zur nationalen Geschichte, in der die Vergessenen und Besiegten zu Wort kommen? Und dennoch orientiert sich die lokale Geschichte meist an den gleichen Bezugspunkten wie die gemeinsame Geschichte und stützt sich eher auf die nationale Darstellung, als ihr zu widersprechen.

Woher kommt also dieser, wenn auch nur von einer Minderheit gehegte Wunsch, eine Gegengeschichte zu verbreiten? Liegt es am schlechten Ruf, der der Lokalgeschichte meist nach wie vor anhaftet? Sie wird gering geschätzt oder gar gänzlich missachtet und steht im Verdacht, von Dilettanten oder Regionalisten betrieben zu werden. Während der erstere dieser beiden Vorwürfe auf den Status derjenigen anspielt, die Lokalgeschichte betreiben, meist Heimatforscher aus der jeweiligen Gegend (Kuhn 2007), so beruht letzterer auf einer ungerechtfertigten Verallgemeinerung, welche hinter jeglicher Lokalgeschichte stets das Gespenst separatistischer Strömungen vermutet.

Jenseits dieses separatistischen Aspekts jedoch regt die Ortsgeschichte dazu an, erneut über die Konstruktion nationaler Identität und deren Verhältnis zur nationalen Erzählung nachzudenken. Des Weiteren wirft sie die Frage nach der Existenz einer echten regionalen Geschichtsschreibung auf. Ob es nun eine Frage des Maßstabs ist oder es sich tatsächlich um eine Gegengeschichte handelt: Im Folgenden wird es darum gehen, das Flüstern einer Geschichte hörbar zu machen, die sich weitab vom Geschehen in der Provinz ereignet, sowie anhand verschiedener Formen der Ortsgeschichte zu untersuchen, in welchem Verhältnis sie zur Nationalgeschichte und zu den gesellschaftlichen, politischen und diskursiven Praktiken steht, die deren Legitimation begründen.[1]

1 Die Lokalgeschichte und die Gefahr des Regionalismus

1.1 Savoyen und der Anschluss

Spricht man von der Wiederbelebung regionaler Identität in Frankreich sowie von regionalistisch geprägten kulturellen und politischen Bewegungen, so denkt man meist an Korsika, das Baskenland, die Bretagne und mitunter an das Elsass, jedoch selten oder nie an Savoyen (Bromberger/Meyer 2003). Wenn ich hier von Savoyen spreche, so geschieht dies nicht nur aus einem gewissen Streben nach Originalität und auch nicht ausschließlich aufgrund meiner besonderen Kenntnis dieser Gegend: Die diesjährigen Gedenkfeierlichkeiten zum 150. Jahrestag des Anschlusses von Savoyen und Nizza an Frankreich bieten nämlich zudem eine Fülle von Erkenntnissen und stehen paradigmatisch für das Verhältnis zwischen lokaler und nationaler Ebene.

Bevor wir fortfahren, möchte ich eine kleine geschichtliche Zusammenfassung des Anschlusses im Jahre 1860 geben. Die Begebenheit ist vor dem Hintergrund der Nationalstaatenbewegung, genauer gesagt der Einigung Italiens, zu betrachten (Guichonnet 2003). Nizza und Savoyen waren nämlich als Bezahlung für die Hilfe Frankreichs unter Napoleon III. im Piemont gedacht, wie im Vertrag von Plombières

---

1   Diese Arbeit ist Teil weiterführender Überlegungen bezüglich meiner Doktorarbeit: La figure de l'érudit local: passeur et inventeur d'histoire. L'exemple du Dauphiné et de la Savoie aux XIXe et XXe siècles (Université de Grenoble, LARHRA, laboratoire de recherches historiques Rhône-Alpes, UMR du CNRS 5190; Arbeit noch nicht abgeschlossen) unter der Betreuung von Prof. Anne-Marie Granet-Abisset, für deren wertvolle Hilfe beim Verfassen dieses Beitrags ich mich herzlich bedanken möchte.

(Juli 1858) festgelegt. Nach den Siegen von Magenta und Solferino wird die Angelegenheit zunächst aufgeschoben, dann aber Anfang des Jahres 1860 wieder aktuell. Napoleon III. hegte den Wunsch, Savoyen militärisch zu besetzen, doch Cavour erlegte ihm eine Volksbefragung auf, die nicht ganz unmissverständlich war: Der Anschluss „werde ohne jeglichen Zwang gegenüber dem Willen der Bevölkerung erfolgen." Am 24. März wird der Vertrag von Turin unterzeichnet, der den Anschluss offiziell macht, und am 22. April ein Plebiszit durchgeführt, bei dem sich die Bevölkerung mit überwältigender Mehrheit für den Anschluss an Frankreich ausspricht (auf 130.839 Stimmzettel entfallen 130.533 Ja-Stimmen, 235 Nein-Stimmen und 71 Enthaltungen). Am 14. Juni 1860 gehen Savoyen und Nizza in französischen Staatsbesitz über.[2]

Zum besseren Verständnis der polemischen Reaktionen der Befürworter einer savoyischen Unabhängigkeit auf diese Begebenheit folgt hier ein eher anekdotenhaftes Beispiel: Das Interview einer Regionalzeitung (Dauphiné Libéré, 22.04.2009) mit Sylvain Milbach, einem Historiker an der *Université de Savoie* (Chambéry), in dem es um eben diesen Anschluss geht. In diesem kurzen Gespräch mit der Überschrift „Das Ja war eindeutig" wird Milbach, der mehrere Werke über Savoyen veröffentlicht hat, als Dozent für Zeitgeschichte vorgestellt. Die Onlineversion des Artikels wird von zahlreichen Lesern kommentiert. Hier ein Beispiel:[3]

„Dozent für Zeitgeschichte! Wir meinen eher: Dozent für Lug, Trug und Manipulation, der sich reichlich von den französischen Jakobinern schmieren lässt! Den bekomme ich besser nie in die Finger, sonst erlebt er sein blaues Wunder!!! Aber man soll ja niemals nie sagen…

Das Nein war eindeutig. Lügner!" 23.04.2009, 14h33.

Man mag versucht sein, diese Art Kommentar zu belächeln und seinen Verfasser als isolierten Extremisten zu sehen. Eine rasche Zählung der ins Netz gestellten Kommentare verleiht dieser Äußerung jedoch mehr Gewicht. In mehr als der Hälfte der insgesamt 64 Kommentare wird Milbach direkt angegriffen, 17 beinhalten Beleidigungen und Drohungen, 17 bestreiten die „offizielle" Version der Geschichte, 8 diskutieren den Terminus Annektierung und die historischen Bedingungen von Savoyens An-

---

2 Als das südöstlich von Frankreich (im Nordwesten des Alpenbogens, in Grenznähe zur Schweiz und zu Italien) gelegene Savoyen französisches Staatsgebiet wird, wird es in zwei Departements aufgeteilt: Savoyen und Haute-Savoyen (die heute zur Region Rhône-Alpes gehören). Zwar ist das Adjektiv „savoyard" geläufiger, doch die Regionalisten bevorzugen „savoisien".

3 Online: http://www2.ledauphine.com/savoie-francaise-sylvain-milbach-le-oui-etait-acquis--@/index.jspz?article= 122676; aufgerufen am 01.11.2009. Rechtschreib-, Syntax und Ausdrucksfehler wurden beibehalten. Unter dem Kommentar stehen das Pseudonym der Verfasser sowie Datum und Uhrzeit der Online-Stellung.

schluss, 13 bringen vor, der Vertrag von Turin, welcher die Abtretung offiziell bestätigte, sei heute schlichtweg unwirksam, und 7 fordern schließlich die Unabhängigkeit Savoyens.[4]

Hinzu kommt, dass die Idee von einer so genannten offiziellen und somit per definitionem lügenhaften Version just von der Unabhängigkeitsbewegung *Ligue savoisienne* verbreitet wird. Der folgende Ausspruch beispielsweise stammt aus der Feder von Jean de Pingon, einem der Gründungsmitglieder der Bewegung:

> „[...] Doch allein die Tatsache, dass diese Geschichtswissenschaftler aus der annektierenden Macht hervorgegangen sind oder aber sich als deren Staatsangehörige bezeichnen, genügt, um sie von vornherein für jegliche Stellungnahme zur Geschichte des annektierten Landes zu disqualifizieren. Wenn sie heute von der Geschichte Savoyens sprechen, so sind sie ungefähr so glaubwürdig wie die Historiker der Sowjetunion, die über die Geschichte Litauens sprachen [...]."[5]

Die Tatsache, dass sich auf der Internetseite einer Regionalzeitung zwischen den Onlinekommentaren ähnliche Äußerungen finden, bezeugt also, dass die Behauptungen der *Ligue* durchaus Gehör finden, obwohl es sich politisch gesehen um eine Minderheit handelt. Wie ist das zu erklären?

1.2 Die Begleiterscheinungen der savoyischen Gedenkfeiern

Um die Vehemenz, um nicht zu sagen Gewalttätigkeit dieser Reaktionen auf die an Schulen und Universitäten gelehrte Geschichte zu verstehen, muss auch auf den Kontext eingegangen werden, in dem die Gedenkfeiern zum Anschluss Savoyens stattfinden.

Gedenkfeiern sind per definitionem ganz offensichtlich auf einen allgemeinen Konsens ausgerichtet und das Ergebnis beständiger Anpassungen vergangener Streitthemen an die Gegenwart. Sie belegen auch, wie sehr sie Gegenstand politischer Kontrolle über das kollektive Geschichtsbild sind, indem selektiv ausgewählt wird, welchen Ereignissen zu gedenken und über welche Stillschweigen zu bewahren ist (Andrieu et al. 2006). Auch der Fall Savoyen stellt in dieser Hinsicht kaum eine Ausnahme dar. Die Sichtweise ist eindeutig national: Zentrale Aussage der Feierlichkeiten 2010 ist in der

---

4   Artikel und Kommentar sind noch immer online auf der Seite von Dauphiné libéré zu finden, allerdings mit einigen Änderungen. Die Anzahl der Kommentare beträgt nur mehr 60. Vor allem der oben zitierte Beitrag wurde gelöscht, doch finden sich andere, die mehr oder weniger dasselbe besagen. Aufgerufen am 23.07.2010.

5   Diese Äußerung kann auf der Internetseite der Ligue unter dem Titel „La légende d'une Savoie province", http://notre.savoie.free.fr/infos/inf039.htm nachgelesen werden. Für weitere Details, siehe Pingon 1996.

Tat die historische Unabwendbarkeit der Vereinigung Savoyens mit Frankreich. Doch für die Anhänger der Unabhängigkeitsbewegung nähert man sich mit der Unabwendbarkeit gefährlich einer Unumkehrbarkeit, einer für sie unerträglichen Vorstellung.

Die Gedenkfeiern 2010 sind ebenso zahlreich wie flächendeckend. Eine große Zahl von Ausstellungen und Veranstaltungen werden in verschiedenen Städten organisiert.[6] Hinzu kommen mehrere Veröffentlichungen. Betroffen ist das gesamte Gebiet der zwei Departements *Savoie* und *Haute-Savoie*, mit Schwerpunkt Chambéry (ehemalige Hauptstadt Savoyens, in der die Leitausstellung sowie die wichtigsten offiziellen Feierlichkeiten stattfinden) und Annecy, den beiden Städten mit Präfektursitz. Die Ausstellungen und Veröffentlichungen sind eindeutig pädagogisch ausgerichtet, wie die vor allem auf Lehrkräfte ausgerichteten Ausstellungskataloge und Begleitmaterialen zeigen. In Hinblick auf die Bewerbung Annecys für die Olympischen Spiele 2018 werden mit Ausstellungen unter dem Motto „1860 – 2060", wie beispielsweise in Thonon-les-Bains, die Vorzüge der Region aus europäischer Sicht betont. Aus historischer Sicht soll vornehmlich die Vorstellung von einer schnelleren „Modernisierung" infolge des Anschlusses vermittelt werden. Dieser Diskurs greift sowohl die vorherrschende Meinung der damaligen Elite als auch die Theorien von Eugen Weber auf, wonach Infrastruktur, Schule und Kaserne Träger der Modernisierung und der Französisierung sind (Weber 1983, und für eine kritische Lektüre: Granet-Abisset 2002).

Die offiziellen Feierlichkeiten sind relativ bescheiden. Sie sehen auch einen kurzen Besuch des französischen Präsidenten Nicolas Sarkozy in Chambéry vor. In der von Ordnungskräften abgeriegelten Stadt hält er am 22. April eine Rede auf dem Schlossplatz. Seine Ansprache fügt sich ein in die polemisch geführte Debatte über die „nationale Identität", welche von Minister Eric Besson angestoßen wurde. Ursprünglich ging es darum, diese Debatte damit abzuschließen, doch das Schlagwort nationale Identität fällt nicht ein einziges Mal. Vor Ort greift der Präsident in seiner Rede die Idee einer „natürlichen" Vereinigung Savoyens mit Frankreich auf. Und auch wenn er Michelet („die französischen Provinzen haben sich verstanden") zitiert, so bewegt er sich mit seiner Betrachtungsweise des Begriffs Nation doch eher im Schatten von Ernest Renan. Seine Rede hat wenig historischen Tiefgang, strotzt vor Klischees und Gemeinplätzen und ist offensichtlich lediglich ein Vorwand, um über gegenwärtige und zukünftige Herausforderungen und Infrastrukturen zu sprechen: „Wir begehen den 150. Jahrestag der Vereinigung Savoyens und Frankreichs heute nicht, um uns in der Vergangenheit einzuschließen." Kurz gesagt: Sofern hier überhaupt einer Sache gedacht wird, dann doch in erster Linie „der nationalen Einheit" Frankreichs.[7]

---

6   Siehe vor allem: http://www.150ans-paysdesavoie.fr/
7   Rede, einzusehen auf der Homepage des französischen Präsidenten (Elysée). Beim eben zitierten Satz ist vor allem die Formulierung auffällig. Savoyen wird nicht an Frankreich angeschlossen, sondern

Es ist leicht nachzuvollziehen, wie diese Art von Aussagen auf die Verfechter einer savoyischen Unabhängigkeit wirken kann, sind sie doch der Überzeugung, Savoyen sei zwangsweise von Frankreich annektiert worden. In seiner Ansprache stellt der Präsident diesen Aspekt sogar umgekehrt dar und spricht von der „assimilierenden Kraft Savoyens". Dennoch wurde auf die Rede kaum reagiert. Allerdings ist das Jahr 2010 vielleicht nicht das aussagekräftigste in dieser Hinsicht, da es vor allem frühere Gedenkveranstaltungen (insbesondere aus dem Jahre 1960) waren, die den Zorn der Regionalisten erregten.

Ohne hier allzu sehr ins Detail gehen zu wollen, möchte ich drei wichtige Gedenktage erwähnen, die den Feierlichkeiten von 2010 vorausgingen (Blanc 2009 und Milbach 2010). Zunächst wurde 1892 der 100. Jahrestag der allerersten Annektierung Savoyens durch das revolutionäre Frankreich begangen.[8] Diese Feier, deren Wichtigkeit durch einen Besuch des Präsidenten Sadi Carnot in Chambéry unterstrichen wird, steht ganz im Zeichen der ruhmreichen Republik und zeugt von den damaligen Spannungen zwischen Republikanern und Konservativen. 1910 wird der 50. Jahrestag des Anschlusses von 1860 begangen. Beide Departements Savoyens sind an den Feierlichkeiten, einer Mischung aus Dorffesten und offiziellen Veranstaltungen, beteiligt. Die leidenschaftlich geführten Debatten bei der Errichtung einer Statue Jean-Jacques Rousseaus als Verkörperung des liberalen Gedankenguts verweisen auf die gleichen politischen Kontroversen. Drei Jahre später fällt die Skulptur einem Attentat zum Opfer... und wird auf Knöchelhöhe abgesägt!

Die Gedenkveranstaltungen anlässlich des 100. Jahrestags von Savoyens Anschluss erreichen ein gänzlich anderes Ausmaß. Die Zahl der Veranstaltungen (mehr als 700) ist beträchtlich. Der Schwerpunkt wird auf Pädagogik und Kultur gelegt. Auf Pädagogik dank der Vorträge und Veröffentlichungen, die Akademikern übertragen werden (Mémorial de Savoie 1960). Auf die Kultur durch die Herausstellung des einheimischen Kulturguts sowie des Tourismus. Die offiziellen Feierlichkeiten werden durch zwei Ereignisse gekrönt: Die Reise des Präsidenten Charles de Gaulle durch Savoyen und den Aufmarsch von savoyischen Regionalpolitikern in Paris. Auch hier ist die Ausrichtung der Gedenkfeier wieder nationaler Natur. Die Veranstaltungen unterstreichen die produktive Verbindung von nationaler und regionaler Identität, wobei die regionale Identität allein auf ihr

---

Savoyen und Frankreich werden miteinander vereinigt: http://www.elysee.fr/president/les-actualites/discours/2010/discours-a-l-occasion-du-150eme-anniversaire.8606.html

[8]   Savoyen war im Laufe der Geschichte mehrfach von Frankreich besetzt worden, so auch zwischen 1536 und 1559 während der Italienkriege. Aber im Jahre 1792, als Savoyen dem Königreich Piemont-Sardinien angehört, fand die erste echte Annektierung statt: Nach einer Invasion durch französische Truppen stimmt eine „Nationalversammlung der Allobrogen" für die Annektierung. Durch den Zweiten Pariser Frieden aus dem Jahr 1815 wird Savoyen dem Piemont zurückgeben und seitens der regierenden Dynastie eine zunehmend stärkere Ausrichtung an Italien eingeleigetet (Leguay 1983–1986).

kulturelles Erbe reduziert wird. Dieser 100. Jahrestag trägt darüber hinaus dazu bei, die Vorstellung einer „natürlichen" Vereinigung von Savoyen und Frankreich zu verbreiten, wie sie von der damaligen Geschichtsschreibung präsentiert wird (Avezou 1949).

Doch der erhoffte Erfolg der Gedenkfeierlichkeiten bleibt in Savoyen aus, denn gerade dieser geschichtlichen Lesart, nach der der Anschluss Savoyens an Frankreich ein natürlicher Vorgang gewesen sei und dem Willen der Bevölkerung entsprochen habe, wird von Regionalisten und Verfechtern der Unabhängigkeit widersprochen. Somit scheinen Geschichtsschreibung und ihre Fragestellungen für die Unabhängigkeitsbewegungen zu wahren Ideologieträgern zu werden.

2   „Die Entkolonialisierung der Geschichte"?

2.1 Die regionalistischen Bewegungen und das Entstehen der Gegengeschichte

Seit langem beobachtet man im Westen eine Umkehr im Geschichtsdenken, die mit den 1970er Jahren einsetzt und durch den Niedergang der großen Ideologien und der religiösen Überzeugungen sowie durch das Gefühl der Entwurzelung in einem stark verstädterten Frankreich bedingt ist. Die Gesellschaft verspürt das Bedürfnis, sich auf ihre eigenen Wurzeln zurückzubesinnen (Hartog 2003 und Ankersmit 2005).

Diese neue Betrachtungsweise der Geschichte geht in Frankreich mit einer steigenden Anzahl regionalistischer und separatistischer Gruppierungen einher. Trifft eine Wirtschaftskrise zufällig auf einen kulturellen (sprachlichen) Partikularismus, so ist mitunter – politisierend – die Rede von „innerem Kolonialismus", ein Thema, das von den Erben der 68er-Bewegung mit ihrer Forderung, ein jeder habe das Recht auf Andersartigkeit, besonders heftig diskutiert wird. Das Frankreich der Regionen erlebt also, wie in den Randgebieten seines Staatsgebiets okzitanische, katalanische, bretonische, korsische oder baskische Bewegungen entstehen, die aus ihrer Forderung nach kultureller Autonomie politische Ansprüche ableiten.[9]

---

9   Es soll hier nicht ausführlich auf die Gründe dieses neu erstarkten Regionalismus eingegangen werden, doch hängt dieser auch damit zusammen, dass das Gefühl nationaler Zugehörigkeit durch die zwei Weltkriege erschüttert wurde (Agulhon 1988). Betont werden muss unter anderem die wichtige Rolle, die die Entkolonialisierung sowie der neue Industrialisierung- und Verstädterungsschub seit den 1950er Jahren spielen. Letzterer führt zu einem sehnsüchtigen Verklären der Heimat, das gerade in denjenigen Regionen besonders ausgeprägt ist, in denen die Entwicklung ungleich erfolgt und eine verfrühte Entindustrialisierung mit einer starken Konzentration landwirtschaftlicher Betriebe einhergeht. Vor allem aber profitieren die regionalistischen Bewegungen von institutionellen Veränderungen auf zwei Ebenen: Intern von einer fortschreitenden Dezentralisierung (Deferre-Gesetz 1982 und Anerkennung der Regionalsprachen mit dem Deixonne-Gesetz 1951 und dem Toubon-Gesetz 1994);

Der neu erstarkte Regionalismus scheint jedoch eher selten mit einer Anzweiflung des traditionellen, nationalen Geschichtsdiskurses einherzugehen. Eines der ersten Beispiele für eine solche Kritik wird zu Beginn der 1970er Jahre vom Sprachwissenschaftler Robert Lafont verfasst (Lafont 1971). Er schreibt: „Gerade was Okzitanien und Okzitanismus betrifft, so haben wir festgestellt, dass die offizielle und offiziöse Geschichtswissenschaft in Frankreich Unwissen kultiviert. Dies nimmt mitunter die Formen von politischem Aktivismus an" (Lafont 1974: 10).

An diesem Punkt lassen sich zwei Hypothesen bezüglich der Periodisierung und der Definition der „Gegengeschichte" aufstellen. Geht man davon aus, dass diese besondere Form der Geschichtsschreibung erst seit kurzem existiert und mit einem ansteigenden Regionalismus sowie einer gewissen Patrimonialisierung der Geschichte einhergeht, so kann man die Entstehung und Entwicklung dieses Phänomens auf die sechziger und siebziger Jahre des 20. Jahrhunderts datieren.[10] Die Definition dieser Art von Geschichtsdarstellung stützt sich auf die Thesen von Marc Ferro (Ferro 1987), der daran erinnert, dass die Definition eines Geschichtsgenres nicht nur von den angewandten Forschungs- und Darstellungsmethoden, sondern auch vom Entstehungsort abhängt. Somit nimmt die Gegengeschichte die Gestalt einer oppositionellen Geschichte an, die sich gegen dominante (oder als dominant empfundene) Institutionen und Ideologien richtet. Genauer gefasst wird hier jene Form von Geschichtsschreibung abgelehnt, die von ihren Gegnern als „offizielle Geschichte" bezeichnet wird und sich vor allem dadurch auszeichnet, eine auf Lügen und Verdunkelung basierende Doxa zu verbreiten. Mit dem Begriff offiziell ist vornehmlich die institutionelle, akademisch gelehrte Geschichte gemeint, also diejenige, welche in den Geheimarchiven des Staats entsteht und an den Universitäten und Schulen unterrichtet wird (Noiriel 1990).

Die Gegengeschichte scheint somit zwei Ziele zu verfolgen: Gerechtigkeit und Wiedergutmachung auf gesellschaftlicher und moralischer Ebene sowie die Hinterfragung der vereinheitlichenden Nationalgeschichte auf intellektueller Ebene. Dadurch soll eine Gegenerzählung geschaffen werden, eine Geschichte aus der Froschperspektive sozusagen, aus der Sicht der Übergangenen, der Besiegten; eine Geschichte des Erlebten und des Vergessenen.[11]

---

extern, vor dem Hintergrund des europäischen Einigungsprozesses, von den Möglichkeiten eines Europas der Regionen sowie von der Anerkennung der Minderheiten (Charta von 1992).

10   Natürlich könnte hier das Gegenargument angebracht werden, die Gegengeschichte habe mit der Gegenerinnerung der Bevölkerung der Vendée und der Geschichtsschreibung der Camisards berühmte Vorläufer (Martin 1997 und Joutard 1977).

11   Wenn „offizielle" und „nationale" Geschichte unterschiedslos angegriffen werden, so liegt es zweifelsohne daran, dass die offizielle Geschichte stets als die allgemeingültige Geschichte dargestellt wird. Angesichts dieser neuen, unverhohlen politischen Form der Ortsgeschichte reagieren die Historiker mit Schweigen oder Ablehnung, wie der Artikel von Gérard Cholvy (Cholvy 1978) verdeutlicht. In diesem Artikel macht er es sich zur Aufgabe, die Verfasser der Gegengeschichte zu disqualifizieren

In diesem von der Krise der Nation und der Erstarkung regionaler Identitäten geprägten *Zeitgeist*[12] entsteht auf lokaler Ebene ein Gegendiskurs; er dient als Gegenentwurf zur nationalen Geschichte, die als Trägermedium zur Gründung staatenbildender Ideologien wahrgenommen wird. Doch es sind gerade die vereinheitlichenden Tendenzen der Nation, die abgelehnt werden: Sie werden als Homogenisierungsprozess der verschiedenen Bevölkerungen und Negierung der Vielzahl kollektiver Identifikationen verstanden (Basset 2001: 125). Der wichtigste Beweggrund und das Hauptanliegen der Gegengeschichte wäre somit, die „Entkolonialisierung der Geschichte" (Ferro 1987: 17).

2.2 *Die* Ligue savoisienne*: Eine populistische Gegengeschichte*

Angesichts dieses neuen Kontextes „konkurrierender Vergangenheiten" (Crivello et al. 2006) scheint eine eingehendere Betrachtung des Fall Savoyens – mit Nizza (und später Tende) die letzte Provinz, die zu Frankreich hinzukam – von Interesse.

Denn Savoyen hat eben eigentlich keine frühzeitige regionalistische Bewegung gekannt, sofern man von einigen kurzlebigen Gruppierungen absieht. Das liegt zunächst daran, dass das Argument Sprache, eines der Kernargumente regionalistischer Forderungen, auf Savoyen nur begrenzt anwendbar ist. Zwar gehört Savoyen zum frankoprovenzalischen Sprachraum („Arpitan", wie er von seinen Anhängern genannt wird), doch existieren mehrere Dialekte, und die Region ist schon seit langem frankophon.[13] Auch hinsichtlich der sozioökonomischen Bedingungen unterscheidet sich Savoyen von den Regionen mit den aktivsten regionalistischen Bewegungen: Seine beiden Departements zählen nämlich zu den reichsten Frankreichs.[14]

Von einer echten Entwicklung regionalistischer Bewegungen kann man erst seit kurzem sprechen, und zwar seit der Entstehung der *Ligue savoisienne* (zwischen 1993

---

und ihre Fehler Punkt für Punkt aufzuzeigen. Paradoxerweise kann man jedoch auch der Ansicht sein, allein die Tatsache, dass ein solcher Artikel in den *Annales* veröffentlich wird, verleihe den Autoren der Gegengeschichte eine gewisse Legitimität, da sie so Einzug in die wissenschaftliche Kontroverse halten. Doch diese Ablehnung führt vor allem dazu, das Verständnis des Phänomens und vor allem seiner Legitimationsweisen zu behindern. Denn diese nicht-universitäre Geschichtsforschung beruht in zweifacher Hinsicht auf einheimischem Wissen, sowohl was ihre Forschungsgegenstände als auch den Umgang mit diesen betrifft.

12   Auf Deutsch im Text, Anm. d. Übs.

13   Schon während der französischen Besetzung von 1536 bis 1559 und infolge des Edikts von Villers-Cotterêts (1539) wird Französisch zur offiziellen Sprache (die Sprache wurde seit dem 13. Jahrhundert gesprochen). Die Verfechter des Savoyischunterrichts an den Schulen bemühen sich derzeit, die verschiedenen Dialekte zu einer Einzelsprache mit gemeinsamen phonetischen und grammatikalischen Regeln zusammenzufassen (es scheint fünf bis sechs Dialekträume zu geben).

14   Das zu versteuernde Einkommen je Konsumeinheit ist das höchste der Region Rhône-Alpes.

und 1995) unter Federführung von Jean de Pingon und Patrice Abeille. Als populistische Bewegung mit starken Anleihen an die *Lega Nord* von Umberto Bossi (Diamanti 1996) hat die *Ligue* aus der Ablehnung des Steuersystems ihre öffentlichkeitswirksamste Aktion gemacht, und dies in einer Zeit der Konjunkturwende und der steigenden Arbeitslosigkeit. Den größten Zulauf hat die *Ligue* in den ländlichsten und somit traditionell konservativsten Gemeinden. 1998 erringt sie einen Sitz bei den Regionalwahlen (Greslou 2003).[15]

Zum besseren Verständnis der Geschichtstheorien der *Ligue* können zwei Veröffentlichungen der Gründer (Abeille 1998 und Pingon 1996) sowie ein Vortrag Patrice Abeilles an der *Université de Savoie* herangezogen werden: Abeille war aufgefordert worden, sich in diesem Vortrag zu den Prozessen zu äußern, die die *Ligue* gegen Geschichtswissenschaftler angestrengt hatte.[16]

Die Argumente der *Ligue* beruhen auf drei Kerngedanken, die die Merkmale einer populistisch inspirierten Gegengeschichte tragen. Zunächst ist hier der Mythos des Nationalstaats anzuführen: Nach Meinung der *Ligue* bildet Savoyen seit dem Mittelalter einen Nationalstaat, der von Frankreich zerschlagen worden sei. Savoyen müsse also erneut zu dem europäischen Staat werden, der es schon immer gewesen sei.[17] Die *Ligue* behauptet des Weiteren, der Abtretungsvertrag sei hinfällig. Zum einem hätte Frankreich die ihm aus dem Vertrag von Turin erwachsenden Verpflichtungen nicht eingehalten, denn dies sei ein synallagmatischer Vertrag gewesen, der Napoleon III., Viktor Emanuel II. und das Volk Savoyens mit gegenseitigen Verpflichtungen belegt habe. Zum anderen sei der Vertrag de facto seit 1947 ausgesetzt, da Frankreich bei der Unterzeichnung der Friedensverträge vergessen habe, Italien von dem Gebietsanschluss Savoyens und Nizzas 1860 in Kenntnis zu setzen. Somit lehnt die *Ligue* Savoyens Zugehörigkeit zu Frankreich ab, bestreitet, dass das Volk der Annektierung zugestimmt habe,

---

15 Die *Ligue* erkennt die Französische Republik nicht an und schuf stattdessen einen virtuellen Staat mit eigenen Ausweisen, Nummernschildern, provisorischer Regierung, Staatsfeiertag (19. Februar), eigener Währung (Pfund), offiziellem Organ (L'Echo de Savoie), Gedenkfeiern usw.

16 1995 und 1996 verklagt die *Ligue* die Historiker Paul Guichonnet und André Palluel-Guillard, zwei eminente Vertreter der savoyardischen Wissenschaft, wegen übler Nachrede. In beiden Fällen werden die Klagen aufgrund von Formfehlern abgewiesen. Den Vortrag von Patrice Abeille finden Sie unter: http://ligue-savoisienne.blog.fr/2010/03/28/la-ligue-et-les-historiens-a-l-universite-de-savoie-8266182/. 2008 verklagt die *Confédération savoisienne*, eine radikale Abspaltung der *Ligue*, drei Forscher mit Lehrauftrag ebenfalls wegen übler Nachrede. In erster Instanz kommt es zur Verurteilung. Die Klage der *Confédération* wird schließlich im Berufungsverfahren zurückgewiesen.

17 Ohne ins Detail gehen zu wollen, sei hier erwähnt, dass jede einzelne dieser Behauptungen von den Universitätswissenschaftlern angegriffen wurde (siehe hierzu v.a. Guichonnet 1997). Insbesondere das Argument des Nationalstaats birgt nicht nur einen gewissen Anachronismus; was unter dem savoyischen Staat zu verstehen ist, ist überhaupt sehr fragwürdig und beruht auf einer semantischen Verwechslung der gegenwärtigen savoyischen Gebiete mit dem dynastischen Staat, dem die erste Grafschaft Savoyen ihren Namen verlieh, obwohl sie nur einen Teil davon ausmachte.

und kritisiert jegliche Verwendung von anders lautenden Begriffen wie „Anschluss" oder „Angliederung" aufs heftigste.[18] Letztlich wird Frankreich vorgeworfen – und diese Behauptung wird auch von anderen regionalistischen Bewegungen getragen – einen Ethnozid und regelrechten Genozid begangen zu haben. Völkermord deshalb, weil die Savoyer während der Kriege von 1870, 1914–1918 und 1939–1945 jeweils als Kanonenfutter gedient hätten. Mit Ethnozid wird die von den Geschichtswissenschaftlern seit langem bestrittene (Chanet 1996) Behauptung wieder aufgenommen, die „Schwarzen Husaren der Republik" hätten die *Patois*, die regionalen Mundarten, ausgemerzt. Hinzu kommt der Vorwurf, die savoyischen Kinder würden absichtlich in Unkenntnis ihrer eigenen Geschichte gehalten.[19]

Man kann also von einem höchst selektiven, zweckgerichteten Geschichtsverständnis sprechen. Zweckgerichtet insofern, als es gilt, von der ursprünglichen Unabhängigkeit Savoyens zu überzeugen und somit gleichzeitig die Missachtung französischer Gesetze zu rechtfertigen. Kann man hier von Gegengeschichte sprechen? Wahrscheinlich – sofern man sie, wie Philippe Joutard, als einfache Gegenerzählung definiert: „Eine Gegenerzählung stellt nicht die Form der nationalen Erzählung in Frage. Sie hält sich an die Geschichte und kehrt nur deren Werturteile um: Die Schwarzen werden weiß, die Guten die Bösen, die Besiegten die Sieger" (Basset 2006: Vorwort). Die lokale Gegengeschichte steht in einem dialektischen Verhältnis zur nationalen Erzählung und hält sich widerwillig an dieselben chronologischen Unterteilungen und dieselbe Zeitlichkeit. Und paradoxerweise machen die Verfechter der Unabhängigkeit nun ihre Gegengeschichte zur neuen offiziellen Geschichte, indem sie sämtliche übrigen Theorien und die Legitimationsinstanzen akademischer Geschichtsforschung schlichtweg ablehnen.[20]

---

18   Dabei findet sich der Terminus Angliederung auf den Stimmzetteln der Volksbefragung im Jahre 1860. Der Begriff Anschluss ist eine Erfindung der Gedenkfeierlichkeiten von 1960, den die Historiker wenig gebrauchen, auch wenn die *Ligue* Gegenteiliges behauptet. Diese legt deswegen soviel Wert auf den Begriff Annektierung, weil er für sie gleichbedeutend mit Kolonialisierung und militärischer Aneignung ist. Somit sind wir erneut bei dem für die Regionalisten so wichtigen „inneren Kolonialismus". Hinsichtlich der Volksbefragung erinnert die *Ligue* gerne an deren zahlreiche Unregelmäßigkeiten und spricht von Wahlbetrug. Auch wenn die Befragung durchaus auch mit undemokratischen Mitteln durchgeführt wurde (so gab es in einigen Wahlbüros beispielsweise keine Stimmzettel mit „Nein"), so werden hier doch die Termini Volksentscheid und Volksbefragung verwechselt. Die Befragung stellte weniger eine Bedingung für den Anschluss dar, sondern sollte eher zeigen, dass im Vorfeld allgemeine Zustimmung herrschte.

19   Zwar steht die Geschichte Savoyens nicht in den Lehrplänen (deren Unterricht war nach dem Anschluss fakultativ), doch wird hier willentlich übersehen, dass man 1885 die Grundschullehrer dazu anhielt, die Geschichte anhand von lokalen Beispielen zu lehren. Es wird auch verschwiegen, dass die Region Rhône-Alpes den Unterricht des Savoyischen finanziert, und unterschlagen, wie rege die einheimischen Gelehrten Werke für die breite Öffentlichkeit und sogar für Kinder verfassen (siehe Hermann 1992).

20   Eine solche Gegengeschichte stellt also weniger eine Ablehnung als eine Umkehr der eigentlichen Geschichte dar. Der Bruch mit den klassischen Methoden der Geschichtsforschung ist im Übrigen

Natürlich könnte man ihren Umgang mit der Geschichte als simple Rechtfertigung und Phrasendrescherei abtun. Doch diese Einschätzung wirft eine neues Problem auf: Kann die Lokalgeschichte – über die Gegengeschichte hinaus – auch etwas anderes sein als eine einfache Maßstabsänderung, als eine Geschichte, die sich nur auf ein bestimmtes Gebiet bezieht? Könnte sie tatsächlich eine andere Geschichte sein? In diesem Zusammenhang bietet sich ein Sprung zurück ins 19. Jahrhundert an. Denn damals entstand nicht nur die Lokalgeschichte, sondern es wurde auch erstmals über die verschiedenen Arten der Geschichtsschreibung nachgedacht; erste Vorläufer einer Gegenerzählung stellten die Nation und deren Geschichtsschreibung in Frage.

3   Die Lokalgeschichte im 19. Jahrhundert: Zwischen Nation und Kleinstaaten

3.1 Die unmögliche Entstehung des Regionalismus/Regionalbewusstseins/der regionalen Identität?

Das 19. Jahrhundert birgt einen seltsamen Widerspruch: Einerseits scheinen regionalistische Tendenzen erloschen, andererseits kommt es zu einer nie gekannten Blüte der Orts- und Regionalgeschichtsschreibung.

Die in der Geschichtsschreibung vorherrschende Meinung lässt sich mit folgendem Zitat von Maurice Agulhon wiedergeben: Als im 19. Jahrhundert das Nationalgefühl erwacht, „ist jegliches Regionalgefühl eingeschlafen" (Agulhon 1988: 158). Analysiert man, wie das 19. Jahrhundert aus zeitgenössischer Sicht beurteilt wurde, so scheint die nationale Zugehörigkeit die lokale zu verdrängen. Niemand hat dies besser ausgedrückt als Michelet in der Schlussbemerkung zu seinem *Tableau de la France*: „Die Fatalität der Herkunft war überwunden". Eine solche Sichtweise wirft die Frage nach den Regionen und deren Platz innerhalb des Nationalstaats auf (Revel 1997). Die Antwort darauf war lange eine ganz und gar jakobinische: Die Regionen hätten dort keinerlei Platz mehr, und die lokale Geschichtsschreibung sei gänzlich durch die nationale verdrängt worden.

Dennoch hat die Geschichtswissenschaft jüngst aufgedeckt, wie intensiv Lokalgeschichte betrieben wurde: Überall in Frankreich wurden nach dem revolutionären

---

etwas undurchsichtig: Zwar sind Geschichte und Gegengeschichte auf der Suche nach der Wahrheit, doch ist letztere von Voreingenommenheiten bestimmt. Auch wenn sich beide derselben Forschungsansätze bedienen (Spur, Dokument, Frage), so sind die Texte der savoyischen Gegengeschichte nicht nur naiv-positivistisch, sondern auch in sich geschlossen, bar jeder Hypertextualität und bieten keinerlei Querverweis auf andere Autoren. Sie berufen sich ausschließlich auf ihre Autorität (die sie allein damit begründen, Einheimische zu sein). Im Grunde genommen werden hier die Legitimität der universitären Forschung, das Urteil aller übrigen Forscher und der akademischen Instanzen abgelehnt.

Umbruch Geschichten verfasst, die sich mit der Vergangenheit eines Ortes befassten und zu dessen Identitätserhalt beitrugen. Diese Erzählungen entstanden aus dem Bedürfnis heraus, sich eine gemeinsame Vergangenheit und Wurzeln zu geben (Chaline 1995, Gasnier 1997, Kuhn 2006).[21] Wenn das 19. Jahrhundert das Zeitalter der Klio ist, so verdankt es diese Bezeichnung vor allem der regen lokalen Geschichtsschreibung, die damals von den wissenschaftlichen Gesellschaften und einheimischen Gelehrten getragen wurde. Im Zentrum dieser sowohl wissenschaftlich als auch antiquarisch betriebenen Geschichtsschreibung, die Monographien, aber auch Listen mit Zeugnissen der Vergangenheit erstellt, steht die eigene Heimat.

Doch scheint die Lokalgeschichte nicht zur Entstehung eines regionalen Zugehörigkeitsgefühls beigetragen zu haben. Auch wenn es Orte – wie in Savoyen – gibt, in denen schon seit langem regionale Geschichte betrieben wird (Chaubet 1994), so kann man schwerlich von einer echten Regionalgeschichte sprechen. Die Vertreter der Heimatgeschichte beschränken sich oft darauf, die Auswirkungen nationaler Ereignisse auf lokaler Ebene zu beschreiben, und scheinen kaum eine Alternativversion zur nationalen Geschichte zu bieten. Dies lässt sich anhand von drei Phänomenen veranschaulichen:

Zunächst ändert sich ab 1870 das Verhältnis von lokaler zu nationaler Ebene, wie es der Klassiker *Tour de France par deux enfants* (Bruno 1877) eindeutig belegt: Die Heimatliebe wird als Ergänzung der Liebe zur Nation gesehen, die regionale Verwurzelung als eine Art „offizieller Regionalismus" (Gasnier 1997: 3466; siehe Thiesse 1997). „Unser Herz ist groß genug, um sowohl die Liebe zur kleinen Provinz als auch zum großen Vaterland in uns zu tragen", so der savoyische Anwalt François Descotes (Descotes 1886: 123). Hinsichtlich des Schicksals Savoyens innerhalb des französischen Staates begreift dieses gelehrte Mitglied der *Académie de Savoie* die Geschichtsschreibung als eine patriotische Tätigkeit zur Überwindung von Spaltungen.

Des Weiteren agieren die wissenschaftlichen Gesellschaften als Hauptakteure der Geschichtsforschung vor allem im Rahmen der nationalen Verwaltungsstrukturen. Die Mehrzahl der Gesellschaften wird auf Ebene der Departements und meist auf Initiative des Präfekten hin gegründet (Chaline 1995). Das Departement ist im Übrigen auch ihr Forschungsgegenstand. Lediglich die Gesellschaften in den größeren Städten weiten ihr Forschungsgebiet auf die Region aus. Zudem erscheint die Bekräftigung einer regionalen Kultur eher als eine Imitation des Pariser Vorbilds.

Schließlich zeigt auch der Status des einheimischen Gelehrten, wie sehr die lokale Ebene den nationalen Denkweisen verhaftet bleibt. Als Zwischenstation auf dem Weg

---

21 Dieses durch die Revolution verursachte Geschichtsbedürfnis wird für den Fall Savoyen vom Kanoniker Jean-Louis Grillet in seinem *Dictionnaire historique, littéraire et statistique des départements du Mont-Blanc et du Léman* 1807 eindeutig beschrieben: „Der durch die Revolution verursachte Schock löste zweifellos eine außergewöhnliche Begeisterung für Geschichte aus". Ich verweise diesbezüglich auf Mélonio 1998 und Thiesse 1999.

zur Professionalisierung der Gelehrtengeschichte und als korrespondierende Mitglieder der nationalen Institute machen die bekanntesten Gelehrten einerseits den Universitätshistorikern Konkurrenz, streben jedoch gleichzeitig auch nach Anerkennung durch ihre Kollegen. Mittels der durch Kooptation geprägten wissenschaftlichen Gesellschaften und deren Netzwerken machen die Gelehrten die Heimat zum symbolischen Kapital sowie zur treibenden Kraft ihrer gesellschaftlichen Identitätsfindung und versuchen, das zugehörige Wissen zu monopolisieren (Saunier 1999). Doch der einheimische Gelehrte steht zwischen populärwissenschaftlicher und universitärer Welt, zwischen Überlieferungen und wissenschaftlich erarbeitetem Wissen, und wird von den nationalen Historikern gering geschätzt, so dass er letztlich die Rolle eines kulturellen Mittlers zwischen nationaler und lokaler Ebene einnimmt (Kuhn 2009).

3.2 Die nationale Geschichtsschreibung neu gelesen: Das Entstehen von Gegenerzählungen

Das Jahrhundert der Klio scheint also das Zeitalter der – unter die Nationalgeschichte subsumierten – Lokalgeschichte zu sein. Es wäre jedoch falsch, in der Beschäftigung mit Geschichte nichts weiter als einen uneigennützigen Zeitvertreib zu sehen. So wie die nationale Geschichtsschreibung ist auch die Lokalgeschichte im 19. Jahrhundert stark politisch gefärbt. Den konservativen Gelehrtengesellschaften stehen liberalere Konkurrenten gegenüber, wie in Savoyen das Beispiel der *Académie de Savoie* und der *Société savoisienne d'histoire et d'archéologie* zeigt.

Auch die Chronologie der savoyischen Geschichtsschreibung gibt Aufschluss über die Identitätsfragen, die sich bei der Schaffung eines historischen Gedächtnisses stellen. Die meisten historischen Berichte enden mit dem Anschluss im Jahre 1860, als habe Savoyen in dem Moment seine Identität verloren, da es französisch wurde.[22]

Erst seit den siebziger Jahren wird an den Universitäten das Ende des 19. sowie das 20. Jahrhundert ernsthaft erforscht (Palluel-Guillard 2006). Auch wenn man für das 19. Jahrhundert nur schwerlich von einem Geschichtsregionalismus sprechen kann, so ist es dennoch wichtig, sich von den kollektiven Identitäten, welche in den verschiedenen Darstellungen der örtlichen Vergangenheit auftreten, ein genaues Bild zu machen (Bensa/Fabre 2001). Wird die Vergangenheit eines Ortes neu erforscht und ausgelegt, so kommt es nicht selten zu einer regelrechten Neuerfindung, die nicht ganz frei von Lokalpatriotismus ist. So sprach die *Société savoisienne d'histoire et d'archéologie* un-

---

22   Henri Ménabréa ist einer der ersten, der ein abschließendes Kapitel über die Zeit nach 1860 verfasste (Ménabréa 1933). Im Übrigen ist festzuhalten, dass man von einer regelrechten Geschichtsorthodoxie sprechen kann, die alle nicht-savoyischen Autoren von vornherein ausschloss.

ter der Federführung Joseph Dessaix' 1855 auch lieber von „National-" als von Lokalgeschichte.

Tatsächlich entsprach die damals verwendete Terminologie häufig der der nationalen Ebene (Cabanel 1997: 92). Doch im politischen Kontext vor dem Anschluss, als Savoyen einen eigenen nationalen Körper bildete und vom Schicksal der Herrscherfamilie in Italien weitgehend losgelöst war, und zu einer Zeit, die – den Ideen Cavours folgend – im Zeichen der Liberalisierung stand, nimmt das Bestreben, seine Heimatgeschichte erzählen zu wollen, eindeutig liberale Züge an.

Eine wirklich savoyische Geschichte muss laut Dessaix also erst noch geschrieben werden. Doch eine solche muss vor allem eine Suche nach den Ursprüngen sein. Die Erforschung der Ahnen war eine der treibenden Kräfte hinter der lokalen Geschichtsschreibung im 19. Jahrhundert. In Savoyen, oder auch in der benachbarten Dauphiné, geht man bei Allobrogern und Burgundern auf Ahnensuche.[23] Man war der Ansicht, dass so weit zurückverfolgbare Wurzeln die tatsächliche Existenz eines savoyischen Staates bestätigten. Archäologische Ausgrabungen häufen sich, und jede – selbst zufällige – Entdeckung dient der Untermauerung dieser These. Mehr noch: Die archäologische Spur wird zum Sprachrohr des Orts, dessen Geschichte sich nunmehr aus der Topographie ablesen lässt.

Das originellste und erfolgreichste Beispiel hierfür sind zweifelsohne die Legenden, die sich um die Sarazenen ranken. Untersucht wurden sie von Karine-Larissa Basset (Basset 2006). Die Suche nach Spuren einer arabischen Präsenz (zwischen dem 8. und dem 10. Jahrhundert) in den Alpen und dem Rhônetal stand bei den einheimischen Gelehrten schon seit Ende des 18. Jahrhunderts und später vor allem zwischen 1830 und 1880 hoch im Kurs. Nach dem Beispiel des *Mémoire sur les invasions sarrasines* (1847–1849), das Fauché-Prunelle der *Académie delphinale de Grenoble* vorlegte, verfassten sie zahlreiche Monographien und Artikel zu diesem Thema. Diesem „Paradigma der Spur" folgt Ende des Jahrhunderts unter Einfluss der Volkskunde und Arnold Van Genneps ein sehr viel kritischerer Ansatz. Auch die regionale und später die populärwissenschaftliche Literatur nehmen sich des Themas an. Der gesamte *Grand Est français* (Burgund, Dauphiné, Savoyen, Lyonnais) ist von diesem Forschungsansatz betroffen.

In der Provence hingegen bezieht man sich eher auf Literatur und Dichtkunst und folgt so denselben Denkansätzen wie die europäischen Nationalstaatenbewegungen. Der Kampf gegen die Sarazenen wird zum Lieblingsthema, um das provenzalische Genie aufzuzeigen. Ein wahres Epos entsteht, aus dem sich die Idee einer „sarazenischen

---

23   Dieser Ansatz ist nicht frei von Anachronismen, da es fast unmöglich ist, in der territorialen Organisation dieser Völker schon die späteren Provinzen erkennen zu wollen. Die Rückprojektion von überholten territorialen Realitäten in die Vergangenheit zeigt jedoch, dass Savoyen und die Dauphiné eher historisch denn natürlich gewachsene Regionen sind.

Provence" herauskristallisiert. Diese Erzählkonstruktion, welche sich in die Dialektik zwischen Nord und Süd einfügt, stützt sich auf den Mythos des Goldenen Zeitalters Okzitaniens, wie er von Gelehrten wie Claude Fauriel oder von regionalistischen Bewegungen wie dem *Félibrige* von Frédéric Mistral entwickelt worden war: Das Mittelalter als Goldenes Zeitalter mit seinen Troubadouren und Südfrankreich in der Märtyrerrolle. Aus dem Kampf gegen die Sarazenen sowie der Aneignung deren kultureller Einflüsse leitet die provenzalische Bewegung ihre nationalen Ansprüche ab. Um eine eigenständige, vom nationalen Gesamtgebilde unabhängige Existenz einfordern zu können, gilt es nämlich „die Elemente, die damals unangefochten als Pfeiler eines Staates galten, für sich einzufordern: Eine Sprache, ein Staatsgebiet, eine Kultur sowie eine eigenständige Geschichte" (Basset 2001: 126).

Ab den 1880er Jahren kam die Vorstellung von einer Abstammung von den Sarazenen durch Rassenmischung hinzu. Die Erfindung solcher Legenden mit einem einzigartigen zeitlichen Rahmen (der außerhalb der Geschichte liegenden „Vorzeit") und sarazenischen Ahnen erlaubt es, eine abstammungsbedingte Andersartigkeit für sich zu beanspruchen. Die Andersartigkeit der Provence ist ihre Antwort auf den totalisierenden Diskurs der Nation, auf die „Moderne".

Das Legendarium rund um die Sarazenen ist vielleicht eines der gelungensten und tiefgreifendsten Beispiele für eine Gegengeschichte oder – präziser – für eine Gegendarstellung zur nationalen Geschichte. Es ist mehr als bloße Opposition zur nationalen Erzählung und verdankt seine Kohärenz gerade der Ablehnung nationaler Geschichtsschreibungsstrukturen. Es ist der Widerschein einer Geschichte, die potentiell eine Regionalgeschichte im eigentlichen Wortsinne sein könnte. Désiré Monnier fasst es folgendermaßen zusammen: „Bei uns belegen es die Überlieferungen, doch in Paris bestreitet es die Geschichte" (zitiert nach Basset 1999). Es ist die Andeutung einer *anderen* Geschichte, deren Höhepunkt bereits ihren Untergang vorhersagt. Denn gerade der jeweilige Stellenwert der mündlichen Überlieferungen zeugt von der wachsenden Kluft zwischen Volkswissen und wissenschaftlichen Normen. Während die einheimischen Gelehrten sie als vollwertige Quellen anerkennen, als ein Echo indirekter Erinnerung und Beleg für die arabische Präsenz, werden sie von den Universitätswissenschaftlern Schritt für Schritt aus der Forschung ausgeklammert. „Die mündliche Überlieferung ist naturbedingt ständigen Änderungen unterworfen", schreiben beispielsweise Langlois und Seignobos in ihrer *Introduction aux études historiques* (Langlois/Seignobos 1898).

Abschließend möchte ich anhand unseres letzten Beispiels zu Reflexionen über den Aufbau der Geschichtswissenschaften überleiten. Ist es nicht gerade die nationale Geschichte und ihr Professionalisierungsprozess, ihr Kampf gegen die einheimischen Gelehrten und ihr Wunsch nach einem wissenschaftlichen Diskurs, die die Sarazenen-Sagen zu einem Musterbeispiel der Gegengeschichte machen? Vielleicht stehen sie exemplarisch für das Schicksal, das die Lokalgeschichte insgesamt erwartet: Sie wird mehr und mehr ignoriert, gering geschätzt und als Archetypus amateurhafter Geschichtsforschung mit regionalistischem Beigeschmack abgestempelt.

Die nationale Ebene scheint schlussendlich ein unüberwindbarer Horizont zu werden, und die militanten Versuche einer Gegengeschichte sind dazu verurteilt, im Sande zu verlaufen. Und dennoch wurde der historische Diskurs noch nie so nachhaltig in Frage gestellt wie in den letzten Jahrzehnten. Es sind jedoch vor allem die akademischen Geschichtswissenschaftler und Instanzen, die von den Anhängern der Gegengeschichte ins Visier genommen werden – einer Gegengeschichte, die die „offizielle Geschichte" solange ablehnt, bis sie sich selbst zur neuen offiziellen Geschichte erhebt.

Gegen die nationale Erzählung zu denken heißt trotz allem, mit ihr zu denken, denn die lokale und nationale Ebene sind untrennbar miteinander verbunden. In ihrer vielfältigen Gesamtheit funktioniert die Lokalgeschichte also weniger in Opposition als in einem dialektischen Verhältnis zur nationalen Geschichte, und zwar nach denselben Methoden, denselben Anforderungen an die Beweisführung und denselben Legitimierungsregeln auf der Grundlage der *Peer Review*. Sollte die Lokalgeschichte also dazu verdammt sein, ihr Dasein im Schatten der nationalen Debatten zu fristen, unfähig, sich als eine *andere* Geschichte zu behaupten? Nichtsdestoweniger erfährt sie eine zweite Jugend und profitiert von einer Begeisterungswelle für das Kulturgut und die Meilensteine der eigenen Geschichte sowie vom Wiedererstarken des regionalen Identitätsbewusstseins. Vor allem aber zeugt sie von einem anderen Umgang mit Wissen. Zwar mag es sich um ein lokal begrenztes Wissen handeln, doch ist dies ein fleischgewordenes Wissen, das einen persönlichen Bezug zum Ort erkennen lässt.

Schließlich lädt die Lokalgeschichte zu zwei Überlegungen ein: Zunächst zu einem Überdenken der Organisationsstrukturen der Geschichte als wissenschaftlicher Disziplin und vor allem des Prozesses, welcher – von der wissenschaftlichen Strömung der *Ecole Méthodique* bis hin zur Schule der *Annales* – dazu geführt hat, dass die lokale Geschichtsschreibung an den Rand gedrängt wurde. Die Entwicklung der Lokalgeschichte, die lange ignoriert und dann kürzlich, gemeinsam mit der italienischen *microstoria* und der deutschen *Alltagsgeschichte*, wiederentdeckt wurde,[24] steht auch mit den akademischen Strukturen in Zusammenhang und – somit auch mit den gegenwärtigen Hochschulreformen.

Überdacht werden sollte auch die regionale Frage, die sich im Laufe der Jahrhunderte entwickelt und unter dem Einfluss interner Bewegungen verändert hat – und sich nun zwischen lokaler und supranationaler Ebene in ein neuartiges Machtgefüge einfügt. Die Region nimmt gegenwärtig einen neuen Platz ein. Bedingt wird dies von Identitätsforderungen, die sich jedoch weniger auf regionaler als auf nationaler Ebene äußern.

---

24 Zum Beispiel der Historiker und der Alpen, siehe Granet-Abisset 2005.

Es ist nicht wenig paradox, wenn populistische und Unabhängigkeitsbewegungen im Alpenraum einen Vorteil aus dem europäischen Einigungsprozess ziehen. Ihr Regionalismus lässt sich jedoch wohl eher durch eine offenkundige identitäre Rückbesinnung auf die unmittelbar benachbarten Räume als durch eine Ablehnung der nationalen Zugehörigkeit erklären. Was nun die Region betrifft, auf die sie sich berufen, so ist diese nur als ein „erweiterter Ort" zu sehen (Long 2003: 104), was uns zeigt, dass das territoriale Gebilde weniger eine natürliche Gegebenheit als eine künstliche, überwiegend von Vorstellungen geprägte Konstruktion ist. Die Lokalgeschichte fordert uns also dazu auf, den Begriff Territorium beständig neu zu hinterfragen. Es ist nun an den Historikern – Berufswissenschaftlern wie Amateuren – sich dieser Herausforderung zu stellen.

(Übersetzung aus dem Französischen: Katia Bensaid)

Literatur

Abeille, Patrice (1998): Renaissance savoisienne, Yens-sur-Morge: Cabédita.

Agulhon, Maurice (1988): „Conscience nationale et conscience régionale en France de 1815 à nos jours", in: Histoire vagabonde, tome II, Paris: Gallimard, 144–174.

Andrieu, Claire/*Lavabre*, Marie-Claire/*Tartakowsky*, Danielle (2006) (dir.): Politiques du passé. Usages politiques du passé dans la France contemporaine, Aix-en-Provence: Publications de l'Université de Provence.

Ankersmit, Frank (2005): Sublime historical experience, Stanford: Stanford University Press.

Avezou, Robert (1949): Histoire de la Savoie, Paris: PUF, collection Que-sais-je?

Basset, Karine-Larissa (1999): „Le légendaire sarrasin et l'érudition dans la région Rhône-Alpes: de quelques enjeux de mémoire", in: Meynier, Gilbert, Russo, Maurizio (dir.), L'Europe et la Méditerranée. Stratégies politiques et culturelles (XIXe et XXe siècles), Paris/Nancy: L'Harmattan/Presses Universitaires de Nancy, 179–188.

Basset, Karine-Larissa (2001): „La ‚Provence sarrasine': une altérité originelle face à l'histoire (XIXe–XXe siècle)", in: Le temps bricolé. Les représentations du progrès (XIXe – XXe siècles), Le monde alpin et rhodanien, n°1–3, 125–144.

Basset, Karine-Larissa (2006): Le légendaire sarrasin en France. Configuration et histoire d'un contre-récit national, XIXe–XXe siècles, Grenoble: Centre alpin et rhodanien d'ethnologie.

Bensa, Alban/*Fabre*, Daniel (2001) (dir.): Une histoire à soi. Figurations du passé et localité, Paris: MSH.

Blanc, Coralie (2009): Les commémorations des annexions de la Savoie à la France. 1892, 1910, 1960, en Savoie et Haute-Savoie, Mémoire de master: Université de Savoie.

Bromberger, Christian/Meyer, Mireille (2003): „Cultures régionales en débat", in: Ethnologie française, tome XXXVII, 357–361.

Bruno, G. (1877), Le Tour de la France par deux enfants.

Cabanel, Patrick (1997): La question nationale au XIXe siècle, Paris: La Découverte.

Chaline, Jean-Pierre (1995): Sociabilité et érudition: les sociétés savantes en France aux XIXe et XXe siècles, Paris: CTHS.

Chanet, Jean-François (1996): L'Ecole républicaine et les petites patries, Paris: Aubier.

Chaubet, Daniel (1994): „Les premiers historiens de la Savoie (XIIIe–XVIe siècle)", in: L'Histoire en Savoie, Société savoisienne d'histoire et d'archéologie, n°113.

Cholvy, Gérard (1978): „Histoires contemporaines en pays d'Oc", in: Annales. Economies, Sociétés, Civilisations, n°4, 863–879.

Crivello, Maryline/Garcia, Patrick/Offenstadt, Nicolas (2006) (dir.): Concurrence des passés. Usages politiques du passé dans la France contemporaine, Aix-en-Provence: Publications de l'Université de Provence.

Descotes, François (1886): „La Savoie, son passé et son avenir. Causerie patriotique", in: Actes des congrès des sociétés savantes de Savoie, tome 8, Thonon.

Diamanti, Ivo (1996): Il male Del Nord. Lega, localismo, secessione, Roma: Donzelli.

Ferro, Marc (1987): L'histoire sous surveillance. Science et conscience de l'histoire, Paris: Gallimard.

Gasnier, Thierry (1997): „Le local. Une et divisible", in: Nora, Pierre (dir.), Les lieux de mémoire, Paris: Gallimard, Les France, Quarto 3, 3423–3477.

Giblin, Béatrice (1999): „Les nationalistes régionaux en Europe", in: Hérodote, n°95.

Granet-Abisset, Anne-Marie (2002): „Au-delà des apparences: archaïsme et modernité dans les sociétés rurales alpines. Pour une relecture des fins de siècle (XIXe–XXe s.)", in: Grange, Daniel J. (dir.), L'espace alpin et la modernité. Bilans et perspectives au tournant du siècle, Grenoble: PUG, 301–311.

Granet-Abisset, Anne-Marie (2005): „Les historiens français et les Alpes, entre oubli, marginalisation et redécouverte; éléments pour un parcours historiographique", in: Jon, Mathieu/Boscani Leoni, Simona (dir.), Die Alpen! Les Alpes. Pour une histoire de la perception européenne depuis la Renaissance, Bern: Peter Lang.

Gras, Christian/*Livet,* Georges (1977): Région et régionalisme du XVIIIe siècle à nos jours, Paris: PUF.

Greslou, Nicolas (2003): „La ligue savoisienne", in: Ihl, Olivier/Chêne, Janine/Vial, Eric/Waterlot, Ghislain (dir.), La tentation populiste au cœur de l'Europe, Paris: La Découverte, 159–172.

Guichonnet, Paul (1997): „L'identité savoyarde", in: Cahiers d'histoire, tome 42, n° 1, 7–47.

Guichonnet, Paul (2003): Histoire de l'annexion de la Savoie à la France, Montmélian: La Fontaine de Siloé.

Hartog, François (2003): Régime d'historicité. Présentisme et expériences du temps, Paris: Seuil.

Hermann, Marie-Thérèse (1992): Le tour de Savoie par deux enfants, Montmélian: La Fontaine de Siloé.

Joutard, Philippe (1977): La légende des Camisards. Une sensibilité au passé, Paris: Gallimard.

Joutard, Philippe (1993): „Une passion française: l'histoire", in: Burguière, André/Revel, Jacques (dir.), Histoire de la France. Les formes de la culture, Paris, Seuil, 1993.

Kuhn, Samuel (2006): „Erudits locaux et identité régionale: les passeurs d'histoire", in: 131e congrès des sociétés historiques et scientifiques, Grenoble: CTHS.

Kuhn, Samuel (2007): „De l'érudit à l'érudit local: naissance d'une figure", in: La Pierre et l'Ecrit, revue d'histoire et du patrimoine en Dauphiné, n° 18, 161–175.

Kuhn, Samuel (2009): „Henri Ferrand (1853–1926): une figure intellectuelle grenobloise. Mécanismes de la reconnaissance et de la notoriété dans l'univers savant provincial", in: 134e congrès des sociétés historiques et scientifiques, Bordeaux: CTHS.

Lafont, Robert (1971): Décoloniser en France: les régions face à l'Europe, Paris: Gallimard.

Lafont, Robert (1974): La revendication occitane, Paris: Flammarion.

Langlois, Charles-Victor/Seignobos, Charles (1898): Introduction aux études historiques, Paris: Hachette.

Leguay, Jean-Pierre (1983–1986) (dir.): Histoire de la Savoie, Rennes: Ouest-France, 4 volumes.

L'Estoile, Benoît de (2001): „Le goût du passé. Erudition locale et appropriation du territoire", in: Terrain, n°37, 123–138, http://terrain.revues.org/document1344.html.

Long, Xavier (2003): „Le populisme dans une perspective spatiale. Le cas alpin", in: Ihl, Olivier/Chêne, Janine/Vial, Eric/Waterlot, Ghislain (dir.), La tentation populiste au cœur de l'Europe, Paris: La Découverte, 100–109.

Martin, Jean-Clément (1997): „La Vendée, région-mémoire", in: Nora, Pierre (dir.), Les lieux de mémoire, Paris: Gallimard, Les France, Quarto 1, 519–534.

Mélonio, Françoise (1998): Naissance et affirmation d'une culture nationale. La France de 1815 à 1880, Paris: Seuil.

Mémorial de Savoie. Le livre du centenaire, 1860–1960 (1960), Chambéry et Annecy: Imprimeries réunies.

Ménabréa, Henri (1933): Histoire de Savoie, Paris.

Michelet, Jules (1833–1861): Tableau de la France, Paris: Flammarion.

Milbach, Sylvain et al. (2010): 1860–1960. L'annexion de la Savoie à la France. Histoire et commémorations: Silvana editoriale.

Noiriel, Gérard (1990): „Naissance du métier d'historien", in: Genèses, tome 1, 58–85.

Palluel-Guillard, André (2006): „Régionalisme et histoire depuis le milieu du XIXe siècle. La méthode historique des sociétés savantes de Savoie", in: 131e congrès des sociétés historiques et scientifiques, Grenoble: CTHS.

Pingon, Jean de (1996): Savoie française, histoire d'un pays annexé, Yens-sur-Morge: Cabédita.

Revel, Jacques (1997): „La région", in: Nora, Pierre (dir.), Les lieux de mémoire, Paris: Gallimard, Les France, Quarto 2, 2907–2936.

Saunier, Pierre-Yves (1999): „Les entrepreneurs du local. Actions érudites à Lyon sous la IIIe République", in: Dumons, Bruno/Pollet, Gilles (dir.), Elites et pouvoirs locaux. La France du Sud-Est sous la IIIe République, Lyon: Presses Universitaires de Lyon, 277–300.

Thiesse, Anne-Marie (1997): Ils apprenaient la France. L'exaltation des régions dans le discours patriotique, Paris: MSH.

Thiesse, Anne-Marie (1999): La création des identités nationales. Europe XVIIIe–XXe siècle, Paris: Seuil.

Weber, Eugen (1983): La fin des terroirs. La modernisation de la France rurale, 1870–1914, Paris: Fayard.

Erinnerung und kritische Geschichte in Frankreich und in Deutschland

Sonia Combe

Um den Rahmen der Thematik abzustecken, wollen wir einführend an eine Polemik erinnern, die kürzlich große Schlagzeilen in den französischen Medien machte. Das *Collège de France* hatte im Mai den amerikanischen Linguisten Noam Chomsky zu zwei Vorträgen eingeladen. Der erste trug den Titel „Rationalität, Wahrheit und Demokratie", der zweite „Interpretation and understanding: Language and beyond". Man braucht diesen Wissenschaftler des *Massachusetts Institute of Technology* (MIT) nicht vorzustellen, ist doch seine Bedeutung innerhalb seiner Disziplin weithin bekannt. Seine Einladung nach Frankreich war allerdings vor allem Anlass für einen Rückblick auf seine ebenfalls berühmten engagierten Auftritte. Noam Chomsky bezog häufig radikale Positionen gegenüber der Politik seiner eigenen Regierung; er verurteilte auch die Beziehungen, die zwischen Presse und Macht zuweilen bestehen, und schließlich unterstützte er vor rund 30 Jahren unter Berufung auf das Recht der freien Meinungsäußerung den französischen Holocaust-Leugner Robert Faurisson. Er hat sich dazu späterhin mehrfach gerechtfertigt, nachdem er erkannt hatte, dass er einer Manipulation zum Opfer gefallen war. An all dies wurde in dem Artikel erinnert, den die Tageszeitung *Le Monde* anlässlich seiner Einladung an das *Collège de France* veröffentlichte, seine linguistische Theorie jedoch wurde in einigen wenigen Zeilen entkräftet, denn die französischen Intellektuellen zeigen – wie korrekterweise erwähnt wurde – im Gegensatz zu jenen in Mailand, Berlin und an amerikanischen Universitäten für die Argumentationslogik von Chomsky wenig Interesse: „Frankreich widersteht Chomsky. Das Land Descartes' ignoriert diesen Rationalisten weitgehend, die Heimat Descartes' versagt sich diesem Streiter für Emanzipation", konnte man in *Le Monde des livres* vom 4. Juni 2010 lesen.

Man hat es hier mit einem problematischen und symptomatischen Verhalten zu tun: problematisch, weil die intellektuelle Produktion eines Gelehrten aus Gründen, die seinem Inhalt äußerlich sind, anscheinend abgewertet wird; symptomatisch, weil sich darin der französische Provinzialismus manifestiert, jener Provinzialismus, der es sich herausnimmt, allein gegen alle ein wissenschaftliches Denken zu diskreditieren, das außerhalb Frankreichs weithin anerkannt ist, und dies ohne jeglichen Komplex und mit der ruhigen Gewissheit von Ignoranten. Frankreich und seine Intellektuellen sollten demnach alleinige Richter auf diesem Gebiet sein. Zugegeben, Noam Chomsky erregt viel Aufsehen mit seinen politischen Stellungnahmen und tut dies vielleicht auch gerne. In die Nachwelt eingehen wird er jedoch auf Grund seiner linguistischen Erkenntnisse. Selbstverständlich hat man das Recht, die eine wie die andere Aktivität zu kritisieren, doch darf man die zweite nur in Frage stellen, indem man Argumente äußert, die nicht auf eine hypothetische philosophische Essenz im Lande Descartes' verweisen. Ein solcher Ausdruck von Provinzialismus erlaubt uns, vorab einen Vergleich anzustellen: Während in Frankreich der Provinzialismus das Hintergrundbild für jegliche denkerische Leistung abgibt, sind im Gegensatz dazu Deutschland und andere Länder, die nicht Geburtsstätte von Descartes sind, davon verschont. Wer Provinzialismus sagt, sagt Ablehnung pluralistischen Denkens, Ignoranz des Fremden, Streben nach Homogenität. Französische Intellektuelle zitieren gerne Ernest Renan, für den der Geist nichts Lokales und nichts Provinzielles hat, doch sie vergessen ihn auch umgehend wieder. Provinzialismus heißt weniger, sich gegenüber dem Rest der Welt überlegen zu fühlen, als vielmehr, ihn zu ignorieren, den Rest der Welt für vernachlässigbar zu halten.

1   Kritische Geschichte – an den Rand gedrängt

Diese französische Besonderheit, diese Selbstgefälligkeit hat natürlich Folgen für den Platz, den man im öffentlichen Raum der Erinnerung und kritischen Geschichte zugesteht. Wir wollen hier keine Missverständnisse aufkommen lassen – sowohl in Frankreich als auch in Deutschland ist die freie Meinungsäußerung allgemein garantiert. Bei dem Problem geht es nicht darum, dass Erinnerung und kritischer Geschichte ein Platz gewährt wird, sondern vielmehr welcher Platz. Die Orte, an denen sie zum Ausdruck kommen, die Übertragungskanäle, die dabei genutzt werden können, die Mittler, über die sie verfügen – all dies entscheidet über ihren Einfluss. In Ländern, in denen die freie Meinungsäußerung nicht garantiert ist, wie es in Staaten sowjetischen Typs der Fall war, werden Äußerungen der kritischen Erinnerung in Randbezirke abgeschoben: In den Bereich der Kirche zum Beispiel oder in die Welt der Künste. All dies sind halb-freie Orte, die mit dem Regime ausgehandelt werden und die man genehmigt, weil dort nur ein eng umgrenztes Publikum erreicht wird – es sind Randbezirke, also Orte am Rande der akademischen Welt, am Rande der offiziellen politischen und kulturellen Welt. So hatte man in Polen beispielsweise Katyn nicht vergessen. Dieses traumatische Erlebnis für die Familien jener 20.000 vom sowjetischen Innenministerium NKWD ermordeten Offiziere hatte die gesamte Gesellschaft getroffen, es war in das von Jan Assmann so bezeichnete kommunikative Gedächtnis eingeschrieben. Man sprach darüber zu Hause, untereinander, wohingegen es keinerlei Platz in den

Geschichtsbüchern fand, niemals Anlass für Gedenkfeiern war und auch an den Orten des kulturellen Gedächtnisses nicht auftauchte, um noch einmal die Unterscheidung von Assmann aufzugreifen.

Ungefähr ähnlich war es in Ostdeutschland: Drei Jahrzehnte lang gedachte allein die christliche Kirche sowohl dem Pogrom der „Reichskristallnacht" vom 9. November 1938 als auch der Bombardierung Dresdens vom 13. Februar 1945. Dagegen feierte der ostdeutsche Staat den 8. Mai 1945 als „Tag der Befreiung", während er im allgemeinen Sprachgebrauch mit dem Satz behaftet blieb: „Die Russen kommen". So wurde die christliche Kirche mit ihren bescheidenen Gedenkfeiern und Veröffentlichungen zum wichtigsten Übertragungskanal für ein Gedächtnis, das nicht zur öffentlichen Erinnerungspolitik des kommunistischen Staates gehörte, ganz zu schweigen von der wissenschaftlichen Geschichtsschreibung, die sich weder mit dem Pogrom der Reichskristallnacht noch mit der Bombardierung Dresdens befasste. Das Gedenken an den 8. Mai 1945 war in diesem Jahr in Deutschland genau das Gegenbild dessen, was früher in Ostdeutschland zu beobachten war. Der Oberbürgermeister von Dresden musste sich vorwerfen lassen, dass er umfangreiche Gedenkfeiern zur Bombardierung Dresdens vom 13. Februar 1945 veranstaltete, den 8. Mai jedoch vergessen hatte, dessen Jahrestag sich wie jener der Bombennacht ebenfalls zum 65. Mal jährte. Läuft der 8. Mai Gefahr, in der Geschichtsfalle zu verschwinden? Auch die gesamte deutsche Presse hat ihn vergessen: Weder in der *Frankfurter Allgemeinen Zeitung* noch in der Wochenzeitung *Die Zeit* fand man eine einzige Zeile über die bedingungslose Kapitulation des Dritten Reichs in der Nacht vom 8. auf den 9. Mai 1945 in Karlshorst. Die Pflege einer Geschichte, die einst Gegenstand von Gedenkfeiern und Propagandaschriften war, bleibt damit heute jenen etwas pathetischen Helden des verschwundenen Staates überlassen. So wurde das ehemalige SED-Organ *Neues Deutschland*, heute eine eher marginale Tageszeitung in der deutschen journalistischen Landschaft, zum Ausdrucksort für eine Erinnerung, die ebenfalls kritisch wurde. Es ist die Erinnerung jener Widerstandskämpfer des Dritten Reichs und verfolgten Minderheiten, für die der 8. Mai tatsächlich ein „Tag der Befreiung" war, der nicht nur an die Angst vor der Roten Armee erinnert.

Doch kommen wir zurück zu Katyn. Dieses traumatische Ereignis war zwar in der Gesellschaft nicht in Vergessenheit geraten, doch konnte es nicht zum Gegenstand wissenschaftlicher Untersuchungen werden. Wie sollte auch eine Erinnerung zu Geschichte werden, die sich auf überprüfte, belegte, unbestrittene Fakten stützt, die gewiss auch unterschiedlich interpretiert werden können, wenn man über keine Dokumente darüber verfügt und das Thema von den einschlägigen Behörden, die über historisches Arbeiten bestimmen, nicht als würdiger Forschungsgegenstand anerkannt wird? Die Meutereien in der französischen Armee von 1917 sind ein gutes Beispiel für eine historische Episode, die im kollektiven Gedächtnis verankert ist und lange Zeit über Vektoren wie Literatur, Kino und den Kampf für die Rehabilitierung der „Meuterer" durch

eine Vereinigung wie die Menschenrechtsliga verbreitet wurde, noch bevor sich die
Geschichtswissenschaft dieses Themas annahm, was vor allem durch den Zugang zu
den Archiven möglich wurde.[1] Diese Möglichkeit, dass Erinnerung zu Geschichte wird
– eine Erinnerung, die nicht einstimmig, sondern kontrovers und Gegenstand vieler ein-
schlägiger Diskussionen ist und die zur historischen Erzählung wird, die „glaubwürdig"
ist, da sie im Gegensatz zur „Fabel" steht (Certeau) – diese Möglichkeit gestaltet sich
in Deutschland und in Frankreich unter unterschiedlichen Bedingungen und Kontexten,
deren Gründe bei einer vergleichenden Gegenüberstellung deutlich werden.

Dabei kann man zunächst einmal ganz einfach an die unterschiedlichen Kon-
struktionen der nationalen Geschichte erinnern: Die deutsche Geschichte hat nicht wie
die französische ein verbindendes Element, um das sich ein Nationalgefühl hätte bilden
können. Die Erinnerungen sind hier sehr unterschiedlich. Man spricht übrigens von
„Erinnerungskulturen" im Plural. Es gibt in Deutschland wie in Frankreich eine öffentliche Erinnerungspolitik, die eine bestimmte Erinnerung im Vergleich zu einer anderen
bevorzugt. Wir haben dies bereits angemerkt und könnten zusätzlich darauf verweisen, wie schwierig es ist, die Erinnerungen von Bürgern der Ex-DDR zu integrieren;
sobald deren Erinnerungen nicht von Unterdrückung und polizeilicher Überwachung
beherrscht werden, verdächtigt man diese, sie würden sich nach der kommunistischen
Diktatur sehnen. Allerdings ruft die Unterschiedlichkeit der Erinnerungen in Deutschland weniger Angst hervor als in Frankreich, wo jede kritische Erinnerung sehr schnell
mit einem Bann belegt wird – dies gilt seit einigen Jahren vor allem, wenn es beispielsweise um das Thema „Kommunitarismus" geht. Als Folge davon wird übrigens genau
ein solcher Rückzug auf eine identitätsstiftende Gruppe bewirkt, werden Opfergefühle
verstärkt und schließlich der so gefürchtete Kommunitarismus überhaupt hervorgerufen. Die Frage nach dem Platz, den man der kritischen Erinnerung zugesteht, schließt
sich an jene nach der Beziehung zwischen historischer Forschung, öffentlicher Erinnerungspolitik und kollektivem Gedächtnis an. Diese Beziehung ist anhand der Diskussionen zur Erinnerung zu beobachten, in denen sich Historiker zu Wort melden, oder
in kontroversen Debatten innerhalb der Historikerzunft selbst. Diese Kontroversen, ja
Polemiken können fruchtbar sein: Sie zwingen dazu, die Argumente zu schärfen, Kritik
zu berücksichtigen (d. h. die Arbeiten der anderen zu lesen), unter der Voraussetzung
natürlich, dass diese Diskussionen nicht zum Kampf mit ungleichen Waffen werden,
wenn beispielsweise schlichtweg ein Machtwort gesprochen und die Diskussion per
Autorität beendet wird. Genau dies passiert leider ziemlich häufig in Frankreich und

---

1   Wir verweisen hier auf den Roman von Roland Dorgelés (1919): Les croix de bois, Paris: Albin Mi-
     chel, oder auch auf den Film von Stanley Kubrick (1957): Les sentiers de la gloire, der lange in Frank-
     reich nicht gezeigt werden durfte. Was die gelehrte Geschichte anbelangt, wäre Nicolas Offenstadt
     (2002): Les fusillés de la Grande Guerre et la mémoire collective, 1914–1999, Paris: Odile Jacob, zu
     nennen sowie André Bach (2003): Les fusillés pour l'exemple, 1914–1918, Paris: Tallandier.

seltener in Deutschland, nicht weil die deutschen Historiker natürlicherweise einen weiteren, offeneren Geist hätten und ihre Legitimität, ja ihr Anspruch, Geschichte darzustellen, weniger garantiert wären als bei den französischen Historikern, sondern weil sie ihren Beruf unter sehr unterschiedlichen materiellen und intellektuellen Bedingungen ausüben, die historisch begründet sind.

2   Anachronistische akademische Titel

Der universitäre Werdegang der Historiker, die Modalitäten bei der Evaluierung ihrer Arbeiten, ihre Finanzierung und schließlich die Zentralisierung der Forschung in Frankreich – all dies sind Faktoren, die das unterschiedliche Verhalten ursprünglich erklären.

Ganz im Gegensatz zu den Gepflogenheiten in allen anderen Ländern werden in Frankreich Persönlichkeit und Bedeutung eines Forschers nicht durch seine Schriften (Doktorarbeit, Habilitation) begründet, sondern durch eine Prüfung in Form eines Wettbewerbs. Dieses Auswahlverfahren, das 1830 national eingeführt wurde, verleiht den angesehensten akademischen Titel der französischen Universität, die *Agrégation*. Für die Vorbereitung auf diese Auswahlprüfung gibt es eine Schule, zu der man über eine erste Prüfung Zugang erhält, nämlich die Aufnahmeprüfung in die *Ecole Normale* (EN). Die Vorbereitung auf den Zugang zur EN und dann auf die Auswahlprüfung der *Agrégation* ist schwierig, sie erfordert großen Arbeitseinsatz und viele Opfer. Man mag nur zögernd eine Elitenbildung kritisieren, die angesichts der unzureichenden Mittel der Universität und aller aktuellen Probleme begünstigt wird, doch muss man zugeben, dass in der Stunde Europas und der Harmonisierung von Abschlüssen die *Agrégation* ein Anachronismus ist – nicht nur angesichts der sozialen Zusammensetzung der Lernenden – wobei ursprünglich Kinder aus bescheideneren Verhältnissen gefördert werden sollten, während die EN heute nur noch die Wohlhabenderen darin unterstützt, noch wohlhabender zu sein[2] – sondern vor allem weil sie ein Hindernis für universitäre Mobilität darstellt. Wenn man nach den Kollateralschäden dieses Systems fragt, sollte man an die Kritik von Historikern wie Marc Bloch oder Lucien Febvre, auch er Begründer der Annales-Schule, erinnern und natürlich auch Pierre Bourdieu nicht vergessen, die alle drei um so befugter waren, dieses System zu kritisieren, als sie es von innen kennengelernt hatten. Wir sprachen von einem Aufnahmewettbewerb, der soviel Arbeitsaufwand verlangt, dass das Bestehen für viele einem Adelstitel auf Lebenszeit

2   So werden die Schüler der EN entlohnt und erhalten ein „Vorab-Gehalt".

gleichkommt.[3] Marc Bloch sagte dazu: „Man verlangt von den Studenten nicht, Kenntnisse zu erwerben, deren Solidität in einer Prüfung, so gut es geht, bewertet wird. Vielmehr bereitet man sie darauf vor, sich auf die Prüfung vorzubereiten." Seiner Ansicht nach hat dieser Modus der Kenntnissicherung zur Folge, dass der Erfolgskult die Lust am Wissen ersetzt und keineswegs einen kritischen Geist fördert. „Wir schaffen", so schrieb er, „absichtlich kleine Gesellschaften, in denen sich ein Korpsgeist ausbildet, der weder geistige Offenheit noch Bürgersinn begünstigt" (Bloch 1937).

„Weder geistige Offenheit, noch Bürgersinn", hier sind wir vielleicht heute angekommen. Wir haben oben erwähnt, dass Noam Chomsky in eine Falle tappte, als er im Namen des Rechts auf freie Meinungsäußerung den Revisionisten Robert Faurisson verteidigte, der die Existenz von Gaskammern leugnete. Allerdings war es nicht der amerikanische Linguist, der Faurisson zu Bekanntheit verhalf. Seine Bemerkungen, die allenfalls ein Achselzucken verdient hätten, wurden von einer Zeitung ernst genommen, nämlich von *Le Monde*, und von einem Historiker. Pierre Vidal-Naquet ließ sich darauf ein, in *Le Monde* seinem ehemaligen Kameraden aus der Vorbereitungsklasse für die EN, in Frankreich *khâgne* genannt, zu antworten. Faurisson verdankt seine Bekanntheit und die Verbreitung seiner Ideen somit einem Korpsgeist. Es ist wahrscheinlich, dass man ihm ohne die Attribute eines ehemaligen *khâgne*-Schülers und Universitätslehrers (übrigens für Literatur und nicht für Geschichte) keinen Platz auf den Seiten von *Le Monde* eingeräumt hätte. Holocaust-Leugner ohne Universitätstitel gibt es in den meisten Ländern, und sie werden ignoriert. Ohne Beachtung eines seiner Kollegen hätte es wahrscheinlich keine Affäre Faurisson gegeben. Vielleicht hätte es nicht einmal 10 Jahre später das Gayssot-Gesetz gegeben, das die Leugnung der Existenz von Gaskammern verbietet und seinerseits mehrere Gesetze zur historischen Erinnerung nach sich zog, die problematisch erscheinen mögen.

3   Korpsgeist und Gefälligkeiten unter Akademikern

Haben wir aus diesem Beispiel eine Lehre gezogen? Leider nein. Wir wollen ein weiteres bezeichnendes Beispiel für diesen Korpsgeist anführen, nicht weil es uns Spaß macht, Berufshistoriker dabei zu ertappen, wie sie einander Gefälligkeiten erweisen, sondern um zu zeigen, wie die Nachsicht gegenüber Kollegen mit demselben universitären Titel Praktiken begünstigt, die sowohl für Studenten als auch für die Ge-

---

3   Man sollte nicht unterschätzen, was auch als großer Vorteil des französischen Systems gegenüber dem deutschen gelten mag, nämlich dass das Bestehen der *Agrégation* zugleich die Verbeamtung und damit eine Berufung auf Lebenszeit bedeutet.

schichtsschreibung schädlich sind, und wie eine solche Haltung den Äußerungen einer kritischen Geschichte abträglich sein kann.

Einige Jahre nach der Faurisson-Affäre beauftragte das nationale französische Bildungsministerium eine Historikerkommission aus Spezialisten für die Okkupationszeit mit der Untersuchung zu mehreren „Affären", die an französischen Universitäten, vor allem in Lyon, Aufsehen erregt hatten. Es ging dabei um die Verleihung von Abschlusszeugnissen an aktive Holocaust-Leugner, insbesondere um ein DEA-Diplom (Master 2) für eine Arbeit über „Exanthematische Typhusepidemien in den nationalsozialistischen Konzentrationslagern 1933–1945". Da Zeithistoriker wissen dürften, dass Revisionisten diese Krankheit zu ihrem Schlachtross gemacht haben, um die sozusagen „natürliche" Sterberate in den Lagern zu erklären, war nach der Seriosität des Professors zu fragen, der diese Arbeit betreut hatte. Was war also in Lyon passiert? Eigentlich nichts Ungewöhnliches, wenn man den Ergebnissen des Kommissionsberichts Glauben schenken darf. Was die Modalitäten bei der Bewertung von Arbeiten, der Verleihung von Diplomen und Bewerbungsverfahren anbelangt, machte die Untersuchung letztlich nur noch einmal die allseits bekannten Funktionsmängel in der universitären Welt deutlich: Das Verfahren der Hinzuwahl bei Stellenbesetzungen (Kooptation) begünstigt die Bildung von Netzwerken, so auch jenes – noch minoritäre – der Holocaust-Leugner in Lyon. Das augenfälligste Defizit aber wurde wie folgt beschrieben: Ein „Mangel an professioneller Sorgfalt, der darin besteht, dass ein Betreuer die Arbeiten nicht liest, die er angenommen hat." Zur Verantwortung des Professors, der die berüchtigte DEA-Arbeit über den exanthematischen Typhus betreute, heißt es in dem Bericht, „es ist nicht unmöglich, dass ihm die vermutlich spezielle Natur dieser Arbeit entgangen war." Weiters wurde als größte Fehlleistung identifiziert: „Eine fehlende professionelle Sorgfalt, die dazu führt, die Qualifikationsarbeiten, die man zur Betreuung annimmt, nicht zu lesen." „Es ist häufig bei den angesehensten Professoren der Fall, die eine *unvernünftig* (Hervorhebung durch die Autorin) hohe Zahl von Magisterarbeiten, DEA-Arbeiten oder Dissertationen zur Betreuung annehmen – was als einer der Faktoren für ihre Legitimität gilt –, dass sie deren Fortgang nicht korrekt verfolgen können und sich damit zuweilen schweren Irrtümern bei der Bewertung aussetzen" (Bericht der Kommission über Rassismus und Revisionismus an der Universität Jean Moulin, 2005: 198).

Nun muss man zugeben, dass die Dinge immerhin in höflichen Worten beim Namen genannt wurden. Doch die behutsame Wortwahl für diese Verfehlungen gegenüber der wissenschaftlichen Ethik, ein untrügliches Zeichen für Nachsicht unter Akademikerkollegen, ist erst richtig zu ermessen, wenn man sie mit den verächtlichen Begriffen vergleicht, die der Bericht im Gegensatz dazu für jene Akteure findet (meist nicht aus der Universität stammend), die dazu beigetragen hatten, dass die Affäre öffentlich wurde. Man weiß, dass für die Verwaltung nichts unangenehmer ist als die Aufdeckung von Funktionsstörungen, die sie gerne herunterspielt, um Skandale und Sanktionen zu vermeiden und letztlich jenen Vorwürfe zu machen, die das Ganze ans Licht gebracht haben. Doch wie ist zu erklären, dass auch die Historiker der Kommission eine ähnliche Haltung eingenommen haben? Bei den „Störenfrieden" handelt es sich um kleine Vereinigungen wie die Bewegung *SOS-Racisme*, die *Lettres Marc Bloch* oder auch die christliche Zeitschrift *Golias*. Diese Zeitschrift, die Beiträge zur Rolle der Prälaten während der Okkupation veröffentlicht hatte, kämpft heute gegen eine Seligsprechung von Piu XII. oder für die Aufklärung darüber, welche Rolle die kirchlichen Netze beim Völkermord in Ruanda spielten. Damals hatte sie sich für eine neue Darstellung der Rolle des hohen Klerus und der katholischen Kirche während der Okkupation eingesetzt. Bei der Lektüre des Kommissionsberichts entsteht das eigenartige Gefühl, dass es sich weniger um ein Verfahren gegen Universitätsangehörige handelte, die sich einer Nachlässigkeit schuldig gemacht haben, als vielmehr um einen Prozess an Nebenschauplätzen, welche alle die disqualifizierende Bezeichnung „linksextrem" trugen und an denen kritische Geschichte zum Ausdruck kommt. Die Zeitschrift *Golias* wurde in einem Land, das keine „Geschichtswerkstätten" kennt, vom übermächtigen Urteil der Akademie diskreditiert, die wie ein Ordnungsrat darüber wacht, dass Geschichte „homogen und glatt" geschrieben wird.

4 Gruppenaffinitäten

Das Schlimme am Korpsgeist ist, dass er zur Bildung von Netzwerken und zur Herausbildung einer Elite führt, die zu einem nicht zu vernachlässigenden Teil ihre Legitimität aus sozialen Netzwerkbeziehungen herleitet, und man kann nicht sicher sein, dass die Verfahren bei der Begutachtung von Forschungsleistungen, deren öffentliche Finanzierung sowie die Zentralisierung der Forschung, hierzu ein entscheidendes Gegengewicht bilden. Im Gegenteil. Besessen vom Shanghai-Ranking und eifrig bestrebt, die Ziele des Bologna-Prozesses zu erfüllen, sind die Gutachten der Geistes- und Sozialwissenschaftler kaum dazu angetan, dagegen anzusteuern. In ihrem Buch „How Professors think" (2009) nennt Michele Lamont, Soziologieprofessorin an der Universität Harvard, unter den negativen Aspekten des französischen Systems, dass der Anwärter auf eine Stelle als Forscher und Lehrer auf ein von ihr so bezeichnetes „erniedrigendes Lobbying" zurückgreifen muss, wobei Beziehungen nach der Art von „Mandarin zu Kronprinz" reproduziert werden, ganz im Gegensatz zu einer Gutachterkultur, bei der die Legitimität der Wissenschaftler gestärkt würde. Dies hat jenen „Lokalismus" zur Folge, gegen den die derzeitige Regierungspolitik zu kämpfen erklärt, indem sie ihn durch einen betriebswirtschaftlichen Ansatz ersetzt, der allerdings keinerlei Abhilfe schaffen dürfte. Und es ist bei weitem nicht sicher, meint die amerikanische Soziologin, dass die in der französischen Universität verkündete Reform den Modus bei der Zusammensetzung von Gutachterkommissionen zerschlagen kann, die aus affinen Gruppen mit zuweilen geringer wissenschaftlicher Legitimität bestehen. Gewiss haben wir keinerlei Grund zur Annahme, dass im Gegensatz dazu bei der Berufungspraxis in Deutschland zwangsläufig Transparenz herrscht, wo es zwar keine *Agrégation* gibt, Einstellungen aber dennoch kaum über Grenzen hinweg erfolgen – von der Marginalisierung der ostdeutschen Forscher einmal ganz abgesehen – doch können wir aus soziologischer Sicht bestätigen, dass sich auf Grund der diversifizierten Hochschulbildung von Historikern in geringerem Maße solche Netzwerke affiner Gruppen ausbilden, wie sie die amerikanische Soziologin beschrieb. Zumindest erfolgt eine solche Netzwerkbildung weniger automatisch als in Frankreich. Da es hier nicht die Anziehungskraft einer Hauptstadt mit den vermeintlich besseren Universitäten gibt, ist es im deutschen Universitätssystem möglich, dass eine Universität wie Darmstadt 2010 als einer der besten Orte für akademische Lehre gelten kann. Könnte man sich in Frankreich vorstellen, dass etwa die Universität Besançon an der Spitze einer Ranking-Liste steht? Es gibt auch andere Faktoren, die das Gewicht solcher affiner Netzwerke ausgleichen könnten, Affinitäten, die dafür sorgen, dass Publikationen eher auf Grund von Beziehungen als von Kompetenzen erfolgen, was durch die seit einiger Zeit so stark proklamierte „doppelte blinde Lektüre" (*double-blind review*) nicht vollständig geregelt werden kann, zumal in einer kleinen akademischen Welt, in der jeder weiß, woran die Kollegen arbeiten. In Frankreich jedoch wird derzeit die bibliometrische Evaluierung verstärkt, und dies zu einem Zeitpunkt, da die Deutsche Forschungsgemeinschaft ihrerseits zur weitaus verlässlicheren qualitativen Evaluierung zurückkehrt, nachdem auch die amerikanische Universität auf das berühmte „publish or perish" verzichtet hat. Der letzte Faktor schließlich, nicht der unwichtigste, der die kritische Geschichte an den Rand des akademischen Lebens zu drängen vermag, ist natürlich die Zentralisierung der Forschung.

In Frankreich war das *Centre National de la Recherche Scientifique* (CNRS) lange Zeit die hauptsächliche, mit öffentlichen Mitteln ausgestattete Einrichtung, an der Forschung betrieben wird (die Gründung der *Agence Nationale de la Recherche* ist jüngeren Datums), während es in Deutschland allein für die uns betreffende Disziplin, die Zeitgeschichte, mehrere Orte und mehrere Hochschulen gibt. Die Diversität der Forschungsstätten garantiert zwar nicht zwangsläufig eine Diversität bei der Wahl von Gegenständen, Methoden und Perspektiven, doch wird sie dadurch begünstigt. Um nur ein Beispiel zu nennen, kann sich der Zeithistoriker in Deutschland an mehrere öffentlich finanzierte Einrichtungen wenden, so das Institut für Zeitgeschichte in München oder das Zentrum für Zeitgeschichte in Potsdam, zwei Institute mit unterschiedlichen Ansätzen zur historischen Forschung. In Frankreich dagegen muss der Forscher, um in eine Arbeitsgruppe des CNRS aufgenommen zu werden, vor einer einzigen und immer der gleichen Kommission vorsprechen. Dies ist letztlich das Organ, das über die Kompetenz des Bewerbers entscheidet und je nach Fall und Zahl der zur Verfügung stehenden Stellen die Relevanz und Umsetzbarkeit des vorgeschlagenen Forschungsprojekts unterstützt oder ablehnt, denn Zugang zum CNRS erhält man nur anhand eines Forschungsprojekts. Eine Kommission – und dies spielt in einem kleinen Land wie Frankreich eine umso größere Rolle – setzt sich aus einer begrenzten Zahl von Forschern zusammen, die sich kennen, die sich schätzen oder aber auch nicht und die im Allgemeinen alle aus der gleichen Schmiede stammen. Wer einmal bei der Kommission, die seine Disziplin betrifft, durchgefallen ist, kann sich als Forscher nicht wie andernorts an eine andere öffentliche Einrichtung wenden.

Jenseits dieser kurz skizzierten strukturellen Mängel (Korpsgeist, soziale Netzwerkbeziehungen, Mängel in der Gutachterkultur) bleibt die öffentliche Finanzierung dennoch wichtigste Gewähr für die Unabhängigkeit der Forschung. Die öffentliche Institution ist immer noch jener berühmte Standort, der die ideale Position des frei schwebenden Intellektuellen ermöglicht, wie sie Karl Mannheim, der dieses Konzept im Kontext seines Ausschlusses aus der Universität entwickelte, als beste Bedingung beschrieb, um einen kritischen Geist walten zu lassen. Wenn sich der Staat jedoch zurückzieht und uns ermuntert, eigene Finanzierungsquellen zu suchen, in Frankreich, in Deutschland und anderswo, dann lauert die Gefahr, dass wir unsere Forschungen der „gesellschaftlichen Nachfrage" anpassen, um den Begriff von Verlegern und Verantwortlichen der öffentlichen Erinnerungspolitik aufzugreifen; sie glauben diese genau zu kennen, indem sie uns an private oder halb-private Stiftungen verweisen, deren Auftrag es ist, die Erinnerung und die Aufzeichnung von Geschichte so zu gestalten, dass es in ihr Pflichtenheft passt. Vorgeschlagene und subventionierte Forschungsprogramme können dann die Positionierung einer bestimmten Erinnerung innerhalb der Hierarchie von Forschungsgegenständen verändern, was Einfluss auf deren Übergang in die Geschichte haben würde. Gewiss sollte man in dieser Auffächerung der Finanzierungsquellen nicht nur Negatives sehen, doch muss die Bedingung erfüllt sein, dass Universität und Forschungsinstitute so weit wie möglich Garant für eine „unabhängige" Geschichtsschreibung bleiben. Die Alma Mater, der Ort, an dem eine kritische Erinnerung zum Ausdruck kommt, ein Ort, an dem Geschichte jenseits der angesagten Themen erforscht wird? Warum nicht!

5   Der geschwächte Status der Historiker

Die in Frankreich neuerdings zu beobachtende Rückbesinnung auf akademische Titel (als späte Nachwirkungen des Mai 68 oder Folge des Stellenabbaus an der Universität?) ist in Bezug zu setzen mit diesem etwas erschütterten Status des Zeithistorikers. Unabhängig von allen Periodisierungen, die je nach Schulen und Ländern variieren, gibt es nur von unserer zeitgenössischen Epoche noch Zeitzeugen. Ein anderer wichtiger Punkt, an den man selten denkt, ist der mangelnde Zugang zu Archiven; er ist aber insofern entscheidend, als er infolge des Systems von Sondergenehmigungen in Frankreich den Unterschied begründet zwischen professionellen Forschern und unabhängigen Forschern oder „Amateuren", wie die französischen Archivare gerne sagen.[4] Der Historiker, dem zur Rechten Konkurrenz durch den Zeitzeugen entsteht, der seit dem 1. Weltkrieg zur Feder gegriffen und seine Erinnerung aufgezeichnet hat, und zur Linken durch den Journalisten, der seine erste Version von Geschichte verfasst, geht schließlich so weit, dass er den Anspruch erhebt, seine Art der Vergangenheitsdarstellung sei jener anderen, nämlich der Erinnerung, überlegen. Diese falsche Debatte, die kontraproduktiv und ohne heuristischen Wert ist, findet man mehr oder weniger deutlich formuliert unterschwellig in allen Historikerkontroversen. Letztere gestehen der Erinnerung häufig nur einen emotionalen Beitrag zur historischen Erzählung zu und vergessen beispielsweise, dass die Kenntnis wichtiger Fakten des 20. Jahrhunderts (ob es sich um den Genozid an den Armeniern, um die Shoah oder um den Gulag handelt) in erster Linie dem Zeugnis von Überlebenden zu verdanken ist. Die mündliche Geschichte, die durch die Alltagsgeschichte oder die Geschichte „von unten" eingeführt und von den Geschichtswerkstätten in Deutschland befördert wurde, hat es schwer, an der französischen Universität Anerkennung zu finden. Man beobachtet derzeit eine überraschende Trennung zwischen Erinnerung und Geschichte, obwohl sich doch beide unablässig durchdringen und selbstverständlich eher komplementär als antagonistisch sind. Aus methodologischer Sicht ist ein solcher Gegensatz nicht haltbar. Dies bedeutet nicht, dass die Beziehungen zwischen Geschichte und Erinnerung oder zwischen Zeitzeugen und Historikern nicht analysiert werden sollten; im Gegenteil, sie müssen ihrerseits zum Untersuchungsgegenstand werden, so dass die Kontroverse zwischen so genannten „Fetischisten" der Zeitzeugenschaft und jenen Historikern überwunden wird, die sogar die Befreiung von der von ihnen so bezeichneten „Diktatur der Zeitzeugenschaft" empfehlen (Audoin-Rouzeau 2000). Erst dann wird man verstehen, dass es in Wirklichkeit um etwas ganz anderes geht, nämlich darum, wer legitimiert ist, Aussagen über die Vergangenheit zu machen, und auch um jenen erschütterten Status des Zeithistorikers, der in Konkurrenz zu Zeitzeugen und Journalisten treten muss. Dies erklärt vielleicht, warum die Berufshistoriker jenes wenig demokratische System akzeptieren, das eine Sondergenehmigung für den Zugang zu öffentlichen Archiven verlangt, wodurch der Staat mittels der Verwaltung über seine Archive eine Art Aufsichtsrecht über die Arbeit des Historikers ausübt, denn man muss sein

---

4   Es sei angemerkt, dass ein Historiker wie Philippe Ariès, der bei der Agrégation gescheitert war, trotz seiner Forschungsarbeiten erst im Alter von 60 Jahren Zugang zum Hochschulwesen erhielt und bis dahin als „Sonntagshistoriker" galt (ein vielleicht höherer Status als der des Amateurs?), was er ja zwangsläufig war.

Forschungsprojekt vorlegen und seine akademischen Titel vorweisen, um das Privileg der Einsicht in das gewünschte Dokument zu erhalten. Wie kann man jenen, die nicht in den Genuss dieses Privilegs gelangen, vorwerfen, dass ihre Arbeiten nur geschätzte Angaben, Ungenauigkeiten und andere Unzulänglichkeiten hinsichtlich methodischer Vorgaben wie beispielsweise den Abgleich unterschiedlicher Quellen enthalten? Ganz zu schweigen von dem anderen bekannten methodischen Gebot, wonach die Quellen anzugeben sind, damit sie überprüft werden können. Es ist nicht sicher, dass man künftig alle Dokumente zum Massaker von Paris vom 17. Oktober 1961 einsehen kann, an dem die Demonstration der algerischen Befreiungsbewegung mit tödlichen Folgen niederge- schlagen wurde (erforderliche Zeitspanne 75 Jahre). Es ist sogar wahrscheinlich, dass im Namen der nationalen Sicherheit oder des Schutzes des Privatlebens – oder beider zugleich – dies immer noch nicht möglich oder vom Antrag auf eine Sonderregelung ab- hängig sein wird. Sicher ist aber, dass jener Skandal Ende der neunziger Jahre, als einem unabhängigen Historiker, der sich vor Gericht gegen eine Anschuldigung von Maurice Papon, Polizeipräfekt zum Zeitpunkt des fraglichen Geschehens, verteidigen musste, die Sondergenehmigung abgelehnt wurde, zunächst eine große Bühne für den Ausdruck einer kritischen Geschichte bot und in einem zweiten Schritt die wissenschaftliche For- schung dazu anregte, sich mit dem Thema weiter zu beschäftigen (Combe 2000).

Wir haben die Gründe zu erwägen versucht, warum in unseren Augen die Erin- nerung und kritische Geschichte, wie wir sie definieren, in Frankreich einen geringe- ren Platz einnehmen als in Deutschland und welche Folgen eine solche Marginalisie- rung für das Wissen hat. Die Tatsache, dass die Kluft zwischen Berufshistorikern und nicht professionellen Historikern, die häufig Zeitzeugen jener Geschichte sind, über die sie berichten, in Deutschland weniger tief erscheint als in Frankreich, hat auch mit der unterschiedlichen Rolle der Presse in beiden Ländern zu tun – dies ist die Hypothese die wir abschließend aufstellen wollen. Die deutsche Presse (wir beziehen uns hier auf Tageszeitungen wie die *Frankfurter Allgemeine Zeitung*, die *Süddeutsche Zeitung* oder auch eine Wochenzeitung wie *Die Zeit*) ist von der universitären Welt unabhängiger und bietet Raum für Debatten, die in Frankreich kein Äquivalent haben, da untereinander verbundene Gruppen aufgrund ihrer Autorität diese unterbinden oder abschließen kön- nen. Ohne hier die Presse auf der anderen Seite des Rheins idealisieren zu wollen, die ihrerseits auch dem Einfluss von Netzwerken unterworfen sein mag, muss man zugeben, dass Journalisten und Akademiker nicht wie so oft in Frankreich aus derselben Schmie- de stammen oder diese zumindest nicht antasten. Auch ist in Deutschland die Trennung zwischen Universitätsangehörigen und Publizisten oder Essayisten weniger scharf, denn es gibt keinen staatlichen Wettbewerb, der sie voneinander abhebt. Die Praxis der Exklu- sion oder der Legitimation aufgrund akademischer Titel anstatt wissenschaftlicher Ar- beiten führt zu einem krampfhaften Rückzug auf identitäre Gruppen und Zirkel, der dem Pluralismus des Denkens abträglich ist. Arbeiten wie jene von Pierre Nora (1984 – 1992) in Frankreich und von Etienne François und Hagen Schulze (2001) in Deutschland zur kollektiven Erinnerung haben gezeigt, dass man deren Vorstellung von der Vergangenheit und ihre Weitergabe berücksichtigen muss, und man wird in den deutschen Erinnerungsorten, dies entspricht unseren Bemerkungen, neben Historikern auch Journalisten und Schriftsteller finden. Wenn sich die wissenschaftliche Geschichtsschreibung von der „Memorialisierung" der Geschichte und deren Demokratisierung bedrängt sieht, sollte sie sich dann in ihren Ausrichtungen und bei der Suche nach neuen Forschungsgegenständen nicht davon anregen lassen?

(Übersetzung aus dem Französischen: Dr. Erika Mursa)

Literatur

Audouin-Rouzeau, Stéphane/Becker, Annette (2000): 1914–1918. Retrouver la guerre, Paris: Gallimard.

Bloch, Marc (1937 und 1995): Histoire et historiens, Paris: Armand Colin.

Combe, Sonia (2001): Archives interdites. L'histoire confisquée, Neuausgabe mit neuem Vorwort, Paris: La Découverte.

François, Etienne/Schulze, Hagen (Hrsg.) (2001): Deutsche Erinnerungsorte, München: Beck.

Lamont, Michele (2009): How Professors Think. Inside the Curious World of Academic Judgement, Harvard: Havard University Press.

Nora, Pierre (Hrsg.) (1984–1992): Les lieux de mémoire, Paris: Gallimard.

Rousso, Henri (Hrsg.) (2004): Commission sur le racisme et le négationnisme à l'université Jean-Moulin de Lyon III. Im Internet abrufbar unter www.educpro.fr (Stand 20. Juni 2010).

Europa und sein politisches Imaginaire:

Vom Nutzen der Geschichte für Europas Selbstverständnis

Stefan Seidendorf

Dieser Beitrag soll der Frage nachgehen, ob die Existenz unterschiedlicher National-geschichten in Europa einen Einfluss auf den Prozess der europäischen Einigung hat, ob diese unterschiedlichen Nationalgeschichten die weitere Entwicklung des Integrati-onsprozesses einschränken oder umgekehrt, ob sich daraus sogar das Potential für eine weitergehende Einigung ergeben könnte.

Dazu soll näherhin untersucht werden, ob und wie sich der Prozess der europäi-schen Einigung auf die unterschiedlichen Nationalgeschichten ausgewirkt hat. Hat es eine Veränderung in der Wahrnehmung dieser Nationalgeschichten über die Zeit gege-ben, hat es eine Annäherung gegeben? Oder haben sich die nationalen Vergangen-heitskonstruktionen mit ihren unterschiedlichen Schwerpunkten behauptet?

Dieser Frage kommt hohe politische Relevanz zu. Von ihrer Beantwortung könnte sogar abhängen, ob eine weitergehende Integration in Europa demokratisch legitim ist oder nicht: Eine weitergehende Integration, hin zu einer Föderation, wäre dann legitim, wenn sich die Europäer politisch nicht mehr ausschließlich als Franzosen, Deutsche, Polen und Italiener wahrnehmen würden, sondern auch als Europäer, die *gemeinsam* politisch handeln. Dabei könnte die angenommene Existenz einer gemeinsamen euro-päischen Vergangenheit hilfreich sein.

Es soll in diesem Beitrag also zunächst um die Frage gehen, welche Rolle gemein-samer Geschichte oder deren Wahrnehmung für die Existenz eines politischen Gemein-wesens zukommt, bevor in einem zweiten Teil der empirischen Frage nachgegangen werden soll, welche Veränderungen am Geschichtsbild denn nun nachweisbar sind oder nicht.

1   Bedeutung von Geschichte für Nation

Beginnen möchte ich diesen ersten Teil mit einem Zitat Ernest Renans, einem unum-gänglichen Kronzeugen, wenn es um Überlegungen zur Definition und zum Verständ-nis von Nation kommt. Er war es, der in seiner berühmt gewordenen Vorlesung an der

Sorbonne 1881 die demokratische Nation als ein „tägliches Plebiszit" definierte, als eine Willensnation, im Gegensatz zur deutschen Volksgemeinschaft. Daneben sagte er aber noch mehr von erstaunlicher Aktualität. Bezüglich des Unterschiedes zwischen einer Wirtschaftsgemeinschaft und einer Nation führte er aus:

> „Die Gemeinschaft der Interessen ist sicherlich ein starkes Band zwischen den Menschen. Doch reichen die Interessen aus, um eine Nation zu bilden? Ich glaube es nicht. Die Gemeinschaft der Interessen schließt Handelsverträge. Die Nationalität jedoch hat eine Gefühlsseite, sie ist Seele und Körper zugleich. Ein ‚Zollverein' ist kein Vaterland."[1]

Wir können diesem Argument zunächst folgen und festhalten, dass Nationalität auch ein affektives und emotionales Element besitzt, das einer Freihandelszone oder einer Wirtschaftsgemeinschaft abgeht. Für die gegenwärtig entstehende EU bedeutet dies, dass ihr Übergang zu einer politischen Ordnung, ihre weitere Integration also, nur Sinn macht, wenn es eine gefühlsmäßige Identifikation mit diesem politischen Gemeinwesen gibt. Soll stattdessen die Regulierung eines gemeinsamen Marktes das Endziel sein, dann würde die Existenz einer Interessengemeinschaft genügen.

Was aber macht für Renan nun den Unterschied zwischen ‚Nation' und ‚Wirtschaftsgemeinschaft' aus, wo kommt der unterschiedliche emotionale Bezug her? Für Renan spielt hier die gemeinsame Vergangenheit die entscheidende Rolle:

> „In der Vergangenheit ein gemeinschaftliches Erbe von Ruhm und von Reue, in der Zukunft ein gleiches Programm verwirklichen, gemeinsam gelitten, sich gefreut, gehofft haben – das ist mehr wert als gemeinsame Zölle und Grenzen, die strategischen Vorstellungen entsprechen. Das ist es, was man ungeachtet der Unterschiede von Rasse und Sprache versteht. Ich habe soeben gesagt: Gemeinsam gelitten haben.
> Ja, das gemeinsame Leiden eint mehr als die Freude. Die nationalen Erinnerungen und die Trauer wiegen mehr als die Triumphe, denn sie erlegen Pflichten auf, sie gebieten gemeinschaftliche Anstrengungen."[2]

Es ist also die Existenz einer gemeinsamen Geschichte, einer gemeinsamen Vergangenheit, aus der sich das heutige Zusammengehörigkeitsgefühl ergibt. Diese Vorstellung von der definierenden Rolle der Vergangenheit für die Existenz einer Gruppe möchte ich „historisches Imaginaire" nennen.[3] Ein *Imaginaire* kann verstanden werden als eine gesellschaftlich (sozial) konstruierte, weitgehend geteilte und offiziell

---

1   Zitiert nach: Michael Jeismann/Henning Ritter (Hg. 1993): Grenzfälle. Über neuen und alten Nationalismus. - Leipzig: Reclam, S. 290–311.
2   ebd.
3   In Anlehnung an Cornelius Castoriadis (1975): L'institution imaginaire de la société. - Paris: Ed. du Seuil.

verbreitete Vorstellung. Bezogen auf die Existenz einer Gruppe, kann das *historische* Imaginaire Gründe aufführen, die erläutern, warum eine Gruppe überhaupt als solche existiert und worin sie sich von anderen unterscheidet. Das *Imaginaire* kann damit letztendlich das Handeln einer Gruppe als Gruppe legitimieren, und das ist seine politische Dimension.

Historisch gab es natürlich unterschiedliche Versuche, eine Nation zu begründen. Neben der gemeinsamen Geschichte bestanden diese häufig im Bezug auf gemeinsame Sprache oder Kultur, oder auch im Bezug auf eine gemeinsame Abstammung oder Rasse. Die bekannten Konsequenzen, die sich aus dem pseudowissenschaftlichen Bezug auf die Rasse ergaben, brauchen hier nicht weiter ausgeführt werden.[4]

Aber auch bei Renans Definition muss zunächst bedacht werden, dass die 'gemeinsame Geschichte' für ihn etwas objektiv gegebenes zu sein scheint. Diese Nationalgeschichte existiert, lässt sich wissenschaftlich nachweisen und unterscheidet sich von anderen Nationalgeschichten. Dabei darf aber Renans Herkunft aus dem 19. Jahrhundert nicht vergessen werden. Dies war eine Zeit der 'Objektivierung' von Geschichtsschreibung, für die beispielsweise auch der deutsche Historismus und Leopold von Ranke mit seinem Diktum, Geschichte so zu schreiben, „wie es eigentlich gewesen" ist, eintraten.

An dieser Stelle soll jedoch ein Gedankenexperiment stehen. Was würde geschehen, wenn wir Geschichte eben nicht als 'objektiv gegeben' ansehen würden? Vergangenheit ist nicht greifbar, sie existiert nicht mehr materiell. Sie ist uns nur zugänglich über die Interpretation jener Zeugnisse, die von der Vergangenheit auf uns gekommen sind. Zwischen der Vergangenheit, wie sie gewesen ist, und unserer heutigen Vorstellung davon steht also notwendigerweise ein Akt der Interpretation, gesprochen oder geschrieben, nur in ihm ist uns Vergangenheit zugänglich.[5]

Damit sollte es auch möglich sein, dass sich unsere Vorstellungen über die Vergangenheit im Laufe der Zeit ändern. Besonders deutlich wird dies, wenn sich der Blick nicht auf individuelle Erinnerungen richtet, sondern auf das offizielle Geschichtsverständnis eines politischen Gemeinwesens.[6] Wie gerade gezeigt, ergibt sich aus diesem ja ein starker Grund, als Gruppe überhaupt zu existieren und politisch handeln zu wollen.

4　Zur Nationalismusforschung, s. Ernest Gellner (1999): Nationalismus – Kultur und Macht. - Berlin: Siedler. Eric Hobsbawm (1990): Nations and nationalism since 1780. - Cambridge: Cambridge University Press.

5　Dieser Gedanke einer „vorgestellten" Vergangenheit, übertragen auf die Großgruppe der Nation, ist das zentrale Argument im Klassiker Benedict Andersons (1983): Imagined Communities. - London: Verso (Deutsch 1988: Die Erfindung der Nation. - Frankfurt a. M.: Campus)

6　Wobei hier der Zusammenhang, der zwischen „individuellem" und „kollektivem" Gedächtnis notwendigerweise existiert, verkürzt wird. Als Ausgangspunkt zu dieser Thematik kann immer noch Maurice Halbwachs (1950): La mémoire collective - Paris: Presses Universitaires de France gelesen werden, auf deutsch: Maurice Halbwachs/Lutz Geldsetzer (1966): Das Gedächtnis und seine sozialen Bedingungen. - Berlin: Luchterhand.

Eric Hobsbawm, der große englische Historiker des Nationalismus, hat die Rolle, die Historikern zukommt, wenn es um die Existenz einer Nation geht, einmal folgendermaßen ausgedrückt: „Historiker sind für den Nationalismus das, was Mohnbauern in Pakistan für Heroinsüchtige sind: Wir liefern dem Markt das Rohmaterial. Nationen ohne Vergangenheit sind ein Widerspruch in sich selbst. Was eine Nation ausmacht, ist ihre Vergangenheit, was die Existenz einer Nation gegenüber anderen rechtfertigt, ist die Vergangenheit, *und Historiker sind die Menschen, die Vergangenheit produzieren.* Mein Berufsstand, der immer in die Politik verwickelt war, wird zu einem wesentlichen Bestandteil des Nationalismus."[7]

Eine solchermaßen historisch definierte Gruppe entgeht einerseits dem Vorwurf der Beliebigkeit, es gibt einen „historischen Grund" zusammen zu sein. Andererseits hat der Bezug auf gemeinsame Geschichte offensichtlich etwas sozial konstruiertes – und damit einen großen Vorteil gegenüber der Definition über scheinbar objektive Kriterien wie Rasse, Sprache oder Geographie: Vergangenheitsinterpretationen sind politisch veränder- und wandelbar, sie können an aktuelle politische Bedürfnisse angepasst werden.

Die Frage, die sich nun stellt, ist, ob die politischen Notwendigkeiten der europäischen Einigung bereits einen Einfluss auf die nationalen Vergangenheitskonstruktionen der Mitgliedsstaaten der EU hatten?

2   Das historische *Imaginaire* und der europäische Integrationsprozesses

Im nun folgenden zweiten Abschnitt sollen offizielle Geschichtsdeutungen untersucht werden, wie sie häufig im symbolischen Rahmen von Gedenktagen durch verantwortliche Politiker, Staats- und Regierungschefs erfolgen. Ich habe diese Deutungen für Frankreich und Deutschland vom Beginn des Integrationsprozesses 1952 bis ins Jahr 2005 untersucht.[8] Um in die Analyse mit einbezogen zu werden, mussten diese Deutungen ein Echo in der Berichterstattung der Medien finden. Dies dient einerseits der Kontrolle, ob die *offizielle* Geschichtsdeutung ein *öffentliches* Echo erzielt hat, und andererseits der Einschätzung, wie umstritten oder akzeptabel die offiziellen Deutungen der Politiker innerhalb des existierenden Geschichtsbildes sind.[9] Damit lassen sich

---

7   Eric Hobsbawm (1992): „Ethnicity and Nationalism in Europe Today", in: *Anthropology Today* 8:1, S. 3–8 (Meine Betonung).

8   Die ausführliche Studie wurde veröffentlicht als Stefan Seidendorf (2007): Europäisierung nationaler Identitätsdiskurse? Ein Vergleich französischer und deutscher Printmedien. - Baden-Baden: Nomos.

9   Die Bedingungen, die jeweils über Erfolg/Nicht-Erfolg eines Sprechaktes entscheiden, wurden generiert in Anlehnung an die Diskursanalyse nach Michel Foucault (1976): L'ordre du discours: leçon inaugurale au Collège de France, prononcée le 2 décembre 1970. - Paris: Gallimard. Die Details in Seidendorf op. cit.

dann solche Sprechakte identifizieren, die maßgeblich am Wandel oder an der Bestätigung des jeweils existenten Geschichtsbildes beteiligt waren. Die fünfziger Jahre dienen dabei als Ausgangspunkt eines *Imaginaire*, das noch frei vom (möglichen) Einfluss des europäischen Einigungsprozesses ist.

Wie jedes Jahr gedenkt Frankreich am 11. November 1952 dem Waffenstillstand des 1. Weltkrieges. Antoine Pinay, der Ministerpräsident, führt in Rethondes, am Ort des Waffenstillstandes von 1918 (und 1940), aus (zitiert nach *Le Figaro*, 12.11.1952, S. 10):

> „Des millions d'hommes sont tombés pour rester libres et notre pays est demeuré la terre de la liberté. La France [...] s'est défendue contre toutes les oppressions extérieures et elle n'a jamais accepté l'autoritarisme à l'intérieur. Ainsi, la France est restée fidèle à sa vocation, en restant fidèle au message de ceux qui sont tombés pour elle."[10]

Es ist offensichtlich, wie der Ministerpräsident Gemeinsamkeit herstellt zwischen den gefallenen Franzosen, der Vergangenheit also, und der heute noch existierenden Nation „Frankreich", die damit eine überzeitliche Qualität erlangt und als Gruppe (oder Nation) ihre Existenz dem Opfer der gefallenen Soldaten verdankt. Doch, wie sich jetzt zeigt, ergibt sich daraus eine aktuelle Verpflichtung. Sie enthält das politische Element, denn das Erbe der Gefallenen muss verteidigt werden:

> „La France doit défendre un héritage, elle doit reconquérir une place dans le monde de demain. L'héritage, c'est celui d'un grand passé, c'est une forme de civilisation lentement et douloureusement créée, que chaque Français, à sa naissance, trouve comme un don à son berceau. La place à reconquérir, c'est celle d'une nation de premier ordre car la France, par son histoire, par l'exemple qu'elle a donné au monde, par les espérances qu'elle lui a offertes doit rester en tête des Etats qui façonnent l'avenir des hommes."[11]

Hier wird also der Bezug zwischen der Existenz als historisch etablierter Nation und der Legitimität politischen Handelns im Namen ebendieser Nation hergestellt. Dann geschieht das eigentlich Erstaunliche. Anstatt den politischen Auftrag, der sich aus

---

10   „Millionen Männer sind gefallen, um frei zu bleiben und unser Land ist das Land der Freiheit geblieben. Frankreich [...] hat sich gegen jede äußere Unterdrückung gewehrt und hat im Inneren niemals ein autoritäres Regime toleriert. So ist Frankreich seiner Berufung treu geblieben, indem es der Botschaft jener treu blieb, die für Frankreich gefallen sind."

11   „Frankreich muss ein Erbe verteidigen; Frankreich muss einen Platz in der Welt von morgen zurück erobern. Das Erbe ist das einer großen Vergangenheit, eine Art langsam und schmerzhaft geschaffener Zivilisation, die jeder Franzose wie eine Gabe bei seiner Geburt an seiner Wiege vorfindet. Der wieder zu erobernde Platz ist der einer Nation ersten Ranges, denn Frankreich, wegen seiner Geschichte, wegen des Beispiels, das es der Welt gegeben hat, wegen der Hoffnungen, die es der Welt geschenkt hat, muss an der Spitze jener Staaten bleiben, die die Zukunft der Menschen bestimmen."

dieser Vergangenheit ergibt, klassisch nationalstaatlich in der Verteidigung gegen die
äußeren Feinde zu definieren, bezieht sich der Ministerpräsident auf die 1952 gerade
anstehenden Verhandlungen zur Europäischen Verteidigungsgemeinschaft:

> „Pour demeurer fidèle à sa mission, pour respecter le message de ses morts, la France
> se doit de participer à l'organisation du monde libre selon des formules neuves. Ce
> n'est pas trahir l'idéal des armées de 1918 que de participer à une nouvelle œuvre
> internationale qui défendrait notre sécurité, c'est au contraire affirmer notre fidélité à cet
> idéal."[12]

Wiederum ist der Bezug auf die Vergangenheit und die daraus sich ergebende politische Handlungsaufforderung offensichtlich. Allerdings entspricht diese natürlich nicht
der französischen Politik des Ersten Weltkriegs, für den Ministerpräsidenten stellt sie
aber dennoch die getreue Fortführung dieses Ideals dar.

Hat diese Vergangenheitswahrnehmung, die doch noch sehr stark nationalstaatlich
definiert war, sich nun über die Zeit verändert? Dazu nun ein Sprung ins Jahr 1995.
Nach über 40 Jahren politischer Integration und nachdem die ‚politische Union' im
Maastrichter EU-Vertrag beschlossen worden war, zeigt sich 1995, dass mit dem Integrationsprozess auch eine veränderte Sichtweise auf die Vergangenheit einhergeht. Präsident Mitterrand, bei einem Auftritt in Berlin am 8. Mai 1995, anlässlich des 50. Jahrestags des Kriegsendes, definiert, wofür dieser 8. Mai seiner Meinung nach steht – und
etabliert damit eine bestimmte Interpretation der Vergangenheit:

> „Est-ce une défaite que nous célébrons? Est-ce une victoire? Et quelle victoire?
> C'est peut-être sans doute la victoire de la liberté sur l'oppression sans aucun doute.
> Mais c'est surtout à mes yeux, et c'est le seul message que je voudrais laisser, une
> victoire de l'Europe sur elle-même."[13]

Dieses Verständnis des Kriegsendes denkt nicht mehr in nationalen Kategorien. Es
gibt nicht mehr den französischen Sieg und die deutsche Niederlage, sondern den Sieg
der Freiheit über die Unterdrückung, in ganz Europa. Eine solche Interpretation hat
politisch einen gewaltigen Vorteil, und hier kommen wir zum ‚Nutzen' eines solchen
historischen *Imaginaire*. Ernst genommen bedeutet diese Interpretation: Es kämpften

---

12   „Um seiner Mission treu zu bleiben, um die Botschaft seiner Toten zu respektieren, muss Frankreich
      an der Organisation der freien Welt nach neuen Grundsätzen teilnehmen. Es ist kein Verrat am Ideal
      der Armeen von 1918, an einem neuartigen internationalen Werk teilzunehmen, das unsere Sicherheit
      gewährleisten würde. Im Gegenteil hieße es, unsere Treue zu diesem Ideal zu bekräftigen."

13   „Ist es eine Niederlage, die wir feiern? Ist es ein Sieg? Und welcher Sieg? Es ist vielleicht ohne Zwei-
      fel der Sieg der Freiheit über die Unterdrückung, ohne jeden Zweifel. Aber in meinen Augen ist es
      vor allem, und das ist die einzige Botschaft, die ich hinterlassen möchte, ein Sieg Europas über sich
      selbst."

nicht ‚Deutschland' gegen ‚Frankreich', sondern überall die Kräfte des Guten gegen die Mächte des Bösen – und die heutige EU ist die politische Konsequenz ebenjener überlebenden und siegreichen ‚Guten', die in beiden Ländern zu finden waren, aus der Vergangenheit. Wir EU-Europäer sind also die Guten, und wir haben einen geschichtlichen Gründungsmythos: Die EU als die Lehre aus der faschistischen Vergangenheit des Kontinents. Dies impliziert die Anerkennung des einstigen Gegners auf der individuellen Ebene der EU-Bürger als gleichberechtigte Teilhaber am politischen Entscheidungsprozess.[14] Mitterrand geht diesen Schritt, indem er der individuellen Soldaten gedenkt:

> „Je ne suis pas venu célébrer la victoire dont je me suis réjoui pour mon pays en 1945. Je ne suis pas venu souligner la défaite, parce que j'ai su ce qu'il y avait de fort dans le peuple allemand, ses vertus, son courage, et peu m'importe son uniforme, et même l'idée qui habitait l'esprit de ces soldats qui allaient mourir en si grand nombre. Ils étaient courageux. Ils acceptaient la perte de leur vie. Pour une cause mauvaise, mais leur geste à eux n'avait rien à voir avec cela. Ils aimaient leur patrie. Il faut se rendre compte de cela."[15]

Folgen wir dieser Interpretation, dann sind wir also alle Europäer und haben eine gemeinsame europäische Geschichte, die uns als Gruppe, als Schicksalsgemeinschaft verbindet. Wenn dies historisch etabliert ist, dann kann der darauf aufbauende gegenwärtige Anspruch nur in einem gemeinsamen politischen Handeln liegen. Das heißt, als Europäische Bürger bilden wir gemeinsam den politischen Souverän des Gemeinwesens EU.

Dieser letzte Schritt wird schließlich von Präsident Chirac in seiner Bundestagsrede am 27. Juni 2000 beschworen. Als Konsequenz aus der bereits von Mitterrand historisch begründeten Schicksalsgemeinschaft fordert er eine gemeinsame Verfassung, einen politischen Gründungsakt für „Unser Europa", so der Titel seiner Rede. Er ist sich der Bedeutung seiner Forderung sehr wohl bewusst, denn er beschwört eine exis-

---

14 Eine Diskussion der Bedeutung dieses so verstandene Gleichheitsbegriffs für die Existenz eines demokratischen, europäischen Gemeinwesens bei Thomas Meyer (2004): Die Identität Europas. - Frankfurt a. M.: Suhrkamp, S. 38–63.

15 „Ich bin nicht gekommen, um den Sieg zu feiern, über den ich mich 1945 für mein Land gefreut habe. Ich bin nicht gekommen, die Niederlage zu unterstreichen, denn ich wusste um die Stärke des deutschen Volkes, seine Tugenden, seinen Mut; und seine Uniform kümmert mich wenig, und ebenso die Vorstellungen, die den Geist jener Soldaten bestimmten, die in so großer Zahl sterben sollten. Sie waren mutig. Sie akzeptierten den Verlust ihres Lebens. Für eine schlechte Sache, aber ihr individuelles Handeln hatte damit nichts zu tun. Sie liebten ihre Vaterland. Man muss sich dessen bewusst sein."

tentielle, also die *Existenz des Gemeinwesens* betreffende Debatte (zitiert nach der vom französischen Präsidialamt verbreiteten Rede und Übersetzung[16]):

> „Un débat qui engage nos nations et nos peuples, leur histoire et leur identité, et qui touche à l'organisation même de nos sociétés, à la volonté et à la capacité des Européens d'aller plus loin dans l'Union."[17]

Diese *existentielle* Debatte ist gerechtfertigt aus der gemeinsamen Geschichte heraus, deren logische Konsequenz für Chirac im gemeinsamen politischen Handeln liegt:

> „Ce que l'Allemagne et la France ont vécu et subi dans l'Histoire ne ressemble à rien d'autre. Mieux qu'aucune nation, elles saisissent le sens profond de la paix et du projet européen. [...] Elles seules peuvent accomplir les gestes [...] qui feront de l'Union ce grand espace de paix, de droits et de libertés, ce foyer de l'esprit digne de son héritage, cette terre que nos citoyens aimeront habiter, cultiver, faire rayonner ensemble."[18]

Hier scheint ein gewisser End- oder Wendepunkt der Entwicklung seit 1952 erreicht zu sein. Aufbauend auf dieser Rede forderte Präsident Chirac eine europäische Verfassung, was dann im Verfassungsvertrag mündete, der ja bekanntlich ebenfalls in Frankreich 2005 abgelehnt wurde. Im Zusammenhang dieses Beitrags muss jetzt jedoch der Blick über Frankreich hinausgehen: Natürlich macht die postulierte Transformation des nationalen Geschichtsverständnisses nur Sinn, wenn sie nicht auf Frankreich beschränkt bleibt, sondern auch in den anderen Ländern, die an dieser Union teilnehmen sollen, geteilt wird. Dies kann aus Platzgründen nur kursorisch angedeutet werden. Es findet sich jedoch, zumindest für Deutschland, eine ähnliche Entwicklung, die mit den Reden des Bundespräsidenten Theodor Heuss 1952 einsetzt, als dieser zum ersten Mal und sehr vorsichtig versuchte, das Unsagbare, den Holocaust, in das öffentliche Gedächtnis zu integrieren und darauf aufbauend politisch eine „Arbeit für den Frieden"

---

16   Abrufbar unter www.elysee.fr/elysee/elysee.fr/francais/interventions/discours_et_declarations/2000/ juin/unser_europa-rede_von_jacques_chirac_prasident_der_republik_vor_dem_deutschen_bundes-tag.46042.html.

17   „Eine Debatte, die unsere Völker und Nationen verpflichtet, ihre Geschichte und ihre Identität, und die den Aufbau selbst unserer Gesellschaften, den Willen und die Möglichkeiten der Europäer, auf dem Weg zur Union weiterzugehen, betrifft."

18   „Was Deutschland und Frankreich im Laufe ihrer Geschichte erlebt und erlitten haben, ist ohnegleichen. Mehr als jede andere Nation wissen sie, was Friede und europäische Einigung wirklich bedeuten. [...] Nur sie vermögen aus der Union diesen Raum des Friedens, der Rechte und Freiheiten zu machen; diesen Hort des Geistes, der ihrem Erbe würdig ist; diese Erde, die dann unsere Bürger gemeinsam bewohnen, bestellen und zur Entfaltung bringen möchten."

sowie Schritte zur europäischen Verständigung fordert.[19] Im deutschen Fall kann weiterhin auf die viel zitierte Rede Bundespräsident von Weizsäckers verwiesen werden, der ebenfalls an einem 8. Mai, 1985, erläuterte:

> „Der 8. Mai war ein Tag der Befreiung. Er hat uns alle befreit von dem menschenverachtenden System der nationalsozialistischen Gewaltherrschaft."

Das bedeutet, dass auch die Deutschen, in ihrer Mehrheit zumindest, im Lager der Sieger standen, oder zumindest im Lager der Befreiten, befreit von der Unterdrückung, um Mitterrands Terminus aufzunehmen. Und Weizsäcker spricht diesen Schluss in seiner ganzen Konsequenz aus:

> „Schuld oder Unschuld eines ganzen Volkes gibt es nicht. Schuld ist, wie Unschuld, nicht kollektiv, sondern persönlich."

Hier wird erneut, diesmal von deutscher Seite, der Gedanke formuliert, dass zumindest diejenigen, die keine Schuld auf sich geladen hatten, die „guten Europäer", gemeinsam und gleichberechtigt die EU als Lehre aus dem letzten Krieg bauen sollten.

Soviel also zur längerfristigen Entwicklung. In einem letzten Teil soll jetzt noch gezeigt werden, wie die Existenz dieses *Imaginaire* politisch genutzt werden kann. Dieser letzte Teil dient gleichzeitig dazu, die Frage nach der konkreten Bedeutung eines *Imaginaire* im politischen Alltagsgeschäft zu stellen. Man könnte ja mit guten Gründen sagen, hier handele es sich um Sonntagsreden, ohne Konsequenz für die tatsächlich ausgeführte Politik. Gerade im französischen Fall scheint doch eine gewaltige Kluft zu existieren zwischen der Forderung Präsident Chiracs nach einer Verfassung, seinem Verhalten während des Verfassungskonvents und der Ablehnung des Verfassungsvertrags durch das französische Volk.

Es soll nun aber gezeigt werden, dass diese Vergangenheitskonstruktionen nicht unverbindlich oder neutral sind, sondern dass sie als Ressource im politischen Alltag genutzt werden können und dass wir sogar relativ präzise die Bedingungen ihrer erfolgreichen Benutzung definieren können.

---

19 Etwa anlässlich des Volkstrauertages am 14.11.1952, zitiert in der Frankfurter Allgemeinen Zeitung vom 15.11.1952, oder anlässlich der Einweihung des ersten bundesdeutschen Mahnmals für ein Konzentrationslager in Bergen-Belsen am 30.11.1952 (Text der Rede in Süddeutsche Zeitung, 1.12.1952, S.1).

3 Vom Nutzen der Geschichte: Rhetorisches Handeln und die „Gemeinschaftsfalle"

Das Jahr 2000 bietet ein anschauliches Beispiel, wie unter Bezug auf die angeblich geteilte Vergangenheit aktuelle Politik gemacht werden kann.[20] Zunächst geht aus den Wahlen zum österreichischen Parlament 1999 eine Pattsituation hervor. Als Konsequenz daraus formiert sich im Januar 2000 zum ersten Mal eine Koalition aus „Schwarzen" und „Blauen", also unter Einschluss der Partei Jörg Haiders, die in den folgenden Monaten in der französischen Presse durchweg als „rechtsextrem", in der Deutschen als „rechtspopulistisch" bezeichnet wird.

Als weitere Konsequenz verhängen die anderen EU-Europäer „Sanktionen", sie ziehen ihre Botschafter ab und verweigern politische Begegnungen mit ihren österreichischen Kollegen. Dieses Verhalten wird gerechtfertigt durch den Bezug auf „Europas gemeinsame Werte". Es handelt sich dabei *durchaus nicht* um einen „linken Gründungsmythos", wie die FAZ (02.02., 08.02., 11.02.2000) mutmaßt. Vielmehr geht die Aktion maßgeblich von den Konservativen Jacques Chirac und José Maria Aznar aus, und wird vom liberalen belgischen Premier Verhofstadt unterstützt.[21]

Für die deutsche Regierung ist die Lage schwierig. Einerseits sind diese Sanktionen in der Bevölkerung sehr unpopulär, 80 % der Bevölkerung lehnen sie ab. Die CDU und besonders Edmund Stoibers CSU, in der Opposition, zögern nicht, die Stimmung in der Bevölkerung anzuheizen und die Regierung vor sich her zu treiben. Warum stimmen in dieser Situation Bundeskanzler Schröder und Bundesaußenminister Fischer den Sanktionen zu? Eigentlich haben sich Schröder und Chirac bis dahin eher als Gegner wahrgenommen, die Zeit ihrer Gemeinsamkeit während des Irakkriegs kommt erst noch 2003, der Nizza-Gipfel im Dezember 2000 stand ja unter dem Zeichen deutschfranzösischer Querelen. Warum also diese Unterstützung? Politisch gibt es nichts zu gewinnen für Rot-Grün, wie wir gesehen haben, die Sanktionen sind zuhause unpopulär.

Einen Hinweis geben die Argumente, mit denen die Bundesregierung ihre Position rechtfertigt. Während Frankreich, Belgien und Spanien auf die gemeinsamen Werte Europas und die daraus sich ergebenden politischen Konsequenzen verweisen, sind die deutschen Politiker vorsichtiger.

Außenminister Fischer führt zunächst aus, dass „Kritiker wie Stoiber übersähen, dass sich Deutschland außenpolitisch isoliert hätte, wenn es den Kurs der EU nicht

---

20 Ausführlicher: Stefan Seidendorf (2005): „Defining Europe against its Past? Memory Politics and the Sanctions against Austria in France and Germany", in: German Law Journal 6:2, S. 439–464.

21 S. dazu Michael Merlingen, Cas Mudde, Ulrich Sedelmeier (2001): „The Right and the Righteous? European Norms, Domestic Politics and the Sanctions Against Austria", in: Journal of Common Market Studies, 39:1, S. 67.

mitgetragen hätte." (8.02. SZ). Am 18.04. (*Le Monde*) geht Fischer sogar so weit, die Haltung der Regierung so zu erklären: „Die Verfassung gebietet uns, deutsche Interessen zu verteidigen." Daraus ergibt sich für ihn als Konsequenz: „Wir werden nicht den Fehler begehen, Haider zu einem deutschen Problem werden zu lassen." Das spielt darauf an, dass eine fehlende Unterstützung Deutschlands für die Sanktionen als Solidarität mit den österreichischen Rechtspopulisten gesehen und mithin als Wiederauferstehung der in der Presse bereits beschworenen „deutschen Gefahr" verstanden worden wäre. Am 12.04. übermittelt der *Figaro* die Position Bundeskanzler Schröders, der nicht riskieren wolle, „Deutschland von den gemeinsamen Werten Europas und der westlichen Gemeinschaft abzuspalten"[22] und deshalb die ‚Sanktionen' unterstützt.

Durch den geschickten Bezug auf die gemeinsamen Werte der EU, abgeleitet aus der gemeinsamen Geschichte, gelingt es Chirac also, die deutschen Verhandlungspartner zu einer gemeinsamen Haltung zu bewegen – auch gegen deren heimische Interessen. Letztendlich bleibt es unerheblich, ob Schröder und Fischer sich diese Werte zu eigen machen oder nicht. Vielmehr sind sie zu einer Interessenabwägung gezwungen zwischen der heimischen Opposition gegen die Sanktionen und der Notwendigkeit, in dieser Angelegenheit an Frankreichs Seite zu stehen.

Schließlich muss auch die sanktionskritische FAZ am 14. April 2000 (S. 1) feststellen: „Die groteske Überreaktion auf Haider lässt erahnen, welche Argumente, welche historischen Analogien heraufbeschworen worden wären, wenn der ‚germanische Block' gegen den Rest der EU gestanden hätte." – Insofern war also das Handeln der rot-grünen Bundesregierung angemessen.

Als Fazit steht dieses Beispiel dafür, wie konkrete Politik unter Bezug auf gemeinsam geteilte Vergangenheitskonstruktionen gemacht werden kann. Ein solches historisches *Imaginaire* ist nicht unverbindlich, aus ihm ergeben sich bestimmte politische Normen, die in der aktuellen politischen Debatte mobilisiert werden können.

Ein letzter Abschnitt wendet sich nun noch der Frage zu, wie diese Vergangenheitskonstruktionen sich weiterentwickeln und verbindlich werden können. Handelt es sich dabei nicht doch recht eigentlich um ein deutsch-französisches Anliegen, oder vielleicht sogar nur um eine Verständigung zwischen Kanzlern und Präsidenten? Am Beispiel der Integration der Ost- und Mitteleuropäischen Erweiterungsstaaten soll dieser Mechanismus kurz untersucht werden.

Am 27. Januar 2005, nach der Osterweiterung 2004, möchte das Europäische Parlament in einer Resolution dem 60. Jahrestag der Befreiung des Vernichtungslagers Auschwitz gedenken. Die verschiedenen Entschließungsanträge, die Vorlagen also zu der Resolution, die das Parlament verabschieden möchte, erlauben es, einer Vergangen-

---

22   „de couper l'Allemagne des valeurs communes à l'Europe et à la communauté occidentale", *Le Figaro* 12.4.2000.

heitskonstruktion quasi in Echtzeit beizuwohnen. Zunächst bringen Grüne, Linke und Sozialdemokraten am 18. Januar 2005 Anträge ein, die das Vernichtungslager in einer jeweils identischen Formulierung bezeichnen:

> „In der Erwägung, dass der 60. Jahrestag der Befreiung des Vernichtungslagers Auschwitz in Polen, am 27. Januar begangen wird […]".[23]

„Auschwitz in Polen" – gegen diese Verbindung zwischen Auschwitz und Polen, ohne explizite Nennung der historisch Verantwortlichen, erhebt sich Widerstand bei den Neumitgliedern. Sie reichen am 24. Januar eine Resolution ein, die die Bedeutung der Befreiung von Auschwitz auf andere Weise definiert:

> „A. in Erwägung des 60. Jahrestages der *Befreiung des Vernichtungslagers Auschwitz durch die Alliierten* am 27. Januar 1945,
>
> B. in der Erwägung, dass *das Lager Auschwitz, das von Nazideutschland 1940 eingerichtet* wurde, ursprünglich dazu diente, die Elite der polnischen Gesellschaft zu vernichten, d. h. Persönlichkeiten des politischen, bürgerlichen und geistigen Lebens, Intellektuelle, Künstler und Wissenschaftler sowie Angehörige der Widerstandsbewegung, […]
>
> F. in der Erwägung, dass wir der Hoffnung Ausdruck geben, dass keine andere Nation, kein anderer Staat sich jemals wieder zu Verbrechen hinreißen lässt, die so barbarisch, so ohne Mitleid sind, wie es die Verbrechen Deutschlands im 2. Weltkrieg waren."[24]

Einerseits wird also eine eindeutige Zuordnung der historischen Verantwortlichkeiten: Auschwitz – Nazi-Deutschland etabliert. *Andererseits* verschiebt der zweite Punkt das in Westeuropa vorherrschende Andenken an die jüdischen Opfer des Holocaust zu einer Erinnerung an besonders die polnischen Opfer. Schließlich wird drittens in historischen Kollektivkategorien argumentiert – im Namen der Nationen, die gegeneinander Krieg führten, Deutsche gegen Polen, ohne Differenzierung. Diese Sichtweise war es ja gerade, die in den bisher betrachteten deutschen und französischen Beispielen überwunden worden war, zugunsten einer Sichtweise, die das Individuum in den Mittelpunkt stellte.

---

23   Die Klassifikation der relevanten Anträge in den Akten des Europäischen Parlaments (EP): Antrag der GUE/NGL (Linke): B6-0074/2005, der Les Verts (Grüne): B67 0070/2005, der PSE (Sozialdemokraten): B6-0069/2005.

24   IND/DEM (Fraktion der Unabhängigen und Demokraten), B6-0079/2005, meine Betonungen.

In dem am 27. Januar letztendlich angenommenen Beschluss des Europaparlaments, einem Kompromiss der vorhergehenden Diskussion, wird das über 50 Jahre etablierte politische *Imaginaire* erneut bekräftigt. Es wird damit auch für die neuen Mitgliedstaaten gültig:

> „A. in der Erwägung, dass der 27. Januar 2005, der 60. Jahrestag der Befreiung des *Todeslagers Auschwitz-Birkenau, das von Nazi-Deutschland eingerichtet wurde* und in dem insgesamt bis zu 1,5 Millionen Juden, Roma, Polen, Russen und Gefangene verschiedener anderer Nationalitäten und Homosexuelle ermordet worden sind [...]".[25]

Einerseits wird also die in Westeuropa etablierte Sichtweise betont. Der jüdischen Opfer wird als erstes gedacht, der Antisemitismus wird im Folgenden noch explizit verurteilt und die Kategorisierung von Menschen nach scheinbar objektiven Kollektivkategorien (Rasse, Religion, sexuelle Orientierung) wird ausdrücklich abgelehnt.

Andererseits ist offensichtlich, dass es sich um einen durchaus demokratischen Prozess handelt, bei dem nicht die eine Seite – die Alteuropäer – der anderen – den Neumitgliedern – etwas aufzwingt. Vielmehr müssen auch die berechtigten Anliegen der Neumitglieder berücksichtigt und integriert werden. Anstelle des neutralen Begriffes „Auschwitz in Polen" erfolgt die korrektere Bezeichnung Auschwitz-Birkenau, von Nazi-Deutschland eingerichtet. Dies wiederum erlaubt aus westlicher Sicht die Differenzierung zwischen dem damaligen Nazi-Deutschland und den ‚kollektiv nicht schuldigen' individuellen Deutschen, die deshalb gleichberechtigt an der EU teilnehmen dürfen.[26]

Der letzte Abschnitt hat also zweierlei verdeutlicht: Einerseits, wie individuelle Akteure sich des historischen *Imaginaire* bedienen können, um damit konkrete Politik zu machen und beispielsweise Verhandlungsergebnisse zu beeinflussen. Dieses als „rhetorisches Handeln" bekannt gewordene Phänomen wurde von Frank Schimmelfennig in der politikwissenschaftlichen Europaforschung etabliert.[27] Als zweites zeigt sich aber auch, wie dieser von ihm als „Gemeinschaftsfalle"[28] bezeichnete Bestand an gemeinsamen Normen sich weiterentwickelt. In demokratischen Systemen erfolgt diese Weiterentwicklung langsam und kontinuierlich – der Bezug zu bereits akzeptierten, existierenden Vergangenheitskonstruktionen muss hergestellt werden und, in einem

---

25 Angenommene Entschließung des EP: PE_TA(2005)0018 (meine Betonung).
26 Detaillierter zu dieser Episode: Stefan Seidendorf (2006): „Verständigung gegen die Vergangenheit? Europäisierung von Erinnerung in Frankreich und Deutschland", in: Matthias Schöning/Stefan Seidendorf (Hg.): Reichweiten der Verständigung. Intellektuellendiskurse zwischen Nation und Europa - Heidelberg: Universitätsverlag Winter, S. 263–289, hier 282ff.
27 Frank Schimmelfennig (2000): „Goffman Meets IR: Dramaturgical Action in International Community", in: International Review of Sociology 12:3, 417–437.
28 Frank Schimmelfennig (2001): „The Community Trap: Liberal Norms, Rhetorical Action, and the Eastern Enlargement of the EU", in: *International Organization* 55:1, 47–80.

Gebilde wie der EU, die unterschiedlichen Erfahrungen adäquat integriert werden.[29] Dass und wie dies gelingen kann, hat das letzte Beispiel gerade gezeigt. Abschließend soll nun nochmals eine kurze Gesamtbeurteilung stehen.

4   Zusammenfassung

Soll Europa als politisches Gemeinwesen gelingen, ist eine Vorstellung davon, wo wir herkommen und warum wir zusammenarbeiten, unerlässlich. Nur dann gibt es eine Legitimität dafür, politisch *als Europäer gemeinsam* zu handeln, und nicht nur bei der Lösung bestimmter grenzüberschreitender Probleme als Deutsche und Franzosen zusammenzuarbeiten.

Eine Rechtfertigung der heutigen EU als „Lehre" aus der gemeinsamen Vergangenheit, also eine Opposition zwischen uns Heutigen (der EU) und dem Anderen (der europäischen Vergangenheit) bringt dabei einen wichtigen Vorteil mit sich. Anstelle der üblicherweise zur Legitimation von Nationen benutzen Abgrenzung nach außen – ‚wir' gegen ‚sie' – tritt eine alternative Konstruktion. In der Konstruktion Europas gegen die Vergangenheit liegt die Möglichkeit, das Unterfangen der europäischen Integration zu legitimieren, ohne dabei in einen Nationalismus europäischen Ausmaßes zu verfallen, also etwa ‚Europa gegen die Arabische Welt' oder ‚Europa gegen die USA' zu konstruieren.[30]

Die EU könnte stattdessen verstanden und legitimiert werden als politisches Projekt, geschaffen *gegen* die Erfahrung zerstörerischen Nationalismus und totalitärer Ideologien. Dabei darf jedoch nicht vergessen werden, dass ein solcher Bezug auf die Vergangenheit nicht unverbindlich ist, sondern eine politische Verpflichtung schafft. Diese gilt es einzulösen.

---

29   Zur strukturellen Seite dieses Prozesses Stefan Seidendorf (2008): „Geschichtlichkeit und Gemeinschaftsumwelt: was strukturiert den Konstitutionalisierungsprozess?", in: Frank Schimmelfennig, Berthold Rittberger (Hg.): Die Europäische Union auf dem Weg in den Verfassungsstaat. - Frankfurt a. M.: Campus, S. 101–135.

30   Dieser Gedanke z.B. bei: Ole Waever (1996): „European Security Identities", in: Journal of Common Market Studies 34:1, S. 103–132, Jean-Marc Ferry (2000): La question de l'Etat Européen. - Paris, S. 166–167, Peter Wagner (2005): „The Political Form of Europe, Europe as a Political Form", in: Thesis Eleven 80, S. 46–73, hier S. 69.

Literatur

Anderson, Benedict (1983): Imagined Communities. - London: Verso.

Anderson, Benedict (1988): Die Erfindung der Nation. - Frankfurt a. M.: Campus.

Ferry, Jean-Marc (2000): La question de l'Etat Européen. - Paris: Gallimard.

Foucault, Michel (1976): L'ordre du discours: leçon inaugurale au Collège de France, prononcée le 2 décembre 1970. - Paris: Gallimard.

Gellner, Ernest (1999): Nationalismus – Kultur und Macht. - Berlin: Siedler.

Halbwachs, Maurice (1950): La mémoire collective - Paris: Presses Universitaires de France.

Halbwachs, Maurice/Lutz Geldsetzer (1966): Das Gedächtnis und seine sozialen Bedingungen. - Berlin: Luchterhand.

Hobsbawm, Eric (1990): Nations and nationalism since 1780. - Cambridge: Cambridge University Press.

Hobsbawm, Eric (1992): „Ethnicity and Nationalism in Europe Today", in: Anthropology Today 8:1, S. 3–8.

Merlingen, Michael; Cas Mudde; Ulrich Sedelmeier (2001): „The Right and the Righteous? European Norms, Domestic Politics and the Sanctions Against Austria", in: Journal of Common Market Studies, 39:1, S. 59–77.

Meyer, Thomas (2004): Die Identität Europas. - Frankfurt a. M.: Suhrkamp.

Schimmelfennig, Frank (2000): „Goffman Meets IR: Dramaturgical Action in International Community", in: International Review of Sociology 12:3, S. 417–437.

Schimmelfennig, Frank (2001): „The Community Trap: Liberal Norms, Rhetorical Action, and the Eastern Enlargement of the EU", in: International Organization 55:1, S. 47–80.

Seidendorf, Stefan (2005): „Defining Europe against its Past? Memory Politics and the Sanctions against Austria in France and Germany", in: German Law Journal 6:2, S. 439–464.

Seidendorf, Stefan (2006): „Verständigung gegen die Vergangenheit? Europäisierung von Erinnerung in Frankreich und Deutschland", in: Matthias Schöning/Stefan Seidendorf (Hg.): Reichweiten der Verständigung. Intellektuellendiskurse zwischen Nation und Europa - Heidelberg: Universitätsverlag Winter, S. 263–289.

Seidendorf, Stefan (2007): Europäisierung nationaler Identitätsdiskurse? Ein Vergleich französischer und deutscher Printmedien. - Baden-Baden: Nomos.

Seidendorf, Stefan (2008): „Geschichtlichkeit und Gemeinschaftsumwelt: was strukturiert den Konstitutionalisierungsprozess?", in: Frank Schimmelfennig, Berthold Rittberger (Hg.): Die Europäische Union auf dem Weg in den Verfassungsstaat. - Frankfurt a. M.: Campus, S. 101–135.

Waever, Ole (1996): „European Security Identities", in: Journal of Common Market Studies 34:1, S. 103–132.

Wagner, Peter (2005): „The Political Form of Europe, Europe as a Political Form", in: Thesis Eleven 80, S. 46–73.

Beiträge und Rezensionen

Die deutsch-französische Militärkooperation: Speerspitze europäischer Streitkräfte?

Sven Bernhard Gareis/Nina Leonhard

1 Einleitung

Kaum ein Staatenpaar unterhält so intensive, vielfältige und vor allem langjährige Kooperationsbeziehungen zwischen seinen Streitkräften wie Deutschland und Frankreich. Nach Jahrhunderten der ‚Erbfeindschaft' und drei verheerenden Kriegen im Zeitraum von rund 75 Jahren standen beide Länder nach dem Ende des Zweiten Weltkriegs vor der Herausforderung, ihr schwieriges Verhältnis auf der Grundlage von Verständigung, Annäherung und schließlich Freundschaft neu zu ordnen. Dieser Prozess, der mit dem 1950 vorgelegten Pleven-Plan zur Europäischen Verteidigungsgemeinschaft (EVG) und vor allem mit dem Elysée-Vertrag von 1963 stets die militärische Dimension einschloss, war von Beginn an auch ein europäisches Projekt. Europa indes stellte dabei weder für Deutschland noch für Frankreich eine idealistische Zielbestimmung dar. Vielmehr war der europäische Integrationsprozess für beide Länder immer auch ein strategischer Hebel für die Förderung ihrer partikularen Interessen. Für die Bundesrepublik Deutschland repräsentierte Europa eine entscheidende Plattform für die Rückerlangung staatlicher Souveränität sowie eines gleichberechtigten Platzes in der Staatenwelt. Frankreich wiederum sah im europäischen Integrationsprozess die Chance, bei Aufrechterhaltung seiner eigenen Führungsrolle die Machtzuwächse eines politisch, wirtschaftlich und letztlich auch militärisch erstarkenden Deutschland auszubalancieren. Die deutsch-französische Zusammenarbeit war so gesehen keine *marriage d'amour*, sondern eine Vernunftehe, die gleichwohl einen für beide Partner wie auch für die europäische Staatenfamilie insgesamt recht glücklichen Verlauf nahm.

Die europäische Perspektive spielt in der bilateralen Militärkooperation bis heute eine zentrale Rolle, verstehen sich Deutschland und Frankreich doch insbesondere auf diesem Gebiet als Integrationsmotor mit hochgesteckten Zielen. Doch inwieweit wird die Praxis dieser Kooperation hinsichtlich ihrer organisatorisch-strukturellen Rahmenbedingungen, aber auch hinsichtlich ihrer Wahrnehmung durch die an ihr beteiligten Soldaten diesen Ambitionen gerecht? Aus welchen Elementen besteht diese Zusammenarbeit im Einzelnen, welche Inkongruenzen gibt es und wie können diese gegebenenfalls überwunden werden? Wie steht es, kurz gefasst, um Anspruch und Wirklichkeit der deutsch-französischen Militärkooperation? Dies sind die Fragen, denen ein im Jahr 2005 begonnenes und gemeinsam vom *Centre d'Etudes en Sciences Sociales de la Défense* (C2SD) in Paris und dem Sozialwissenschaftlichen Institut der Bundeswehr (SOWI) in Strausberg durchgeführtes Forschungsprojekt nachgegangen ist. Dabei ist es erstmals gelungen, das breite Feld der deutsch-französischen Militärkooperation in umfassender Weise und unter Verwendung gemeinsam entwickelter Forschungsinstrumente zu analysieren (s. Pajon 2006; Leonhard/Gareis 2008). Im Folgenden sollen die zentralen Befunde dieser Untersuchung vorgestellt werden. Dazu werden zunächst überblicksartig die bestehenden Formen der deutsch-französischen Militärkooperation beschrieben, um danach die Funktionsbedingungen und Probleme dieser Zusammenarbeit zu analysieren. Abschließend wird die deutsch-französische Militärkooperation dann auf ihren möglichen Beitrag zum europäischen Integrationsprozess bewertet.

2   Gegenwärtige Formen der deutsch-französischen Streitkräftekooperation

Bundeswehr und Französische Armee haben seit 1963, vor allem aber seit der Vertiefung der militärpolitischen Beziehungen in den 1980er Jahren ein umfassendes Kooperationsgeflecht entwickelt. Die wichtigsten Felder und Formen dieser Zusammenarbeit sollen hier skizziert werden.

2.1 Konzeption, Begleitung und Steuerung der deutsch-französischen Militärkooperation

Deutsch-französischer Verteidigungs- und Sicherheitsrat (DFVSR)
Der DFVSR wurde am 22. Januar 1988 durch ein Zusatzprotokoll zum Elysée-Vertrag geschaffen. Zu seinen zentralen Aufgaben gehören ausweislich dieses Protokolls die Ausarbeitung gemeinsamer Konzeptionen für Verteidigung und Sicherheit, die Abstimmung in Fragen der europäischen Sicherheit, die Beschlussfassung bezüglich gemeinsamer Truppenteile, die Verbesserung des Zusammenwirkens der Streitkräfte sowie die Vertiefung der Rüstungszusammenarbeit. Diesem Aufgabenspektrum entsprechend sind die Gremien hochrangig besetzt: Den Rat selbst bilden Bundeskanzler/in und Staatspräsident sowie die Außen- und Verteidigungsminister, Generalstabschef bzw. Generalinspekteur nehmen kraft Amtes teil. Der Rat tagt halbjährlich im Zusammenhang mit den deutsch-französischen Ministerräten.

Militärattachéstäbe, Verbindungs- und Austauschoffiziere

Ohne direkt in die Programme und Aktivitäten der deutsch-französischen Militärkooperation eingebunden zu sein, sind die Militärattachéstäbe an den Botschaften in Berlin und Paris wichtige Kontaktstellen zur Verbesserung der gegenseitigen Kenntnisse zwischen den Streitkräften und des Verständnisses der Sicherheits- und Militärpolitik beider Länder.

Ebenfalls dem gegenseitigen Kennenlernen und Informationsaustausch dienen die Verbindungselemente, die Bundeswehr und französische Streitkräfte bei zahlreichen Einrichtungen im Partnerland, vor allem an Akademien und Schulen sowie höheren Kommandobehörden unterhalten. Die stets nach dem Prinzip der Reziprozität entsandten Verbindungsoffiziere sind für die Kontaktpflege zwischen den jeweiligen Institutionen, die Planung und Durchführung gemeinsamer Programme, Übungen, Besuche etc. zuständig und werden – zumal an Ausbildungseinrichtungen – oft auch als ‚Lehrer' zu Fragen und Belangen ihrer Streitkräfte eingesetzt. Mit der „Stabsgruppe Frankreich" in Fontainebleau und dem Heeresverbindungshauptstab in Paris unterhält die Bundeswehr zwei Führungsstäbe für die 30 über militärische Einrichtungen in ganz Frankreich verteilten Verbindungsoffiziere, während auf französischer Seite die Zuständigkeit für die truppendienstliche Führung der etwa gleich großen Zahl von Verbindungsoffizieren in Deutschland beim französischen Militärattachéstab in Berlin liegt.

Während die Verbindungsoffiziere offizielle Repräsentanten ihrer Streitkräfte im Partnerland sind, spielen die sogenannten Austauschoffiziere (seit einigen Jahren auch eine kleine Zahl von Austausch-Unteroffizieren) eine völlig andere Rolle. Austauschoffiziere leisten ihren Dienst auf Positionen im Partnerland nach dessen Regeln, Einsatzgrundsätzen und Interessen. Sie sind vollständig in die Abläufe ihrer Verbände, Schiffe, Schulen oder Behörden bis hinein in die Verteidigungsministerien integriert. Obwohl sie weiter ihre deutsche bzw. französische Uniform tragen, werden Austauschoffiziere zu Quasi-Angehörigen der Partnerstreitkräfte.

2.2 Ausbildung der künftigen Akteure der deutsch-französischen Militärkooperation

Im Laufe ihrer Karriere durchlaufen Soldaten aller Streitkräfte immer wieder Lehrgänge und weiterführende Ausbildungsgänge, die sie auf die Übernahme bestimmter Arbeitsbereiche bzw. Führungsaufgaben vorbereiten. Im Zusammenwirken zwischen den Streitkräften verschiedener Staaten kommt daher dem gemeinsamen Verständnis von Aufträgen und deren Erledigung eine grundlegende Bedeutung zu – bilaterale Ausbildungsprogramme sollen die Akteure an den Schnittstellen der Kooperation auf diese Aufgaben vorbereiten und so für eine verbesserte Interoperabilität der Streitkräfte sorgen. In der deutsch-französischen Militärkooperation werden hierzu eine ganze Reihe derartiger Ausbildungsprogramme durchgeführt.

Kurzprogramme
Die größte Zahl von Soldaten auf beiden Seiten wird durch das Angebot einer fast unübersehbaren Vielfalt von kurzen Ausbildungsabschnitten und/oder *trainings on the job* erreicht. Diese oft wenige Tage bzw. Wochen umfassenden Programme werden in Form eines Austausches von Hörsälen oder Delegationen von Offizierschulen und Truppenschulen auf der Grundlage von Partnerschaftsvereinbarungen, der Teilnahme an der Einzelkämpfer-/Commando-Ausbildung, der Fallschirmsprungausbildung oder der Teilnahme am Dienst in Truppenteilen der Partnernation durchgeführt.

Akademische Programme
Einem kleineren Personenkreis vorbehalten, dafür mit umso größerer Tiefe und Nachhaltigkeit ausgestattet, sind die zeitintensiveren Ausbildungsgänge an den Militärakademien/Universitäten und Schulen. An der Spitze stehen hierbei die gegenseitigen Entsendungen besonders qualifizierter Stabsoffiziere in die Generalstabsausbildung an der Führungsakademie der Bundeswehr (FüAkBw) in Hamburg bzw. am *Collège Interarmées de Défense* (C.I.D) in Paris. Jedes Jahr beginnen i.d.R. fünf französische Offiziere ihren zweijährigen Lehrgang in Hamburg, eine gleiche Zahl deutscher Offiziere geht nach Paris. Zwar handelt es sich hierbei nicht um ein exklusives deutsch-französisches Arrangement, weil beide Nationen auch Lehrgangsteilnehmer aus anderen NATO- und EU-Staaten einladen und die nationalen Generalstabslehrgänge so stets eine internationale Prägung aufweisen. Jedoch ist die Zahl der deutschen bzw. französischen Teilnehmer jeweils die mit Abstand größte.

Spezifisch deutsch-französisch ist dagegen ein ursprünglich (1993) von der Bundesmarine und der *Marine Nationale* ins Leben gerufenes und in der Folge dann auch von den Luftwaffen (2003) sowie den Landstreitkräften (2007) übernommenes Langzeit-Ausbildungsprogramm. Im Bereich der Marinen unterziehen sich jedes Jahr zwei Offizieranwärter beider Länder einer vollständigen Offizierausbildung im Partnerland, beginnend unmittelbar nach der Grundausbildung und abschließend mit der akademischen Qualifikation an der *Ecole Navale* in Brest bzw. an der Marineschule Mürwik in Flensburg und der Universität der Bundeswehr in Hamburg. Insgesamt verbleiben die erfolgreichen Offizieranwärter rund sechs Jahre in den Ausbildungseinrichtungen des Partnerlandes und erfahren dort naturgemäß eine starke berufliche Prägung. Die Luftwaffen bilden auf einer vergleichbaren Basis ebenfalls je zwei Offizieranwärter pro Jahr aus; die Landstreitkräfte starteten das Programm im Sommer 2007 mit fünf *élèves officiers* pro Jahrgang.

2.3 Gemeinsame Truppenteile

Die Deutsch-Französische Brigade

In den Jahren 1989/90 aufgestellt, war die Deutsch-Französische Brigade (DF-Brigade) zunächst vor allem ein Symbol des politischen Willens beider Staaten zu einer intensiveren militärischen Integration. Nach wenigen Jahren indes standen zumindest Teile dieses einzigen binationalen Großverbandes vor konkreten Einsatzaufgaben zunächst in Rajlovac/Bosnien-Herzegowina, später dann als Rückgrat der Multinationalen Brigade in Kabul/Afghanistan. In der zweiten Jahreshälfte 2006 war die DF-Brigade Teil der deutschen und französischen Beiträge zur NATO Response Force (NRF), der schnellen Eingreiftruppe der Allianz. Ein Jahr darauf bildete die Brigade den Kern einer Verfügungstruppe der Europäischen Union (*EU-Battlegroup*), um dann in der ersten Jahreshälfte 2009 rund 560 Soldaten der beiden französischen Regimenter, des Brigadestabes und des gemischten Versorgungsbataillons zur französisch geführten *Multinational Task Force Nord* im Kosovo zu entsenden.

Die DF-Brigade wird geführt von einem Kommandeur im Range eines Brigadegenerals, dem je ein Oberst als Stellvertreter und Chef des Stabes zur Seite stehen. Die Besetzung dieser Spitzenpositionen wechselt im zweijährlichen Rhythmus zwischen den Nationen: Stellt Frankreich den Kommandeur, sind Stellvertreter und Chef des Stabes Deutsche und umgekehrt. Bei der Führung der Brigade steht ihnen ein bilateral zusammengesetzter Stab zur Seite, in welchem die verschiedenen Positionen nach einem festgelegten Stellenschlüssel durch Offiziere und Unteroffiziere beider Nationen besetzt sind. Große Teile des Stabspersonals werden von der gemischt-nationalen Stabskompanie gestellt; die Führungsfähigkeit im Einsatz wird durch ein Führungsunterstützungsbataillon gewährleistet, welches ebenfalls bis auf die Ebene der Kompanien gemischt zusammengesetzt ist. Die übrigen der Brigade unterstellten Verbände sind dagegen rein national strukturiert.

Zu den Besonderheiten dieses binationalen Großverbandes gehört gerade in den gemischten Anteilen die Sprachregelung. Nach Aufstellung der Brigade galt zunächst die Regel, dass jeder Brigadeangehörige in seiner Muttersprache sprechen können sollte, was umgekehrt zumindest ein aktives Hörverstehen in der jeweils anderen Sprache implizierte. Mit der zunehmenden Einbindung in die operativen Strukturen von NATO und EU erlangte indes die Beherrschung der englischen Sprache den Vorrang. Englisch ist seit Mitte der neunziger Jahre die operative Sprache der DF-Brigade, die zusätzliche Beherrschung der Sprache des Partnerlandes wird seither nur von einigen Offizieren in Spitzenpositionen verlangt (zur DF-Brigade siehe ausführlich Abel/Klein/Richter 2006).

Die Ecole Franco-Allemande

Mit der Einführung des neuen Kampfhubschraubers ‚Tiger' entwickelten Deutschland und Frankreich zusätzlich das Projekt einer gemeinsamen Piloten- und Technikerausbildung. Hierzu wurde am 1. Juli 2003 in Le Luc-en-Provence auf dem Gelände der *Ecole d'application de l'aviation lègere de l'armée de terre* (EA.ALAT; französische Heeresfliegerschule) die *Ecole Franco-Allemande* (EFA) als binationale Ausbildungseinrichtung für die ‚Tiger'-Besatzungen eröffnet. Als Ausdruck der Reziprozität wurde an der Technischen Schule der Luftwaffe in Faßberg/Niedersachsen die Ausbildung des technischen Personals angesiedelt. Die Schule steht ausweislich der Vereinbarung von 2000 unter der Kontrolle eines *Comité Commun*, das die Heereschefs beider Länder bzw. deren Beauftragte bilden; die Finanzierung erfolgt über eine bilaterale Finanzkommission, deren Mittel aus den Verteidigungsetats beider Länder stammen. Die Struktur der Schule ist ähnlich wie bei der DF-Brigade durch alternierende Dienstposten, gemischt-nationale Einrichtungen und nationale Elemente gekennzeichnet. So wechseln sich deutsche und französische Offiziere auf den Positionen von Kommandeur und Stellvertreter ab, im Schulstab sind die Abteilungen gemischt besetzt.

Wie diese Übersicht der Formen der deutsch-französischen Zusammenarbeit erkennen lässt, hat sich im Bereich des Militärs ein weitgespanntes Kooperationsnetz zwischen beiden Staaten herausgebildet, das in vielerlei Hinsicht einzigartig ist. Trotz der unbestreitbaren Erfolge ist die militärische Zusammenarbeit von Deutschland und Frankreich jedoch auch von Ambivalenzen und mancherlei Rückschlägen gekennzeichnet, und zwar insbesondere dort, wo es um eine vertiefte Integration der Streitkräfte in bi- bzw. multinationale Arrangements geht. Die Ursachen hierfür verweisen auf grundlegende Strukturmerkmale der Kooperation, wie sie von Deutschland und Frankreich in militärischer Hinsicht praktiziert wird.

3   Kennzeichen der deutsch-französischen Militärkooperation in der Praxis

Im Rahmen unserer Untersuchung offenbarte sich ein zentraler Widerspruch zwischen dem – durchaus überzeugenden – Bekenntnis zur deutsch-französischen Kooperation seitens der beteiligten Akteure auf der einen und der alltäglichen Arbeitspraxis auf der anderen Seite, die vor allem in den integrierten Einrichtungen durch ein Nebeneinander von Strukturen und Arbeitsprozessen gekennzeichnet war. So fanden in der *Ecole Franco-Allemande* in Le Luc in den entscheidenden Abteilungen ‚Ausbildung' und ‚Unterstützung' rein nationale Verfahren Anwendung. Denn trotz weitgehend gleicher Bauart unterscheiden sich die Einsatz- und Verwendungszwecke und mithin auch Bewaffnung und Elektronik des Hubschraubers in beiden Ländern erheblich. Auch in der

DF-Brigade wurde immer wieder deutlich, dass nationale Bestimmungen und der einzelstaatliche Zugriff auf bestimmte Elemente der Brigade Vorrang vor der binationalen Integration haben. Zwar wurde mit den Verwaltungsvorschriften von 1989 und 2004 eine Grundlage für die Harmonisierung in der Anwendung der nationalen Regelwerke geschaffen. Differenzen etwa über Raumgrößen der Truppenunterkünfte waren zum Untersuchungszeitraum (2005–2006) im Alltag der Zusammenarbeit in den Standorten dennoch überaus präsent. Zudem ist in Einsatzfragen das Vertrauen in binationale Arrangements hinter den nationalen Entscheidungsstrukturen bislang zurückgetreten. Trotz gemeinsamer Ausbildung sowie beachtlicher Einsatzbereitschaft und -erfahrung wurde die DF-Brigade nicht als geschlossener Verband in den Einsatz nach Kabul entsandt, sondern die je nationalen Kontingente wurden einer multinationalen Brigade zugeordnet, der nur vergleichsweise schwache, durch zahlreiche nationale Vorbehalte beeinträchtigte Führungskompetenzen zukamen. Warum dies so ist, d.h. warum auf dem Feld der deutsch-französischen Militärkooperation im Großen wie im Kleinen trotz des Bekenntnisses zur Gemeinsamkeit nationale Interessen und Rationalitäten vielfach dominieren, lässt sich sowohl durch den allgemeinen Charakter von Kooperationsbeziehungen, als auch durch die spezifisch deutsch-französische Ausformulierung dieser Beziehungen erklären.

3.1 Harmoniestreben und Konflikthaftigkeit als allgemeine Funktionsbedingungen von Kooperation

Das Wesen jeder Kooperation besteht aus Elementen von Anziehung und Abstoßung zugleich. Kooperation ist damit per definitionem in sich widersprüchlich: Sie beruht auf dem Willen zur Zusammenarbeit, um bestimmte Ziele gemeinsam zu verwirklichen. Zugleich ist sie durch das Bestreben gekennzeichnet, die eigene Unabhängigkeit aufrechtzuerhalten und die Kooperation nur so lange aufrechtzuerhalten, wie es für die Beteiligten vorteilhaft erscheint. Da die Vorstellungen, Herangehensweisen und Interessen zweier (oder mehrerer) Partner niemals völlig identisch sind, bringt jede Kooperation Verständigungsprobleme und Konflikte mit sich. Auch bleibt bei jeder Zusammenarbeit ein gewisses Maß an Misstrauen bestehen, weil sich die Kooperationspartner niemals gänzlich durchschauen können. Vertrauen und Misstrauen gegenüber dem Kooperationspartner, die Suche nach Gemeinsamkeiten und das Austragen von Konflikten sind folglich die zwei Seiten ein- und derselben Medaille. Kooperation besteht somit grundsätzlich aus der Suche nach Kompromissen, sie ist der Versuch, Konflikte, die es ohne sie nicht gäbe, zu überwinden (vgl. Simmel 1968).

Diese beiden Facetten von Kooperation sind auch im Rahmen der deutsch-französischen Militärkooperation in unterschiedlicher Weise zu beobachten (vgl. Pajon 2008:

103ff.). In den Interviews mit deutschen und französischen Soldaten (insgesamt über 120 Befragte in unterschiedlichen Dienststellen/Verwendungen und auf unterschiedlichen Ebenen auf beiden Seiten) wurden einerseits das Streben nach Harmonie und gemeinsamer Verständigung sowie das Vertrauen in die Loyalität des Partners betont. Andererseits traten immer wieder Unsicherheiten über dessen ‚wahre' Motive zutage, die möglicherweise jenseits der offiziellen Agenda verfolgt würden. In einer direkten Gegenüberstellung der deutschen und französischen Haltungen wurde offenkundig, wie ähnlich die mit dieser Kooperation verbundenen Wünsche und Ängste auf beiden Seiten – trotz der zum Teil anders lautenden Wahrnehmungen der beteiligten Akteure selbst – sind. So gesehen ist die in diesem Kontext ebenfalls beobachtete Scheu, bestimmte Probleme im Rahmen der Zusammenarbeit direkt anzusprechen und auftretende Konflikte als solche zu benennen, sowohl als Element als auch als Voraussetzung für die Kooperation anzusehen. Denn schließlich gab der Wunsch nach Harmonie immer wieder den Ausschlag, die gemeinsame Zusammenarbeit trotz mancher Zweifel fortzuführen.

3.2 Parität als Leitprinzip der deutsch-französischen Militärkooperation

Ungeachtet der allgemeinen Konflikthaftigkeit, durch welche die deutsch-französische Kooperation wie jede andere Form der Kooperation gekennzeichnet ist, ist die militärische Zusammenarbeit von Frankreich und Deutschland durch die Besonderheit geprägt, dass Zusammenarbeit hier grundsätzlich nach dem Prinzip der Parität durchgeführt wird. Kooperation im deutsch-französischen Zusammenhang wird in besonderer Weise als Interaktion von gleichberechtigten Partnern verstanden, die aufgrund der Souveränität beider Seiten völlig frei von Zwängen ist bzw. sein sollte. Für alle Bereiche der Zusammenarbeit gilt daher: Gleiche Aufgaben, gleiche Ausgaben, gleiche Verpflichtungen, gleicher Nutzen. Die für die DF-Brigade wie für die *Ecole Franco-Allemande* beschriebenen strikt paritätischen Strukturen spiegeln dieses Prinzip anschaulich wider.

Eine Folge dieser Grundeinstellung ist eine vergleichsweise gering ausgeprägte Toleranz für Differenzen. Die mit jeder Kooperation verbundene Angst, benachteiligt zu werden, wird vor diesem Hintergrund besonders leicht geweckt und führt in letzter Konsequenz zu einer Art „informeller Buchführung" (Pajon 2008: 106), d.h. zu latentem Misstrauen und Unzufriedenheit, was vor allem in der DF-Brigade beobachtet werden konnte.

Eine weitere Konsequenz der Konzentration auf das Prinzip der Parität lässt die Analyse von Gruppenbildungsprozessen erkennen (vgl. Abel 2008): Differenzierungen und Abgrenzungsprozesse, die einen ‚normalen' Bestandteil sozialer Beziehungen darstellen, sind in Gruppen, die aus zwei gleich großen Untergruppen bestehen, besonders ausgeprägt. Demgegenüber ist die Integration einzelner ‚Fremder' in eine vorherr-schende Mehrheitskultur leichter zu bewerkstelligen. Augenfällig zeigte sich dies in der weitgehend problemlosen Integration der deutschen bzw. französischen Austauschoffi-ziere in die jeweils andere Militärorganisation, während im binationalen Arbeitsalltag der paritätisch integrierten deutsch-französischen Verbände eine ganze Reihe von Ver-ständigungsschwierigkeiten und Frustrationen zutage traten, welche den Dienstalltag beeinträchtigten. Dieser Befund deckt sich mit Erkenntnissen aus zahlreichen anderen Forschungsprojekten zur militärischen Multinationalität, die zeigen, dass paritätische Formen hinsichtlich ihrer Effizienz und Effektivität erkennbar sowohl hinter eher ho-mogenen als auch hinter sehr heterogenen Strukturen zurückbleiben (vgl. Abel 2007; siehe Abb. 1).

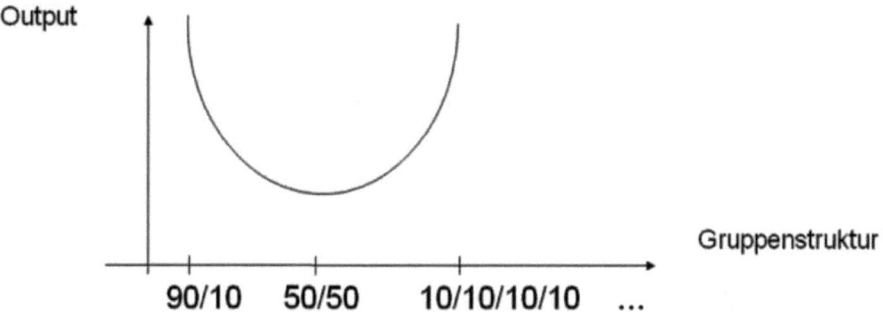

Abbildung 1: Zusammenhang von Gruppenstruktur und Output
Quelle: Eigene Darstellung in Anlehnung an Abel (2007)

Schließlich fördert das Festhalten an bestimmten nationalen Regeln und Organisati-onsstrukturen zusammen mit der strikten Einhaltung des Paritätsprinzips die Heraus-bildung von formellen wie informellen Parallelstrukturen, die bedingen, dass ein Teil der im Rahmen der deutsch-französischen Kooperation eingesetzten Akteure wenig bis gar keine Gelegenheit hat, Kontakte zu Angehörigen der jeweils anderen Nation zu knüpfen. Dies verweist zum einen darauf, dass eine Verwendung im Rahmen der deutsch-französischen Kooperation – und das gilt insbesondere für die Masse der Sol-daten der beiden integrierten Verbände – nicht automatisch bedeutet, dass man mit Soldaten des Partnerlandes direkt zusammenarbeitet oder diese überhaupt kennen-lernt. Zum anderen wird anhand der in Le Luc wie auch bei der DF-Brigade bestehen-den Parallelstrukturen deutlich, dass die deutsch-französischen Bemühungen um eine besonders tiefe Integration im Fall der gemeinsamen Verbände eher gegenteilige Wirkungen erzeugt haben: Gerade dort besteht für deutsche und französische Soldaten nur in kleineren Teilbereichen die Möglichkeit, gemeinsam an einer Aufgabe zu arbeiten und durch Lösung der damit verbundenen Probleme zu einem vertieften gegenseitigen Verständnis zu gelangen, das wiederum die Ausgangsbasis für erfolgreiches gemeinsames Handeln in der Zukunft bilden kann.

4   Vorbild für Europa? Die deutsch-französische Militärkooperation aus europäischer Perspektive

In der Forschung zur militärischen Multinationalität ist man sich über den prägenden Einfluss nationaler Bestimmungen auf die Interaktion der eingesetzten Soldaten einig. Aus der Perspektive der betroffenen Soldaten werden diese Einflüsse fast immer als schwierig zu handhaben oder gar hinderlich beschrieben. Ein entscheidender deutsch-französischer Impuls für die weitere Entwicklung militärischer Multinationalität in Europa könnte daher von einer deutlichen Harmonisierung der grundlegenden dienstrechtlichen Bestimmungen für den Dienst in deutsch-französischen Einrichtungen ausgehen. Gerade die DF-Brigade böte sich als ein geeignetes Laboratorium an, um einerseits zu untersuchen, welche Seite jeweils die *best practices* in die Zusammenarbeit einbringt, und um andererseits Spielräume und Grenzen bei der Adaptation der nationalen Wehrrechtssysteme und Verwaltungsordnungen zu bestimmten. Das für andere europäische Staaten sichtbare Signal wäre neben der sich mutmaßlich verbesserten Zusammenarbeit zwischen deutschen und französischen Soldaten vor allem das so demonstrierte Vertrauen, das beide Staaten hinsichtlich gemeinsamer militärischer Strukturen ineinander setzen.

Für die Fortentwicklung militärischer Multinationalität in Europa sind auch die oben erwähnten sozialen Prozesse der Gruppenbildung von Bedeutung, die natürlich nicht nur im deutsch-französischen Kontext, sondern generell im Rahmen sozialer Interaktion auftreten (können). Wie die Analyse der Reaktionen der beteiligten Soldaten auf die für sie als fremd empfundene Militärkultur des Partners zeigen, erfolgt die Wahrnehmung und Bewertung des anderen zunächst stets auf der Grundlage eigener, bekannter Maßstäbe. Was dem Eigenen ähnlich erscheint, wird positiv, Fremdes dagegen oft eher negativ beurteilt. Derartige Identifikations- bzw. Abgrenzungsprozesse haben jedoch nur bedingt etwas mit ‚objektiven‘ Eigenschaften oder Inkompatibilitäten zu tun. Vielmehr hängt es maßgeblich vom jeweiligen Kontext und von der Struktur der Gruppe ab, was als Unterschied wahrgenommen wird und was nicht, wie Beispiele aus anderen multinationalen Kontexten belegen (vgl. Paschotta 2008, Soeters et al. 2006). Neben einer geänderten Gruppenzusammensetzung scheint es jedoch auch erforderlich zu sein, bi- bzw. multinational eingesetzte Soldaten noch stärker als bislang über die Aspekte und Merkmale, die typischerweise bei anderen als fremd wahrgenommen werden, aufzuklären, diese für die eigenen Besonderheiten zu sensibilisieren und dabei gleichzeitig mögliche Gemeinsamkeiten herauszustellen.

Angesichts der Befunde der SOWI/C2SD-Studie muss jedoch letztlich offenbleiben, ob Deutschland und Frankreich wirklich das Staatenpaar sind, welches solche Akzente für eine weitere Integration der Streitkräfte Europas zu setzen vermag. Vor allem hinsichtlich der Frage nach dem Stellenwert und der Verwendbarkeit des Militärs als Instrument der Politik scheinen zwischen beiden Ländern doch erhebliche Differenzen fortzubestehen, die nicht zuletzt im jeweiligen soldatischen Selbstverständnis verankert sind. Die kampforientierten und -erprobten französischen Streitkräfte mit einem traditionell globalen Einsatzradius treffen auf eine Bundeswehr, die auch nach fast zwei Jahrzehnten im überwiegend stabilisierenden Einsatzspektrum ihre Identität als Interventionsstreitmacht noch sucht – und sich dabei von der Politik und der sie umgebenden Gesellschaft häufig alleine gelassen fühlt. Umso deutlicher würde somit ein politisches Signal zur verstärkten Integration zwischen Bundeswehr und französischen Streitkräften ausfallen, das angesichts der bestehenden Differenzen und Schwierigkeiten an Kühnheit nicht hinter den Beschlüssen von Helmut Kohl und François Mitterrand zur Schaffung binationaler Verbände und Einrichtungen zurückstehen dürfte. Damit wäre auch die Ebene angesprochen, von der ein neuer europäischer Impuls der deutsch-französischen Militärkooperation ausgehen könnte oder vielmehr: müsste – die Politik.

Literatur

Abel, Heike (2007): „Multinationale Streitkräftestrukturen als Herausforderung für die Streitkräfteintegration Europas. Das Beispiel der deutsch-französischen Brigade", in: Kümmel, Gerhard/Collmer, Sabine (Hrsg.), Militär und Sozialwissenschaften. Die Bundeswehr heute und morgen: Sicherheitspolitische und militärsoziologische Herausforderungen. Baden-Baden: Nomos, S. 47–64.

Abel, Heike (2008): „Criss-Crossing – Ein alternatives Modell der Gruppenzusammensetzung", in: Leonhard, Nina/Gareis, Sven Bernhard (Hrsg.), Vereint marschieren – Marcher uni. Die deutsch-französische Streitkräftekooperation als Paradigma europäischer Streitkräfte? Wiesbaden: VS Verlag für Sozialwissenschaften, S. 183–222.

Abel, Heike/Klein, Paul/Richter, Randolf-Marc (2006): „Die Deutsch-Französische Brigade", in: Gareis, Sven Bernhard/Klein, Paul (Hrsg.), Handbuch Militär und Sozialwissenschaft. Wiesbaden: VS Verlag für Sozialwissenschaften, S. 380–389.

Leonhard, Nina/Gareis, Sven Bernhard (Hrsg.) (2008): Vereint marschieren – Marcher uni. Die deutsch-französische Streitkräftekooperation als Paradigma europäischer Streitkräfte? Wiesbaden: VS Verlag für Sozialwissenschaften.

Pajon, Christophe (2006): La coopération militaire franco-allemande au concret: cultures, structures et acteurs (Documents du C2SD N° 82). Paris. Centre d'études en sciences sociales de la défense. Verfügbar unter: http://www.c2sd.sga.defense.gouv.fr/IMG/pdf/coop_militaire_pajon2_2006.pdf.

Pajon, Christophe (2008): „Die Organisation von Kooperation in der Praxis – Von nationalen Modellen zu individuellen Strategien", in: Leonhard, Nina/Gareis, Sven Bernhard (Hrsg), Vereint marschieren – Marcher uni. Die deutsch-französische Streitkräftekooperation als Paradigma europäischer Streitkräfte? Wiesbaden: VS Verlag für Sozialwissenschaften, S. 75–135.

Paschotta, Heike (2008): „Stereotypes, or How Do We See the Others?" In: Leonhard, Nina et al. (Hrsg.), Multinational Co-operation in Multinational Missions: The Case of EUFOR in Bosnia and Herzegovina (SOWI-Forum International Nr. 28). Strausberg: Sozialwissenschaftliches Institut der Bundeswehr, S. 123–160.

Soeters, Joseph et al. (2006): „Smooth and Strained International Military Co-operation", in: Hagen, Ulrich vom et al. (Hrsg.), Cultural Interoperability. Ten Years of Research into Co-operation in the First German-Netherlands Corps (SOWI-Forum International Nr. 27). Strausberg: Sozialwissenschaftliches Institut der Bundeswehr, S. 131–161.

Simmel, Georg (1968): „Der Streit", in: ders., Soziologie. Untersuchungen über die Formen der Vergesellschaftung. Berlin: Duncker & Humblot, S. 186–255.

Das ‚französische' Chanson, nationales Aushängeschild auf Europakurs?

Ursula Mathis-Moser

Wer kennt sie nicht, die „Milords", die „Métèques", die „Bourgeois" oder die „Petits parapluies", die ein „coin de paradis" versprechen? Wer liebt sie nicht, die „Paris s'éveille" oder die „Paris la nuit", kurz die Chansons, die jenes ‚gewisse Etwas' zu verkörpern scheinen, für das der Volksmund eben doch wieder nur das Adjektiv ‚französisch' bereit hält? Das ‚französische Chanson', der elegante, schwerelose Ausdruck einer *grande nation*? Der Leser sei beruhigt: Es geht in den folgenden Überlegungen nicht darum, den Mythos des französischen Chansons zu zerstören, wohl aber ihn zu hinterfragen. Was ist ‚das französische Chanson'? Aber auch: Was implizieren so apodiktische Formulierungen wie ‚das Chanson' oder ‚das zeitgenössische Chanson'? Sind sie nicht vielfach Konstrukte des Imaginären? Beginnen wir mit einem kurzen Aufriss der Forschungslage.

1 Was ist ein Chanson?

Den Mythos des französischen Chansons fassbar zu machen, einer der faszinierendsten Mischgattungen ‚auf die Spur' zu kommen, dieser Aufgabe verschreiben sich seit mindestens dreißig Jahren mehrere Generationen von WissenschaftlerInnen, wobei der deutschsprachigen Romanistik immer wieder eine federführende Rolle zukam. Zunächst ging es darum, den Diskurs um den Mythos ‚Chanson' zu versachlichen, das Wirkungsganze zu analysieren. Dabei wurde das Chanson in den 1980er Jahren als multimediale Gattung definiert, die nach einem adäquaten Analyseinstrumentarium verlangt und vor allem nicht an oder mit den Maßstäben *der* Literatur oder *der* Musik gemessen werden darf. Ende der 1990er Jahre folgten Studien, die die inzwischen unabdingbare interdisziplinäre Chansonanalyse mit kulturwissenschaftlichen Fragestellungen verbanden und das Chanson nicht nur als Kunstprodukt sui generis, sondern als einen von vielen existierenden ‚kulturellen Texten' zu begreifen suchten. Bei all diesen Forschungsinitiativen erwies es sich letztlich als unwichtig, ob von ‚qualitativ interdisziplinären Methoden', von ‚Textmusik' oder von ‚Cantologie' die Rede war, führten und führen sie doch alle zum selben Ergebnis. Und dieses besagt, dass das Chanson heute als komplexes und immer noch nicht unproblematisches Genre[1] wahrgenommen wird, dessen konstitutive Elemente Text, Musik und Interpretation im Laufe der Geschichte unterschiedliche mediale Verbindungen eingegangen sind und dessen Stärke es ist, auf die jeweilige geschichtliche Situation in spezifischer Weise zu reagieren. Diese Primärkomponenten, die auch ein jüngerer Forschungsbeitrag wieder unterstreicht[2] und die von sekundären Merkmalen wie der strophischen Form, der limitierten Dauer etc. überlagert werden, sind bindend und bilden sozusagen den Rahmen für jenes Spiel von „[t]radition et mutation", das Louis-Jean Calvet, einer der besten Kenner der Materie, bereits 1993 anlässlich der ersten Sommeruniversität des Französischen Chansons als gattungsbestimmend postulierte.[3] So gesehen ist nichts neu im Chanson – nicht Themen, nicht Formen, nicht Funktionen –, auch wenn das Chanson gleichzeitig in ständiger Bewegung ist. Es lebt aus der Vielfalt der Interferenzen von Text, Musik und Interpretation, die sich in der Darbietung konkretisieren, es wandelt sich mit dem jeweiligen Medium und mit der jeweiligen sozio-historischen Situation.

Verweilen wir einen Moment bei den beteiligten Medien, unter denen wir mit Renate Klenk-Lorenz nicht nur die neue digitale Medienwelt verstehen. Das Spiel von ewig Gleichem und stets Neuem zeigt sich hier auf besonders eindrucksvolle Weise. Um der Vielfalt der Formen, unter denen uns das Chanson begegnet, Rechnung zu tragen, schlägt Klenk-Lorenz den Begriff der „medialen Aufladung"[4] von Text, Musik und Interpretation vor, deren Möglichkeiten in der Tat beeindruckend breit gestreut sind. Da ist zunächst das primäre Medium der menschlichen Stimme, der Live-Auftritt, egal ob es sich um eine der ganz ‚großen Stimmen' handelt oder um einen Straßensänger in der Metro, einen Karaoke-Sänger auf einem Fest, um einen A. Bruant im *Chat Noir* oder den fahrenden Sänger des Mittelalters. Da ist das Medium der Schrift (Bild/Druck), über das das Chanson auch heute noch zu seinem Publikum spricht, sei es in Form von Werbeplakaten, CD-Covers, Textsammlungen, Partituren oder sogenannten *petits-formats*, wie sie im 19. Jahrhundert gang und gäbe waren. Da sind sodann die analogen Medien Tonband, Schallplatte, Kassette, Radio, Fernsehen und Videoclip, mit Hitparaden und Casting-Shows, und schließlich die digitalen Medien, die die analogen und sekundären

1   Andrea Oberhuber: La chanson, un genre intermédial, in: Doris Eibl et al. (Hrsg.): Cultures à la dérive – cultures entre les rives. Grenzgänge zwischen Kulturen, Medien und Gattungen, Würzburg: Königshausen & Neumann, 2010, S. 273–289.

2   Oberhuber, a.a.O., S. 273–274.

3   Louis-Jean Calvet: Quel temps fera-t-il sur la chanson française? A propos des courants actuels de la chanson française, in: Ursula Mathis (Hrsg.): La chanson française contemporaine. Politique, société, médias, Innsbruck: Institut für Sprachwissenschaft, 1995, S. 56.

4   Renate Klenk-Lorenz: Chansondidaktik: Wege ins Hypermedium, Hamburg: Verlag Dr. Kovač, 2006, S.170.

(Schrift/Druck) zunehmend verdrängen. Das Chanson braucht also ein Medium, um zu existieren, und zumeist bedient es sich nicht nur eines einzigen: Auch das Live-Konzert hat seine Ankündigung und sein Programmheft im Medium Schrift und greift darüber hinaus auf analoge oder digitale Technologien u.a. bei der Gestaltung des Bühnenraums zurück. Dennoch bleibt das Primärmedium, die Primärerfahrung der fremden Stimme das zentrale Moment, will das Chanson seine ganze Wirkung entfalten. „La chanson organique ou vivante est [...] interprétée", konstatiert Stéphane Hirschi,[5] der Begründer der Cantologie, ohne jeden Kompromiss und er steht damit meinen eigenen, in *Existentialismus und französisches Chanson* (1984) dargelegten Thesen sehr nahe.[6] Erst der *souffle* des Sängers, seine körperliche Präsenz befähigen das Chanson zu dem zu werden, was St. Hirschi als „art de fixer l'air du temps"[7] bezeichnet: Ein gelebtes *Instantané* vielfältigsten Inhalts, vielfältigster Form, mit vielfältiger Funktion.

2 Das klassische ‚französische Chanson' oder: Die *Ecole de Paris*[8]

Und doch – so scheint es – ist es einem dieser schillernden *instantanés* des Chansons gelungen, sich als ‚das *französische* Chanson' und damit lange Zeit als „das Chanson" schlechthin zu etablieren. Als solches geisterte es zumindest – zum Teil auch heute noch – in den Köpfen der deutschsprachigen Fans und Medien und wurde auf diese Weise immer wieder implizit zum Maßstab für ‚andere' und neuere Chansons. Dieses sogenannte ‚*französische* Chanson' meint im Wesentlichen das stark intellektuell geprägte Lied der Nachkriegszeit und 1950er Jahre, das Lied der ersten berühmten *Auteurs-compositeurs-interprètes* (ACI) und großen Interpreten der *Ecole de Paris*, ein Chanson, das in seinen Diskursstrategien deutliche Nähe zum eindimensionalen lyrischen Text aufweist, das sprachlich zwischen den Stilebenen der Umgangssprache, also der größtmöglichen Breitenwirksamkeit, und der elitären Bildungssprache jongliert und dessen *Canteur* ein marginalisiertes, durchaus selbstironisches Ich verkörpert. Dieses *je lyrique* problematisiert sowohl die eigene Position als auch die Kunstform des Chansons („Metachanson"), bezieht in der Art der *poètes maudits* des ausgehenden 19. Jahrhunderts Selbstwert aus der Marginalisierung, solidarisiert sich umgekehrt aber auch mit Gleichdenkenden gegen das träge Kollektiv und benutzt Dichotomien wie Authentizität – Inauthentizität, um Handlungen zu bewerten. Als Auftrittsorte die-

---

5 Stéphane Hirschi: Chanson. L'art de fixer l'air du temps. De Béranger à Mano Solo, Valenciennes: Presses universitaires de Valenciennes, 2008, S. 30.

6 Ursula Mathis: Existentialismus und französisches Chanson, Wien: Verlag der Österreichischen Akademie der Wissenschaften, 1984.

7 Hirschi, a.a.O., S. 5.

8 Calvet, a.a.O., S. 57.

nen kleinere bis mittlere Bühnen, die der Kunst des Understatements und dem feinen
Spiel von Mimik und Gestik Raum geben, Bühnenbewegung findet kaum oder – später – höchstens im Umfeld des Standmikrophons statt, die musikalische Komponente
konzentriert sich bei allen Unterschieden zwischen den einzelnen ACIs auf eine ‚leise‘ ausdeutende Rolle und einen bewusst klein gehaltenen Instrumentenpark. Dieses
französische Chanson‘ assoziiert der deutschsprachige Hörer mit so ‚französischen‘
Namen wie Georges Brassens, Jacques Brel (Belgien) und Léo Ferré, mit Barbara und
Anne Sylvestre.

3 Was ist ‚französisch‘ am ‚französischen‘ Chanson?

Wie ‚französisch‘ ist aber dieses oft auch als intellektuell und literarisch bezeichnete
Chanson wirklich? Zweifellos sind hier mehrere Fragezeichen anzubringen. Da ist zunächst die Herkunft der Künstler und Künstlerinnen, ob es sich um *auteurs, composi-
teurs, interprètes* oder aber um die sogenannten *a(uteurs)-c(ompositeurs)-i(nterprètes)*
handelt, und wieder war es Louis-Jean Calvet, der als Erster ernste Zweifel am ‚nationalen‘ Charakter des sogenannten französischen Chansons anmeldete:

> A la fin des années quarante et au début des années cinquante, il existait dans la chanson
> ce que j'appellerais une école de Paris, et la chanson française […] s'incarnait dans
> des voix venues des pays les plus divers, du Danemark (Georges Ulmer), des Etats-
> Unis (Eddie Constantine), d'Italie (Yves Montand), d'Espagne (Gloria Lasso), puis
> du Québec (Félix Leclerc), d'Angleterre (Petula Clark), d'Egypte (Georges Moustaki,
> Dalida, Claude François). Pierre Dudan était né à Moscou, Eddie Constantine à Los
> Angeles, Dario Moreno à Smyrne, Jacques Brel et Annie Cordy étaient belges. On
> trouve la même palette chez les auteurs et les compositeurs: Jozsef Kosma venait de
> Hongrie, Georges Garvarentz de Grèce.‘[9]

Das ‚klassische‘ französische Chanson macht sich also durchaus das kreative Potential
von KünstlerInnen zunutze, die nicht mit dem unschönen Etikett *de souche* bedacht
werden können, und nimmt insofern sogar bis zu einem gewissen Grad das Phänomen
der *musiques du monde* vorweg. Dass das ‚Fremde‘ im ‚Eigenen‘ aus innerfranzösi-
scher Sicht zunächst jedoch durchaus als französisch wahrgenommen und assimiliert
wird, darf nicht allzu sehr verwundern, denn das republikanische Credo impliziert die
égalité der *Citoyens* und distanziert sich von allen wie auch immer gearteten Parti-
kularismen. Dies gilt auch für den Bereich der Kunst, wo Künstler mit Migrationshintergrund grundsätzlich dem nationalen Erbe zugeschlagen werden. Ein Zola, ein

---

9   Calvet, a.a.O., S. 57.

Beckett oder ein Ionesco, aber auch ein Aznavour – selbst wenn er das den armenischen Ursprung verratende Suffix -*ian* beibehalten hätte –, sind Teile dieses nationalen Erbes, und die Frage nach ihrer Herkunft wird konsequenterweise erst dann relevant, wenn das Gleichheitsprinzip Risse bekommt. Diese Risse sind nun spätestens seit den 1980er Jahren unübersehbar – man denke etwa an die *Marche des Beurs* (1983) –, aber schon in der Nachkriegszeit kündigen sie sich immer wieder an, wobei neben vielen Faktoren die Dekolonialisierung und verstärkte Migration, die europäische Integration und die Globalisierung die Diskrepanz zwischen Modell und Wirklichkeit befördert haben. Das ‚klassische' *französische* Chanson der 1940er und 1950er Jahre könnte so gesehen auch als letzter gelungener Versuch gelten, Modell und Wirklichkeit in Einklang zu bringen.

Damit wird ein weiterer Punkt sichtbar. Das ‚Ungleiche' im Gleichen – und ich spreche hier auch von Sängern und Sängerinnen mit Migrationshintergrund – stört laut Noiriel besonders dann, wenn es sich um VertreterInnen einer Minorität handelt, die erst seit kurzem in Frankreich Fuß gefasst hat, aus einem nicht-europäischen Herkunftsland stammt oder aus einem Land, das als ‚Feind' Frankreichs gilt. Die besten Bewertungen erhalten demzufolge seit den 1920er Jahren „les communautés étrangères [...] les plus anciennes, les plus proches et les plus nordiques (principalement la Belgique et la Suisse)"[10] – die Namen Jacques Brel und Michel Bühler drängen sich geradezu auf –, die schlechtesten diejenigen *citoyens*, die aus dem Maghreb oder gar aus Algerien stammen. Wenn Calvet also die Internationalität des klassischen ‚französischen' Chansons mit der der *musiques du monde* vergleicht, die seit den neunziger Jahren die Szene des Chansons in seinem breitesten Sinn beleben,[11] so hinkt dieser Vergleich. Zwar wird auch dieses neue weltläufige *Chanson* zumeist in Paris produziert und vereint Künstler aus aller Herren Länder, doch die ‚Zeiten' haben sich geändert, die Risse im republikanischen Modell sind nicht mehr zu kaschieren. Mehr als das: Einen überdurchschnittlich hohen Anteil an den *musiques du monde* haben jene Musikstile, die aus dem von Noiriel zitierten nicht-europäischen, ja arabischen Raum stammen. Assimilation ist daher aus den verschiedensten politischen und ideologischen Gründen – und von beiden Seiten – weder möglich noch erwünscht. Die KünstlerInnen selbst, insbesondere der zweiten Generation, positionieren sich innerhalb des *champ littéraire français* anders als ihre VorgängerInnen, in ihren Liedern werden Identität und Alterität zum Thema, ja zur politischen Botschaft. Dazu kommt, dass die Texte der *musiques du monde* nicht oder nur mehr zum Teil in französischer Sprache verfasst sind. Anders als Calvet, der die vielfältigen Erscheinungsformen des Chansons unter den Vorzeichen von *tradition*

10   Gérard Noiriel: Atlas de l'immigration en France. Exclusion, intégration…, Paris: Editions Autrement, 2002, S. 25.
11   Calvet, a.a.O., S. 57.

et mutation beurteilt, sehen wir daher hier den Aspekt der *mutation* im Vordergrund. Lässt sich das ‚klassische' französische Chanson der 1940er und 1950er Jahre als ein Produkt verstehen, das ein nicht bedrohliches Fremdes nahezu selbstverständlich integriert und assimiliert – noch 1993 charakterisiert Jean-Claude Klein das Chanson als „un avatar original de la culture nationale"[12] –, steht nunmehr das Fremde unübersehbar im Raum. Als Chanson ließe es sich noch bezeichnen, da es der eingangs vorgeschlagenen Minimaldefinition der Gattung entspricht, als ‚französisches' Chanson kann und will es sich jedoch nicht mehr ausgeben: Die neue Gattungsbezeichnung *musiques du monde* spricht dafür.

Damit sind wir jedoch bei einer zweiten Überlegung angelangt: So wie die fremde Herkunft der Künstler und Künstlerinnen das französische Chanson nicht ‚unfranzösischer' macht bzw. in historischer Perspektive erst allmählich und dann sehr unterschiedlich wahrgenommen wird, ist umgekehrt die französische Sprache sehr wohl ein wesentliches Element eines ‚französischen' Chansons, sei es das klassische der 1940er und 1950er Jahre oder das der Jahrzehnte davor und danach.[13] Damit soll keineswegs in Abrede gestellt werden, dass das Chanson zu allen Zeiten auch mit anderen Sprachen gespielt bzw. den Dialog gepflegt hat, und noch weniger, dass die musiques du monde das Prinzip der Mehrsprachigkeit nicht selten sogar zur Kommunikationsregel erheben.[14] Um von einem ‚französischen Chanson' sprechen zu können, muss die französische Sprache jedoch zumindest die Basis der ansonsten interdisziplinären und intermedialen Kommunikation sein. Nicht von ungefähr werden Sänger, die diese Regel durchbrechen – wie etwa Manu Chao – sich bald hier, bald dort – einmal also unter dem (französischen) Chanson, einmal unter der spanischen canción de autor und ein drittes Mal unter Weltmusik – registriert finden. Auf der anderen Seite – und damit kommen wir zu jenem ‚französischen' Chanson zurück, von dem gerade der nicht-muttersprachliche Rezipient noch immer nicht ganz zu träumen aufgehört hat – ist der Mythos der französischen Sprache sicherlich ein ganz wesentlicher Faktor bei der Erklärung des hohen Prestigewerts des ‚französischen' Chansons. Dazu ein kleiner Exkurs.

Die französische Sprache – dies zeigt Pascale Casanova in ihrem 1999 erschienenen Buch[15] – ist weit mehr als eine ‚reine' Nationalsprache, denn seit der Renaissance

---

12   Jean-Claude Klein: Chanson et société: une „passion française"? in: Mathis, a.a.O. (1995), S. 64.

13   Verstanden als eine besondere Art der Interferenz von Text, Musik und Interpretation, die sich in der Darbietung konkretisiert und sich mit dem jeweiligen Medium und mit der jeweiligen sozio-historischen Situation wandelt, beziehen wir auch so zeitgenössische Spielarten der Textmusik wie den Rap in den Chansonbegriff mit ein.

14   Cf. Annika Runte-Collin: CHANT SONGS. Le multilinguisme dans la chanson française contemporaine. Mehrsprachigkeit im zeitgenössischen französischen Chanson, Dissertation, Université de Provence, 2010.

15   Pascale Casanova: La République mondiale des Lettres, Paris: Seuil, 1999.

überlagern sich im Fall von Frankreich zwei gegenläufige Bewegungen: Zum einen dient die Vulgärsprache als Legitimation der modernen Staatenbildung – es artikuliert sich in ihr der Wunsch nach Differenz und ‚Partikulärem'; zum anderen entwickelt sie sich in einem transnationalen Raum und strebt nach (universeller) Hegemonie. Im Aushandeln der transnationalen Positionen gelingt es dabei dem Französischen tatsächlich, Prestige zu gewinnen, und die Gründe, die Casanova hierfür anführt, sind vielfältig. Sie nennt beispielsweise die ab dem 16. Jahrhundert ständig fortschreitende Konzentration des intellektuellen Lebens in der *Île de France*, das geistige Anknüpfen an den universalistischen Anspruch des Latein, dann aber auch die Tatsache, dass die ‚nationale' französische Literatur sehr früh in das Stadium der *dénationalisation* und Autonomisierung tritt.[16] Damit scheint sie sich als vermeintlich neutraler Boden anzubieten, und Paris wird als Synonym für „liberté politique, élégance et intellectualité"[17] zum entnationalisierten Ort der Literatur, zum Garanten der Freiheit der Kunst. Genau in dieser national-transnationalen Doppelfunktion, die Paris, die französische Sprache und die französische Literatur in gleicher Weise charakterisiert, liegt umgekehrt aber auch einer der wichtigsten Schlüssel zum Prestige all dessen, was sich mit dem Adjektiv ‚französisch' schmückt.[18] Dies gilt selbstverständlich auch – und noch immer – für den Bereich des Chansons, obwohl sich gerade dort inzwischen ein harter Kampf zwischen den beiden so unterschiedlich besetzten *imaginaires* der englischen und der französischen Sprache abspielt.

4 Tradition et mutation und Gleichzeitigkeit des Verschiedenen

Schließlich sei ein letzter Punkt erwähnt. Immer wieder klang in den bisherigen Überlegungen an, dass das französische Chanson der *Ecole de Paris* in weiterer Folge in einem ständigen Prozess des Veränderns und Bewahrens jener Vielfalt an Liedtypen und Strömungen den Weg gebahnt hat, die man heute als das neuere oder das zeitgenössische französische Chanson bezeichnet und die im nächsten Abschnitt kurz zur Sprache kommen sollen. Es wäre jedoch irrig zu glauben, man könne daraus umgekehrt einen Rückschluss auf die Homogenität der ‚Urform' und ihre uneingeschränkte Dominanz auf dem Musikmarkt der Zeit ziehen. Allein ein Blick auf die französische Kriegs- und Nachkriegsszene macht dies deutlich: So wie die beliebten französischen

---

16   Cf. Casanova, a.a.O., S. 124.
17   Casanova, a.a.O., S., S. 42.
18   Cf. dazu Ursula Mathis-Moser: ‚Französische' Literatur aus der Feder von ‚Fremden'. Zur Konstruiertheit der Grenzen von Nationalliteraturen, in: Beate Burtscher-Bechter et al. (Hrsg.): Grenzen und Entgrenzungen. Historische und kulturwissenschaftliche Überlegungen am Beispiel des Mittelmeerraumes, Würzburg: Königshausen & Neumann, 2006, S. 97–121.

Musette-Klänge bereits mit der ersten Jazz-Welle der späten 1920er Jahre und dem für die Music-Hall so charakteristischen Musikstil Konkurrenz bekommen, so existieren in den 1940er und 1950er Jahren, um nur drei Namen zu nennen, neben der musikalischen Minimalvariante eines Brassens der swingende Habitus eines Trenet und das realistische Chanson einer Piaf, bei dem keineswegs von der eingangs erwähnten ‚leise' ausdeutenden Rolle der Musik die Rede sein kann. Das Chanson der *Ecole de Paris* begleiten also – und befruchten zum Teil – eine Reihe von musikalischen Strömungen und Moden, seien dies Swing, Bepop, ‚südliche' Melodien oder der amerikanische Cowboy- und Country-Sound. Dasselbe ließe sich im Bereich der Textgestaltung anhand von literarischen Moden belegen, und das Nebeneinander der Stile geht weiter, wie im Folgenden noch kurz zu zeigen sein wird. Das Etikett des ‚französischen' Chansons – dies sollte klar geworden sein – ist also mit Vorsicht zu gebrauchen. Es täuscht eine Homogenität vor, die höchstens in der Sprachwahl gegeben ist.

5   Das neuere französische Chanson: *la nouvelle* und *la ‚nouvelle' nouvelle chanson française*

Das Nebeneinander der Stile, so behaupten wir, geht also weiter, ab den 1960er Jahren musikalisch aufgemischt durch die Generationen des Yéyé und der anglo-amerikanischen Popmusik, durch regionale Musiken bretonischer, karibischer, lateinamerikanischer oder (nord)afrikanischer Herkunft, durch die unzähligen Facetten der vielfach als Gruppenphänomen sich präsentierenden Rockmusik bis hin zu den Sample-Techniken des Rap. Schlagender Beweis für die Vielfalt der Stile, die vorübergehend in den Vordergrund treten, zumeist jedoch koexistieren oder sich partiell sogar überlappen, sind die insgesamt 71 (!) möglichen *styles musicaux*, die die Website www.thefrenchtouch. org (13.9.2010) benennt. Dabei stellen Rock und Rap die kritischsten Punkte dar, was ihre Zuordnung zu einer im breitesten Sinn verstandenen Tradition des ‚französischen' Chansons betrifft. Doch selbst hier sind Brückenschläge möglich. So betont Calvet in ein- und demselben Zusammenhang die ursprüngliche „incompatibilité"[19] von Rock und ACI im Hinblick auf die Textproduktion und die ‚Neutralisierung' eben dieser Opposition: Zu Beginn der 1990er Jahre sei das Chanson nicht mehr „l'alliance d'un texte littéraire et de trois accords de guitare", sondern habe „le rythme, les harmonies, l'orchestration"[20] assimiliert. Aber auch der Rap, der seine ganz eigenen musikalischen Merkmale pflegt, lässt sich als Phänomen des eingangs betonten Spiels von *tradition et mutation* im Chanson begreifen: Neu ist er insofern, als er einen Import aus den USA

---

19   Calvet, a.a.O., S. 58.
20   Calvet, a.a.O., S. 61.

darstellt und aus soziologischer Sicht der Selbstinszenierung einer Randgruppe dient; in der Tradition steht er durch die (fast überdimensionale) Bedeutung des Texts, und ‚französisch' bleibt er nicht nur durch die Sprache, sondern auch als Beispiel für die Entschlossenheit der offiziellen Kulturpolitik, „de récupérer tout ce qui semble vouloir échapper à la culture officielle".[21] Interessant erscheint schließlich die Tatsache, dass wie beim Rock auch beim Rap als zeittypischer *musique urbaine* die vermeintlichen Genregrenzen in jüngster Zeit brüchig werden. Michaela Weiß zeigt etwa am Beispiel von Abd Al Malik, der seit einigen Jahren mit Brels Pianisten Gérard Jouannest zusammenarbeitet, wie Rap und andere Formen des Chansons eine neue und vitale Synthese eingehen.[22]

Ceci dit, lässt sich im neueren Chanson gerade auch im Bereich des Texts von Moden und Gleichzeitigkeiten sprechen. Gleichzeitigkeit, wenn man an das in bestimmten Abständen immer wieder neu eingespielte Gesamtwerk der großen Vertreter der *Ecole de Paris* denkt, unabhängig davon, ob gerade ein ‚rhythmischeres' und ‚textferneres' Chanson den Markt beherrscht; Gleichzeitigkeit aber auch, wenn man bedenkt, dass manche der „Stars der Nachkriegszeit" bis ins hohe Alter auf der Bühne stehen und mit ihren Chansons und Chansontexten auf diese Weise „Schlüsselfiguren der gegenwärtigen Chansonszene"[23] bleiben. Von einer neuen ‚Mode' des Texts sprechen schließlich in jüngster Zeit sowohl die Presse als auch die Wissenschaft. So stellen Timo Obergöker und Isabelle Enderlein in *La chanson française depuis 1945* einleitend fest, „la chanson à texte d'expression française" erneuere sich, ja, „le texte de la chanson revêt une nouvelle importance".[24] Von daher scheint der die jüngsten Entwicklungen kennzeichnende Terminus *la nouvelle chanson française* bzw. *la nouvelle scène française* auch keinesfalls ungeschickt gewählt. Er nimmt klar Bezug auf die eingangs diskutierte klassische Form der *chanson française*, mit all ihren expliziten und impliziten Konnotationen. Das Problem besteht nur darin, dass das Etikett *nouvelle chanson française* hier nicht zum ersten Mal Verwendung findet und dass daher das Chanson der Gegenwart zumindest als *‚nouvelle' nouvelle chanson* bezeichnet werden müsste. Vincent Delerm, ein Vertreter dieser Generation, stellt dazu fest:

---

21 Calvet, a.a.O., S. 60. Zur offiziellen Kulturpolitik, insbesondere ab 1981, cf. Hans-Jürgen Lüsebrink et al. (Hrsg.): Französische Kultur- und Medienwissenschaft. Eine Einführung, Tübingen: Narr, 2004.
22 Michaela Weiß: Das französische Chanson um 2010. Stile, Moden und Entwicklungstendenzen im Gegenwartschanson, in: Eibl, a.a.O., S. 321.
23 Weiß, a.a.O., S. 309.
24 Timo Obergöker/Isabelle Enderlein (Hrsg.): La chanson française depuis 1945. Intertextualité et intermédialité. Das französische Chanson seit 1945. Intertextualität und Intermedialität, München, Martin Meidenbauer, 2008, S. 7.

L'étonnant est que le terme de nouvelle chanson française réapparaisse à notre propos, alors qu'historiquement, c'est la première fois que la chanson ne va pas de l'avant. Jusqu'à Dominique A. ça avait toujours avancé. Après Brassens et compagnie, il y a eu dans les années 70 une première génération dite ,nouvelle chanson française'. Dans les années 80 sont arrivés les synthétiseurs. Dans les années 90, il y a eu l'école Mathieu Boogaerts et tout ça; dans le son, c'était autre chose. Et là on revient avec des instruments déjà utilisés, trois couplets, trois refrains, typiques de choses déjà faites. C'est finalement une chance pour nous d'arriver à un moment comme celui-là, où les gens se disent qu'il n'y a pas besoin de tout détruire, de tout bousculer. D'où le côté paradoxal de l'adjectif ,nouveau' accolé à ce qu'on fait.[25]

Auch Ludovic Perrin insistiert auf diesem Sachverhalt, wenn er die erste *nouvelle chanson française* bereits unmittelbar nach Mai 68 ansetzt, mit Namen wie J. Clerc, G. Manset, M. Le Forestier, L. Chedid, A. Souchon, Y. Simon, M. Berger, W. Sheller, V. Sanson, M. Jonasz, F. Cabrel und Renaud: „On l'aimait doucement contestataire, légèrement désabusée, une fois retombés les espoirs du printemps 1968, écolo, romantique, sans gros sabots, nouvel homme fragile, la révolte entre les lignes contre l'esprit de compétitive."[26] Mit der „nouvelle chanson d'aujourd'hui"[27] dagegen, etwa ab Mitte der 1990er Jahre bis in die Gegenwart, komme es zu einem „retour de l'esprit rive-gauche".[28] Intimismus und Alltäglichkeit, Minimalismus, Erkunden der *mémoire* und Abkehr von jeglichem Engagement – „la nouvelle chanson française d'aujourd'hui […] rougit presque lorsqu'on lui parle de chanson engagée"[29] –, gelten nunmehr als Markenzeichen ihrer VertreterInnen: „Leurs chansons ressemblent à des discussions entre amis nostalgiques évoquant leurs souvenirs de jeunesse."[30] Dabei darf auch hier wieder die Gleichzeitigkeit des Ungleichzeitigen nicht vergessen werden, denn es existieren sehr wohl auch Unterschiede zwischen Vincent Delerm, Keren Ann, Benjamin Biolay, Bénabar, Dominique A., Miossec und den vielen anderen, die man inzwi-

---

25   Fred Hildalgo et al. (Hrsg.): Table ronde [Bénabar, Delerm, Cherhal], in: Chorus, Nr. 50, Hiver 2004–2005, S. 97.
26   Ludovic Perrin: Une nouvelle chanson française, Paris, Les Editions Hors Collection, 2005, S. 9.
27   Perrin, a.a.O., S. 9.
28   Perrin, a.a.O., S. 10.
29   Perrin, a.a.O., S. 9. Aus den angeführten Charakteristika der *,nouvelle' nouvelle chanson* den Rückschluss zu ziehen, dass das *chanson rive-gauche* gänzlich unengagiert gewesen sei, wäre freilich eine Fehlinterpretation. Cf. dazu Mathis, a.a.O. (1984). An dieser Stelle sei schließlich darauf hingewiesen, dass es für die *,nouvelle' nouvelle chanson* durchaus auch andere Klassifizierungsvorschläge gibt wie z.B. *nouvelle chanson pop* und *nouvelle chanson réaliste*. Cf. dazu Marian Gertheim: Die Aktualität des französischen Chansons an der Wende zum 21. Jahrhundert. La nouvelle scène française am Beispiel von Benjamin Biolay, Sanseverino, Les Hurlements D'Léo und Les Ogres De Barback, Diplomarbeit, Universität Hildesheim, 2006.
30   Timo Obergöker, Le fait d'être fils de prof de français – Réflexions sur l'univers littéraire de Vincent Delerm, in: Obergöker/Enderlein, a.a.O., S. 126.

schen unter diesem Etikett versammelt, und es existieren Unterschiede zwischen den Genannten und anderen, parallel dazu verlaufenden Manifestationen des neuen Chansons. Man denke etwa an die Gruppe *Têtes raides*, die mit einer Musik, die Musette und *rock alternatif* vermischt, mit Texten, die – reich an sprachspielerischen Elementen – trotzdem Klartext sprechen, und mit öffentlichen Auftritten etwa anlässlich der Wahlen des Jahres 2002 oder der Ausländergesetzgebung 2006 durch Innenminister Sarkozy in vielfältigster Weise Stellung beziehen.

6   Ma France?

Damit kommen wir zu einem letzten Punkt. Wenn im Zusammenhang mit der *Ecole de Paris*, mit der *nouvelle* und – wir insistieren auf dieser Präzisierung – der ‚*nouvelle'* *nouvelle chanson française* immer wieder von der Bedeutung des Texts die Rede war und es einleitend hieß, eine der Stärken des Chansons liege in seiner Fähigkeit, auf die jeweilige geschichtliche Situation in spezifischer Weise zu reagieren, so stellt sich abschließend nicht nur die Frage nach dem konkreten sozio-politischen Engagement, etwa in der Art der *Têtes raides* oder in der Art der unzähligen Spottlieder der französischen Geschichte, vom *Pont Neuf* bis zum mehr oder weniger liebevollen Verriss von Ségolène Royal und Nicolas Sarkozy. Es stellt sich auch die Frage, ob und auf welche Weise das Chanson auf so grundsätzliche Problematiken wie den nationalen Mythos, die imaginäre Konstruktion einer *grande nation* und ihren universellen Anspruch oder die die Nation konstituierenden *lieux de mémoire* reagiert. Während es spätestens seit Serge Dillaz (1973) sehr gute und umfangreiche Darstellungen des ‚engagierten' Chansons gibt,[31] birgt diese Fragestellung Stoff für eine mehrbändige, noch nicht geschriebene Geschichte des französischen Chansons. Es können hier abschließend also nur einige Gedankensplitter festgehalten werden.

Den Ausgangspunkt einer solchen Geschichte müsste selbstverständlich die zumeist als allzu blutrünstig empfundene Nationalhymne *La Marseillaise* bilden, die nicht zuletzt 1989 anlässlich des *Bicentenaire* der Revolution von zahllosen Wissenschaftlern und Wissenschaftlerinnen nach allen Regeln der Kunst analysiert wurde. Dass sie noch heute im völkerverbindenden Europa ihren Dienst tun darf, hat nicht zuletzt damit zu tun, dass sie inzwischen als *chanson-signe*, also als ein vom Original(kon)text und der ursprünglichen Wortbedeutung losgelöstes (plurimediales) Sinnkonstrukt betrach-

---

31   Serge Dillaz: La chanson française de contestation. Des barricades de la Commune à celles de mai 1968, Paris: Seghers, 1973. Unter den Neuerscheinungen cf. Adrien Bostmambrun: Brève histoire politique de la chanson française des Sixties aux années 2000, Lyon: Aléas, 2007.

tet wird.[32] In unserem Zusammenhang ist die *Marseillaise* insofern von Interesse, als sie tatsächlich sowohl den nationalen Mythos als auch den universellen Anspruch der französischen Nation begründet. Beides findet man übrigens weit weniger in den ‚offiziellen' Strophen als in denen, die im Laufe der letzten 200 Jahre in Vergessenheit geraten sind. Die Botschaft ist jedoch klar: Das Bild in Schwarz und Weiß, das zwischen außen und innen, zwischen Fremdem und Eigenem unterscheidet, evoziert eine *patrie*, deren *liberté* zu verteidigen dem einzelnen *citoyen* wie auch dem *peuple français* als ganzem zu *gloire* gereicht und deren zwingendes Pendant, die *égalité*, den Grundstein republikanischen Denkens legt. Gleichzeitig aber wird von allem Anfang an auch der universelle Anspruch der neuen Nation artikuliert, über die Grenzen Frankreichs hinaus die *droits de l'homme* zu verteidigen:

> La France que l'Europe admire
> A reconquis la Liberté
> Et chaque citoyen respire
> Sous les lois de l'Egalité; (*bis*)
> Un jour son image chérie
> S'étendra sur tout l'univers.
> Peuples, vous briserez vos fers
> Et vous aurez une Patrie! (9. Strophe)

Als eines der wenigen Revolutionslieder mit Originalmusik, durch den binären Rhythmus den ‚Marsch nach vorne' simulierend, eignet sich die *Marseillaise* wie wenige andere europäische Hymnen, auch die Vorstellung eines homogenen Ganzen und einer zukunftsweisenden zentralen Aufgabe zu simulieren. Umso mehr musste es daher als Desakralisierung empfunden werden, als Serge Gainsbourg im Jahre 1979 gemeinsam mit Mitgliedern von Boby Marleys Band den Reggae „Aux armes et cætera" aufnahm. Gainsbourg, der in seinem Chanson die erste und Teile der sechsten und siebten Strophe originalgetreu übernimmt und kurz darauf (1981) sogar das Originalmanuskript der *Marseillaise* (Rouget de Lisle) erwerben sollte, leugnet zwar die subversive Absicht – „Je suis un insoumis qui a redonné à *La Marseillaise* son sens initial"[33] –, schockiert deshalb aber nicht weniger. Der in Europa noch neue Reggae-Rhythmus betont anders als der Marsch die Taktteile 2 und 4 und schafft somit einen nicht-linearen fließenden ‚musikalischen Diskurs', dem abgesehen vom Odium des ‚unernsten' Tanzrhythmus auch sämtliche dem Rastafari-Anhänger Marley vielfach zu

---

32 Der Begriff *chanson-signe* stammt von Louis-Jean Calvet, der ihn in vielen seiner Vorträge und Publikationen im oben angeführten Sinn verwendet.

33 Cf. dazu http://www.ina.fr/art-et-culture/musique/video/CAB8000061901/concert-de-serge-gainsbourg-annule-a-strasbourg.fr.html (29. September 2010).

Unrecht unterstellten revolutionären und anti-bürgerlichen Ideen anhaften. Besonders provokant wirkt schließlich der von „Aux armes, citoyens!" auf „Aux armes et cætera" reduzierte Refrain, interpretiert von hellen Frauenstimmen, die den Originaltext gewissermaßen ‚reaktualisiert' und dem Schutz des *chanson-signe* entreißt:

Allons enfants de la patrie / Le jour de gloire est arrivé / Contre nous de la tyrannie / L'étendard sanglant est levé (1. Strophe des Originals)
　　　Aux armes et cætera
Entendez-vous dans les campagnes / Mugir ces féroces soldats / Ils viennent jusque dans nos bras / Egorger nos fils et nos compagnes (1. Strophe des Originals)
　　　Aux armes et cætera
Amour sacré de la patrie / Conduis soutiens nos bras vengeurs / Liberté liberté chérie / Combats avec tes défenseurs (6. Strophe des Originals)
　　　Aux armes et cætera
Nous entrerons dans la carrière / Quand nos aînés n'y seront plus / Nous y trouverons de la poussière / Et la trace de leurs vertus (7. Strophe des Originals)
　　　Aux armes et cætera

Liberté, égalité, fraternité, im Text der *Marseillaise* bis zum Überdruss wiederholt, sind auch zehn Jahre nach Gainsbourg noch Thema im französischen Chanson und liefern den Untertitel von Alain Souchons „La chanson parfaite" (1988). Anders als bei Rouget de Lisle ist die Botschaft hier jedoch ‚unblutig' und wie bei Gainsbourg wird sie ebenfalls stark über die Musik vermittelt. Ein Minimaltext erlaubt es dem Chanteur zu träumen:

Ce serait une chanson parfaite,
Un truc profond
Pour tous les gens de la planète,
Mettons ...

La musique, ce serait le battement
Du cœur des hommes,
A l'unisson un instant,
La belle besogne.

Les paroles, elles sont faciles:
Regarde en l'air
Le mur de l'Hôtel de Ville,
Trois mots dans la pierre.

Ce serait une chanson parfaite,
Un truc profond
Pour tous les gens de la planète,
Mettons ...

Er träumt – „ce s'rait..." – von den Grundprinzipien der Republik, verkörpert durch die emblematische Inschrift am *Hôtel de Ville*, und der daraus erwachsenden Hoffnung für die „gens de la planète". Den ‚musikalischen Traum' gestaltet er, der bekannt dafür ist, den Finger immer wieder auf wunde Stellen des gesellschaftlichen Zusammenlebens zu legen, indem er in langen Instrumentalpassagen – zum Teil mit synthetischen Sphärenklängen, mit unterschiedlichen Instrumentalstimmen und synkopierten, ‚versetzten' Rhythmen – zum Denken ‚Zeit' gibt. „Mettons", die Botschaft käme an – eine Botschaft, die vor Souchon auch andere immer wieder zu vermitteln versuchten. Es sei hier nur an das schon 1951 von Lucien Damiens geschriebene und von Jacques Filleul für Klavierbegleitung komponierte Chanson „Fraternité" erinnert, das ganz im Stil der Zeit den humanitär denkenden ‚Gutmenschen' zu Wort kommen lässt.

> (1) Celui que tu connais, tu l'aimes comme un frère.
> Il est né près de toi, tout est normal ainsi;
> Mais celui qui naquit sur la terre étrangère,
> Pourquoi ne pas l'aimer aussi?
>
> (2) Ton amour fraternel aurait-il des frontières,
> ou le bonheur de tous est-il ton seul souci?
> L'étranger, comme toi subissant des misères,
> Pourquoi ne pas l'aimer aussi?
>
> (5) Enfin l'humanité, si sage et si légère,
> Dont les comportements sont toujours indécis,
> Peux-tu t'en isoler, ô mon ami, mon frère?
> Pourquoi ne pas l'aimer aussi?

Unendlich viele Chansons schreiben schließlich die Freiheit auf ihre Fahne, wobei mit Freiheit sowohl politische Freiheit als auch Freiheit in einem individuellen, existentialistischen Sinn gemeint sein kann. Besonders bekannt ist Georges Moustakis immer wieder interpretiertes Lied „Ma liberté" (1968/1970), aber auch Charles Aznavour lässt es sich nicht nehmen, in seinem Chanson „Liberté" (1960) auf die Zweischneidigkeit des Sujets hinzuweisen: „N'as-tu pas deux visages, liberté: L'un joyeux l'autre grave?" Patricia Kaas spricht die Ambivalenz des Ideals an, wenn sie in „La Liberté" (1993) die existentielle ‚Leichtigkeit' des *sans-logis, sans-patrie, sans-abri, sans-papiers, sans-le-sou* und *sans-culotte* durch den Refrain – „La liberté/C'est pas la porte à côté/La liberté/C'est le bout du monde" – in Frage stellt, und Khaled, einer der großen Vertreter der *musiques du monde*, nennt sein 2009 erschienenes (fast ausschließlich in seiner Muttersprache verfasstes) Album *Liberté*. Das Spiel ließe sich fortsetzen mit den Symbolen der Republik – der Fahne, der Tricolore (*bleu-blanc-rouge* findet sich im Titel mehrerer Chansons), der ‚Marianne' oder dem 14. Juli, den schon Brassens' lyrisches

Ich in „La mauvaise réputation" „douillet" im Bett verbrachte (womit es sich den Zorn der ‚Patrioten‘ zuzog). Nationale Symbole und *lieux de mémoire* wie Monumente, Feiertage etc. haben noch heute einen zentralen Stellenwert im Selbstverständnis der Franzosen, die auch im öffentlichen Diskurs und quer durch die politischen Parteien gerne mit dem Begriff der Nation operieren,[34] und nicht zuletzt deshalb reizen sie die jüngere Generation, in ihren Texten auf die Brüchigkeit der Ideale hinzuweisen.

Ein ganz hervorragendes Beispiel hiefür liefert Rachid Taha, der im Jahre 1986 mit der Gruppe *Carte de Séjour* Charles Trenets „Douce France" wieder aufnimmt. Trenets Chanson, 1943 verfasst und in der Kriegszeit hymnisch gefeiert, zeichnet zu einem Zeitpunkt höchster politischer Ambivalenz ein ambivalent bewertbares Bild von Frankreich – *la douce France* als heile Kindheitserinnerung oder aber als Verschleierung der tatsächlichen politischen Situation. Während nun aber Trenet – besonders zu Beginn mehr erzählend als singend, in leicht swingendem Foxtrottrhythmus und begleitet von Klavier und unaufdringlichen Rhythmusinstrumenten – melancholisch und heiter zugleich Impressionen aus der Vergangenheit wachruft, greift Taha in ein anderes Register. Der Text bleibt gleich, Musik und Interpretation unterlaufen ihn jedoch auf höchst ironische Weise. Im strophischen Teil entlarven eine spröd klingende Stimme und eine wehmütig-schwebende Melodie mit deutlich anderen Wortakzentsetzungen, als dies Trenet oder die Umgangssprache tun, mit Rhythmuswechseln und orientalisierenden Instrumenten die im Text beschworene Idylle als nicht stimmig, während der Trenetschen Melancholie Tahas Refrain den *Drive* eines westlichen Ohrwurms entgegensetzt, mit beinahe zynischen Echoeffekten dort, wo von *bonheur* die Rede ist. Die angesprochene *insouciance* hört damit auf, eine Qualität zu sein, sondern lässt unterschwellig eine Reihe von Fragen zu: Ist *la France*, so wie sie im Lied beschrieben wird, auch für den Sänger *douce*? Weckt sie in ihm vielleicht ebenso bittersüße Erinnerungen an die eigene abgespaltene Kindheit, an das eigene abgespaltene Heimatland?

Il revient à ma mémoire
Des souvenirs familiers
Je revois ma blouse noire
Lorsque j'étais écolier
Sur le chemin de l'école
Je chantais à pleine voix
Des romances sans paroles
Vieilles chansons d'autrefois

Douce France
Cher pays de mon enfance

---

34   Hans-Jürgen Lüsebrink: Einführung in die Landeskunde Frankreichs, Stuttgart: Verlag J.B. Metzler, 2000, S. 99.

Bercée de tendre insouciance
Je t'ai gardée dans mon cœur!
Mon village au clocher aux maisons sages
Où les enfants de mon âge
Ont partagé mon bonheur
Oui je t'aime
Et je te donne ce poème
Oui je t'aime
Dans la joie ou la douleur
Douce France
Cher pays de mon enfance
Bercée de tendre insouciance
Je t'ai gardée dans mon cœur.

J'ai connu des paysages
Et des soleils merveilleux
Au cours de lointains voyages
Tout là-bas sous d'autres cieux
Mais combien je leur préfère
Mon ciel bleu mon horizon
Ma grande route et ma rivière
Ma prairie et ma maison.

Die Einheit und Identität, die der Nationalstaat stiftet bzw. zu stiften gewillt ist, zeigt also Risse, die Republik ist in Schwierigkeit geraten. Dies lässt sich auch anhand der unzähligen Chansons belegen, die – vielfach mit dem Blick auf den Einwanderer – das immer problematischere Verhältnis von Eigenem und Fremdem bzw. die Ungleichheit des Gleichen besingen.[35] Es zeigt sich auch in Chansons wie dem vorübergehend verbotenen „Ma France" (1969) von Jean Ferrat, das hinter dem „goût du bonheur" einer großartigen und diversifizierten Naturlandschaft die Usurpation des Freiheitsideals durch den Nationalstaat und die dem Gleichheitsprinzip zutiefst widersprechende Zweiklassen-Gesellschaft anprangert. Wenn der im Frühjahr 2010 verstorbene Ferrat den Mächtigen „crimes" und „erreurs" zum Vorwurf macht, so spricht Renaud im ebenfalls verbotenen Chanson „Hexagone" (1975) eine nicht weniger deutliche Sprache. Freiheit und Brüderlichkeit bleiben Fiktion in einem ‚Polizeistaat', der Demonstrationen gewalttätig niederschlägt (Charonne 1962) und die Todesstrafe erst 1981 abschafft, in einem Staat, wo die Mehrheit der *Citoyens* vor der Freiheit eines Mai 68 in „ordre" und „sécurité" flüchtet oder der *Résistance* die Kollaboration vorzieht. Auch die Gleichheit bleibt auf der Strecke, denn die Revolution „n'a jamais

---

35   Zur Thematik der Immigration cf. Wolfgang Asholt: Chanson et politique: la question de l'immigration, in: Mathis, a.a.O. (1995), S. 175–204, und Ursula Mathis-Moser: L'image de „l'Arabe" dans la chanson française contemporaine, in: volume! autour des musiques populaires, Nr. 2, 2003, S. 129–143.

éliminé/la misère et l'exploitation", und die einstige „gloire" reduziert sich inzwischen auf die nationalen Embleme „pinard" und „camembert". Vernichtend schließlich der leicht variierende Refrain, der Regierende wie Regierte gleichermaßen attackiert:

> Être né sous l'signe de l'hexagone,
> C'est pas c'qu'on fait d'mieux en c'moment, (Refrain 1)
>> C'est pas la gloire, en vérité, (Refrain 2)
>> C'est vraiment pas une sinécure, (Refrain 3)
> Et le roi des cons, sur son trône,
> J'parierai pas qu'il est all'mand. (Refrain 1)
>> Me dites pas qu'il est portugais. (Refrain 2)
>> Il est français, ça j'en suis sûr. (Refrain 3)
>
> Être né sous l'signe de l'hexagone, (Refrain 4)
> On peut pas dire qu'ça soit bandant
> Si l'roi des cons perdait son trône,
> Y'aurait 50 millions de prétendants.

Der Verlust der einstigen republikanischen Werte in der Politik dient auch Michel Bühler als Ausgangspunkt seines im Diseur-Stil vorgetragenen Chansons „Démocratie" (2008), dessen Refrain bezeichnenderweise „Douce France!" lautet. Um an die Spitze eines Staates zu gelangen, auf dessen Fahne ‚Freiheit, Gleichheit, Brüderlichkeit' prangen, gilt es, „la trahison", „le mensonge et le mépris des lois" zu pflegen. Den „arrivistes", „faux-culs" und „parvenus" stellt sich „plus une once d'audace, plus l'ombre d'une idée" entgegen, Ungleichheit und Ungerechtigkeit werden perpetuiert. Diese mediokre Gesellschaft ohne Ideale bildet u.a. auch das zentrale Thema in Christophe Miossecs Chanson „L'assistant Parlementaire" (1988), der als „[le] plus lâche [le] plus servile [le] plus mauvais" aller Bürger beschrieben wird. Eine interessante Replik auf den gegenwärtigen Zustand der Republik gibt schließlich Diam's, eine der großen französischen Rapperinnen, mit „Ma France à moi" (2006) aus dem signifikant betitelten Album *Dans ma bulle*. In einem komplexen intertextuellen und interkulturellen Spiel verweist sie nicht nur auf Ferrats „Ma France" oder Trenets „Douce France", die oft auch als *France profonde* bezeichnet wird, sondern zugleich auf Renaud, Miossec und Co. Diam's „France à moi" ist die der arbeitslosen Vorstadtjugend, vielfach mit Migrationshintergrund, die der kleinen Drogendelikte, aber auch der *Métissage*, des lebendigen „arc en ciel" [sic], ein junges Frankreich also, das riskiert, tanzt und sprayt und jene *France profonde* verachtet, die die Jugend belügt, deren Eltern ausbeutet, selbst in Mittelmäßigkeit versinkt und nur scheinbar offen, in Wirklichkeit jedoch herzlos und intolerant ihren Beaujolais konsumiert:

C'est pas ma France à moi cette France profonde
Celle qui nous fout la honte et aimerait que l'on plonge [...]

Mais ma France à moi elle vit, au moins elle l'ouvre, au moins elle rie [sic],
Et refuse de se soumettre à cette France qui voudrait qu'on bouge.
Ma France à moi, c'est pas la leur, celle qui vote extrême,
Celle qui bannit les jeunes, anti-rap sur la FM,
Celle qui s'croit au Texas, celle qui à peur de nos bandes,
Celle qui vénère Sarko, intolérante et gênante.
Celle qui regarde Julie Lescaut et regrette le temps des Choristes,
Qui laisse crever les pauvres, et met ses propres parents à l'hospice,
Non, ma France à moi c'est pas la leur qui fête le Beaujolais,
Et qui prétend s'être fait baiser par l'arrivée des immigrés,
Celle qui pue le racisme mais qui fait semblant d'être ouverte,
Cette France hypocrite qui est peut-être sous ma fenêtre,
Celle qui pense que la police a toujours bien fait son travail, [...]

Non, c'est pas ma France à moi, cette France profonde...
Alors peut-être qu'on dérange mais nos valeurs vaincront...
Et si on est des citoyens, alors aux armes la jeunesse,
Ma France à moi leur tiendra tête, jusqu'à ce qu'ils nous respectent.

„Aux armes la jeunesse" – so also könnte die neue *Marseillaise* beginnen, die den Hörer letztendlich von der problematischen Einheit des Nationalstaats zur positiv konnotierten Vielfalt führt, wenn Diam's betont, „Ma France à moi se mélange, ouais, c'est un arc en ciel [sic]/Elle te dérange, je le sais, car elle ne te veut pas pour modèle." Damit sind wir an jenem Punkt angelangt, wo sich die Frage stellt, ob das französische Chanson, das auf ganz unterschiedliche Weise – und quer durch die Geschichte – immer wieder Aussagen zur kollektiven Identität getroffen hat, auch die neue europäische Identität des französischen Staatsbürgers thematisiert. Eine Antwort darauf gibt Annika Runte sowohl in ihrer 2010 approbierten Dissertation als auch in einem etwas älteren Beitrag zu Plurilinguismus und europäischer Identität im Spiegel des Chansons,[36] in dem sie anhand von Liedbeispielen aus vier Jahrzehnten exemplarisch zeigt, wie die sich verändernde politische Konstellation im französischen Chanson ihren Niederschlag findet bzw. wie das Chanson auch auf politische Prozesse Einfluss nehmen kann. Ist noch 1964 in Brassens' „Deux oncles" in einer überaus verhaltenen Geste von „Ne m'oubliez-pas", „forget me not" und „vergiss mein nicht" die Rede – Signalwörter in drei europäischen Sprachen, die eine ferne Hoffnung auf eine gemeinsame Zukunft aufkommen lassen –, so scheint Renaud in „Greta" (1975) zumindest in der Symbolik der Sprachmischung – „dis-moi

---

36   Runte, a.a.O., sowie Annika Runte: Europe-Babel. Plurilinguisme et identité européenne dans la
      chanson, in: Obergöker/Enderlein, a.a.O., S. 95–112.

warum Greta" – einen Schritt weiter zu gehen. Hoffnungsvoll zeigt sich Alain Souchon in „Vous êtes lents" (1985), wenn er die europäische Mehrsprachigkeit als entscheidenden Faktor ins Zentrum rückt, und auch Serge Lama äußert sich in seinem vor dem französischen Referendum erschienenen Chanson „Europe-Babel" (1992) positiv zur neuen europäischen Identität. „L'Europe" (2001) von Noir Désir dagegen – und damit beendet Runte ihren Rundgang – präsentiert sich als beunruhigende, ausschließlich auf Französisch verfasste Bestandsaufnahme eines Europa, das immer mehr den Versuchungen und Werten einer globalisierten Welt erliegt.

Wie also sieht das Fazit aus? Unabhängig von der klassischen Urform des ‚französischen Chansons' der *Ecole de Paris* ergibt sich durch die Jahrzehnte hindurch stets dasselbe Bild: Das Chanson ist ein Spiel von *tradition et mutation*, von ewig Gleichem und stets Neuem. Sämtliche Funktionen sind in ihm angelegt, vom Engagement über das bewusste *désengagement*, das ästhetische Spiel bis hin zum bloßen *divertissement*. Auch heute noch präsentiert es eine unendliche Fülle von gelebten *instantanés*, die geprägt sind von der Anpassung an immer neue ästhetische und soziokulturelle Herausforderungen, geprägt aber auch von der immer wieder neuen produktiven Auseinandersetzung mit dem Fremden. Ist von jenem Chanson die Rede, das statt die nationale die europäische Identität thematisiert, so spielt der Rekurs auf die Mehrsprachigkeit zwar eine Rolle, zugleich aber gibt es ausschließlich in französischer Sprache verfasste Lieder, die die europäische Problematik besingen. Das Chanson auf Europakurs – so könnte man die zuletzt erörterte Problematik resümieren – bleibt somit ein ‚französisches' Chanson, und dies meist nicht nur in seiner oben beschriebenen Minimaldefinition.

Literatur

Asholt, Wolfgang (1995): „Chanson et politique: la question de l'immigration", in: Mathis, Ursula (Hrsg.): La chanson française contemporaine. Politique, société, médias. Innsbruck: Institut für Sprachwissenschaft, S. 175–204.

Bostmambrun, Adrien (2007): Brève histoire politique de la chanson française des Sixties aux années 2000. Lyon: Aléas.

Calvet, Louis-Jean (1995): „Quel temps fera-t-il sur la chanson française? A propos des courants actuels de la chanson française", in: Mathis, Ursula (Hrsg.): La chanson française contemporaine. Politique, société, médias. Innsbruck: Institut für Sprachwissenschaft, S. 55–61.

Casanova, Pascale (1999): La République mondiale des Lettres. Paris: Seuil.

Dillaz, Serge (1973): La chanson française de contestation. Des barricades de la Commune à celles de mai 1968. Paris: Seghers.

Eibl, Doris et al. (Hrsg.) (2010): Cultures à la dérive – cultures entre les rives. Grenzgänge zwischen Kulturen, Medien und Gattungen. Würzburg: Königshausen & Neumann.

Gertheim, Marian (2006): Die Aktualität des französischen Chansons an der Wende zum 21. Jahrhundert. La nouvelle scène française am Beispiel von Benjamin Biolay, Sanseverino, Les Hurlements D'Léo und Les Ogres De Barback. Diplomarbeit. Universität Hildesheim.

Hildalgo, Fred et al. (Hrsg.) (2004–2005): „Table ronde [Bénabar, Delerm, Cherhal]", in: Chorus, Nr. 50, S. 86–113.

Hirschi, Stéphane (2008): Chanson. L'art de fixer l'air du temps. De Béranger à Mano Solo. Valenciennes: Presses universitaires de Valenciennes.

Klein, Jean-Claude (1995): „Chanson et société: une „passion française"?", in: Mathis, Ursula (Hrsg.): La chanson française contemporaine. Politique, société, médias. Innsbruck: Institut für Sprachwissenschaft, S. 63–75.

Klenk-Lorenz, Renate (2006): Chansondidaktik: Wege ins Hypermedium. Hamburg: Verlag Dr. Kovač.

Lüsebrink, Hans-Jürgen (2000): Einführung in die Landeskunde Frankreichs. Stuttgart: Verlag J.B. Metzler.

Lüsebrink, Hans-Jürgen et al. (Hrsg.) (2004): Französische Kultur- und Medienwissenschaft. Eine Einführung. Tübingen: Narr.

Mathis, Ursula (1984): Existentialismus und französisches Chanson. Wien: Verlag der Österreichischen Akademie der Wissenschaften.

Mathis, Ursula (Hrsg.) (1995): La chanson française contemporaine. Politique, société, médias. Innsbruck: Institut für Sprachwissenschaft.

Mathis-Moser, Ursula (2003): „L'image de „l'Arabe" dans la chanson française contemporaine", in: volume! autour des musiques populaires, Nr. 2, 2003, S. 129–143.

Mathis-Moser, Ursula (2006): ‚Französische' Literatur aus der Feder von ‚Fremden'. Zur Konstruiertheit der Grenzen von Nationalliteraturen, in: Burtscher-Bechter, Beate et al. (Hrsg.): Grenzen und Entgrenzungen. Historische und kulturwissenschaftliche Überlegungen am Beispiel des Mittelmeerraumes. Würzburg: Königshausen & Neumann, S. 97–121.

Noiriel, Gérard (2002): Atlas de l'immigration en France. Exclusion, intégration… . Paris: Editions Autrement.

Obergöker, Timo (2008): „Le fait d'être fils de prof de français – Réflexions sur l'univers littéraire de Vincent Delerm", in: Obergöker, Timo/Enderlein, Isabelle (Hrsg.): La chanson française depuis 1945. Intertextualité et intermédialité. Das französische Chanson seit 1945. Intertextualität und Intermedialität. München, Martin Meidenbauer, S. 113–127.

Obergöker, Timo/Enderlein, Isabelle (Hrsg.) (2008): La chanson française depuis 1945. Intertextualité et intermédialité. Das französische Chanson seit 1945. Intertextualität und Intermedialität. München, Martin Meidenbauer.

Oberhuber, Andrea (2010): „La chanson, un genre intermédial", in: Eibl, Doris et al. (Hrsg.): Cultures à la dérive – cultures entre les rives. Grenzgänge zwischen Kulturen, Medien und Gattungen. Würzburg: Königshausen & Neumann, S. 273–289.

Perrier, Jean-Claude (2002): Nouvelle vague. La jeune chanson française depuis 1981. Anthologie. Paris: La Table Ronde.

Perrin, Ludovic (2005): Une nouvelle chanson française. Paris, Les Editions Hors Collection.

Runte, Annika (2008): „Europe-Babel. Plurilinguisme et identité européenne dans la chanson", in: Obergöker, Timo/Enderlein, Isabelle (Hrsg.): La chanson française depuis 1945. Intertextualité et intermédialité. Das französische Chanson seit 1945. Intertextualität und Intermedialität. München, Martin Meidenbauer, S. 95–112.

Runte-Collin, Annika (2010): CHANT SONGS. Le multilinguisme dans la chanson française contemporaine. Mehrsprachigkeit im zeitgenössischen französischen Chanson. Dissertation, Université de Provence.

Seitz, Katharina (2009): Le rap au féminin en France. Diplomarbeit. Universität Innsbruck.

Weiß, Michaela (2010): „Das französische Chanson um 2010. Stile, Moden und Entwicklungstendenzen im Gegenwartschanson", in: Eibl, Doris et al. (Hrsg.): Cultures à la dérive – cultures entre les rives. Grenzgänge zwischen Kulturen, Medien und Gattungen. Würzburg: Königshausen & Neumann, S. 307–322.

Wo ist der Anfang, wo ist das Ende? –

Jean-Philippe Toussaints Romane mit Marie

Ruthard Stäblein

Kein Umschlag, kein Klappentext, keine Farben, kein Foto, das auf den Titel aufmerksam machen oder den Autor ausweisen würde. Jean-Philippe Toussaint veröffentlicht seine Romane im französischen Original beim kleinen, aber feinen Verlag „éditions de minuit", der durch seine zurückhaltende, ja geradezu karge Aufmachung auffällt. Immer nur der gleiche weiße Paperback-Einband mit einem einzigen dunkelblauen Rahmen. Und als Signet ein einziger blauer Stern mit einem angehängten kleinen m. Als ebenso schnörkellos erweist sich auch der Stil zahlreicher Werke aus diesem Verlag von „Mitternacht": ein sternenklarer „Minimalismus". Bei „minuit" erschienen die Werke der beiden französisch schreibenden Nobelpreisträger Samuel Beckett und Claude Simon. Und keine Geringerer als Beckett lobte auch den Erstling von Toussaint, „Das Badezimmer" von 1985, mit dem Toussaint seinen internationalen Durchbruch erlangte. Der *Figaro* lobte das „Talent eines wirklich originellen Schriftstellers in Zeiten der Rückkehr zur Tradition". Die *New York Times* schrieb: „Dieser düster komische Roman offenbart sich, wie bei einem Traum, bei jeder neuen Lektüre etwas mehr und bleibt doch wunderbar unentzifferbar." Und ein italienischer Schriftsteller erkannte im „Badezimmer" die „Radiographie der Generation der 30-Jährigen von heute, die am weitesten von allen in ihrer Unversöhnlichkeit, Ironie und im Solipsismus geht."

Inzwischen ist Toussaint zwar etwas älter geworden, aber seinen Tonfall, oder wie man heute sagt, seinen *sound*, hat er beibehalten. Während andere dicke Wälzer produzieren, und sich dabei bequem der Computertechnik bedienen, bleibt Toussaint bei seinem Format. Seine Romane unterschreiten die Marke von 200 Seiten. Er beschreibt weiterhin die kleinsten Details des Alltagslebens und setzt in dieser Beziehung die Tradition der „école du regard" fort, wie man den *nouveau roman* à la Robbe-Grillet auch nannte. Und Toussaint erzählt auch weiterhin in Fragmenten, die in sich geschlossen sind, und die erst der Leser zusammensetzt. Aber von Solipsismus kann längst nicht mehr die Rede sein. Während sich die Hauptfigur im Debütroman noch im „Badezimmer" oder im Hotelzimmer einschloss, und von Venedig so gut wie nichts sehen konnte oder wollte, treten die Figuren in seinen jüngsten Romanen ein in die globalisierte Welt.

Jean-Philippe Toussaint wird 1957 in Brüssel geboren. Ab 1971 lebt er in Paris. 1978 erhält er sein Diplom am *Institut d'Etudes Politiques de Paris*, ein Jahr später sein DEA (*Diplome d'études approfondies*) in Neuerer Geschichte an der Sorbonne. Um dem Militärdienst zu entgehen, bewirbt er sich auf eine Stelle als Französischlehrer in Médéa (Algerien), wo er 1982 bis 1984 lebt. Hier lernt er seine Frau kennen. In dieser Zeit schreibt er den Roman „Das Badezimmer"/„La Salle de bain", der erst von fünf oder sechs Verlagen abgelehnt wird, bis das Exemplar seines Manuskriptes, welches er Alain Robbe-Grillet zugeschickt hatte, ein paar Monate später Jérôme Lindon, dem Verleger der *éditions de minuit*, in die Hände fällt.

1986 folgt der Roman „Monsieur". 1987 realisiert er die Verfilmung von „La Salle de bain". Zwei Jahre später erscheint „Der Photoapparat"/„L'appareil-photo", in etwa zeitgleich mit der Verfilmung von „Monsieur". In Madrid schreibt er den Roman „Der Köder"/„La Réticence". Er ensteht in verdunkelten Räumen, gleichzeitig mit dem Versuch, endgültig mit dem Rauchen aufzuhören. 1993 wird er vom DAAD für einen einjährigen Aufenthalt nach Berlin eingeladen, wo er den Film „Berlin 10H46" realisiert und die Arbeit an seinem Roman „Fernsehen"/„La Télévision" aufnimmt. 1996 folgt er einer Einladung der Villa Kujoyama nach Kyoto zu einem längeren Aufenthalt.

Seitdem lebt Toussaint immer wieder in Japan, wo er die größte Resonanz auf seine Bücher findet. Die fernöstliche Suche nach Einfachheit und Leere, Gesten, die nur angedeutet werden, passen zum Lebensprogramm seiner Figuren und zum Schreibprogramm des Künstlers Toussaint.

Daraus entwickelt sich 2000 sein „Reisebuch. Selbstporträt in der Fremde"/„Autoportrait (à l'ètranger)" und vor allem ab 2002 die Trilogie über Marie, die jetzt auch auf deutsch in der „Frankfurter Verlagsanstalt" vorliegt.

Möglicherweise handelt es sich gar nicht um eine Trilogie, denn bei diesem Autor weiß der Leser nie genau, wo etwas anfängt und wo etwas aufhört. Jedenfalls lohnt sich nach drei Bänden über Marie ein Blick auf das Ensemble.

Zuerst publiziert Toussaint „Faire l'Amour", ein Roman, der in Frankreich zum Bestseller wird. 2006 gewinnt der Autor mit dem *Prix Médici* einen der wichtigsten Literaturpreise Frankreichs für den zweiten Marie-Roman „Fliehen"/„Fuir". Der Abschluss folgt 2009 mit „La Vérité sur Marie". Soeben auf deutsch unter dem Titel „Die Wahrheit über Marie" erschienen, wieder übersetzt vom Verleger der „Frankfurter Verlagsanstalt", Joachim Unseld, der Toussaint von Anfang an die Treue hält.

Die Trilogie – ist es wirklich eine – beginnt mit dem Roman „Faire l'Amour"/ „Sich lieben", auf deutsch 2003 in der Frankfurter Verlagsanstalt erschienen.

„Sich lieben" – der Titel hatte mich damals befremdet. Sich lieben für „faire l'amour", das führt in die falsche Richtung. Sicher, die wörtliche Übersetzung „Liebe machen" klingt im Deutschen neckisch. Aber „sich lieben", dachte ich, hat einen egoistischen Aspekt. Für mich vermittelte sich das Bild eines einsamen Onanisten. Dann, die

Überraschung. Das Liebespaar, das in einem Hotel in Tokyo eine längst zerbrochene, verzehrte Liebe noch einmal krampfhaft aufzucken lässt, liebt sich tatsächlich nicht als Paar, sondern als Mann und Frau getrennt, als je Einzelner. Der Erzähler wird sich im Rückblick auf sieben Jahre gescheiterter Liebe dessen bewusst:

„Es schien als vermiede sie sorgsam jeden überflüssigen Kontakt mit meiner Haut, lediglich ihr Geschlecht schien an unserer Umarmung teilzunehmen."

„Sich lieben" von Toussaint zeichnet die fortgeschrittene Phase einer „Ent-Lie-bung" nach, in der sich der Erzähler mitten in der Tokioter Nacht in einem leeren „health-club" allein im Weltall fühlt. Diese Ausgangslage – mit dem Hauch existentia-listischer Geworfenheit – ist dem Leser von Toussaint vertraut aus den Kurzromanen „Das Badezimmer", „Monsieur", „Köder" und „Selbstportrait in der Fremde". Aber anders als die früheren Hauptfiguren von Toussaint, die sich eine verschlossene Innen-welt aufbauten, aus der sie kaum herauskamen, findet jetzt der Erzähler einen Weg ins Freie. In die Realität der Außenwelt. Dabei hilft ihm zum einen seine Geliebte Marie, eine Pariser Modemacherin, die einen Auftrag in Tokyo hat und den Erzähler mit nach Japan nimmt. Zum anderen sucht der Erzähler von Anfang an den harten Zugriff auf die Wirklichkeit. Er trägt nämlich eine Phiole mit Salzsäure bei sich. In jedem Augenblick könnte er diese Salzsäure aus der Tasche ziehen und so ein Attentat auf jede beliebige Person oder auch nur auf einen Ausschnitt aus der Welt vollziehen. Diese permanente Drohung verleiht dem Text und der Hauptperson eine aggressive Allmacht und boden-lose Verzweiflung, die mich bei diesem Autor überraschte. Dieses Ätzende, Schneiden-de und Gefährliche der Salzsäure schuf indessen als Metapher genommen die schnellste Verbindung zwischen der japanischen Umgebung und der Selbstauflösung der Liebe. So konnte Toussaint erstmals, wie ich finde, die Realität scharf fassen, zwischen Innen- und Außenwelt hin- und herspringen, indem er die „kalte Seele" Japans und die Erkal-tung einer Liebe aufeinander bezog. Zur Schlüsselszene wurde der Ausbruch eines Erd-bebens in Tokyo, an einem frühen Morgen, den Toussaint in einem drei Seiten langen Satz beschrieb, auf den ein kurzer Satz von zwei Zeilen folgte. Das Beben dauerte etwa fünf Minuten, der erstickte Schrei von Marie, der darauffolgte, war genauso kurz wie der Satz. Eine Atem- und Schnitttechnik, wie man sie aus dem Film kennt.

Das Erdbeben in Tokyo löste die Erschütterung der Liebe aus, das herzzerreißen-de Ende einer siebenjährigen Beziehung, aber auch die eruptive Lust im Moment der Trennung.

Bewundernswert, wie minutiös Toussaint die Details der Innen- wie der Außen-welt erfasst. Das liegt auch an seiner Japanbegeisterung. Wie dem französischen Semi-otiker Roland Barthes sind auch Toussaint die Zeichen Japans, der „Anflug eines Lä-chelns" im Umgang mit den modernsten Techniken, vertraut. Im „Reich der Zeichen" – so der Essay von Roland Barthes – kann ein Fax mit dem Pinsel kalligraphiert werden. Künstlichkeit und Leben werden ununterscheidbar. So weiß auch der Erzähler in einer weiteren Schlüsselszene nicht mehr genau, ob seine Geliebte Marie in einem Museum von Tokyo, in dem ihre Modeentwürfe ausgestellt werden, wirklich auftaucht oder nur virtuell in einem Video erscheint.

„Sich lieben" ist ein grandios erzähltes Buch mit wechselnden Rhythmen aus komplexen Sätzen und lakonischen Kürzeln, mit einem unterschwelligen Humor, dem „Anflug eines Lächelns". Es ist die Geschichte über eine „Ent-Liebung", in der die sexuelle Anziehungskraft noch einmal mit einem exzesshaften Ungestüm ausbricht bis sie sich in Gleichgültigkeit verflüchtigt.

Ist das nun das Ende einer Liebe oder nur eine Momentaufnahme der Erstarrung? Im zweiten Roman mit Marie und dem Titel „Fliehen"/„Fuir" tauchen die Pariser Designerin und der herumschweifende Künstler als Ich-Erzähler wieder auf. Und die Liebe geht den umgekehrten Weg. Eine Fernbeziehung erhält durch eine unvorhersehbare Wende eine geradezu dramatische Nähe. Im ersten Roman führte der Erzähler immer ein Fläschchen Salzsäure bei sich. Jetzt hat er immer ein Handy dabei, das sich als gefährlicher erweist.

Der Plot von „Fliehen" beginnt wie im Kino. Genre Mafiafilm. Der Ich-Erzähler überreicht am Flughafen von Shanghai einem unbekannten, zwielichtigen Chinesen ein Päckchen seiner Liebhaberin Marie mit Geldscheinen. – Er fährt mit dem Nachtzug nach Peking und kommt auf der Zugtoilette einer smarten Chinesin näher. In diesem Augenblick klingelt sein Handy. Marie teilt ihm mit, dass ihr Vater auf Elba gestorben sei. Marie telefoniert von Paris aus, wo sie gerade den Louvre besucht und soeben die Nachricht ebenfalls über Handy erfahren hat. An dieser Stelle setzt Toussaint fast unmerklich einen literarischen Trick ein. Die Ich-Erzählung geht nahtlos über in die inneren Erlebnisse, die Marie im Louvre macht, zeitgleich mit den Schweißausbrüchen des Ich-Erzählers im Nachtzug nach Peking. Der Leser weiß nicht mehr, wo er dran ist. Spricht er, spricht sie? – Sie müsste es sein, denn man ist gerade in Paris. Er könnte es auch sein, denn er reist gerade in Gedanken nach Paris. Toussaint verschränkt die „Wirklichkeiten" und Wahrnehmungen seiner Personen. Toussaint dürfte einer der ersten Schriftsteller sein, der die Technik des Handys auf die Kunst des Romans überträgt. En passant, im Vorübergehen, teilen zwei Personen einander mit, was sie gerade im Moment beobachten, erleben, erfahren, sich wünschen, sich vorstellen. Zwei völlig verschiedene Räume – und im Fall von Zugfahrt nach Peking und Flanieren im Louvre: zwei völlig verschiedene Zeitebenen – werden aufeinander bezogen und gleich getaktet. Der Roman „Fliehen" besticht durch seine Technik der Zeit- und Raumverschiebungen. Vermittels des Handys wird eine unmögliche Fernliebe verwandelt in eine dramatische Nahliebe. Alles geschieht unmittelbar. Die Entfernung wird aufgehoben. Die Intimität wird gesteigert (wobei Toussaint noch nicht beschreibt, dass diese Szenen der Intimität zur Szene werden, zu einer Bühne mit unbeteiligten Zuhörern, die eine Hälfte des Dialogs miterleben dürfen.)

Toussaint inszeniert eine überraschende Ubiquität seiner Figuren. Sie sind zugleich im Nachtzug nach Peking und tagsüber im Pariser Louvre.

Im dritten Roman mit und über Marie scheint der Titel das Ende des Spuks anzukündigen: „Die Wahrheit über Marie"/„La Vérité sur Marie" klingt nach einer Absage an all die Täuschungen und Phantasmagorien, die die Ticks und Clicks der neuesten Techniken hervorzaubern können. Die Wahrheit in der Einzahl wird aber schon mit dem ersten Satz des Romans ausgehebelt. „Später, als ich an die dunklen Stunden dieser glutheißen Nacht zurückdachte, wurde mir bewusst, dass wir beide, Marie und ich, damals im gleichen Augenblick, Liebe gemacht hatten, nur nicht miteinander."

Die Gleichzeitigkeit von Unvereinbarem wird noch dadurch gesteigert, dass der Leser (später) erfährt, die andere oder neue Liebhaberin des Ich-Erzählers heißt ebenfalls Marie. Mit der doppelten Marie wird die Scheinhaftigkeit strapaziert, die Verwirrung komplett. Zugleich beschreibt Toussaint bis ins winzige Detail den Ort des Geschehens, eine Pariser Wohnung mit Blick auf die Statue von Ludwig XIV. auf der *Place des Victoires*, mitten im Modeviertel von Paris. Er wechselt wie beim Zoomen mit der Kamera zwischen Schärfe und Unschärfe, Vagem und Präzisem, Fern- und Nahsicht. Wenn der französische Philosoph Jacques Derrida einmal von der *indécidibalité*, von der Unentschlossenheit und Ununterscheidbarkeit gesprochen hat, die den heutigen Menschen charakterisiert, im Gegensatz zu dem Heidegger-Typus der „Entschlossenheit", so nimmt Jean-Philippe Toussaint dieses Programm auf und wendet es als Romantechnik an. In seinem dritten Roman über Marie bleibt er indessen nicht dem Vagen verhaftet. Im Gegenteil. Er lädt die Personen emotional auf. Eifersucht und Todeskampf wechseln einander ab. Es kommt zu dramatischen Szenen, ja zur klassischen Klimax, wenn etwa eine Figur auf dem Tokioter Flughafen mit bloßer Hand ein fliehendes Rassepferd einfängt. Und es gibt auch ein wirkliches Ende. Aber das soll nicht verraten werden. Es ist in jedem Fall nicht die letzte Wahrheit über Marie. Denn der Autor hat schon mündlich bekundet, dass er weiter schreiben will an dieser Marie.

Dokumentation

Chronik Oktober 2009 – September 2010

Erstellt durch das Programm Frankreich/deutsch-französische Beziehungen der Deutschen Gesellschaft für Auswärtige Politik (DGAP), Berlin

2009

Oktober

6.10.   Nach den Streikankündigungen der France Télécom-Mitarbeiter versucht das Unternehmen, die durch eine Selbstmordserie (seit Anfang 2008 24 Selbstmorde) innerhalb der Firma entstandenen sozialen Spannungen zu beruhigen. Louis-Pierre Wenes, stellvertretender geschäftsführender Direktor, bittet persönlich um seine Ablösung. Die Gewerkschaften begrüßen diesen Schritt und werten ihn als erstes Anzeichen der France Télécom, den Managementstil des Unternehmens zu ändern.

7.10.   Der Senat nimmt einstimmig einen Abänderungsvorschlag zum Gesetz „Grenelle 2 de l'environnement" an. Dieser durch Louis Nègre (UMP) eingereichte Antrag sieht ein Handy-Verbot in der Schule sowie den Vertrieb von speziell für Kinder unter sechs Jahren entwickelten Handys vor. Auch soll Werbung für Handys für Kinder unter 14 Jahren verboten werden. Ziel ist es, mögliche durch Handy-Strahlung verursachte Schäden von Kindern zu verringern.

8.10.   Staatspräsident Sarkozy kündigt bei seinem Besuch im Département Moselle finanzielle Hilfemaßnahmen für die wirtschaftliche Wiederbelebung der Région Lorraine an. Die krisengeschüttelte Region leidet an Entlassungen und Schließungen von Militärstützpunkten. Durch eine Finanzspritze von 2,7 Millionen Euro soll künftig in Zusammenarbeit mit Daimler eine Autofabrik in Hambach, östlich von Metz, die Produktion eines Smart-Elektroautos übernehmen. Weitere Arbeitsplätze sollen durch den Umzug von Teilen des Institut national de la statistique et des études économiques (INSEE) nach Metz geschaffen werden.

13.10. Staatspräsident Sarkozy gibt die Bestimmungen der Reform des Lycée bekannt. Kul-
        turelle und musikalische Erziehung sollen durch Partnerschaften mit Museen oder
        Konservatorien eine stärkere Einbindung in den Unterricht erfahren. Der Spracher-
        werb sowie selbstständiges Lernen sollen verstärkt werden, so dass jeder Schüler
        zwei- oder dreisprachig von der Schule abgeht. Die literarische Abiturausrichtung
        (Filière L) soll in ein internationales „Prestigeabitur" umgeformt werden. Des Wei-
        teren soll jedes Lycée Praktika für die Ferien anbieten, um einen möglichen Wechsel
        in der Abiturausrichtung zu erleichtern. Außerschulisches Engagement in Organisati-
        onen oder Sportvereinen soll aufgewertet werden. Diese Maßnahmen sollen mit dem
        Schulbeginn im Jahr 2010 für die „Seconde" (10. Klasse) und bis 2012 auch in den
        Klassen bis zur „Terminal" (Abiturstufe) angenommen werden.

16.10. Der französische Rat des muslimischen Kultes (CFCM) spricht sich gegen ein Ver-
        bot der islamischen Ganzkörperverschleierung von Frauen aus. CFCM-Präsident Mo-
        hammad Moussavi erinnert daran, dass die Burka keine Vorschrift des Koran sei, dass
        es jedoch einer „Stigmatisierung" gleichkomme, ein Verbot gesetzlich einzuführen.

20.10. In einer Rede in Saint-Dizier erläutert Staatspräsident Sarkozy die Grundzüge der ge-
        planten Territorialreform, zu der die ersten vier Texte im heutigen Ministerrat präsen-
        tiert werden. Die Reform umfasst eine Verringerung der Zahl der bisher 22 Regionen
        auf 15 Regionen von „europäischer Dimension". Das bedeutet einen Machtzuwachs
        für die Regionen, sowie für neun Großstädte (Paris, Marseille, Lyon, Lille, Bordeaux,
        Toulouse, Straßburg, Nantes und Nizza), welche zu „Metropolen" heranwachsen sol-
        len. Sarkozy fordert die Opposition auf, dieses „historisches Projekt" für die Dezent-
        ralisierung zu unterstützen. Die Franzosen werden die Reform nach ihren Ergebnissen
        beurteilen. Viel werde in diesem Zusammenhang von den Maßnahmen abhängen, die
        als Ersatz für die Gewerbesteuer vorgesehen sind.

20.10. Im Clearstream-Prozess fordert die Staatsanwaltschaft 18 Monate Haft auf Bewäh-
        rung sowie ein Bußgeld in Höhe von 45.000 Euro für den ehemaligen Premierminister
        de Villepin. Für die Anklage steht fest, dass er sich an einer Rufmordkampagne gegen
        seinen politischen Rivalen Nicolas Sarkozy, dem heutigen Präsidenten, beteiligt und
        sich durch sein Schweigen zum Komplizen einer Manipulation gemacht habe.

20.10. Heute beginnen die parlamentarischen Verhandlungen des Finanzgesetzentwurfs für
        2010, der von einem Rekordstaatsdefizit von 116 Mrd. Euro ausgeht. Die Kontrover-
        se, auch innerhalb der Regierungsmehrheit, hatte bereits begonnen, insbesondere im
        Hinblick auf das sogenannte Steuerschutzschild („bouclier fiscal"), wonach niemand
        mehr als 50 % Steuern zahlen soll und auf die Reform der Gewerbesteuer.

23.10. Jean Sarkozy, Sohn des französischen Präsidenten Nicolas Sarkozy, verzichtet auf den
        Chefposten der Behörde EPAD (Verwaltungsbehörde des Geschäftsviertels „La Dé-
        fense" in Paris). Seine Kandidatur für den Verwaltungsrat möchte er aufrechterhalten.
        Die Ankündigung der Kandidatur des erst 23-Jährigen für das Amt des Präsidenten
        der EPAD hatte für Empörung gesorgt, die Opposition hatte von „Vetternwirtschaft"
        gesprochen. Er wolle keinen Sieg, der vom Verdacht der Vorzugsbehandlung über-
        schattet sei, erklärt Sarkozy. Der Vorwurf der Vetternwirtschaft sei aber falsch. „Ich
        bin gewählt worden", sagt Jean Sarkozy. Der 23-Jährige hat sein Jura-Studium noch
        nicht abgeschlossen.

25.10. Eric Bessson, Minister für Einwanderung und nationale Identität, veröffentlicht auf
        Geheiß von Staatspräsident Sarkozy ein Kommuniqué, welches eine öffentliche De-
        batte um die nationale Identität anstoßen soll. Dazu werden in den kommenden
        Wochen in den Präfekturen der 96 Departements und 342 Arrondissements Diskus-
        sionsrunden stattfinden. Auf einer neu eingerichteten Internetseite kann jeder Fran-
        zose teilnehmen. Die Debatte solle die „Konstruktion einer mehrheitsfähigen Vor-
        stellung dessen, was die nationale Identität heute ist, ermöglichen", erklärt Besson.
        Zudem sollen die republikanischen Werte und der Stolz, Franzose zu sein, gefestigt
        werden.

30.10. Ex-Staatspräsident Chirac wird wegen fiktiver Beschäftigungsverhältnisse in der Pa-
        riser Stadtverwaltung zwischen 1983 und 1996 angeklagt. Die Affäre lastet immer
        noch auf Ex-Staatspräsident Chirac, der von 1977 bis 1995 Bürgermeister von Paris
        war. Das Pariser Rathaus soll in den 18 Jahren, in denen Chirac dort Bürgermeister
        gewesen war, ein „Eldorado" für Projektleiter jeglicher Art gewesen sein. 481 Mit-
        arbeiter mit diesem Titel und guter Bezahlung waren eingestellt worden, unter ihnen
        ein Enkel von General Charles de Gaulle. Vor Gericht geht es um 21 dieser Stel-
        len: Die jeweiligen Mitarbeiter sollen verdiente Kämpfer von Chiracs Partei RPR
        gewesen sein oder den Präsidentschaftswahlkampf ihres Bürgermeisters vorbereitet
        haben. Der Schaden für die Stadtkasse von Paris beträgt aus Sicht der Ermittlungs-
        richterin Xavière Simeoni bis zu fünf Millionen Euro. Es ist das erste Mal, dass in
        Frankreich ein ehemaliger Staatschef vor Gericht muss. Während seiner 12 Jahre im
        Elysée-Palast hatte seine Immunität ihn vor einem möglichen Prozess geschützt.

30.10. Nach ihrer Wiederwahl zur Bundeskanzlerin wird Angela Merkel im Elysée-Palast
        vom französischen Staatspräsidenten Sarkozy zu einem Abendessen empfangen. Es
        ist ihr erstes Reiseziel nach der Wahl. Beide nehmen sich vor, bis Januar verschiedene
        Vorschläge auszuarbeiten (Wirtschaftsbeziehungen, Mittelstand, Forschung, Bildung,
        u.a.). Die Themen Atomkraft und Türkei waren nicht besprochen worden. Der fran-

zösische Präsident hatte zudem angekündigt, dass Merkel als erster deutscher Regierungschef zum Jahrestag des Endes des Ersten Weltkriegs (11.11.1918) eine Rede in Paris halten wird.

November

2.11.   Für ihren Roman „Trois femmes puissantes" wird die französische Schriftstellerin Marie N'Diaye mit einem der bedeutendsten Literaturpreise Frankreichs, dem *Prix Goncourt*, ausgezeichnet. Geboren als Tochter eines Senegalesen und einer Französin, ist sie die erste schwarze Autorin, die diese Auszeichnung erhält.

6.11.   Neun Monate nach den sozialen Unruhen auf den Antillen gibt Staatspräsident Sarkozy einen Katalog mit 137 Vorschlägen für eine Verbesserung der Beziehungen mit den Überseegebieten bekannt. Neben einer neuen Preispolitik möchte Sarkozy die Einstellungsbedingungen erleichtern und die Analphabetisierungsquote um die Hälfte verringern. Im Januar 2010 sollen zudem Martinique und Guayana in einem Referendum über ihre Unabhängigkeit entscheiden können. Die bisherige Staatssekretärin für Überseegebiete Marie-Luce Penchard wird von Sarkozy zur vollwertigen Ministerin ernannt und gehört nun dem Innenministerium an. Penchard wird wesentlich an der Umsetzung der Maßnahmen beteiligt sein.

6.11.   Arbeitsminister Xavier Darcos übergibt den Tarifpartnern ein Orientierungspapier zur Verbesserung der beruflichen Chancengleichheit von Mann und Frau. Das Dokument schließt die Einführung einer Frauenquote nicht aus. Das Ziel soll sein, die Führungsebene von Unternehmen zu feminisieren. Es schlägt vor, die Strafe für Unternehmen, die die Quote nicht einhalten, zu erhöhen und die Namen der Unternehmen öffentlich zu nennen.

9.11.   Nicolas Sarkozy hält aus Anlass der Feierlichkeiten zum 20. Jahrestag des Falls der Berliner Mauer eine Rede vor dem Brandenburger Tor. Unter Anwesenheit zahlreicher Staatsgäste und Zeitzeugen aus aller Welt erinnert Sarkozy an die friedliche Revolution und fordert die Menschen dazu auf, die „Unterdrückung zu bekämpfen und die Mauern niederzureißen, die überall in der Welt noch Städte, Gebiete und Völker trennen".

10.11.   Auf dem EU-Finanzministertreffen in Brüssel beugt sich der deutsche Finanzminister Schäuble den neuen Brüsseler Sparauflagen. Schäuble möchte bis 2013 das Haushaltsdefizit wieder bis unter die Drei-Prozent-Marke bringen. Die französische Finanzministerin Christine Lagarde beurteilt dies für ihr Land jedoch als extrem schwierig. Sie verlangt einen Aufschub bis 2014. Zudem drängt sie auf einen schnellen Ausstieg aus den nationalen Programmen zur Bankenrettung, da viele Banken wieder schwarze Zahlen schrieben. Schäuble betont hingegen, dass nicht alle Länder gleichzeitig aus den Rettungspaketen aussteigen müssten. Er plant noch im November ein Treffen mit Lagard, um die Unstimmigkeiten zu diskutieren.

11.11.   Zum 91. Jahrestag des Endes des 1. Weltkriegs reist Bundeskanzlerin Angela Merkel nach Paris. Sie ist die erste deutsche Staatschefin, die an der traditionellen Zeremonie zur Erinnerung an die gefallen Soldaten teilnimmt. Gemeinsam mit dem französischen Staatspräsidenten Sarkozy legt Kanzlerin Merkel am Grabmal des Unbekannten Soldaten am Fuße des *Arc de Triomphe* einen Kranz nieder und entzündet die ewige Flamme. Der 11. November ist in Frankreich einer der wichtigsten Feiertage.

14.11.   Der wirtschaftliche Aufschwung nach der Wirtschaftskrise manifestiert sich auch in Frankreich. Das Wachstums des Bruttoinlandsprodukts beläuft sich auf 0,3 % im dritten Trimester, was das Ende der Rezession bekräftigt. Der Prozentsatz bleibt jedoch unter den Erwartungen der Regierung, ein Zeichen, dass die französische Wirtschaft noch immer nicht stabil ist. So zeigt sich jetzt, dass sich die hohe Arbeitslosigkeit auf die Kaufkraft auswirkt. Die Aussichten scheinen ein wenig besser: Nur 5.500 Arbeitsplätze wurden im dritten Trimester abgebaut. Die Zeitarbeit zieht weiter an.

17.11.   Staatspräsident Sarkozy reist nach Saudi-Arabien, um die Beziehung der beiden Staaten zu vertiefen und zugleich über den festgefahrenen Nahostkonflikt zu sprechen. Sarkozy versucht, neuen Schwung in den Friedensprozess zu bringen. So hatte er eine Woche zuvor mit Palästinenserpräsident Mahmud Abbas, dem israelischen Regierungschef Benjamin Netanjahu und dem syrischen Staatschef Baschir Assad gesprochen.

21.11.   Im Senat wird die Umwandlung der Gewerbesteuer in die *Contribution économique territorial* (CET) mit 178 zu 159 Stimmen angenommen. Ganzheitlich hatte die UMP-Fraktion für die Reform der Gewerbesteuer gestimmt. Unternehmen müssen nun zukünftig bei einem Umsatz von mehr als 500.000 Euro 250 Euro an Steuern zahlen.

24.11.   Die dreitägige Debatte um den Gesetzesentwurf zum Vorhaben „Grand Paris" beginnt in der *Assemblée nationale*. Im Februar 2010 soll der Entwurf dann dem Senat vorgelegt werden. Der Text, den Staatssekretär Christian Blanc den Abgeordneten vor-

stellt, beinhaltet u.a. die Gründung einer „Société du Grand Paris", die ein insgesamt
130 km langes Metro-Streckennetz mit 40 Bahnhöfe rund um Paris schaffen soll.
Schon jetzt wurden 360 Änderungsvorschläge durch die Abgeordneten eingereicht,
alle unterschiedlicher politischer Natur.

27.11. Der EU-Kommissionspräsident José Manuel Barroso gibt die Ernennung des fran-
        zösischen Ministers Barnier für Landwirtschaft und Fischerei (UMP) zum EU-
        Kommissar für Binnenmarkt und Dienstleistungen bekannt. Barnier kehrt somit auf
        die europäische Bühne zurück; schon 1999 hatte er das EU-Ressort für Regionalpo-
        litik und institutionelle Reformen übernommen.

Dezember

5.12.   In der Nacht vom 5. auf den 6. Dezember nimmt der Senat die zweite Säule der
        Reform der Gewerbesteuer mit grundlegenden Änderungen an. Abgeordnete der
        UMP und der Mitte hatten zuvor eine präzise Neuausrichtung der Reform durch die
        Regierung veranlasst. Die Linke hatte sich gegen die Abschaffung der Steuer aus-
        gesprochen. Die zweite Säule der Reform beinhaltet das neue Steuersystem der Ge-
        bietskörperschaften. Ein Gesetzesentwurf zur Annahme der Reform soll dem Parla-
        ment vor Ende Juli 2010 präsentiert werden.

9.12.   Nach dem Minarett-Verbot in der Schweiz äußert sich Staatspräsident Nicolas Sar-
        kozy in *Le Monde* persönlich zur Debatte um die nationale Identität. Er nimmt die
        Schweizer in Schutz und spricht von einer „übertriebenen" und „karikaturenhaften"
        Reaktion der Medien und der Politik auf das Verbot. Er hält eine Debatte in Frank-
        reich, wo über fünf Millionen Muslime leben, weiterhin für notwendig.

14.12. Staatspräsident Nicolas Sarkozy gibt anlässlich einer Pressekonferenz im Elysée-
        Palast den finalen Umsetzungsplan der großen Staatsanleihe bekannt. Demnach sol-
        len im Jahr 2010 insgesamt 60 Milliarden Euro aus öffentlichen Geldern und Pri-
        vatkapital (35 Milliarden Euro) für neue Investitionen zur Verfügung stehen. Teile
        der öffentlichen Gelder sollen aus dem fast gänzlich zurückbezahlten finanziellen
        Hilfspaket für die Banken während der Finanz- und Wirtschaftskrise entnommen
        werden, ungefähr 20 Milliarden Euro stellen die Neuverschuldung im Jahr 2010
        dar.

19.12. Die Klimakonferenz in Kopenhagen stellt eine Enttäuschung für Staatspräsident
        Nicolas Sarkozy dar, der noch zuvor mit dem brasilianischen Präsidenten Lula und
        dem äthiopischen Premierminister Meles Zenawi für ehrgeizige Klimaregelungen

(Reduzierung der Co_2-Emission um die Hälfte bis 2050) gekämpft hatte. Sarkozy hatte gehofft, die Afrikaner hinter Zenawi versammeln zu können, stattdessen hatte sich ein Block hinter dem Sudan und den ärmeren, anti-europäisch ausgerichteten Ländern gebildet. Vor allem das Verhalten der chinesischen („sehr aggressiv") und indischen Staatsrepräsentanten hatte Sarkozy beklagt. Für die Zukunft kündigt Sarkozy die Schaffung einer europäischen Umweltorganisation an.

31.12. Die CO_2-Steuer wird kurz vor ihrem Inkrafttreten am 1. Januar 2010 durch Richter des französischen Verfassungsgerichts gestoppt. Grund sind vor allem die vielen Ausnahmen: So sollten etwa der Flugverkehr und die Schwerindustrie von dem Gesetz ausgenommen werden, was eine mögliche Gefährdung der Steuergleichheit nach sich ziehen hätte können. Die CO_2-Abgabe sollte bei 17 Euro pro ausgestoßener Tonne liegen, was eine Erhöhung der Gas- und Benzinpreise bedeutet hätte.

2010

Januar

1.1. Zum 1. Januar 2010 wählen 33 weitere Hochschulen in Frankreich ein Modell der Finanzautonomie, das durch ein Gesetz aus dem Jahr 2007 ermöglicht wird. Diesem zufolge geht die Verantwortung für die Mittelverteilung vollständig an die Hochschulen über. Das Gesetz hatte in den Jahren 2007 und 2009 heftige Proteste unter den Studierenden hervorgerufen. Sechzig Prozent der französischen Hochschulen haben sich bis heute für die Finanzautonomie entschieden.

7.1. Im Alter von 66 Jahren stirbt der ehemalige Arbeitsminister und Präsident der *Assemblée nationale* Philippe Séguin. Der Politiker der Regierungspartei UMP war zuletzt Präsident des Rechnungshofes gewesen.

10.1. Die Einwohner der beiden französischen Überseegebiete Martinique und Guayana haben sich bei einer Abstimmung mit großen Mehrheiten gegen eine größere Autonomie vom französischen Mutterland entschieden.

11.1. Im Alter von 89 Jahren stirbt der französische Filmregisseur Eric Rohmer. Zu den bekanntesten Filmen des Mitbegründers der „Nouvelle Vague" gehören „Claires Knie", „Pauline am Strand", sowie „Meine Nacht bei Maud".

11.1.   Durch die Einführung einer neuen Besteuerung von Bonuszahlungen an Bankma-
        nager erwartet die französische Regierung nach Berechnungen von Wirtschaftsmi-
        nisterin Lagarde Einnahmen in Höhe von 360 Millionen Euro. Die Steuer, die in
        Reaktion auf die massive staatliche Unterstützung der Banken im Rahmen der Fi-
        nanzkrise eingeführt wird, wird einmalig für alle Boni über 27.500 Euro erhoben.
        90 Millionen der erwarteten Einnahmen sollen in den Staatshaushalt, die restliche
        Summe an den Einlagensicherungsfonds für Kundengelder fließen.

20.1.   Das Bildungsministerium startet eine Kampagne zur Förderung des Deutsch-
        unterrichts in Frankreich. Die letzte, vom deutsch-französischen Ministerrat im Jahr
        2004 beschlossene Initiative dieser Art, hatte deutliche Wirkung gezeigt. Der Anteil
        der Schüler an weiterführenden Schulen in Frankreich, die Deutsch lernen, beträgt
        heute etwa fünfzehn Prozent.

22.1.   Aus Anlass des Deutsch-französischen Tages treffen in Berlin der französische
        Staatssekretär für europäische Angelegenheiten, Pierre Lellouche, und der deutsche
        Staatsminister, Werner Hoyer, zusammen. Die beiden Beauftragten für die deutsch-
        französische Zusammenarbeit betonen die Bedeutung der bilateralen Beziehungen
        und stellen ein gemeinsames Papier mit Vorschlägen für neue Initiativen in den
        deutsch-französischen Beziehungen vor, das auch als Grundlage für den im Februar
        stattfindenden deutsch-französischen Ministerrat dienen soll.

26.1.   Ein parteiübergreifender Parlamentsausschuss spricht sich mit den Stimmen der Re-
        gierungspartei UMP für eine Resolution aus, die zu einem Verbot einer Ganzkörper-
        verschleierung in öffentlichen Einrichtungen und Gebäuden führen soll. Die Forde-
        rung ist Teil einer bereits seit mehreren Monaten geführten Debatte um das Tragen
        eines Ganzkörperschleiers (Burka) von Muslimen in Frankreich. Staatspräsident
        Sarkozy sowie Integrationsminister Besson lehnen die Burka als Verstoß gegen die
        Grundsätze der französischen Republik ab. Eine Entscheidung über die Reichweite
        eines möglichen Verbots soll erst nach den Regionalwahlen im März getroffen wer-
        den.

30.1.   Die Regierungspartei UMP tritt mit der Vorstellung der Kandidatenlisten in die letz-
        te Phase des Wahlkampfs für die Regionalwahlen ein. Auf den Listen für die im
        März 2010 stattfindenden Wahlen finden sich auch zahlreiche Mitglieder der Re-
        gierung, darunter Valérie Pécresse, Xavier Darcos, Alain Joyandet und Brice Horte-
        feux.

Februar

1.2. Frankreich übernimmt turnusgemäß für einen Monat den Vorsitz im UN-Sicherheitsrat. Im Mittelpunkt steht hierbei die Fortführung einer während der Präsidentschaft im Jahr 2009 gemeinsam mit Großbritannien angestoßenen Initiative zur Reform der Friedenssicherungseinsätze der Vereinten Nationen.

2.2. Integrationsminister Eric Bresson gibt bekannt, per Dekret den Antrag eines Marokkaners auf die französische Staatsbürgerschaft abgelehnt zu haben, der seine Ehefrau mit französischer Nationalität zum Tragen eines Ganzkörperschleiers (Burka) zwingt. Eine parlamentarische Enquête-Kommission hatte Ende Januar die Prüfung eines Gesetzes zum Verbot der Burka in öffentlichen Gebäuden und Einrichtungen empfohlen.

4.2. Im Rahmen des seit dem Jahr 2003 stattfindenden deutsch-französischen Ministerrats treffen die deutschen Kabinettsmitglieder in Paris mit ihren französischen Amtskollegen zusammen. Im Zentrum der Gespräche steht die deutsch-französische „Agenda 2020", in der die Leitlinien der deutsch-französischen Zusammenarbeit für die nächsten zehn Jahre festgelegt werden. Sie umfasst 80 konkrete Maßnahmen, darunter ein grenzüberschreitendes Projekt für Elektrofahrzeuge im deutsch-französischen Grenzgebiet, Veränderungen im Eherecht für deutsch-französische Paare, den Start eines gemeinsamen Klimasatelliten sowie die Schaffung von 200 deutsch-französischen Kindertagesstätten. Im Vorfeld debattierte Vorschläge wie das Projekt einer europäischen Wirtschaftsregierung oder eines deutsch-französischen Ministeramts sind dagegen nicht Teil der „Agenda 2020".

15.2. Bei einem Treffen mit Vertretern von Gewerkschaften im Elysée-Palast stellt Staatspräsident Sarkozy wichtige Elemente und einen Zeitplan für die vorgesehene Rentenreform vor. Debattiert werden vor allem eine Erhöhung des Rentenalters sowie ein Anstieg der Beiträge zur Rentenversicherung. Eine Kürzung der Renten soll ausgeschlossen bleiben. Die Reform soll bis zum September 2010 abgeschlossen sein.

23.2. Staatspräsident Sarkozy beruft den sozialistischen Abgeordneten Didier Migaud an die Spitze des französischen Rechnungshofs, sowie den ehemaligen sozialistischen Senator Michel Charasse in den *Conseil constitutionnel*, wo er den Sitz des im Januar verstorbenen Philippe Séguin einnimmt. In den Medien werden die Ernennungen als Element der Strategie der Öffnung gewertet, die Staatspräsident Sarkozy seit Beginn seiner Amtszeit verfolgt.

25.2. Staatspräsident Sarkozy trifft zu einem Besuch in Kigali, der Hauptstadt Ruandas, ein. Es handelt sich um den ersten Besuch eines französischen Präsidenten seit dem Völ-

kermord in Ruanda im Jahr 1994. Sarkozy räumt dabei schwere Versäumnisse Frankreichs bei dessen Militäreinsatz im Krisengebiet ein.

28.2. Bei einem Sturmtief mit schweren Unwettern in Westeuropa kommen in Frankreich
über 45 Personen ums Leben. Am schwersten von der Katastrophe betroffen sind die
Atlantikküste und das Département Vendée. Etwa eine Million Menschen sind auch
am Folgetag noch ohne Strom.

März

1.3. Bei einem Staatsbesuch in Paris trifft der russische Präsident Medwedew mit seinem Amtskollegen Sarkozy zusammen. Zu den wichtigsten Themen der Gespräche
zählt die Aufnahme Russlands in die Welthandelsorganisation, das iranische Atom-
programm und die Frage eines neuen europäischen Sicherheitspakts. Im Rahmen des
Besuchs sollen auch mehrere Verträge zur wirtschaftlichen Kooperation geschlossen
werden, darunter ein Vertrag über die Lieferung französischer Kriegsschiffe nach
Russland. Besonders die russischen Nachbarstaaten zeigen sich über diese Rüstungs-
kooperation besorgt.

3.3. An der Pariser *Porte de Versailles* findet die traditionsreiche Landwirtschaftsmesse
statt, die in diesem Jahr von der Auseinandersetzung mit den Folgen der Wirtschaftskrise geprägt ist, welche die Agrarbranche hart getroffen hat. Während Staatspräsident Sarkozy in diesem Jahr auf den traditionellen Besuch zur Eröffnung der Messe
verzichtet, nutzen Politiker wie die Parteivorsitzende der sozialistischen Partei Mar-
tine Aubry, der ehemalige Premierminister de Villepin oder der Vorsitzende des Front
national Jean-Marie Le Pen, die Veranstaltung für einen Auftritt wenige Tage vor den
Regionalwahlen.

4.3. Bei einem Besuch am französischen Standort des europäischen Gemeinschaftspro-
jekts Eurocopter in Marignane (Bouches-du-Rhône) kündigt Staatspräsident Sarkozy
zum Ende der Generalstände der Industrie Maßnahmen zur Stärkung der französischen Industrie an. Ziel ist eine Steigerung der industriellen Produktion um 25 Prozent sowie die Rückkehr zu Handelsbilanzüberschüssen bis zum Jahr 2015. Die Regierung plant hierfür ein umfangreiches Maßnahmenpaket zur Förderung der Investi-
tionen und der Innovations- und Wettbewerbsfähigkeit der Industrieunternehmen.

14.3. Beim ersten Wahlgang der Regionalwahlen liegt die Sozialistische Partei (PS) im
Landesdurchschnitt mit 29,2 Prozent deutlich vor der Regierungspartei UMP mit

26 Prozent. Das im Jahr 2009 neu gegründete Wahlbündnis der grünen Bewegungen „Europe Ecologie" wird mit 12,2 Prozent drittstärkste Kraft vor der rechten Front National mit 11,2 Prozent. Die Wahlbeteiligung liegt lediglich bei etwa 46 Prozent.

15.3.   In einem Interview mit der Zeitung *Financial Times* deutet Wirtschaftsministerin Lagarde eine Kritik am deutschen export- und wettbewerbsorientierten Wirtschaftsmodell an. Durch Senkung der Lohnstück- und der Arbeitskosten habe sich Deutschland Vorteile auf dem Weltmarkt verschafft, was auch zu Lasten der französischen Exportindustrie gehe. Lagarde fordert Deutschland auf, verstärkt die Binnennachfrage zu fördern.

21.3.   Bei der zweiten Runde der Regionalwahlen geht die vereinigte Linke als deutliche Siegerin aus den Abstimmungen hervor und gewinnt alle Regionen bis auf das Elsass und La Réunion. Bei einer Wahlbeteiligung von 51,2 Prozent erreichen die Listen der vereinigten Linken im Landesdurchschnitt 54,7 Prozent und die Regierungspartei UMP 35,4 Prozent der Stimmen.

22.3.   Einen Tag nach der Niederlage der Regierungspartei UMP bei den Regionalwahlen kündigt Staatspräsident Sarkozy Veränderungen im Kabinett an. Eric Woerth wird Xavier Darcos als Arbeitsminister ersetzen, François Baroin wird Haushaltsminister. Zudem treten Georges Tron als Staatsekretär für den öffentlichen Dienst und Marc-Philippe Daubresse als Minister für Jugend in das Kabinett ein.

23.3.   Premierminister Fillon kündigt vor Abgeordneten der Regierungspartei UMP eine Verschiebung der Einführung einer CO_2-Steuer auf unbestimmte Zeit an. Die Steuer sieht eine mit den Jahren steigende Abgabe pro ausgestoßener Tonne Kohlenstoffdioxid vor. Das Projekt, für das sich Staatspräsident Sarkozy persönlich stark gemacht hatte, war bereits im Dezember 2009 vom Verfassungsgericht auf Grund zu umfangreicher Ausnahmeregelungen im Gesetzentwurf gestoppt worden. Sarkozy hatte damals eine schnelle Überarbeitung angekündigt.

25.3.   Nach längeren Auseinandersetzungen einigen sich Staatspräsident Sarkozy und Bundeskanzlerin Merkel im Vorfeld des EU-Gipfels in Brüssel auf eine gemeinsame Position zum Umgang mit der Schuldenkrise in Griechenland. Dabei soll Griechenland sowohl durch bilaterale Kredite als auch durch den Internationalen Währungsfonds (IWF) unterstützt werden. Sarkozy hatte eine Anrufung des IWF lange Zeit abgelehnt und für eine rein europäische Lösung plädiert.

30.3. Der Conseil d'Etat äußert sich kritisch über ein geplantes Verbot des Tragens von
       Ganzkörperschleiern in öffentlichen Einrichtungen. In einer Stellungnahme zur Prü-
       fung der juristischen Zulässigkeit geplanter Gesetze erklärt das Gremium, ein voll-
       ständiges Verbot sei angreifbar und könne im Widerspruch zur französischen Verfas-
       sung und zur europäischen Menschenrechtkonvention stehen.

31.3. Finanzministerin Lagarde nimmt auf Einladung von Bundesfinanzminister Schäuble
       an einer Kabinettssitzung in Berlin teil. Lagarde hatte Mitte März in einem Interview
       das exportorientierte Wirtschaftsmodell Deutschlands kritisiert. Im Rahmen der Kabi-
       nettssitzung wird ein Positionspapier für eine internationale Finanzmarktregulierung
       verabschiedet. Lagarde ist die erste französische Ministerin, die an einer regulären
       Sitzung des Bundeskabinetts teilnimmt

April

2.4.   In Reaktion auf das schlechte Ergebnis der Regierungspartei UMP bei den Regional-
       wahlen Ende März empfängt Staatspräsident Sarkozy die Parlamentarier der Partei im
       Elysée-Palast. Dabei kündigt er Veränderungen in der Zusammenarbeit zwischen Prä-
       sident und Fraktion an, darunter die Einführung eines monatlichen Treffens zwischen
       Staatspräsident und Abgeordneten sowie Senatoren der UMP.

4.4.   Aus Anlass des 50. Jahrestages der Unabhängigkeit des Senegal übernimmt das sene-
       galesische Militär die Kontrolle über den bisherigen französischen Militärstützpunkt
       in Dakar. Bereits im Jahr 2008 hatte Staatspräsident Sarkozy eine Neuordnung der
       französischen Militärpräsenz auf dem afrikanischen Kontinent angekündigt.

7.4.   Der Autohersteller Daimler und das Automobilunternehmen Renault-Nissan verein-
       baren eine weitreichende strategische Zusammenarbeit, die neben der gemeinsamen
       Entwicklung auch eine gegenseitige Kapitalbeteiligung umfasst. Daimler wird künftig
       mit 3,1 Prozent an Renault-Nissan beteiligt sein, Renault und Nissan mit je 1,55 Pro-
       zent am deutschen Konzern.

8.4.   Nach den schweren Verwüstungen durch das Sturmtief „Xynthia" Ende Februar, bei
       dem 53 Menschen ums Leben gekommen waren, wird die Räumung von insgesamt
       etwa 1.500 Gebäuden in den Départements Vendée und Charente-Maritime angeord-
       net. Experten sehen die meist unter dem Meeresspiegel liegenden Gebäude als zu
       gefährdet im Fall einer neuen Sturmflut an. Die Bewohner der Häuser sollen entschä-
       digt werden. Anwohner und Kommunalbehörden kritisieren die Entscheidung und die
       Festlegung der Gefahrenzonen als willkürlich.

13.4.   Auf Einladung von US-Präsident Obama nimmt Staatspräsident Sarkozy gemeinsam
mit zahlreichen weiteren Staats- und Regierungschefs an einer Konferenz zum Thema
nukleare Abrüstung in Washington teil. Bereits vor dem Treffen hatten die USA und
Russland eine Reduktion der Zahl ihrer Atomsprengköpfe vereinbart. Sarkozy weist darauf hin, dass Frankreich die Zahl seiner Sprengköpfe bereits auf 300 reduziert habe und
zur Garantie der Sicherheit des Landes keine weitere Reduktion vornehmen werde.

13.4.   Der Vorsitzende der Partei Front National, Jean-Marie Le Pen, kündigt für Januar
2011 einen Wechsel im Vorsitz der Partei an, den er selbst 38 Jahre lang innegehabt
hatte. Zudem kündigt er an, auf eine Kandidatur bei den Präsidentschaftswahlen 2012
zu verzichten. Auf dem Kongress der Partei im Januar 2011 wollen Le Pens Tochter,
Marine Le Pen, sowie Generalsekretär Bruno Gollnisch bei der ersten Wahl eines Par-
teivorsitzenden in der Geschichte des Front National kandidieren.

20.4.   Bei einem Besuch im Departement Seine-Saint-Denis erklärt Staatspräsident Sarkozy
die Bedeutung der Kriminalitätsbekämpfung und kündigt harte Maßnahmen gegen
kriminelle Banden und jugendliche Gewalttäter an. Als neuer Präfekt des Departements wird Sarkozys Vertrauter Christian Lambert, ehemaliger Chef der Eliteeinheit
RAID, eingesetzt. Zur Bekämpfung der Jugendkriminalität droht Sarkozy eine Kürzung oder Streichung der Familienzulage für die Eltern von Schülern, die regelmäßig
im Unterricht fehlen, an.

30.4.   Ein Sondergericht für ehemalige Mitglieder der Regierung verurteilt den früheren Innenminister Charles Pasqua zu einer einjährigen Bewährungsstrafe in einer Affäre um
Bestechungsgelder. In zwei weiteren Anklagepunkten wegen Korruption wird Pasqua
freigesprochen, insgesamt laufen zehn Ermittlungsverfahren. Der konservative Politiker war von 1986 bis 1988 und von 1993 bis 1995 Innenminister gewesen.

Mai

3.5.   Premierminister Fillon stellt in Paris die ersten Projekte vor, die aus Mitteln der großen
Staatsanleihe (grand emprunt) finanziert werden sollen, darunter der Bau eines For-
schungsreaktors im Département Bouches-du-Rhône und die Finanzierung von ener-
getischer Gebäudesanierung. Ende 2009 hatte Staatspräsident Sarkozy die Aufnahme
einer Staatsanleihe in Höhe von 35 Millionen Euro angekündigt, die vornehmlich in
Zukunftsprojekte der Sektoren Bildung, Forschung, Industrie und nachhaltige Entwicklung investiert werden soll.

3.5.   Die französische Nationalversammlung verabschiedet mit den Stimmen der Regie-
        rungspartei UMP sowie der Abgeordneten der Sozialistischen Partei den französischen
        Beitrag zum insgesamt 110 Milliarden Euro umfassenden Rettungspaket für das von
        der Insolvenz bedrohte Griechenland. Der Anteil Frankreichs an den Krediten wird
        16,8 Milliarden Euro betragen. Auch der Senat muss dem Rettungspaket zustimmen.

6.5.   Im Vorfeld eines EU-Sondergipfels zur Finanzkrise fordern Staatspräsident Sarkozy
        und Bundeskanzlerin Merkel in einem gemeinsamen Brief eine intensivere Überwa-
        chung der Haushaltspolitik und strengere Sanktionsmaßnahmen bei zu hoher Ver-
        schuldung. Sie kritisieren das Verhalten der Rating-Agenturen im Fall der Griechen-
        landkrise, unterstützen aber nicht direkt die Forderung nach einer eigenständigen eu-
        ropäischen Rating-Agentur.

6.5.   In Reaktion auf die steigende Staatsverschuldung kündigt Premierminister Fillon ein
        Einfrieren der Staatsausgaben für die kommenden drei Jahre an. Ziel ist es, bis zum
        Jahr 2013 wieder den in den Kriterien von Maastricht festgeschriebenen Prozentsatz
        von maximal drei Prozent Neuverschuldung zu erreichen. Hierfür soll unter anderem
        jede zweite frei werdende Stelle im öffentlichen Dienst nicht neu besetzt werden.

9.5.   Bei einem Treffen in Brüssel einigen sich die Regierungschefs der 16 Euroländer, dar-
        unter Staatspräsident Sarkozy, auf einen Schutzschirm für krisenbedrohte Eurostaaten
        in Höhe von 750 Milliarden Euro. Zugleich beschließen sie eine grundlegende Neuge-
        staltung des Regelwerks der Europäischen Währungsunion, darunter die Möglichkeit
        für die Europäische Zentralbank, Staatsanleihen krisenbedrohter Staaten aufzukaufen.

16.5.   Arbeitsminister Woerth stellt die Grundzüge einer geplanten Rentenreform dar. Statt
        einer Erhöhung der Beiträge sieht die Reform eine mögliche Verlängerung der Dauer
        der Beitragszahlungen oder eine schrittweise Anhebung des Rentenalters vor. Auch
        hohe Einkommen und Kapitalerträge sollen möglicherweise zur Finanzierung der
        Renten herangezogen werden. Das Defizit der Rentenversicherung wird im Jahr 2010
        voraussichtlich über zehn Milliarden Euro betragen.

20.5.   Im Rahmen der zweiten „Defizitkonferenz" mit Vertretern des Parlaments, der Regie-
        rung, der Gebietskörperschaften sowie der Sozialversicherungsträger eröffnet Staatsprä-
        sident Sarkozy den Plan einer Verfassungsänderung zur Aufnahme einer Schuldenbremse
        nach deutschem Vorbild. Jede Regierung soll sich demnach bei ihrer Wahl auf Defizit-
        ziele festlegen. Offen bleibt, ob eine Zahl zur Höhe der Verschuldung in die Verfassung
        aufgenommen wird. Das französische Defizit wird voraussichtlich 2010 auf acht Prozent
        steigen.

21.5.   Bei einem Treffen der EU-Finanzminister in Brüssel beschließen die Vertreter der
        EU-Mitgliedstaaten härtere finanzielle und politische Sanktionen gegen Staaten, die
        gegen den EU-Stabilitätspakt verstoßen. Auf Initiative Frankreichs sollen dabei zu-
        nächst Maßnahmen im Rahmen der bestehenden Verträge erarbeitet werden. Der
        deutsche Vorschlag einer geordneten Insolvenz verschuldeter Staaten wird damit zu-
        nächst nicht aufgegriffen.

27.5.   In mehreren französischen Städten versammeln sich nach Gewerkschaftsangaben
        etwa eine Million Menschen zu Protestkundgebungen gegen die angekündigte Erhö-
        hung des Rentenalters. Viele Beschäftigte der Post, an Schulen und bei France Tele-
        com legen die Arbeit nieder. Arbeitsminister Woerth hatte Details der geplanten Ren-
        tenreform angekündigt, darunter die Anhebung des Rentenalters auf 63 Jahre sowie
        das Recht auf volle Bezüge erst nach 41 Beitragsjahren.

31.5.   In Nizza findet der 25. Frankreich-Afrika-Gipfel statt, an dem Staatspräsident Sar-
        kozy und Außenminister Kouchner sowie Vertreter afrikanischer Staaten teilnehmen.
        Im Zentrum des Gipfels stehen die Wirtschaftsbeziehungen zwischen Frankreich und
        den afrikanischen Staaten sowie die Themen der Bekämpfung des Terrorismus, des
        Klimawandels und des Drogenhandels. Zu Debatten kommt es bei der Forderung
        nach einer besseren Vertretung der afrikanischen Staaten im Weltsicherheitsrat, in
        dem alle Staaten des afrikanischen Kontinents zusammen bisher lediglich über einen
        wechselnden Sitz verfügen.

Juni

4.6.   Die europäische Gemeinschaftswährung Euro ist zum ersten Mal seit mehreren Jah-
        ren unter den Wert von 1,20 Dollar gefallen. Neben Meldungen aus Ungarn hatte hier-
        zu eine missverstandene Äußerung des französischen Premierministers Fillon beige-
        tragen, die an den Märkten für Unruhe gesorgt hatte. Fillon hatte sich positiv über eine
        „parité" zwischen Euro und Dollar geäußert, worunter fälschlicherweise nicht ledig-
        lich der „Wechselkurs", sondern ein Eins-zu-Eins-Verhältnis der beiden Währungen
        verstanden wurde.

7.6.   Ein geplantes Treffen zwischen Bundeskanzlerin Merkel und Staatspräsident Sarkozy
        in Berlin wird kurzfristig verschoben. Die Absage des Termins löst in den Medien
        Spekulationen über Verstimmungen im deutsch-französischen Verhältnis aus, was
        von beiden Seiten jedoch dementiert wird.

8.6.   In einem gemeinsamen Brief an den Präsidenten der Europäischen Kommission, José
         Manuel Barroso, fordern Bundeskanzlerin Merkel und Staatspräsident Sarkozy eine
         Beschleunigung und Intensivierung des Vorgehens der Kommission gegen hoch spe-
         kulative Finanzprodukte wie zum Beispiel Leerverkäufe und Kreditausfallversiche-
         rungen und betonen die Notwendigkeit einer Erhöhung der Finanzmarktstabilität.

12.6.   Premierminister Fillon legt vor einer Versammlung der Regierungspartei UMP die
         Grundzüge eines geplanten Sparpakets dar. Diesem zufolge soll das Haushaltsde-
         fizit Frankreichs bis zum Jahr 2013 um 100 Milliarden Euro gesenkt werden. Dies
         soll vor allem durch Reduzierung der öffentlichen Ausgaben, die Abschaffung von
         Steuervergünstigungen sowie steigende Steuereinnahmen in Folge der wieder er-
         starkenden Konjunktur erreicht werden.

14.6.   In Berlin wird das vor einer Woche kurzfristig verschobene Treffen zwischen Bun-
         deskanzlerin Merkel und Staatspräsident Sarkozy nachgeholt. Im Zentrum des
         Gesprächs steht die französische Forderung nach einer europäischen Wirtschafts-
         regierung. Entgegen dem französischen Vorschlag, diese auf die Mitglieder der
         Eurogruppe zu beschränken, einigen sich die beiden Regierungschefs auf einen
         Kompromiss, der alle 27 EU-Mitgliedstaaten einbezieht. In Vorbereitung des G8-
         und G20-Gipfels in Kanada sprechen sich Merkel und Sarkozy zudem für eine
         stärkere Regulierung der Finanzmärkte, beispielsweise durch eine internationale
         Finanzmarkttransaktionssteuer, aus.

15.6.   Arbeitsminister Woerth stellt in Paris Details der geplanten und seit Wochen um-
         strittenen Rentenreform vor. Demzufolge soll das Renteneintrittsalter bis 2018
         schrittweise auf 62 Jahre angehoben werden, bisher liegt es bei 60 Jahren. Die Bei-
         tragszeit als Voraussetzung für den Bezug einer vollen Rente wird von 41 Jahre auf
         41 Jahre und drei Monate angehoben. Die Gewerkschaften kündigen Proteste gegen
         die geplanten Veränderungen an.

18.6.   Im Alter von 94 Jahren stirbt General Marcel Bigeard. Er hatte während des Indo-
         china- sowie des Algerienkriegs in der französischen Armee gedient und war 1975
         von Staatspräsident Valéry Giscard d'Estaing zum Verteidigungsstaatssekretär er-
         nannt worden. Immer wieder waren ihm Kriegsverbrechen vorgeworfen worden,
         was er konsequent abstritt.

19.6.   Der ehemalige Premierminister Dominique de Villepin gründet auf einem Kongress
         mit mehreren Tausend Anhängern seine neue Partei „Solidarische Republik". Der
         langjährige Gegenspieler von Staatspräsident Sarkozy macht damit seine Ambiti-

onen auf die Präsidentschaft nach den Wahlen 2012 deutlich. Villepin betont die Bedeutung sozialer Verantwortung für eine konservative Politik und warnt vor steigendem Verdruss der Wähler.

20.6.   Marie-Georges Buffet wird auf einem kurzfristig einberufenen Parteitag der kommunistischen Partei Frankreichs PCF als Vorsitzende vom früheren Redakteur der Zeitung „L'Humanité" Pierre Laurent abgelöst. Laurent kündigt eine verstärkte Zusammenarbeit mit anderen linken Parteien und eine Öffnung des PCF an.

21.6.   In einem gemeinsamen Brief an den kanadischen Ministerpräsidenten Harper in Vorbereitung des G20-Gipfels fordern Staatspräsident Sarkozy und Bundeskanzlerin Merkel eine strengere Regulierung der Finanzmärkte, um eine größere Stabilität im internationalen Finanzsystem zu erreichen. Die beiden Regierungschefs sprechen sich für eine internationale Finanzmarktsteuer, beispielsweise eine Finanztransaktionssteuer, aus. Auf dem G20-Gipfel beraten die 20 größten Industrie- und Schwellenländer Ende Juni über Reaktionen auf die internationale Finanzkrise.

22.6.   Arbeitsminister Woerth gerät auf Grund einer möglichen Involvierung in die Affäre um die Erbin des L'Oréal-Konzerns Liliane Bettencourt zunehmend in die Kritik. Woerth soll in seiner Zeit als Haushaltsminister Hinweise auf Steuerhinterziehung durch Bettencourt nicht verfolgt haben. Woerths Ehefrau hatte bis vor Kurzem als Finanzberaterin bei einer Firma gearbeitet, die unter anderem das Vermögen Bettencourts verwaltet.

24.6.   Aus Protest gegen die geplante Rentenreform kommt es in ganz Frankreich zu Streiks. Der Zugverkehr und der öffentliche Nahverkehr sind behindert, auch in Behörden, Schulen und Unternehmen wird gestreikt. Sechs der acht Gewerkschaften hatten zu dem Streik aufgerufen, um gegen die Reformpläne der Regierung, insbesondere die Erhöhung des Renteneintrittsalters, zu protestieren.

Juli

4.7.   Überraschend treten die beiden Staatssekretäre Joyandet, zuständig für die Überseegebiete Frankreichs, und Blanc, zuständig für das Projekt „Grand Paris", zurück. Ihnen wird Missbrauch von Steuergeldern vorgeworfen. Blanc soll auf Kosten des Ministeriums Zigarren im Wert von 12.000 Euro bestellt, Joyandet ein Regierungsflugzeug für eine private Reise genutzt haben. Beide Staatssekretäre kommen mit ihrem Rücktritt einer angekündigten Kabinettsumbildung nach der Sommerpause zuvor.

6.7.   Der langjährige Chef des Fernsehsenders France 3, Rémy Pflimlin, wird neuer Chef
       des staatlichen Fernsehsenders France Télévision. Er löst Patrick de Carolis ab, der
       im Jahr 2008 eine Äußerung von Staatspräsident Sarkozy über die öffentlichen Sen-
       der als „falsch, dumm und ungerecht" bezeichnet hatte. Erstmals in der Geschichte
       des Senders wird mit Pflimlin ein Generaldirektor vom Staatspräsidenten persönlich
       ernannt, was bei Gewerkschaften und Medienvertretern auf heftige Kritik stößt.

12.7. In einem einstündigen Fernsehinterview im Fernsehsender France 2 nimmt Staats-
       präsident Sarkozy zu den Vorwürfen im Zusammenhang mit der Bettencourt-Affäre
       Stellung. Dabei betont er sein Vertrauen zu Arbeitsminister Woerth, der im Zuge der
       Affäre in die Kritik geraten war. Ein Untersuchungsbericht der Finanzaufsicht habe
       die Vorwürfe gegen Woerth entkräftet. Außerdem äußert sich Sarkozy zu dem geplan-
       ten Sparprogramm und der Rentenreform. Für Oktober kündigt er eine umfassende
       Kabinettsumbildung an.

13.7. Ein umstrittenes Gesetz, welches das Tragen eines Ganzkörperschleiers (Burka) in
       der Öffentlichkeit untersagt, wird von der *Assemblée nationale* mit den Stimmen der
       Regierungspartei UMP verabschiedet. Die sozialistische Opposition bleibt der Ab-
       stimmung fern. Sie lehnt ein Verbot der Ganzkörperverschleierung in öffentlichen
       Gebäuden zwar nicht grundsätzlich ab, erhebt aber Zweifel an der Verfassungsmäßig-
       keit des Gesetzes. Alle Verweise auf den Islam waren zuvor aus dem Gesetzentwurf
       gestrichen worden. Im September muss der Senat dem Gesetz noch zustimmen, damit
       es in Kraft treten kann.

13.7. Arbeitsminister Eric Woerth legt sein Amt als Schatzmeister der Regierungspartei
       UMP nieder. Staatspräsident Sarkozy hatte ihm diese Entscheidung in einem Fernseh-
       interview zur Spendenaffäre um die L'Oréal-Erbin Bettencourt nahegelegt. Die Buch-
       halterin Bettencourts hatte angegeben, dass Woerth als Schatzmeister illegale Wahl-
       kampfspenden für den Präsidentschaftswahlkampf Sarkozys angenommen hatte.

14.7. An der traditionellen Militärparade am französischen Nationalfeiertag auf den Champs-
       Elysées nehmen Vertreter der Armeen von 13 ehemaligen französischen Kolonien in
       Afrika teil. Anlass ist der 50. Jahrestag der Unabhängigkeit der Staaten. Kritiker er-
       heben den Vorwurf, dass einige der afrikanischen Staatschefs, die als Ehrengäste ge-
       laden worden waren, in ihren Ländern gegen Menschenrechte verstoßen. Am Vortag
       hatte Staatspräsident Sarkozy angekündigt, dass afrikanische Veteranen, die in den
       Kolonialarmeen für Frankreich gekämpft hatten, künftig die gleiche Rente wie fran-
       zösische Veteranen erhalten sollen.

16.7. In der Nacht zum Samstag kommt es im Stadtteil Villeneuve in Grenoble zu schweren Unruhen zwischen Jugendlichen und der Polizei. Die Ausschreitungen sind die Reaktion auf den Tod eines mutmaßlichen Diebes, der auf der Flucht von der Polizei erschossen worden war. Nach Angaben der Polizei hatten der Flüchtige und sein Komplize nach dem Überfall auf ein Kasino das Feuer auf die Polizei eröffnet.

23.7. Bei einem Stresstest, dem in Reaktion auf die internationale Banken- und Finanzkrise insgesamt 91 europäische Finanzinstitute unterzogen worden waren, schneiden die vier getesteten französischen Banken (BNP Paribas, Société générale, Crédit agricole und BPCE) gut ab. Die Tests, die von den nationalen Bankenaufsichtsbehörden in Abstimmung mit der Europäischen Zentralbank durchgeführt werden, prüfen an Hand einer Szenarienanalyse die Belastungsfähigkeit der Banken. Getestet werden sogenannte „systemrelevante" Geldinstitute.

25.7. Der 78-jährige Franzose Michel Germaneau, der seit seiner Entführung in Niger im April 2010 von einer Al-Qaida-Gruppe unter Befehl des Algeriers Abdelhamid Abu Said als Geisel festgehalten worden war, wird ermordet. In einer Videobotschaft bezeichnet die Terrorgruppe den Mord als Rache für eine gescheiterte Befreiungsaktion durch französische und mauretanische Spezialeinheiten wenige Tage zuvor. Germaneau war in Niger für eine Hilfsorganisation tätig gewesen. Staatspräsident Sarkozy droht Al-Qaida mit Vergeltung für das Verbrechen.

27.7. In seinem Konzept zur Neuordnung des Atomsektors in Frankreich spricht Saatspräsident Sarkozy dem Energieunternehmen EDF eine tragende Rolle zu. So soll sich der Staatskonzern EDF am ebenfalls weitgehend staatlichen Atomkonzern Areva beteiligen und insbesondere im französischen Exportgeschäft für Nukleartechnik eine Führungsrolle übernehmen. Seit mehreren Monaten hatten die beiden Unternehmenschefs Henri Proglio (EDF) und Anne Lauvergeon (Areva) auch öffentlich um die Vorherrschaft im Atomsektor gestritten.

30.7. Bei einer Rede in Grenoble aus Anlass der Einführung des neuen Präfekten Eric Le Douaron kündigt Staatspräsident Sarkozy eine Verschärfung der Maßnahmen gegen Straftäter ausländischer Herkunft an. Er schlägt vor, ausländischen Personen, die einen Vertreter der öffentlichen Ordnung angreifen, die französische Staatsbürgerschaft zu entziehen. Straffällig gewordene Minderjährige sollen die Staatsbürgerschaft nicht mehr automatisch bei Volljährigkeit erhalten. Sarkozy betont, dass die Immigration in Frankreich seit fünfzig Jahren unzureichend reguliert worden sei. Nach tödlichen Schüssen der Polizei auf einen flüchtenden Räuber ausländischer Herkunft war es in Grenoble Mitte Juni zu gewaltsamen Ausschreitungen gekommen.

August

6.8.   In Saint-Etienne und in der Umgebung von Paris werden erste illegale Lager von Roma geräumt. Ende Juli hatte Staatspräsident Sarkozy ein hartes Vorgehen gegen Roma angeordnet, die sich illegal in Frankreich aufhalten. Sie sollen ausgewiesen werden. Zugleich erhöht die Regierung den Druck auf Rumänien, seine Bemühungen um die Integration der rumänischen Roma in ihrer Heimat zu verstärken. Die Neuverhandlung der EU-Mittel für Rumänien nach 2013 soll hierbei genutzt werden.

10.8.   Der französische Energiekonzern GDF-Suez übernimmt 70 Prozent des britischen Energieanbieters International Power und steigt damit zum größten Energieversorger Europas nach dem deutschen Konzern E.ON auf. Der französische Staat ist mit etwa 35 Prozent Hauptaktionär des Konzerns GDF, der im Jahr 2008 aus der Fusion des ehemals staatlichen Konzerns EDF und des Energieversorgers Suez hervorgegangen war.

19.8.   Am Morgen beginnt die erste Gruppenabschiebung von Roma aus Frankreich nach Rumänien nach dem Aufruf von Staatspräsident Sarkozy zu einem härteren Vorgehen gegen illegal in Frankreich lebende Roma. Jedes Jahr werden mehrere Tausend Roma aus Frankreich abgeschoben, von denen viele kurz darauf wieder zurückkehren. Frankreich prüft nun eine biometrische Erfassung der Daten der Abgeschobenen. Die Europäische Kommission kündigt eine genaue Beobachtung der französischen Aktivitäten an, um ihre Vereinbarkeit mit europäischem Recht zu prüfen. Kritik an der Abschiebepraxis kommt auch von der katholischen Kirche unter Papst Benedikt XVI.

20.8.   Auf Fort Brégançon, in der Nähe seines Urlaubsortes, empfängt Staatspräsident Sarkozy Premierminister Fillon, Wirtschaftsministerin Lagarde und Budgetminister Baroin zu einem Arbeitstreffen. Im Anschluss wird die Wachstumsprognose für das kommende Jahr von 2,5 auf 2,0 Prozent korrigiert. Für das Jahr 2010 wird ein Wirtschaftswachstum von 1,4 Prozent erwartet. Sarkozy erklärt, dass eine Reduzierung des staatlichen Defizits, vor allem durch eine Senkung der Ausgaben und eine Verringerung von Steuervergünstigungen um 10 Milliarden Euro, weiterhin zentrales Ziel sei.

25.8.   Auf der jährlich stattfindenden Botschafterkonferenz in Paris stellt Staatspräsident Sarkozy neben außenpolitischen Prioritäten Frankreichs, darunter die Präsenz in Afghanistan sowie die Herausforderungen durch den internationalen Terrorismus, die Zielsetzungen der Regierung für die französische G20-Präsidentschaft ab Mitte November sowie die G8-Präsidentschaft ab Januar 2011 vor. Im Mittelpunkt des Programms stehen demnach die Reform der internationalen Finanzarchitektur, der Kampf gegen Spekulationen an den Rohstoffmärkten sowie ein Beitrag zu einer Neugestaltung der globalen Finanzarchitektur.

28.8.   Die ehemalige Präsidentschaftskandidatin Ségolène Royal eröffnet in La Rochelle die jähr-
        liche Sommeruniversität der Sozialistischen Partei (PS). Royal und die Parteivorsitzende
        Martine Aubry demonstrieren dabei Einigkeit. In ihrer Rede kritisiert Aubry scharf die
        Politik von Staatspräsident Sarkozy. Das Treffen bildet den Auftakt für den internen Vor-
        wahlkampf der Sozialisten in Hinblick auf die Präsidentschaftswahl im Jahr 2012.

31.8.   EU-Justizkommissarin Viviane Reding lädt Einwanderungsminister Eric Bresson und
        Europa-Staatssekretär Pierre Lellouche zu einem Gespräch in Brüssel vor. Dabei soll
        überprüft werden, ob die derzeit vollzogene Abschiebung von Roma aus Frankreich
        im Einklang mit dem EU-Recht steht. Die Kommission mahnt Frankreich, das EU-
        Recht auf Freizügigkeit zu wahren, nach dem alle Bürger der Europäischen Union
        sich in einem anderen Mitgliedstaat niederlassen dürfen. Nach drei Monaten müssen
        sie einen gesicherten Lebensunterhalt und eine Krankenversicherung nachweisen.

September

7.9.   Hunderttausende Demonstranten protestieren in mehreren Städten Frankreichs gegen
        die geplante Anhebung des Rentenalters von 60 auf 62 Jahre, deutlich mehr als am
        letzten Streiktag im Juni 2010. Es kommt zu erheblichen Behinderungen im Zug- und
        Flugverkehr sowie an Schulen und in der öffentlichen Verwaltung. Staatspräsident
        Sarkozy kündigt an, trotz der Proteste an der geplanten Reform festhalten zu wollen,
        zeigt sich aber für einige Nachbesserungen, zum Beispiel für Schwerarbeit oder im
        Falle einer besonders langen Lebensarbeitzeit, offen. Heute beginnt die Verhandlung
        über den Gesetzestext in der Nationalversammlung.

12.9.   Im Alter von 80 Jahren stirbt in Paris der Filmemacher Claude Chabrol. Er gilt als ei-
        ner der Begründer der „Nouvelle Vague", der sich zeit seines Lebens mit der Moral
        und Lebensweise des Bürgertums auseinander gesetzt hatte. Zu seinen wichtigsten
        Werken zählen inbesondere die Filme der sechziger Jahre, darunter „Eine untreue
        Frau" (1968), „Das Biest muss sterben" (1969) und „Der Schlachter" (1969).

14.9.   Die Europäische Kommission erwägt, gegen Frankreich ein Verfahren wegen Ver-
        tragsverletzung aus Anlass der Abschiebung von Roma einzuleiten. Die zuständige
        Justizkommissarin Vivane Reding kritisiert das Handeln Frankreichs scharf und be-
        zeichnet es als „Schande". Dabei bezieht sie sich auf einen bekannt gewordenen ver-
        traulichen Erlass des französischen Innenministeriums, der ein gezieltes Vorgehen ge-
        gen Roma anordnet. Seit Beginn des Jahres waren etwa 8.000 Roma aus Frankreich
        ausgewiesen worden. Dies hatte bei Politikern, Menschenrechtsorganisationen, dem
        Vatikan und den Vereinten Nationen deutliche Kritik hervorgerufen.

15.9.   329 der 577 Abgeordneten der Nationalversammlung stimmen dem Gesetzentwurf
         für eine geplante Rentenreform zu. Zuvor hatten Abgeordnete der oppositionellen
         Sozialisten versucht, die Abstimmung hinauszuzögern, was zu einer Unterbrechung
         der Debatte geführt hatte. 233 Abgeordnete der Sozialistischen Partei, der Kommunis-
         tischen Partei und der Grünen stimmen gegen den Entwurf.

16.9.   Beim Gipfel der Staats- und Regierungschefs der EU-Länder in Brüssel kommt es
         beim Thema der Abschiebung von Roma aus Frankreich zu einem Eklat. Staatsprä-
         sident Sarkozy und EU-Kommissionspräsident Barroso liefen sich dabei ein hef-
         tiges Wortgefecht. Nach Informationen von Anwesenden habe sich Sarkozy eine
         Einmischung der Kommission verbeten, während Barroso die Rolle der Kommis-
         sion als Hüterin der EU-Verträge betont habe. Sarkozy kritisiert zudem die Wort-
         wahl der Justizkommissarin Reding, die das Vorgehen Frankreichs indirekt mit der
         Nazi-Zeit verglichen hatte. Die Form der Äußerungen stößt auch in anderen EU-
         Mitgliedstaaten wie Deutschland auf Kritik. Sarkozy erwähnt zudem eine angekün-
         digte Räumung von Roma-Lagern in Deutschland, was ein Sprecher der Bundes-
         regierung dementiert.

20.9.   In einer Rede vor der Vollversammlung der Vereinten Nationen (UN) im Rahmen
         eines UN-Gipfels zum Thema Armut fordert Staatspräsident Sarkozy neue Wege bei
         der Armutsbekämpfung, darunter vor allem die Besteuerung von Finanztransaktio-
         nen. Zudem fordert er eine Reform des UN-Sicherheitsrats und die Aufnahme neuer
         Mitglieder, darunter Deutschland. Bei einem Treffen mit Bundeskanzlerin Merkel sol-
         len Unstimmigkeiten zwischen beiden Regierungschefs in Folge der Debatte um die
         Abschiebung von Roma ausgeräumt werden.

27.9.   Der Pariser Gemeinderat stimmt mit großer Mehrheit einem Angebot des ehemaligen
         Staatspräsidenten Jacques Chirac zu, vor Beginn eines für Ende des Jahres angesetz-
         ten Prozesses eine außergerichtliche finanzielle Einigung anzustreben. So sollen der
         Stadt Paris 2,2 Millionen Euro überwiesen werden. Die Summe dient als Entschä-
         digung für Verluste der Stadt durch die angebliche Beschäftigung von Angestellten
         im Pariser Rathaus, die eigentlich für die Partei RPR gearbeitet hatten. Chirac, der
         damals Bürgermeister von Paris und Vorsitzender der RPR gewesen war, soll wegen
         Unterschlagung öffentlicher Gelder und Amtsmissbrauch angeklagt werden.

29.9.   Haushaltsminister Baroin stellt in Paris den Haushaltsentwurf für das Jahr 2011 vor.
         Demzufolge plant die Regierung einen deutlichen Sparkurs, der vor allem zur Sen-
         kung des öffentlichen Defizits beitragen soll. Dieses soll von heute 7,7 Prozent auf
         etwa 6 Prozent im Jahr 2011 gesenkt werden. Hierzu sind Einsparungen in Höhe von

40 Milliarden Euro geplant, die vor allem im Bereich der Staatsausgaben und durch das Schließen von Steuerschlupflöchern erreicht werden sollen. Unterstützt werden soll der Sparkurs durch eine steigende Wachstumsrate, die nach Annahmen der Regierung bei etwa zwei Prozent für das Jahr 2011 liegen soll.

Sozioökonomische Basisdaten im internationalen Vergleich

	1961-1973[1]	1974-1985[2]	1986-1990	1991-1995	1996-2000	2001-2005	2006	2007	2008	2009	2010[*]
Wachstum des Bruttoinlandsprodukts (in %)											
Frankreich	5,4	2,4	3,3	1,2	2,8	1,7	2,2	2,3	0,4	-2,2	1,3
Deutschland	4,3	2,0	3,3	2,2	2,0	0,6	3,2	2,5	1,3	-5,0	1,2
EU-15	4,8	2,1	3,3	1,6	2,9	1,7	3,0	2,6	0,5	-4,2	0,9
EU-27	:	:	:	:	:	:	3,2	2,9	0,7	-4,2	1,0
Entwicklung der Verbraucherpreise (in %)											
Frankreich	4,7	10,5	3,1	1,9	0,9	1,6	2,1	2,1	2,8	-0,1	1,3
Deutschland	3,4	4,4	1,5	2,8	0,8	1,4	1,0	1,8	2,1	0,1	1,0
EU-15	4,6	10,1	4,1	3,8	1,7	2,0	2,1	2,4	2,9	0,2	1,6
EU-27	:	:	:	:	:	:	2,3	2,5	3,1	0,4	1,6
Leistungsbilanzsaldo (in % des BIP)											
Frankreich	0,0	-1,8	-1,6	0,0	1,9	0,0	-1,8	-2,3	-3,3	-2,9	-3,3
Deutschland	0,8	0,8	4,2	-1,2	-0,9	2,8	6,6	7,9	6,6	5,0	4,8
EU-15	0,4	-0,6	0,0	-0,5	0,4	0,3	0,0	0,1	-0,5	-0,4	-0,3
EU-27	:	:	:	:	:	:	-0,4	-0,4	-1,1	-0,5	-0,4
Bruttoanlageinvestitionen, real (prozentuale Veränderung gegenüber dem Vorjahr)											
Frankreich	7,6	0,0	6,0	-1,1	4,7	2,2	4,1	6,5	0,6	-6,9	-2,4
Deutschland	3,9	0,1	5,1	1,9	2,4	-1,9	7,8	5,0	3,1	-8,9	1,2
EU-15	5,6	0,3	5,7	-0,1	4,6	1,4	5,8	5,2	-1,1	-11,4	-2,5
EU-27	:	:	:	:	:	:	6,1	5,9	-0,6	-11,5	-2,2
Reale Lohnstückkosten (prozentuale Veränderung gegenüber dem Vorjahr)											
Frankreich	-0,2	0,2	-1,5	-0,3	-0,3	0,0	-0,3	-0,7	0,3	2,0	-1,2
Deutschland	-0,6	-0,4	-0,6	0,0	-0,1	-0,7	-1,9	-1,7	-0,7	3,6	-1,1
EU-15	0,0	-0,3	-0,7	-0,6	-0,4	-0,4	-0,9	-0,5	0,9	3,0	-1,5
EU-27	:	:	:	:	:	:	-1,2	-0,6	0,8	2,9	-1,5
Reallöhne pro Kopf (prozentuale Veränderung gegenüber dem Vorjahr)											
Frankreich	5,2	2,1	1,0	1,1	1,3	1,2	1,1	0,5	-0,1	1,9	0,3
Deutschland	5,5	1,1	1,6	3,1	1,5	0,3	0,5	-0,7	-0,1	-0,2	-0,3
EU-15	5,0	1,4	1,6	1,2	1,1	0,9	0,6	0,7	0,3	1,6	-0,2
EU-27	:	:	:	:	:	:	0,4	0,7	0,2	1,4	-0,2
Finanzierungssaldo (+ / -) des Gesamtstaats (in %)											
Frankreich	0,4	-1,7	-2,4	-5,0	-2,6	-3,1	-2,3	-2,7	-3,3	-7,5	-8,0
Deutschland	:	-2,3	-1,4	-2,8	-1,7	-3,5	-1,6	0,2	0,0	-3,3	-5,0
EU-15	:	-3,6	-3,2	-5,0	-1,7	-2,4	-1,3	-0,8	-2,2	-6,8	-7,2
EU-27	:	:	:	:	:	:	-1,4	-0,8	-2,3	-6,8	-7,2
Verschuldung des Gesamtstaats (in % des BIP) (am Ende der Periode)											
Frankreich	:	30,6	35,2	55,5	57,3	66,4	63,7	63,8	67,5	77,6	83,6
Deutschland	17,7	39,5	41,3	55,6	59,7	68,0	67,6	65,0	66,0	73,2	78,8
EU-15	:	51,0	52,7	69,6	63,1	64,2	62,9	60,5	64,0	75,9	82,3
EU-27	:	:	:	:	:	:	61,4	58,8	61,6	73,6	79,6

Quelle: http://ec.europa.eu/economy_finance/publications/european_economy/2010/index_en.htm

Stand: 20.04.2010 Statistischer Anhang zu „Europäische Wirtschaft": Frühjahr 2010, hg. von der Europäischen Kommission, Generaldirektion Wirtschaft und Finanzen.

[1] Deutschland: 1961–1970

[2] Deutschland: 1971–1985

[*] Prognosen

Gesellschaftliche Basisdaten Frankreichs

	1970	1980	1990	2000	2006	2007	2008	2009
Bevölkerung[1] (in 1000)	51016	54029	56893	60508	63186	63601	63960*	64321*
– unter 20 Jahren (in %)	32,8	30,4	27,5	25,6	25,1	25,0	24,9	24,8
– zwischen 20 und 64	55,1	55,6	58,4	58,4	58,5	58,7	58,7	58,7
– 65 und älter	12,1	14,0	14,1	15,8	16,4	16,3	16,4	16,5
Erwerbsbevölkerung (in 1000)	21099	23105	24853	25852	27869	27843	27984	:
Erwerbstätige (in 1000)	20589	21638	22648	23261	25141	25628	25913	:
– Männer	10498	13473	13121	12844	13575	13613	13670	:
– Frauen	5702	8430	9527	10418	11566	12015	12243	:
Arbeitslose (in 1000)	510	1467	2205	2590	2352	2215	2070	:
Arbeitslosenquote (in %)	2,4	6,3	8,9	10,0	9,2	8,4	7,8	9,5
Jahresnettogehälter[2] (in €)	2446	8037	16631	20440	23261	24016	:	:
SMIC[3] (in €) (Stundenlohn brutto)	0,52	2,08	4,77	6,41	8,27	8,44	8,71	8,82
Arbeitskonflikte (in 1000) (verlorene Arbeitstage)	1742[4]	1674	693	810	116	128	:	:

Quellen: Bevölkerungsentwicklung: INSEE Première, N° 1276, janvier 2010; Erwerbsbevölkerung, Arbeitslose, Arbeitslosenquote: Tablaux de l'économie française, édition 2010; Jahresnettogehälter und SMIC: INSEE – Fiches thématiques: Salaires et revenus d'activité (http://www.insee. fr/fr/themes/theme.asp?theme=4&sous_theme=1)

[1]   Zahlen beziehen sich jeweils auf das Jahresende.
[2]   Salaires nets annuels moyens: Gehälter nach Abzug der Sozialabgaben, aber vor Abzug der Steuern. Die Statistik bezieht sich auf Vollzeitbeschäftigte der Wirtschaft (ohne öffentlichen Dienst).
[3]   SMIC = Salaire minimum interprofessionnel de croissance: gesetzlicher, durch Regierungsverordnung festgelegter Mindestlohn.
[4]   Verlorene Arbeitstage aufgrund von Streiks in privaten und öffentlichen Unternehmen (ohne Landwirtschaft und öffentlichen Dienst, unter Einschluss von SNCF).
*   vorläufige Schätzung

Zusammensetzung der Regierung Fillon nach der Regierungsumbildung am 4. Juli 2010

Premierminister	François Fillon	UMP
Minister		
Arbeit, Solidarität und öffentlicher Dienst	Eric Woerth	UMP
Auswärtige und Europäische Angelegenheiten	Bernard Kouchner	Früher PS
Beziehungen zum Parlament	Henri de Raincourt	UMP
Bildung, Regierungssprecher	Luc Chatel	UMP
Ernährung, Landwirtschaft und Fischerei	Bruno Le Maire	UMP
Gesundheit und Sport	Roselyne Bachelot-Narquin	UMP
Haushalt, öffentliches Rechnungswesen und Staatsreform	François Baroin	UMP
Hochschulwesen und Forschung	Valérie Pécresse	UMP
Immigration, Integration, nationale Identität und solidarische Entwicklung	Eric Besson	Les Progressistes – UMP
Innere Angelegenheiten, Überseegebiete und Gebietskörperschaften	Brice Hortefeux	UMP
Jugend und aktive Solidarität	Marc-Phillippe Daubresse	UMP
Kultur und Kommunikation	Frédéric Mitterrand	parteilos
Ländlicher Raum und Raumordnung	Michel Mercier	MoDem (Mitgliedschaft ruht)
Ministerium für Wirtschaft, Industrie und Beschäftigung, zuständig für Industrie	Christian Estrosi	UMP
Staatsminister, Ökologie, Energie, nachhaltige Entwicklung, See, grüne Technologien und Verhandlungen über das Klima	Jean-Louis Borloo	Parti radical – UMP
Staatsministerin, Justiz und Freiheiten	Michèle Alliot-Marie	UMP
Umsetzung des Plans zur Ankurbelung der Wirtschaft	Patrick Devedjian	UMP
Unterstützung des Innenministers, zuständig für die Überseegebiete	Marie-Luce Penchard	UMP

Verteidigung	Hervé Morin	Nouveau Centre
Wirtschaft, Industrie und Beschäftigung	Christine Lagarde	UMP
Staatssekretäre		
Außenhandel	Anne-Marie Idrac	Nouveau Centre
Beschäftigung	Laurent Wauquiez	UMP
Europäische Angelegenheiten	Pierre Lellouche	UMP
Familie und Solidarität	Nadine Morano	UMP
Handel, Handwerk, Kleinere und mittelständische Betriebe, Dienste und Konsum	Hervé Novelli	UMP
Inneres und Gebietskörperschaften	Alain Marleix	UMP
Justiz und Freiheiten	Jean-Marie Bockel	UMP – Liste Gauche moderne
Kriegsveteranen	Hubert Falco	UMP
Ökologie	Chantal Jouanno	UMP
Senioren	Nora Berra	UMP
Staatssekretär im Ministerium für Arbeit, Solidarität und öffentlichen Dienst, zuständig für den öffentlichen Dienst	Georges Tron	UMP
Staatssekretärin beim Minister für Ökologie, Energie, nachhaltige Entwicklung, See, grüne Technologien und Verhandlungen über das Klima	Valérie Létard	Nouveau Centre
Stadtentwicklungspolitik	Fadela Amara	parteilos
Unterstützung der Ministerin für Gesundheit und Sport, zuständig für Sport	Rama Yade	UMP
Verkehr	Dominique Bussereau	UMP
Wohnungswesen und Städtebau	Benoist Apparu	UMP
Zukunftsforschung und digitale Wirtschaft	Nathalie Kosciusko-Morizet	UMP

Quelle: Portal der französischen Regierung, Premierminister (eigene Übersetzung)

Zusammensetzung der Regierung Fillon nach der Regierungsumbildung am 14. November 2010

Premierminister	François Fillon	UMP
Minister		
Arbeit, Beschäftigung und Gesundheit	Xavier Bertrand	UMP
Bildung, Jugend und Vereinswesen	Luc Chatel	UMP
Haushalt, öffentliche Finanzen, öffentlicher Dienst und Staatsreform, Regierungssprecher	François Baroin	UMP
Hochschulen und Forschung	Valérie Pécresse	UMP
Inneres, Überseegebiete, Gebietskörperschaften und Immigration	Brice Hortefeux	UMP
Kultur und Kommunikation	Frédéric Mitterrand	Parteilos
Landwirtschaft, Ernährung, Fischerei, ländlicher Raum und Raumordnung	Bruno Le Maire	UMP
Ökologie, nachhaltige Entwicklung, Verkehr und Wohnungswesen	Nathalie Kosciusko-Morizet	UMP
Siegelbewahrer, Justiz und Freiheitsrechte	Michel Mercier	MoDem (Mitgliedschaft ruht)
Solidarität und sozialer Zusammenhalt	Roselyne Bachelot-Narquin	UMP
Sport	Chantal Jouanno	UMP
Staatsminister, Verteidigung und Kriegsveteranen	Alain Juppé	UMP
Staatsministerin, auswärtige und europäische Angelegenheiten	Michèle Alliot-Marie	UMP
Stadtentwicklung	Maurice Leroy	Nouveau Centre
Wirtschaft, Finanzen und Industrie	Christine Lagarde	UMP
Delegierte Minister		
Ausbildung und berufliche Bildung beim Minister für Arbeit, Beschäftigung und Gesundheit	Nadine Morano	UMP
Beziehungen zum Parlament beim Premierminister	Patrick Ollier	UMP
Entwicklungszusammenarbeit bei der Ministerin für auswärtige und europäische Angelegenheiten	Henri de Raincourt	UMP

Europäische Angelegenheiten bei der Ministerin für auswärtige und europäische Angelegenheiten	Laurent Wauquiez	UMP
Gebietskörperschaften beim Minister für Inneres, die Überseegebiete, Gebietskörperschaften und Immigration	Philippe Richert	UMP
Industrie, Energie und digitale Wirtschaft bei der Ministerin für Wirtschaft, Finanzen und Industrie	Eric Besson	Les Progressistes – UMP
Überseegebiete beim Minister für Inneres, die Überseegebiete, Gebietskörperschaften und Immigration	Marie-Luce Penchard	UMP
Staatssekretäre		
Außenhandel bei der Ministerin für Wirtschaft, Finanzen und Industrie	Pierre Lellouche	UMP
Gesundheit beim Minister für Arbeit, Beschäftigung und Gesundheit	Nora Berra	UMP
Handel, Handwerk, kleine und mittlere Unternehmen, Tourismus, Dienstleistungen, freie Berufe und Verbraucherfragen bei der Ministerin für Wirtschaft, Finanzen und Industrie	Frédéric Lefebvre	UMP
Jugend und Vereinswesen beim Minister für Bildung, Jugend und Vereinswesen	Jeannette Bougrab	UMP
Öffentlicher Dienst beim Minister für Haushalt, öffentliche Finanzen, den öffentlichen Dienst und die Staatsreform	Georges Tron	UMP
Staatssekretärin bei der Ministerin für Solidarität und sozialen Zusammenhalt	Marie-Anne Montchamp	UMP
Verkehr bei der Ministerin für Ökologie, nachhaltige Entwicklung, Verkehr und Wohnungswesen	Thierry Mariani	UMP
Wohnungswesen bei der Ministerin für Ökologie, nachhaltige Entwicklung, Verkehr und Wohnungswesen	Benoist Apparu	UMP

Quelle: Portal der französischen Regierung, Premierminister (eigene Übersetzung)

Ergebnisse der Regionalwahlen März 2010

Ergebnisse des 1. Wahlgangs (14. März 2010)

	Stimmen	in % der Wahlberechtigten
Wahlberechtigte	43 642 325	100,00
Enthaltung	23 422 637	53,67
Abgegebene Stimmen	20 219 958	46,33

	Stimmen	in % der abgegebenen Stimmen
Ungültige und leere Stimmzettel	744 063	3,68
Gültige Stimmen	19 475 895	96,32

	Stimmen	in % der gültigen Stimmen
Extreme Linke (LO, LCR)	662 161	3,40
Kommunisten und Linke	1 137 250	5,84
Sozialisten	4 579 853	23,52
Verts (Grüne)	2 372 379	12,18
Union der Linke	594 999	3,06
Diverse Linke	1 094 059	5,62
Regionalisten	146 118	0,75
Centre-MoDem	817 560	4,20
Liste der Mehrheit	5 066 942	26,02
Diverse Rechte	241 151	1,24
Front National	2 223 800	11,42
Extreme Rechte	173 269	0,89
Andere Listen	366 354	1,88
Insgesamt	**19 475 895**	**100,00**

Ergebnisse einschließlich überseeischer Gebiete
Quelle: Ministère de l'intérieur, http://www.interieur.gouv.fr/sections/a_votre_service/resultats-
elections/RG2010/FE.html (14.09.2010).

Ergebnisse des 2. Wahlgangs (21. März 2010)

	Stimmen	in % der Wahlberechtigten
Wahlberechtigte	43 350 204	100,00
Enthaltung	21 148 939	48,79
Abgegebene Stimmen	22 201 265	51,21

	Stimmen	in % der abgegebenen Stimmen
Ungültige und leere Stimmzettel	1 006 951	4,54
Gültige Stimmen	21 194 314	95,46

	Stimmen	in % der gültigen Stimmen
Extreme Linke (LO, LCR)	-	-
Kommunisten und Linke	56 092	0,26
Sozialisten	660 189	3,11
Verts (Grüne)	207 435	0,98
Union der Linke	698 556	3,30
Diverse Linke	9 834 486	46,40
Regionalisten	117 742	0,56
Centre-MoDem	178 858	0,84
Liste der Mehrheit	7 497 649	35,38
Diverse Rechte	-	-
Front National	1 943 307	9,17
Extreme Rechte	-	-
Andere Listen	-	-
Insgesamt	**21 194 314**	**100,00**

Ergebnisse einschließlich überseeischer Gebiete
Quelle: Ministère de l'intérieur, http://www.interieur.gouv.fr/sections/a_votre_service/resultats-
            elections/RG2010/FE.html (14. 09. 2010).

Ergebnisse der Regionalwahlen vom März 2010
Vergleich der Sitzverteilung 2004 – 2010

	2004		2010
Extreme Linke (LO, LCR)	-	Extreme Linke (LO, LCR)	-
Linke (PS, PCF, Les Verts, MRC, PRG)	1126	Kommunisten und Linke	6
		Sozialisten (PS, PRG, MRC)	89
		Verts (Grüne)	11
		Union der Linken (PS, PRG, MRC, PCF, FG, EE, MUP)	1006
Diverse Linke	36	Diverse Linke	96
Regionalisten (CL, PNC, MIM)	36	Regionalisten (CL, PNC, MIM)	27
Rechte (UMP, UDF, MPF)	522	Centre-MoDem	10
		Liste der Mehrheit (UMP, NC, LGM, MPF, CPNT)	516
Diverse Rechte	4	Diverse Rechte	-
Front National	156	Front National	118
Extreme Rechte	-	Extreme Rechte	-
Andere Listen	-	Andere Listen	-
Insgesamt	**1880**	**Insgesamt**	**1880**

Ergebnisse einschließlich überseeischer Gebiete

Quelle: Ministère de l'intérieur, http://www.interieur.gouv.fr/sections/a_votre_service/elections/ resultats (14.09.2010)

Deutschsprachige Literatur zu Frankreich
Ausgewählte Neuerscheinungen 2009/2010

Bearbeitet von der Frankreich-Bibliothek am Deutsch-Französischen Institut

A. Frankreich: Wirtschaft, Gesellschaft, Politik

1. *Allgemeines*
2. *Politik und Gesellschaft*
3. *Wirtschaft*
4. *Kultur/Bildung/Medien*
5. *Intellektueller Dialog/Philosophie*
6. *Internationale Beziehungen/Sicherheitsfragen*
7. *Geschichte*
8. *Recht/Rechtsvergleiche*

B. Deutsch-französische Beziehungen

1. *Allgemeines*
2. *Geschichte*
3. *Politische Beziehungen*
4. *Kulturbeziehungen*
5. *Gesellschaft/Bildung/Information*
6. *Grenznahe Beziehungen/Jumelages*
7. *Wirtschaftsbeziehungen*

C. Vergleichende Studien

D. Unveröffentlichte Dissertationen, Diplom-, Bachelor- und Magister-/
   Masterarbeiten

E. Bibliographische Arbeiten

F. Übersetzungen aus verschiedenen Wissenschaftsbereichen

A. Frankreich: Wirtschaft, Gesellschaft, Politik

A 1. Allgemeines

Engler, Barbara: Nach Frankreich – der Sprache wegen: Sprachreisen, Sprachkurse, Gastschulbesuch, Schüleraustausch. Unter Mitw. v. Jacqueline A. Rizzo. 22., total überarb. und erg. Aufl. 2009 – 2011 - Stuttgart: ABI , 2009. - 244 S.

Frankreich-Themen 2010. Hrsg. v. Claire Demesmay, Katrin Sold. - Baden-Baden: Nomos, 2010. - 252 S. (DGAP-Schriften zur internationalen Politik)

Kalmbach, Gabriele: KulturSchock Frankreich: [Andere Länder – andere Sitten, Alltagskultur, Tradition, Verhaltensregeln, Minderheiten, Gesellschaft, Mann und Frau, savoir vivre, usw.] 3., neu bearb., aktual. Aufl. - Bielefeld: Reise-Know-How-Verl. Rump, 2009. - 204 S. (Reise-Know-how)

Kuchenbecker, Tanja: Le Fettnapf: Wie ich lernte, mich in Frankreich nicht zum Horst zu machen. - Reinbek bei Hamburg: Rowohlt-Taschenbuch-Verl., 2010. - 221 S. (Rororo; 62649)

Kuss-Setz, Michael: Lust auf Frankreich: Leben, Urlaub, Arbeit, Freizeit; der Frankreichratgeber. Überarb. Neuaufl. - Freiburg/Br.: Interconnections, 2009 – 224 S.

Vive la France: Studien zur französischen Geschichte und Politik; Günther Fuchs zum 70. Geburtstag. Hrsg. v. Eckhardt Fuchs... - Leipzig: Leipziger Univ.-Verl., 2009. - 190 S.

A 2. Politik und Gesellschaft

Banlieues: Die Zeit der Forderungen ist vorbei. Hrsg. v. Kollektiv Rage. - Berlin ...: Assoziation A, 2009. - 280 S.

Bezbakh, Pierre: Geschichte des französischen Sozialismus: Von der Französischen Revolution bis 2008. - Berlin: Vorwärts-Buch, 2009. - 502 S.

Boy, Daniel: Das Ende einer „exception française": Die politischen Umweltschützer in Frankreich gehen mit der Zeit. - Berlin: Deutsche Gesellschaft für Auswärtige Politik, 2010. - 12 S. (DGAP-Analyse: Frankreich; 2010, 3). *Online verfügbar unter http:// www.dgap.org/midcom-serveattachmentguid-1df52b573631daa52b511dfb1b1f17e-5472b9aeb9ae/2010-03_dgapana_f_boy_www.pdf*

Gabler, Andrea: Antizipierte Autonomie: Zur Theorie und Praxis der Gruppe „Socialisme ou Barbarie" (1949 – 1967). - Hannover: Offizin-Verl., 2009 - 294 S.

Giraud, Baptiste: Streikkultur und Arbeitskonflikte in Frankreich: Die Mär von der französischen Besonderheit. - Berlin: Deutsche Gesellschaft für Auswärtige Politik, 2010.

- 14 S. (DGAP-Analyse: Frankreich; 2010, 5). *Online verfügbar unter http://www.dgap. org/midcom-serveattachmentguid-1df8054e5130894805411dfb890857fb173a4c7a4c7/ 2010-05_dgapana_f_giraud_www.pdf*

Hassenteufel, Patrick: Gesundheit um jeden Preis?: Jüngste Reformen im französischen Gesundheitssystem. - Berlin: Deutsche Gesellschaft für Auswärtige Politik, 2010. - 13 S. (DGAP-Analyse: Frankreich; 2010, 4)

Hillebrand, Ernst: Midterm blues: Nicolas Sarkozy zur Hälfte seiner Amtszeit. - Paris: Friedrich-Ebert-Stiftung, 2010. - 5 S. (Frankreich-Analyse). *Online verfügbar unter http://www.fesparis.org/common/pdf/publications/Midterm%20blues%20Sarkozy.pdf*

Kroos, Daniela: Warum hat „Marianne" so viele Diener?: Zum Wachstum des französischen öffentlichen Dienstes entgegen internationalen Trends. - Bremen: Sonderforschungsbereich 597 Staatlichkeit im Wandel, 2010. - 26 S. (TranState working papers; 115). *Online verfügbar unter http://econstor.eu/bitstream/10419/32781/1/626005108.pdf*

Küchel, Lisa: Urbanes Wohnen in Frankreich: Entwicklung und Tendenzen des französischen Stadtwohnens im Eigentum am Beispiel von Paris, Nantes und Evry. - Detmold: Rohn, 2010. - 338 S. (Schriftenreihe Stadt + Landschaft; 3). Zugl.: Stuttgart, Univ., Diss., 2009.

Müller, Elisabeth: Integrationspolitik in Frankreich: Eine Analyse des Scheiterns der Politik und der Institutionen. - Saarbrücken: VDM Verl. Dr. Müller, 2009. - 78 S.,

Ratzmann, Nora: Reform des französischen Wohlfahrtsstaates: Die Einführung innovativer Finanzierungsinstrumente am Beispiel des Allgemeinen Sozialbeitrages (Contribution Sociale Généralisée). - Ludwigsburg: Deutsch-Französisches Institut, 2010. - 90 S. (DFI compact; 8). Zugl.: Osnabrück, Univ., Bachelorarb., 2009.

Salles, Anne: Die französische Familienpolitik: Ein Erfolgsmodell unter Reformdruck. - Berlin: Deutsche Gesellschaft für Auswärtige Politik, 2009. - 15 S. (DGAP-Analyse: Frankreich; 2009, 6). *Online verfügbar unter http://www.dgap.org/midcom-serveattachmentguid-1debe088fa23e16be0811deb4bd67bbe41905670567/2009-06_dgapana_f_salles_famienpol_www.pdf*

Schmid, Bernhard: Die Neue Rechte in Frankreich. - Münster: Unrast, 2009. - 69 S. (unrast transparent - rechter rand)

Schwenke, Felix: Die Idee der „souveraineté nationale" in der Diskussion über den EU-Verfassungsvertrag vor dem Referendum 2005 in Frankreich. - Münster: LIT-Verl., 2010. - 307 S. (Schriftenreihe der Stipendiatinnen und Stipendiaten der Friedrich-Ebert-Stiftung; 37). Zugl.: Frankfurt/Main, Univ., Diss., 2009.

Wolff, Jörg; Caro, Céline: Regionalwahlen in Frankreich: Dunkle Wolken für die UMP. - Paris: Konrad-Adenauer-Stiftung, 2010. - 5 S. (Länderbericht). *Online verfügbar unter http://www.kas.de/wf/doc/kas_19075-544-1-30.pd*

Wolff, Jörg; Durand, Mathilde; Gräber, Cathrin: Politische Folgen der Regionalwahlen in Frankreich: Eine Bestandsaufnahme. - Paris: Konrad-Adenauer-Stiftung, 2010. - 7 S. *Online verfügbar unter http://www.kas.de/wf/doc/kas_19193-544-1-30.pdf*

A 3. Wirtschaft

Bordeaux & Co: Momentaufnahme Frankreich. Hrsg. v. Robert Göbel. Beitr. v. Dorothee Arnold. - [Rödermark]: Kornmayer, 2010. - 246 S.

Chevalier, Marc: Die französische Industrie kämpft mit der Krise. - Paris: Friedrich-Ebert-Stiftung, 2010. - 10 S. (Frankreich-Analyse). *Online verfügbar unter http://www.fesparis. org/common/pdf/publications/Marc%20Chevalier.pdf*

France special: [Frankreich auf der Fruit Logistica 2010]. - Düsseldorf: Wolf, 2010. - 76 S. (Fruchthandel-Magazin; 2010, 3, Beil.)

Gebel, Klaus: Immobilienerwerb in Frankreich. - Bonn: interna Verlag, 2009. -170 S.

Jullien, Bernard: Wie krisenanfällig ist die Automobilindustrie?: Eine Analyse am Beispiel des französischen Automobilmarkts. - Berlin: Deutsche Gesellschaft für Auswärtige Politik, 2010. - 12 S. (DGAP-Analyse: Frankreich; 2010, 2). *Online verfügbar unter http://www.dgap.org/midcom-serveattachmentguid-1df41b574ec992841b511df9a-be515d863188f388f3/2010-02_dgapana_f_jullien_final.pdf*

Solidarische Ökonomie als Motor regionaler Ökonomie: Ardelaine in der Ardèche, Frankreich. Hrsg. v. Claudia Sánchez Bajo. - Kassel: Kassel Univ. Press, 2009. - 36 S. (Entwicklungsperspektiven; 97)

A 4. Kultur/Bildung/Medien

Ackermann, Kira: Der Antiheld in Westerncomics der franko-belgischen Schule. - München: AVM, 2010. - 158 S.

Backmann, Tina: Slam in Frankreich: Eine neue kulturelle Bewegung und ihre Praxis. - Tönning: Der Andere Verl., 2010. - 146 S.

Baranowski, Daniel: Simon Srebnik kehrt nach Chełmno zurück: Zur Lektüre der Shoah. - Würzburg: Königshausen & Neumann, 2009. - 515 S. (Epistemata: Reihe Literaturwissenschaft; 634). Zugl.: Münster, Univ., Diss., 2009.

Bitter, Anja-Magali: Die Inszenierung des Realen: Entwicklung und Perzeption des neueren französischen Dokumentarfilms. - Stuttgart: ibidem-Verl., 2010. - 137 S. (Film- und Medienwissenschaft; 11)

Frankreich: Blickpunkt Berufsbildung. Hrsg. v. Cedefop, Europäisches Zentrum für die Förderung der Berufsbildung. - Thessaloniki, 2009. - 6 S. *Online verfügbar unter http:// www.cedefop.europa.eu/etv/Upload/Information_resources/Bookshop/542/8028_de.pdf*

Frankreich und Frankophonie/La France et la Francophonie: Kultur – Sprache – Medien: culture – langue – médias. Hrsg. v. Sabine Bastian. - München: Meidenbauer, 2009. - 305 S., (Sprache - Kultur - Gesellschaft; 3)

Fremdkörper?: Aspekte der Geisteswissenschaften in der Auslandsgermanistik und im DaF-Unterricht; Fachtagung vom 05. bis 07. Februar 2009 des Deutschen Akademischen Austauschdienstes an der Université de Nice - Sophia Antipolis. Hrsg. v. Magali Laure Nieradka. - Berlin ...: LIT-Verl., 2009. - 174 S. (Transkulturelle Kommunikation; 3)

Galassi, Peter: Henri Cartier-Bresson, sein 20. Jahrhundert. - München: Schirmer Mosel, 2010. - 374 S.

Götze, Karl Heinz: Süßes Frankreich?: Mythen des französischen Alltags. - Frankfurt/Main: S. Fischer, 2010. - 317 S.

Köhler, Wolfgang: Bretonisch und Französisch im Süd-Finistère: Ein facettenreicher Sprachkonflikt. - Rangendingen: Libertas, 2009. - 218 S. Zugl.: Heidelberg, Univ., Diss., 2008.

Middendorf, Stefanie: Massenkultur: Zur Wahrnehmung gesellschaftlicher Modernität in Frankreich; 1880 – 1980. - Göttingen: Wallstein, 2009. - 507 S. (Moderne Zeit; XIX). Zugl. Freiburg/Br., Univ., Diss., 2007/2008.

Mittelmeerdiskurse in Literatur und Film = La Méditerranée: représentations littéraires et cinématographiques. Hrsg. v. Elisabeth Arend. - Frankfurt/Main ...: Lang, 2010. - 317 S. (Méditerranée: littératures – cultures = Mittelmeer: Literaturen – Kulturen; 2)

Pennac, Daniel: Schulkummer. 3. Aufl. - Köln: Kiepenheuer & Witsch, 2009 - 288 S.

Religion und Laicité in Frankreich: Entwicklungen, Herausforderungen und Perspektiven. Hrsg. v. Benedikt Kranemann; Myriam Wijlens - Würzburg: Echter, 2009. - 165 S. (Erfurter theologische Schriften; 37)

Sauer, Katrin: Islamische Religionspraxis in Frankreich: Integrationsmöglichkeiten unter Beachtung von Koran und Sunna. - Saarbrücken: VDM Verl. Dr. Müller, 2009. - 151 S.

Wannaz, Michèle: Dramaturgie im Autorenfilm: Strukturmerkmale des jeune cinéma français. - Marburg: Schüren, 2010. - 286 S. (Marburger Schriften zur Medienforschung; 13)

Wrobel-Leipold, Andreas: Warum gibt es die Bild-Zeitung nicht auf Französisch?: Zu Gegenwart und Geschichte der tagesaktuellen Medien in Frankreich. - Wiesbaden: VS Verl., 2010. - 169 S.

A 5. Intellektueller Dialog/Philosophie

Averbeck-Lietz, Stefanie: Kommunikationstheorien in Frankreich: Der epistemologische Diskurs der Sciences de l'information et de la communication (SIC) 1975 – 2005. - Berlin: Avinus-Verl., 2010 - 552 S. Zugl.: Leipzig, Univ., Habil.-Schr., 2008.

Genkova, Petja: „Nicht nur die Liebe zählt ...“: Lebenszufriedenheit und kultureller Kontext. - Lengerich ...: Pabst Science Publishers, 2009. - 502 S.

Nietzsche und Frankreich. Hrsg. v. Clemens Pornschlegel, Martin Stingelin - Berlin ...: de Gruyter, 2009. - VII, 483 S.

A 6. Internationale Beziehungen/Sicherheitsfragen

Boyd, Douglas: Die französische Fremdenlegion. A. d. Engl. übers. von Jürgen Rohweder. - Hamburg …: Mittler, 2009. - 430 S.

Brincker, Gesa-Stefanie; Netzer, Nina: EU-Ratspräsidentschaft in Zeiten der Krise: Einflussfaktoren auf den rotierenden EU-Vorsitz am Beispiel Frankreichs und Tschechiens - Berlin: Friedrich-Ebert-Stiftung, 2009. - 11 S. (Internationale Politikanalyse). *Online verfügbar unter http://library.fes.de/pdf-files/id/ipa/06573.pdf*

Demesmay, Claire; Marchetti, Andreas: Frankreich ist Frankreich ist Europa: Französische Europa-Politik zwischen Pragmatismus und Tradition - Berlin: Deutsche Gesellschaft für Auswärtige Politik, 2010. - 12 S. (DGAP-Analyse: Frankreich; 2010, 1). *Online verfügbar unter http://www.dgap.org/midcom-serveattachmentguid-1df2ce7d674d29c-2ce711df8f3c013fdb6513c213c2/2010-01_dgapana_f_demesmay_eupol_www.pdf*

Frankreichs Außenpolitik. Hrsg. v. Bernd Rill. - München: Hanns-Seidel-Stiftung, 2009. - 119 S. (Argumente und Materialien zum Zeitgeschehen; 66). *Online verfügbar unter http://www.hss.de/uploads/tx_ddceventsbrowser/AMZ-66_Frankreich_01.pdf*

Gast, Thomas: Die Legion: Mit dem 2e Rep in den Krisenherden dieser Erde. - Stuttgart: Motorbuch-Verl.: 2010: 279 S.

Heese, Benjamin: Die Union für das Mittelmeer: Zwei Schritte vor, einen zurück? – Berlin …: LIT-Verl., 2009. - 93 S. (Region – Nation – Europa; 59)

Kosten, Konstantin: Iran einbinden, nicht isolieren: Ein Konferenzregime als neuer Impuls für die Iran-Politik der E3+3. - Berlin: Deutsche Gesellschaft für Auswärtige Politik, 2009. - 4 S. (DGAP-Standpunkt; 2009, 10). *Online verfügbar unter http://www.dgap.org/midcom-serveattachmentguid-1dee0b27cf165fee0b211de948b25115b5b03660366/2009-10_dgapstp_kost-135e03.pdf*

Küpeli, Ismail: Autoritäre Scheindemokratie unter französischer Aufsicht: Im politischen Machtkampf um Erdöleinnahmen hat das Regime im Tschad die Oberhand – aber wie lange? - Tübingen: Informationsstelle Militarisierung, 2009. - 9 S. (IMI-Analysen; 2009/030). *Online verfügbar unter http://www.imi-online.de/fpdf/index.php?id=1983*

Niquet, Valérie: Einzigartig und widersprüchlich: Die Neudefinition der französisch-chinesischen Beziehungen. - Berlin: Deutsche Gesellschaft für Auswärtige Politik, 2009. - 14 S. (DGAP-Analyse: Frankreich; 2009, 8). *Online verfügbar unter http://www.dgap.org/midcom-serveattachmentguid-1dee0b854960ca8e0b811de9eefaff695a655a055a0/2009-08_dgapana_f_ni-130c84.pdf*

Pampel, Mandy: 1994, ein franko-afrikanisches Schicksalsjahr: Frankreich und der Völkermord in Ruanda. - Saarbrücken: VDM Verl. Dr. Müller, 2009. - 143 S.

Petrat, Anke: Transnationale Zivilgesellschaft: Einsichten und Perspektiven aus Städten in Grenzregionen; Europa im Wandel. - Frankfurt/Main …: Lang, 2009. - 113 S.

Der undankbare Kontinent?: Afrikanische Antworten auf europäische Bevormundung. Hrsg.
   v. Peter Cichon. - Hamburg: Argument Verl., 2010. - 285 S.

Vivre et penser la cooperation transfrontaliere: Contributions du cycle de recherche sur la
   coopération transfrontalière de l'Université de Strasbourg et de l'Euro-Institut de Kehl.
   Hrsg. v. Birte Wassenberg. - Stuttgart: Steiner, 2010. - 416 S. (Studien zur Geschichte der
   europäischen Integration; . . .) (Les régions frontalières françaises; 1)

Woyke, Wichard: Die Außenpolitik Frankreichs: Eine Einführung. - Wiesbaden: VS Verl.,
   2009. - 337 S. (Studienbücher Aussenpolitik und Internationale Beziehungen)

A 7. Geschichte

L'art sacré – liturgische Räume: [Dieser Katalog dokumentiert die Ausstellung „L'Art Sacré
   – Liturgische Räume" im Roemer- und Pelizaeus-Museum Hildesheim, 3. Februar bis
   22. März 2009]. Hrsg. v. Michael Brandt, Walter Zahner. - Regensburg: Schnell + Steiner,
   2009. - 111 S.

Arx, Bernhard von: Konfrontation: Die Wahrheit über die Bourbaki-Legende. - Zürich: Verl.
   Neue Zürcher Zeitung, 2010 - 239 S. (NZZ libro)

Bibel und Exegese in der Abtei Saint-Victor zu Paris: Form und Funktion eines Grundtextes
   im europäischen Rahmen. Hrsg. v. Rainer Berndt - Münster: Aschendorff, 2009. - 692 S.,
   [15] Bl. (Corpus Victorinum: Instrumenta; 3)

Bohny-Reiter, Friedel: Camp de Rivesaltes: Tagebuch einer Schweizer Schwester in einem
   französischen Internierungslager 1941 – 1942. Hrsg. v. Erhard Roy Wiehn. Erw. Neuausg.
   - Konstanz: Hartung-Gorre, 2010. - 244 S.

Bonaparte, Napoléon: Maximen und Gedanken. Ausgew. und mit einem Vorw. v. Honoré de
   Balzac. A. d. Franz. von Ulrich Kunzmann, nebst einer biographischen Skizze v. Klemens
   Wenzel von Metternich. - Berlin: Matthes & Seitz, 2010. - 135 S.

Boskamp, Ulrike: Primärfarben und Farbharmonie: Farbe in der französischen
   Naturwissenschaft, Kunstliteratur und Malerei des 18. Jahrhunderts. - Weimar: VDG,
   2009. - 317, 37 S. Zugl.: Berlin, Freie Univ., Diss., 2006.

Brouillet, Hervé: Splendeurs de l'Empire: Autour de Napoléon et de la Cour Impériale; [Cet
   ouvrage accompagne l'exposition … présentée au Château de Malbrouck (Manderen) du
   15 mars au 31 août 2009]. - Metz: Serpenoise: 2009. - 176 S.

Burckhardt, Jacob: Geschichte des Revolutionszeitalters. A. d. Nachlaß hrsg. v. Wolfgang
   Hardtwig. - München …: Beck …, 2009. - XI, 1683 S. (Werke/Jacob Burckhardt. Hrsg.
   v. der Jacob Burckhardt-Stiftung, Basel; 28)

Burke, Peter: Ludwig XIV.: Die Inszenierung des Sonnenkönigs. 3. Aufl. - Berlin: Wagenbach,
   2009. - 278 S.

Butenschön, Anja: Topographie der Erinnerung: Die Sühnemonumente der französischen Restauration 1814 – 1830. - Berlin: Berliner Wiss.-Verl., 2009. - 417 S. Zugl.: München, Univ., Diss, 2009.

Chézy, Helmina von: Leben und Kunst in Paris seit Napoleon I.; Hrsg. v. Bénédicte Savoy, kommentiert v. Mara Bittner. Nachdr. der Ausg. Weimar 1805/06 - Berlin: Akad.-Verl, 2009. - XXIII,766 S.

Craveri, Benedetta: Königinnen und Mätressen: Die Macht der Frauen – von Katharina de' Medici bis Marie Antoinette; Mit einer Stammtafel. - München…: Piper, 2010. - 473 S.

Deicher, Patrick: Die Internierung der Bourbaki-Armee 1871: Bewältigung einer humanitären Herausforderung als Beitrag zur Bildung der nationalen Identität. 3., überarb. Aufl. - [Luzern]: P. Deicher, 2009. - 104 S.

XVIIe siècle: L'Afrique (post-)coloniale. - Tübingen: Narr, 2010. - 160 S. (Lendemains: études compareés sur la France, 35.2010, 137)

Dörfler, Sebastian: Napoleons Russlandfeldzug und der Vaterländische Krieg 1812: Imaginationen des Krieges als Weg in die Katastrophe. - Saarbrücken: Südwestdt. Verl. für Hochschulschriften, 2009. - 593 S. Zugl.: München, Univ., Diss, 2008.

Doering, Pia Claudia: Jean Racine zwischen Kunst und Politik: Lesarten der Alexandertragödie. - Heidelberg: Winter, 2010. - 248 S. (Studia Romanica; 160). Teilw. zugl.: Münster Univ., Diss., 2008.

Ehlers, Joachim: Der Hundertjährige Krieg. Orig.-Ausg. - München: Beck, 2009. - 127 S. (Beck'sche Reihe: C. H. Beck Wissen; 2475)

Die französische Revolution: Aufstand gegen die alte Weltordnung. [Red. dieser Ausg.: Rainer Traub]. - Hamburg: Spiegel-Verl. Augstein, 2010 - 146 S. (Spiegel/Geschichte)

35 Stundenbücher aus Paris und den französischen Regionen im 15. und 16. Jahrhundert. - Ramsen/Schweiz: Antiquariat Tenschert, 2009. - 569 S. ([Katalog/Antiquariat Heribert Tenschert; 61). (Leuchtendes Mittelalter; N.F., 6)

Haas, Renate; Hamm, Albert: The University of Strasbourg and the foundation of continental English studies: a contribution to a European history of English studies = l'Université de Strasbourg et la fondation des études anglaises continentales = Die Universität Straßburg und die Etablierung der Anglistik auf dem Kontinent. - Frankfurt/Main..: Lang, 2009. - 228 S. (Europäische Studien zur Ideen- und Wissenschaftsgeschichte; 16)

Heine, Heinrich: Französische Zustände: Artikel IX vom 25. Juni 1832, Urfassung. - Hamburg: Hoffmann und Campe, 2010 - 40 S. + Kommentar.

Honeck, Jürgen: Rebell und Kaiser: Das abenteuerliche Leben des dritten Napoleon. - Mühlacker…: Stieglitz-Verl., 2010. - 191 S.

Hübner, Helga; Regtmeier, Eva: Maria de' Medici: Eine Fremde; Florenz - Paris - Brüssel - London - Köln. - Frankfurt/Main …: Lang, 2010. - 257 S. (Dialoghi; 14)

Jehle, Peter: Zivile Helden: Theaterverhältnisse und kulturelle Hegemonie in der französischen und spanischen Aufklärung. - Hamburg: Argument, 2010. - 238 S. (Argument/Sonderband; N.F., 306). (Berliner Beiträge zur kritischen Theorie; 11)

Kaucher, Miriam: Die französische Spezialgerichtsbarkeit unter Napoleon Bonaparte: Ursprung, Entwicklung und Praxis unter besonderer Berücksichtigung der vier rheinischen Departements - Hamburg: Kovač, 2010. - XLVIII, 568 S. (Schriftenreihe rechtsgeschichtliche Studien; 33). Zugl.: Trier, Univ., Diss., 2009.

Kepetzis, Ekaterini: Vergegenwärtigte Antike: Studien zur Gattungsüberschreitung in der französischen und englischen Malerei (1840 – 1914). - Frankfurt/Main …: Lang, 2009. - X, 367 S. Teilw. Zugl.: Köln, Univ., Habil.-Schr., 2003 u.d.T.: Kepetzis, Ekaterini: Historie und Genre – Probleme der Bildgattungen im 19. Jahrhundert.

Kluge, Dorit: Kritik als Spiegel der Kunst: Die Kunstreflexionen des La Font de Saint-Yenne im Kontext der Entstehung der Kunstkritik im 18. Jahrhundert. - Weimar: VDG, Verl. und Datenbank für Geisteswiss., 2009. - 419 S. (Kunst- und kulturwissenschaftliche Forschungen; 7).Teilw. Zugl.: Koblenz-Landau, Univ., Diss., 2007.

Kneissl, Daniela: Die Republik im Zwielicht: Zur Metaphorik von Licht und Finsternis in der französischen Bildpublizistik 1871 – 1914. - München: Oldenbourg, 2010. - X, 541 S. (Pariser historische Studien; 88). Zugl. leicht überarb. und erg. Fassung von: Augsburg, Univ., Diss., 2005.

Kraft, Isabel: Einstimmigkeit um 1500: Der Chansonnier Paris, BnF f. fr. 12744. - Stuttgart: Steiner, 2009 - 348 S + 1 CD-ROM (Beihefte zum Archiv für Musikwissenschaft; 64). Teilw. Zugl.: Bremen, Univ., Diss., 2002 u.d.T.: Kraft, Isabel: Der Chansonier Paris, Bibliothèque Nationale, Fonds français 12744.

Lachenicht, Susanne: Hugenotten in Europa und Nordamerika: Migration und Integration in der Frühen Neuzeit. - Frankfurt/Main …: Campus-Verl., 2010. - 562 S. Zugl.: Hamburg, Univ., Habil.-Schr., 2008.

Linke, Ulrich: Der französische Liederzyklus von 1866 bis 1914: Entwicklungen und Strukturen. - Stuttgart: Steiner, 2010. - 311 S. (Beihefte zum Archiv für Musikwissenschaft; 66)

List, Corinna von: Frauen in der Résistance: 1940–1944; „Der Kampf gegen die ‚Boches‘ hat begonnen!". - Paderborn …: Schöningh, 2010. - 311 S. (Krieg in der Geschichte; 59)

Ma, Klaralinda: Wien 1809. - Wien: Verein für Geschichte der Stadt Wien, 2009. - 26 S. (Wiener Geschichtsblätter: Beiheft; 2009,2)

Malettke, Klaus: Ludwig XIV. von Frankreich: Leben, Politik und Leistung. 2., überarb. und erg. Aufl. - Gleichen …: Muster-Schmidt, 2009. - 170 S.

Mayer, Ewa: Théâtre de la proximité: Wandel der Ästhetik im französischen Theater an der Schwelle zum 18. Jahrhundert (Voltaire, Crébillon (père) und Houdar de La Motte). - Berlin: LIT-Verl., 2009. - 272 S. (Literatur – Theater – Medien; 4)

Mazzeo, Tilar J.: Veuve Clicquot: Die Geschichte eines Champagner-Imperiums und der Frau, die es regierte. - Hamburg: Hoffmann und Campe, 2009. - 320 S.

Mehltretter, Florian: Der Text unserer Natur: Studien zu Illuminismus und Aufklärung in Frankreich in der zweiten Hälfte des 18. Jahrhunderts. - Tübingen: Narr, 2009. - 594 S. (Romanica Monacensia, 77). Zugl.: Köln, Univ., Habil.-Schr., 2003.

Mit Napoleon in Ägypten: Die Zeichnungen des Jean-Baptiste Lepère; [Diese Publikation erscheint anlässlich der Ausstellung „Mit Napoleon in Ägypten – Die Zeichnungen des Jean-Baptiste Lepère", Wallraf-Richartz-Museum & Fondation Corboud, Köln, 2. Oktober 2009 bis 10. Januar 2010]. Hrsg. v. Françoise Labrique. Lizenzausg. - Darmstadt: Wiss. Buchges., 2009. - 256 S. (Wissen verbindet)

Möckel, Klaus: Die Gespielinnen des Königs: Frankreichs berühmteste Mätressen. - Berlin: Das Neue Berlin, 2010. - 394 S.

Moliner, Olivier: Frankreichs Regionalsprachen im Parlament: Von der ,Pétition pour les langues provinciales' 1870 zur ,Loi Deixonne' 1951. - Wien: Praesens, 2010 - 411 S. (Beihefte zu Quo Vadis, Romania; 36). - Zugl.: Berlin, Freie Univ., Diss., 2008/2009.

Napoleon und seine Zeit: Kärnten – Innerösterreich – Illyrien. Hrsg. v. Claudia Fräss-Ehrfeld. - Klagenfurt: Verl. des Geschichtsvereines für Kärnten, 2009. - 424 S. (Archiv für vaterländische Geschichte und Topographie; 96)

Ott, Simone: „Schwarz hat so viele Farben": Afrikanisch-französischer Kulturtransfer im frühen 20. Jahrhundert. - Frankfurt/Main ...: Lang, 2009. - 388 S. (MeLis; 10). Zugl.: Kassel, Univ., Diss., 2008.

Pieper-Schmidt, Marco: Napoleon nannte sie Josephine: Über den außergewöhnlichen Lebensweg einer faszinierenden Frau. - Berlin: BL, 2009. - 198 S.

Pietsch, Ulrich: Französische Fayencen des 18. Jahrhunderts: Sammlung Carabelli = Faïences françaises du XVIIIe siècle: Collection Carabelli. - München: Ed. Minerva, 2009. - 232 S.

Pirntke, Gunter: Cagliostro und die Halsbandaffäre: Magier, Kardinal und eine Königin - München: GRIN-Verl., 2010. - 145 S.

Plischnack, Alfred: Gott erhalte!: Wendepunkt 1809 – Österreichs Sieg über Napoleon; Augenzeugen berichten die wahre Geschichte von 1805 bis 1815. - Wien: Stöhr, 2009. - 350 S.

Der Pyrenäenfriede 1659: Vorgeschichte, Widerhall, Rezeptionsgeschichte. Hrsg. v. Heinz Duchhardt - Göttingen: Vandenhoeck & Ruprecht, 2010 - 102 S. (Veröffentlichungen des Instituts für Europäische Geschichte, Mainz: Beiheft; 83)

Quaeitzsch, Christian: „Une Société de Plaisirs": Festkultur und Bühnenbilder am Hofe Ludwigs XIV. und ihr Publikum - Berlin ...: Dt. Kunstverl., 2010 - VI, 512 S. (Passagen; 30). Vollst. Zugl.: Heidelberg, Univ., Diss., 2006.

Rathmann-Lutz, Anja: „Images" Ludwigs des Heiligen im Kontext dynastischer Konflikte des 14. und 15. Jahrhunderts - Berlin: Akad.-Verl., 2010 - 428 S. (Orbis mediaevalis; 12). Zugl.: Hamburg, Univ., Diss. 2006.

Rousselot, Lucien: Napoleons Armee 1800 – 1815. - Berlin: Zeughaus-Verl., 2010. - 391 S.

Ruby, Sigrid: Mit Macht verbunden: Bilder der Favoritin im Frankreich der Renaissance - Freiburg/ Br.: Fördergemeinschaft wissenschaftlicher Publikationen von Frauen, 2010. - ca. 501 S.

Sanson, Henri: Die Henker von Paris. Nach einer zeitgenössischen dt. Ausg. ausgew. v. Eduard Trautner 1923. - Rudolstadt ...: Greifenverl., 2010. - 495 S.

Schmidt, Stefan: Frankreichs Außenpolitik in der Julikrise 1914: Ein Beitrag zur Geschichte des Ausbruchs des Ersten Weltkrieges. - München: Oldenbourg, 2009. - 434 S. (Pariser historische Studien; 90). Zugl.: Bonn, Univ., Diss., 2005.

Schultz, Uwe: Henri IV: Machtmensch und Libertin; Biographie. - Berlin: Insel-Verl., 2010. - 217 S.

Sieyès, Emmanuel Joseph: Was ist der Dritte Stand?: Ausgewählte Schriften. Hrsg. v. Oliver W. Lembcke, Florian Weber. - Berlin: Akad.-Verl., 2010. - 361 S. (Schriften zur europäischen Ideengeschichte; 3)

Der Sonnenkönig: Ludwig XIV.; Frankreichs Aufstieg zur Weltmacht, 1638 – 1715. [Mitarb. dieser Ausg. Jörg-Uwe Albig]. - Hamburg: Gruner + Jahr, 2010. -170 S. (Geo Epoche; 42)

Speer, Benedikt: Grenze und grenzüberschreitende Zusammenarbeit im historischen Kontext: Eine explorative politikwissenschaftliche Studie am Fallbeispiel des Pyrenäenraums. - Berlin: Duncker & Humblot, 2010. - 288 S. (Schriftenreihe der Hochschule Speyer; 201). Zugl.: Speyer, Dt. Hochsch. für Verwaltungswiss., Diss., 2008.

Stöckli, Werner Ernst: Chronologie und Regionalität des jüngeren Neolithikums (4300 – 2400 v.Chr.) im Schweizer Mittelland, in Süddeutschland und in Ostfrankreich: aufgrund der Keramik und der absoluten Datierungen, ausgehend von den Forschungen in den Feuchtbodensiedlungen der Schweiz. - Basel: Archäologie Schweiz, 2009 - 404 S. (Antiqua; 45)

Tauber, Christine: Bilderstürme der Französischen Revolution: Die Vandalismus-Berichte des Abbé Grégoire - Freiburg/Br. ...: Rombach, 2009, - 283 S. (Rombach-Wissenschaften: Reihe Quellen zur Kunst; 30)

Verfolgt und ermordet als junge Christen: 51 französische Märtyrer im Nazi-Reich. Hrsg. v. Reimund Haas, Elisabeth Tillmann. 3. Aufl. - Dortmund: Kath. Bildungswerk der Dortmunder Dekanate, 2009. - 216 S.

Willms, Johannes: Napoleon: Eine Biographie - München: Beck, 2009. - 839 S. (Beck's Historische Bibliothek)

Wittmann, Bernard: Die Geschichte des Elsass: Eine Innenansicht. - Kehl: Morstadt, 2009. - 395 S. (Historische Zeitbilder; 7)

Wolff, Stefanie: Todesverlachen: Das Lachen in der religiösen und profanen Kultur und Literatur im Frankreich des 17. Jahrhunderts. - Frankfurt/Main ...: Lang, 2009. - 371 S. Zugl.: Bochum, Univ., Diss., 2009 u.d.T.: Wolff, Stefanie: Das Lachen in der französischen religiösen und profanen Kultur des 17. Jahrhunderts.

A 8. Recht/Rechtsvergleiche

Actualité du droit public comparé en France et en Allemagne: actes des séminaires franco-allemands de droit public comparé; (2006–2007). Hrsg. v. David Capitant. - Paris: Société de Législation Comparée, 2009. - 221 S. (UMR de droit comparé de Paris; vol. 17)

Aldea, Oliver E.: Das französische Kündigungsrecht im Spannungsfeld von Abfindungen und Bestandsschutz. - Frankfurt/Main …: Lang, 2010. - 329 S. (Schriften zum Arbeitsrecht und Wirtschaftsrecht; 57). Zugl.: Göttingen, Univ., Diss., 2008.

Alvarez de Pfeifle, María Elena: Der Ordre Public-Vorbehalt als Versagungsgrund der Anerkennung und Vollstreckbarerklärung internationaler Schiedssprüche: Unter Berücksichtigung des deutschen, schweizerischen, französischen und englischen Rechts sowie des UNICITRAL-Modellgesetzes. - Frankfurt/Main …: Lang, 2009. - 343 S. (Internationalrechtliche Studien; 53). Zugl.: Hamburg, Univ., Diss, 2008.

Arndt, Birger: Das Vorsorgeprinzip im EU-Recht. - Tübingen: Mohr Siebeck, 2009. - XX, 425 S. (Recht der nachhaltigen Entwicklung; 3). Zugl.: Bayreuth, Univ., Diss., 2008/2009.

Die Behandlung von Finanzierungsaufwendungen: Ein Vergleich der Zinsschranke in Deutschland mit den Regelungen in den USA, Italien, Frankreich, den Niederlanden und Schweden; BDI/KPMG-Studie 2009; BDI Steuern und Finanzpolitik. [Hrsg.v. Bundesverband der Deutschen Industrie e.V.; KPMG AG Wirtschaftsprüfungsgesellschaft. Red.: Berthold Welling.] - Berlin: BDI, 2009. - 56 S. (BDI-Drucksache; 437)

Bergel, Philipp: Rechnungshöfe als vierte Staatsgewalt?: Verfassungsvergleich der Rechnungshöfe Deutschlands, Frankreichs, Österreichs, Spaniens, des Vereinigten Königreichs und des Europäischen Rechnungshofs im Gefüge der Gewaltenteilung. - Göttingen: Univ.-Verl. Göttingen, 2010. - 253 S. Zugl.: Göttingen, Univ., Diss., 2008.

Böttcher-Völker, Silke: Best Advice im Versicherungsrecht: Eine rechtsvergleichende Untersuchung des deutschen, französischen und US-amerikanischen Versicherungsrechts. - Baden-Baden: Nomos, 2010. - 235 S. (Versicherungswissenschaftliche Studien; 39). Zugl.: Hamburg, Univ., Diss., 2009.

Bornhöfer, Daniel: Jugendstrafvollzug in Deutschland und Frankreich: Auf dem Weg vom ,lieu de non-droit' zum modernen Behandlungsvollzug mitten in Europa. - Baden-Baden: Nomos, 2010. - 338 S.

Bräutigam, Frank: Der „Grenzüberschreitende örtliche Zweckverband" nach dem Karlsruher Übereinkommen: Eine rechtsvergleichende Untersuchung. - Baden-Baden: Nomos, 2009. - 334 S. (Nomos Universitätsschriften: Recht; 618). Zugl.: Freiburg/Br, Univ., Diss., 2008.

Brieskorn, Konstanze: Vertragshaftung und responsabilité contractuelle: Ein Vergleich zwischen deutschem und französischen Recht mit Blick auf das Vertragsrecht in Europa. - Tübingen: Mohr Siebeck, 2010. - XIX, 488 S. (Studien zum ausländischen und internationalen Privatrecht; 240). Zugl.: Kiel, Univ., Diss., 2009.

Cavaillès, Philip: Der Unternehmenskauf in der Insolvenz: Rechtsvergleichung zwischen dem deutschen und französischen Insolvenzrecht. - Hamburg: Kovač, 2009. - LIX,273 S. (Insolvenzrecht in Forschung und Praxis; 46). Zugl.: Freiburg/Br., Univ., Diss., 2009.

Deylen, Catherine von: Die deliktische Haftung juristischer Personen nach deutschem, französischem und englischem Recht: Eine rechtsvergleichende Analyse. - Frankfurt/Main ...: Lang, 2010. - 229 S. (Europäische Hochschulschriften: Reihe 2, Rechtswissenschaft; 4969). Zugl.: Hagen, Fernuniv., Diss., 2009.

Finanzmarktstabilisierungsgesetz: Einschließlich Finanzmarktstabilisierungsfonds-Verordnung und Kurzdarstellungen der Finanzmarktstabilierungsgesetze in den U.S.A., England und Frankreich; Kommentar. Hrsg. v. Matthias Jaletzke, Peter Veranneman. Bearb. v. Julia Backmann. - München: Beck, 2009. - XXIV, 494 S.

Das französische Strafgesetzbuch: Code pénal; In Kraft getreten am 1. März 1994; [zweisprachige Ausg.] Hrsg. v. Max-Planck-Institut für Ausländisches und Internationales Strafrecht. 2. Aufl. nach d. Stand vom 1. Juni 2009. - Berlin: Duncker & Humblot, 2009. - XX, 492 S. (Schriftenreihe des Max-Planck-Institus für ausländisches und internationales Strafrecht: Reihe G, Sammlung ausländischer Strafgesetzbücher in deutscher Übersetzung; 121)

Germelmann, Claas Friedrich: Die Rechtskraft von Gerichtsentscheidungen in der Europäischen Union: Eine Untersuchung vor dem Hindergrund der deutschen, französischen und englischen Rechtskraftlehren. - Tübingen: Mohr Siebeck, 2009. - XXVII, 515 S. (Jus Internationale et Europaeum; 33). Zugl.: Berlin, Freie Univ., Diss., 2008.

Glaab, Kerstin: Die zwangsweise Vollstreckung von Entscheidungen der Verwaltung: Ein deutsch-französischer Vergleich. - Frankfurt/Main...: Lang, 2010. - 545 S. (Europäische Hochschulschriften: Reihe 2, Rechtswissenschaft; 5078). Zugl.: Saarbrücken, Univ., Diss., 2009.

Gräbener, Tobias: Der Schutz außenstehender Gesellschafter im deutschen und französischen Kapitalgesellschaftsrecht. - Baden-Baden: Nomos, 2010. - 259 S. (Deutsches, Europäisches und Vergleichendes Wirtschaftsrecht; 63). Zugl.: Heidelberg, Univ., Diss., 2009/2010.

Gröger, Annika: Das Akteneinsichtsrecht im Strafverfahren unter der besonderen Berücksichtigung der Europäischen Menschenrechtskonvention: Zugleich eine rechtsvergleichende Untersuchung zum französischen Recht. - Hamburg: Kovač, 2009. - 189 S. (Schriftenreihe Strafrecht in Forschung und Praxis; 148). Zugl.: Halle, Univ., Diss., 2008.

Guthke, Thorsten: Die Herausbildung der Strafklage: Exemplarische Studien anhand deutscher, französischer und flämischer Quellen. - Köln ...: Böhlau, 2009. - 289 S. (Konflikt, Verbrechen und Sanktion in der Gesellschaft Alteuropas: Fallstudien; 8). Zugl.: Würzburg, Univ., Diss., 2005.

Haellmigk, Philip: Die Leihe in der französischen, englischen und deutschen Rechtsordnung: Unter besonderer Brücksichtigung der Kunstleihe. - Göttingen: V & R unipress ..., 2009. - 298 S. (Schriften zum internationalen Privatrecht und zur Rechtsvergleichung; 30). Zugl.: Osnabrück, Univ., Diss., 2009.

Herrmann, Christoph: Das französische Staatshaftungsrecht zwischen Tradition und Moderne: Eine Untersuchung zum französischen Staatshaftungsrecht unter besonderer Berücksichtigung seiner Entwicklungsfaktoren. - Baden-Baden: Nomos, 2010. - 503 S. Zugl.: Bayreuth, Univ., Diss., 2009.

Heymann-Lano, Ana Maria: Konzerneingangsregime in der EG: Eine rechtsvergleichende Untersuchung der Konzerneingangsregelungen in Europa, Deutschland, England und Frankreich. - Frankfurt/Main ...: Lang, 2010. - 758 S. (Europäische Hochschulschriften: Reihe 2, Rechtswissenschaft; 5023). Zugl.: Erlangen, Nürnberg, Univ., Diss., 2009.

Jödicke, Dirk: Einfluss kultureller Unterschiede auf die Anwendung internationaler Rechnungslegungsregeln: Eine theoretische und empirische Untersuchung zur Anwendung der IFRS in Deutschland, Frankreich und UK. - Hamburg: Kovač, 2009. - XXV, 300 S. (Schriftenreihe internationale Rechnungslegung; 16). Zugl.: Bochum, Univ., Diss., 2009.

Kappstein, Hanna: Das Verfahren in Scheidungssachen in Frankreich und Deutschland. - München: Beck, 2010. - XXVI,329 S. (Münchner Universitätsschriften: Reihe der Juristischen Fakultät; 230). Zugl.: München, Univ., Diss., 2009.

Karmann-Woessner, Anke: Umsetzung der Richtlinie 2001/42/EG des Europäischen Parlaments und des Rates vom 27. Juni 2001 über die Prüfung der Umweltauswirkungen bestimmter Pläne und Programme in Frankreich. - Kaiserslautern: Techn. Univ., Lehrstuhl für Öffentliches Recht, 2009. - XLII, 238 S. (Schriftenreihe zum Raumplanungs-, Bau-, und Umweltrecht; 10). Zugl.: Kaiserslautern, Techn. Univ., Diss., 2008.

Klein, Jean-Philippe: Die Unwirksamkeit von Verträgen nach französischem Recht: Eine konzeptionelle Untersuchung unter besonderer Berücksichtigung der Rechtsgeschichte. - Tübingen: Mohr Siebeck, 2010. - XIX, 401 S. (Studien zum ausländischen und internationalen Privatrecht; 245). Zugl.: Basel, Univ., Diss., 2008.

Klein, Jennifer A.:Hinzurechnungsbesteuerung: Aktuelle Entwicklungen der CFC-Legislation in ausgewählten EU-Staaten. - Hamburg: Diplomica Verl., 2009. - VIII, 105 S. Zugl.: Wiesbaden, Fachhochsch., Bachelorarb., 2008 u.d.T.: Klein, Jennifer A.: Aktuelle Entwicklungen der CFC-Legislation (Hinzurechnungsbesteuerung) in ausgewählten Staaten Europas.

Klumpp, Catharina: Die Zustellungsformen der Verordnung (EG) Nr. 805/2004 zur Einführung eines Europäischen Vollstreckungstitels: Vergleich mit den Zustellungsordnungen Deutschlands und Frankreichs. - Frankfurt/Main ...: Lang, 2009. - 217 S. (Schriften zum internationalen Privat- und Verfahrensrecht; 6). Zugl.: Konstanz, Univ., Diss., 2008.

König, Dorothea: Die Inhaltskontrolle von Arbeitsverträgen in Deutschland, England und Frankreich. - Freiburg/Br:...: Rombach, 2010. -154 S. (Freiburger Dissertationsreihe; 23: Rechtswissenschaftliche Fakultät). Zugl.: Freiburg/Br., Univ., Diss., 2010.

Kretschmer, Ragna Ruth: Die Rechte des Gläubigers trotz Mitwirkung an einer Pflichtverletzung des Vertragsschuldners im europäischen Vergleich. - Hamburg: Kovač, 2009. - XXXIV, 440 S. (Schriftenreihe zum internationalen Einheitsrecht und zur Rechtsvergleichung; 5). Zugl.: Berlin, Humboldt-Univ., Diss., 2008.

Lehmann, Matthias: Finanzinstrumente: Vom Wertpapier- und Sachenrecht zum Recht der unkörperlichen. - Tübingen: Mohr Siebeck, 2009. - XXXII, 558 S. (Jus privatum; 145). Zugl.: Bayreuth, Univ., Habil.-Schr., 2008.

Magnus, Robert: Das Anwaltsprivileg und sein zivilprozessualer Schutz: Eine rechtsvergleichende Analyse des deutschen, französischen und englichen Rechts. - Tübingen: Mohr Siebeck, 2010. - XXX, 322 S. (Studien zum ausländischen und internationalen Privatrecht; 238). Zugl.: Freiburg/Br., Univ., Diss., 2009.

Mahnke, Alexander: Grundrechte und libertés publiques: Eine rechtsvergleichende Betrachtung des Grundrechtsschutzes in der Bundesrepublik Deutschland und in der V. Französischen Republik. - Hamburg: Kovač, 2009. - LXII, 374 S. (Schriftenreihe Verfassungsrecht in Forschung und Praxis; 67). Zugl.: Bochum, Univ., Diss., 2007.

Majer, Diemut; Hunziker, Margarete: Verfassungsstrukturen, Freiheits- und Gleichheitsrechte in Europa seit 1789: Eine Sammlung ausgewählter Verfassungstexte. - Karlsruhe: Univ.-Verl., 2009. - 440 S. (Juris fontes; 1)

Maucher, Barbara: Die Europäisierung des internationalen Bankeninsolvenzrechts: Kritische Betrachtungen zur Richtlinie 2001/24/EG über die Sanierung und Liquidation von Kreditinstituten. - Baden-Baden: Nomos, 2010. - 319 S. (Schriftenreihe des Instituts für Europäisches Wirtschafts- und Verbraucherrecht e. V.; 33)

Maurer, Tobias: Schuldübernahme. Französisches, englisches und deutsches Recht in europäischer Perspektive. - Tübingen: Mohr Siebeck, 2010. - XXXII, 341 S. (Studien zum ausländischen und internationalen Privatrecht; 236). Zugl.: Regensburg, Univ., Diss., 2008/2009.

Müller, Therese: Besitzschutz in Europa: Eine rechtsvergleichende Untersuchung über den zivilrechtlichen Schutz der tatsächlichen Sachherrschaft. - Tübingen: Mohr Siebeck, 2010. - XXI, 297 S. (Studien zum Privatrecht; 3). Zugl.: Freiburg/Br., Univ., Diss., 2009.

Nestler, Jörg: Die Putativehe im französischen. - Berlin: Berliner Wiss. Verl., 2010. - 214 S. (Schriften zur Rechtswissenschaft; 137). Zugl.: Heidelberg, Univ., Diss., 2010.

Pohlreich, Erol Rudolf: „Ehrenmorde" im Wandel des Strafrechts: Eine vergleichende Untersuchung unter Berücksichtigung des römischen, französischen, türkischen und deutschen Rechts. - Berlin: Duncker & Humblot, 2009. - 318 S. (Strafrechtliche Abhandlungen; N.F., 208). Zugl.: Berlin, Humboldt-Univ., Diss., 2009.

Richter, Thomas: Die BGB-Gesellschaft im Vergleich zu den französischen Zivilgesellschaften: Unter Berücksichtigung der aktuellen Rechtsprechung des Bundesgerichtshofs. - Baden-Baden: Nomos, 2009. - 324 S. (Schriftenreihe zum deutschen und internationalen Wirtschaftsrecht; 23). Zugl.: Erlangen-Nürnberg, Univ., Diss., 2007.

Rosenzweig, Göntje: Eingetragene Lebenspartnerschaft und Pacte civil de Solidarité: Die gesetzlichen Grundlagen unter besonderer Beachtung der vermögensrechtlichen Wirkungen. - Frankfurt/Main ...: Lang, 2010. - 263 S. (Europäische Hochschulschriften: Reihe 2, Rechtswissenschaft; 4986). Zugl.: Potsdam, Univ., Diss., 2009.

Salz, Andrea: Gesellschafterdarlehen im deutschen und französischen Recht. - Hamburg: Kovač, 2010. - 378 S. (Schriftenreihe Schriften zum Handels- und Gesellschaftsrecht; 80). Zugl.: Potsdam, Univ., Diss., 2009.

Sattler, Hauke: Das Urheberrecht nach dem Tode des Urhebers in Deutschland und Frankreich. - Göttingen: V&R unipress, 2010. - 141 S. (Schriften zum deutschen und internationalen Persönlichkeits- und Immaterialgüterrecht; 23). Zugl.: Kiel, Univ., Diss., 2009/2010.

Schmidt-Modrow, Martina: Gesetzliche Verbriefungsmodelle in Frankreich. - Baden-Baden: Nomos, 2010. - 274 S. (Nomos Universitätsschriften: Recht; 672). Zugl.: Freiburg/Br., Univ., Diss., 2009.

Schnieders, Ralf: Die Delegation der öffentlichen Dienstleistung des Schienenpersonennahverkehrs: Ein deutsch-französischer Rechtsvergleich. - Berlin: Duncker & Humblot, 2010. - 368 S. (Tübinger Schriften zum Staats- und Verwaltungsrecht; 82). Zugl.: Tübingen, Univ., Diss., 2005.

Schreiber-Petrick, Antje: Programmquoten im Hörfunk: Zur verfassungs- und gemeinschaftsrechtlichen Zulässigkeit von „Sprachquoten" in Frankreich und Deutschland. - Hamburg: Kovač, 2009. - LXVI, 272 S. (Schriftenreihe Schriften zum Medienrecht; 20). Zugl.: Dresden, Techn. Univ., Diss., 2009.

Schrewe, Holger: Der Abhilfeanspruch des Käufers: Eine rechtsvergleichende Untersuchung aus Perspektive des europäischen Rechts unter Berücksichtigung der Rechtsordnungen Deutschlands, Englands, Frankreichs und des UN-Kaufrechts. - Hamburg: Kovač, 2010. - XXI, 481 S. (Schriftenreihe zum internationalen Einheitsrecht und zur Rechtsvergleichung; 12). Zugl.: Heidelberg, Univ., Diss., 2009.

Schütze, Pascal: Gesetz zum Erhalt von Unternehmen vom 26. Juli 2005: Insolvenzvorbeugung in Frankreich – Ansatz auch für das deutsche Insolvenzrecht?; Rechtsvergleichender Länderbericht unter Berücksichtigung der Verordnung vom 18. Dezember 2008 und seinem Anwendungsdekret vom 12. Februar 2009. - Frankfurt/Main ...: Lang, 2010. - XIX, 278 S. (Europäische Hochschulschriften: Reihe 2, Rechtswissenschaft; 4987). Zugl.: Berlin, Humboldt-Univ., Diss., 2009.

Schulte, Muriel: Systemdenken im deutschen und französischen Handelsbilanzrecht: Ein systemtheoretischer Beitrag zur internationalen Rechnungslegung. - Wiesbaden: Gabler,

2010. - XXIII, 232 S. (Gabler Research: Rechnungswesen und Unternehmensüberwachung). Zugl.: Frankfurt/Main, Goethe-Univ., Diss., 2010.

Schulze, Hans-Georg: Geschäfte der Kapitalgesellschaft mit ihren Organmitgliedern: Ein Rechtsvergleich zwischen Deutschland, England und Frankreich. - Frankfurt/Main …: Lang, 2010. - XXX, 474 S. (Schriftenreihe zum Gesellschafts- und Kapitalmarktrecht; 29). Zugl.: Potsdam, Univ., Diss., 2009.

Schwedler, Anna-Kathrin: Die ärztliche Therapiebegrenzung lebenserhaltender Maßnahmen auf Wunsch des Patienten: Ein Rechtsvergleich zwischen Deutschland und Frankreich unter besonderer Berücksichtigung des Patientenverfügungsgesetzes in der Bundesrepublik Deutschland. - Frankfurt/Main…: Lang, 2010.- 211 S. (Schriftenreihe zum deutschen und internationalen Erbrecht; 2). Zugl.: Kiel, Univ., Diss., 2009.

Stein, Lorenz von: Handbuch der Verwaltungslehre und des Verwaltungsrechts: Mit Vergleichung der Literatur und Gesetzgebung von Frankreich, England und Deutschland. Hrsg. v. Utz Schliesky. - Tübingen: Mohr Siebeck, 2010. - XXXVIII, 394 S.

Steinbrück, Ben: Die Unterstützung ausländischer Schiedsverfahren durch staatliche Gerichte: Eine rechtsvergleichende Untersuchung des deutschen, österreichischen, englischen, schweizerischen, französischen und US-amerikanischen Schiedsrechts. - Tübingen: Mohr Siebeck, 2009. - XXX, 536 S. (Studien zum ausländischen und internationalen Privatrecht; 221). Zugl.: Köln, Univ., Diss., 2008/2009.

Tiemann, Konstantin: Privatisierung öffentlicher Unternehmen in Deutschland und Frankreich: Ein verfassungs- und wettbewerbsrechtliches Problem, dargestellt am Beispiel des Bankensektors. - Frankfurt/Main…: Lang, 2009. - 426 S. (Europäische Hochschulschriften: Reihe 2, Rechtswissenschaft; 4864). Zugl.: Berlin, Freie Univ., Diss., 2008.

Veil, Rüdiger; Koch, Philipp: Französisches Kapitalmarktrecht: Eine rechtsvergleichende Studie aus der Perspektive des europäischen Kapitalmarktrechts. - Köln: Heymann, 2010. - XIII, 192 S. (Schriften des Instituts für Unternehmens- und Kapitalmarktrecht; 5)

Verrechnungspreise Deutschland – Frankreich = Prix de transfert Allemagne – France. [Hrsg. v. d. Bundessteuerberaterkammer. Verantw.: Nora Schmidt-Keßeler.] - Berlin: BStBK: 2009: 184 S. *Online verfügbar unter http://praesenzen.datevstadt.de/output/getresource/92070_ BSTBK_Verrechnungspreise_D_F_7te.pdf?ID=1643109&PageID=148089*

Walter, Konrad: Rechtsfortbildung durch den EuGH: Eine rechtsmethodische Untersuchung ausgehend von der deutschen und französischen Methodenlehre. - Berlin: Duncker & Humblot, 2009. - 414 S. (Schriften zum europäischen Recht; 142). Zugl.: Göttingen, Univ., Diss., 2007.

Wutzo, Petra: Arzneimittelwerbung des Herstellers und Verbraucheransprüche im deutschen und französischen Recht. - Frankfurt/Main…: Lang, 2009. - 382 S. (Berliner Schriften zum internationalen und ausländischen Privatrecht; 1). Zugl.: Berlin, Freie Univ., Diss., 2008.

B. Deutsch-französische Beziehungen

B 1. Allgemeines

Baasner, Frank; Manac'h, Bérénice; Schumann, Alexandra von: Points de vue: France - Allemagne, un regard comparé = Sichtweisen. 2. Aufl. – Rheinbreitbach ...: NDV ..., 2010. - 269 S.

Breton, Olivier: 99 Ideen für die Zukunft der deutsch-französischen Beziehungen = 99 propositions pour ré-enchanter les relations franco-allemandes. - [Paris]: All Contents Presse Ed., [2009]. - 85, 87 S. (Collection ParisBerlin)

Frankreich am Rhein: vom Mittelalter bis heute. Hrsg. v. Franz J. Felten. - Stuttgart: Steiner, 2009. - 236 S. (Mainzer Vorträge; 13)

Handwörterbuch der deutsch-französischen Beziehungen. Hrsg. v. Astrid Kufer et al - Baden-Baden: Nomos, 2009. - 245 S.

Hugues, Pascale: Marthe und Mathilde: Eine Familie zwischen Frankreich und Deutschland. - Reinbek bei Hamburg: Rowohlt Taschenbuch Verl., 2010. - 286 S. (rororo; 62415)

Praktizierte Intermedialität: Deutsch-französische Porträts von Schiller bis Goscinny/Uderzo; [Für Rolf G. Renner zum 65. Geburtstag]. Hrsg. v. Fernand Hörner. - Bielefeld: Transcript, 2010. - 363 S. (Kultur- und Medientheorie)

Ziebura, Gilbert: Kritik der „Realpolitik": Genese einer linksliberalen Vision der Weltgesellschaft; Autobiografie. - Berlin: LIT-Verl., 2009. - 396 S. (Biographien zur Zeitgeschichte; 1)

B 2. Geschichte

Beaupré, Nicolas: Das Trauma des großen Krieges: 1918–1932. - Darmstadt: Wiss. Buchges., 2009. - 280 S. (Deutsch-Französische Geschichte; 8)

Becker, Jean-Jacques; Krumeich, Gerd: Der große Krieg: Deutschland und Frankreich 1914 - Essen: Klartext, 2010. - 354 S.

Bloesch, Hans: Das junge Deutschland in seinen Beziehungen zu Frankreich. - Nachdr. d. Ausgabe Bern, 1903 - LaVergne: BiblioBazaar, 2009. - 132 S. Bern, Univ., Diss., 1902.

Böhm, Manuela: Sprachenwechsel: Akkulturation und Mehrsprachigkeit der Brandenburger Hugenotten vom 17. bis 19. Jahrhundert. - Berlin ...: De Gruyter, 2010. - XV, 580 S. (Studia Linguistica Germanica; 101). Zugl.: Potsdam, Univ., Diss., 2008.

Der Deutsch-Französische Krieg 1870/71: Vorgeschichte, Verlauf, Folgen. Hrsg. v. Jan Ganschow, Olaf Haselhorst, Maik Ohnezeit. - Graz: Ares-Verl., 2009. - 472 S.

Descartes und Deutschland, Descartes et l'Allemagne. Hrsg. v. Jean Ferrari et al. - Hildesheim: G. Olms, 2009. - 394 S. (Europaea Memoria: Reihe 1, Studien; 71)

Desel, Jochen: Hugenotten und Waldenser und ihre Familien im Landkreis Kassel: Von der Einwanderung 1685 bis ca. 1800. - Bad Karlshafen: Verl. der Dt. Hugenotten-Ges., 2009. - 478 S. (Geschichtsblätter der Deutschen Hugenotten-Gesellschaft e.V.; 45)

Dialog und Differenzen: 1789 bis 1870; Deutsch-französische Kunstbeziehungen = Les relations artistiques entre la France et l'Allemagne. Hrsg. v. Isabelle Jansen unter Mitarb. v. Gitta Ho. - Berlin ...: Deutscher Kunstverl., 2010. - XII, 407 S. (Passagen/Passages; 34)

Emmerling, Hans: In einem nahen Land: Lothringen – Skizzen und Notizen. - Saarbrücken: Conte Verl., 2009. - 276 S.

Der Fall Rouzier. Hrsg. v. d. Stadt Germersheim. - Germersheim, 2009. - 56 S. (Schriftenreihe zur Geschichte der Stadt Germersheim; 3)

Fischer, Gerhard: Die Hugenotten in Berlin. - Berlin: Hentrich & Hentrich, 2010. - 120 S.

Fry, Varian: Auslieferung auf Verlangen: Die Rettung deutscher Emigranten in Marseille 1940/41. Neuausg. - Frankfurt/Main: Fischer-Taschenbuch-Verl., 2009. - 345 S. (Fischer: Die Zeit des Nationalsozialismus; 18376)

Gingold, Peter: Paris – Boulevard St. Martin No. 11: Ein jüdischer Antifaschist und Kommunist in der Résistance und der Bundesrepublik. Hrsg. v. Ulrich Schneider. - Köln: Papyrossa-Verl., 2009. - 187 S. (Neue Kleine Bibliothek; 136)

Gisinger, Arno; Raoux, Nathalie: Konstellation: Walter Benjamin en exil. - Paris ...: Trans Photogr. Press ..., 2009. - 111 S.

Herrgott, Alexandre A.: Adieu, mein Elsass!: Ein elsässisches Familienschicksal vor dem Hintergrund zweier Weltkriege. 2. Aufl. - Kehl: Morstadt, 2009. - 186 S.

Hofreiter, Gerda: Allein in die Fremde: Kindertransporte von Österreich nach Frankreich, Großbritannien und in die USA 1939. - Innsbruck: StudienVerl., 2010. – 133 S.

Jantzen, Annette: Priester im Krieg: Elsässische und französisch-lothringische Geistliche im Ersten Weltkrieg. - Paderborn ...: Schöningh, 2010. - 367 S. + 1 CD. (Veröffentlichungen der Kommission für Zeitgeschichte: Reihe B, Forschungen; 16). Zugl.: Tübingen, Univ., Diss., 2008.

Junkelmann, Marcus: „Der kühnste Feldzug": Napoleon gegen Erzherzog Carl, 19. – 24. April 1809; Teugn und Hausen, Abensberg, Landshut, Eggmühl, Regensburg. - Schierling: Bauer, 2009. - 114 S.

Kulturstaat und Bürgergesellschaft: Preußen, Deutschland und Europa im 19. und frühen 20. Jahrhundert. Hrsg. v. Wolfgang Neugebauer, Bärbel Holtz. - Berlin: Akad.-Verl., 2010. - IV, 265 S.

Landshut und Napoleon: Die Kriegsereignisse in den Jahren 1796, 1800, 1806 und 1809 in den Schilderungen von Franz Sebastian Meidinger. - [Straubing]: Attenkofer, 2009. - 240 S.

Lemke, Hans: Gejagt, gehetzt, gefangen: Erlebnisbericht eines Fallschirmspringers in französischer Gefangenschaft von 1944 – 1948. - Dienheim: Iatros-Verl., 2010. - 190 S.

Leu, Johann Friedrich: Meine Reise nach Frankreich: Edition mit einem historischen Kommentar. Hrsg. v. Wolfgang Fleischer. - Augsburg: Wißner-Verl., 2009. - 248 S. (Documenta Augustana; 20)

Liebe, Hartmut: Herzog Wilhelm von Braunschweig-Oels in Thüringen und Sachsen 1809: [1809 – zum 200. Jahrestag des Zuges des Schwarzen Herzogs – 2009]. - 2., erw. Dokum. - Jena: Saale-Betreuungswerk der Lebenshilfe, 2009. - 304 S.

Mein Herr Bruder …: Napoleon und Friedrich August I.: Der Briefwechsel des Kaisers der Franzosen mit dem König von Sachsen (1806 – 1813). Hrsg. v. Rudolf Jenak. - Beucha …: Sax-Verl., 2010. - 200 S.

Meyer, Philippe: Frankreich und Preußen: Vier Jahrhunderte gemeinsamer Geschichte. - Berlin: Be.bra Wissenschaft, 2009. - 236 S.

Moeglin, Jean-Marie: Kaisertum und allerchristlichster König: 1214 bis 1500. - Darmstadt: Wiss. Buchges., 2010. - 384 S. (Deutsch-Französische Geschichte; 2)

Napoleon III., Bismarck, Michel & Co.: Karikaturen und Texte aus der „Frankfurter Latern"; Eine Erinnerung zum 150. Geburtstag von Stoltzes satirischem Wochenblatt; zu der gleichnamigen Ausstellung im Kundenzentrum der Frankfurter Sparkasse, Neue Mainzer Straße 49, Frankfurt am Main, vom 8. Juni bis 23. Juli 2010. Hrsg. v. d. Stiftung der Frankfurter Sparkasse. – Frankfurt/Main, 2010. - 96 S.

Pestel, Friedemann: Weimar als Exil: Erfahrungsräume französischer Revolutionsemigranten 1792–1803. - Leipzig: Leipziger Uni-Verl., 2010. - 389 S. (Deutsch-französische Kultur-bibliothek; 28) (Transfer). Teilw.Zugl.: Jena, Univ., Staatsexamensarb., 2008/2009.

Rach, Rudolf: Eine französische Geschichte. - Frankfurt/Main: Weissbooks, 2010. - 181 S.

Rommel, Manfred: 1944 – das Jahr der Entscheidung: Erwin Rommel in Frankreich. - Stuttgart: Hohenheim Verl., 2010. - 256 S.

Saurel, Jacques: Aus Paris nach Bergen-Belsen, 1944-1945: Gesammelte Erinnerungen eines deportierten Kindes. - Paris: Le Manuscrit, 2009. - 219 S. (Schriftenreihe „Die Shoah – Augenzeugen berichten")

Schott, Simon: Der Barpianist: Kriegserinnerungen eines Überlebenskünstlers. - Frankfurt/ Main: Fischer-Taschenbuch-Verl., 2009. - 313 S. (Serie: Fischer; 18353)

Seibt, Gustav: Goethe und Napoleon: eine historische Begegnung. 4., durchges. Aufl. - München: Beck, 2009. - 287 S.

Steegmann, Robert: Das Konzentrationslager Natzweiler-Struthof und seine Außen-kommandos am Rhein und Neckar, 1941–1945. - [Berlin]: Metropol, 2010. - 581 S. Vollst. Zugl.: Strasbourg, Univ. Marc-Bloch, Diss., 2003.

Süsskind, Bettina: Die autorités administratives indépendantes: Eine Untersuchung über den Wandel des französischen Einheitsstaates. - Baden-Baden: Nomos, 2010. - 277 S. (Nomos Universitätsschriften: Recht; 640). Zugl.: Saarbrücken, Univ., Diss., 2009.

Thiemeyer, Thomas: Fortsetzung des Krieges mit anderen Mitteln: Die beiden Weltkriege im Museum. - Paderborn…: Schöningh, 2010. - 366 S. (Krieg in der Geschichte; 62). Zugl.: Tübingen, Univ., Diss., 2009.

Tillmann, Max: Ein Frankreichbündnis der Kunst: Kurfürst Max Emanuel von Bayern als Auftraggeber und Sammler. - Berlin …: Deutscher Kunstverl., 2009. - X, 371 S. (Passagen/Passages; 25)

Unter Napoleons Adler: Mecklenburg in der Franzosenzeit. Hrsg. v. Matthias Manke. - Lübeck: Schmidt-Römhild, 2009. - 461 S. (Veröffentlichungen der Historischen Kommission für Mecklenburg: Reihe B, Schriften zur mecklenburgischen Geschichte; N.F., 2)

Vollert, Adalbert: Nied: Ein Dorf zwischen den Fronten; Die Zeit der Koalitions- und Befreiungskriege 1792–1815. - Frankfurt/Main: Heimat- und Geschichtsverein Nied, 2009 - 120 S.

Von Kaiser zu Kaiser: Erinnerungen an den Deutsch-Französischen Krieg 1870/71; Katalog zur Sonderausstellung, 31. Juli bis 31. Oktober 2010 im Wehrgeschichtlichen Museum Rastatt. Hrsg. v. d. Vereinigung der Freunde des Wehrgeschichtlichen Museums Schloss Rastatt. Bearb. von Alexander Jordan - Rastatt, 2010. - 112 S.

Zäsuren und Kontinuitäten im Schatten Napoleons: Eine Annährung an die Gebiete des heutigen Sachsen und Tschechien zwischen 1805/06 und 1813. Hrsg. v. Oliver Benjamin Hemmerle et al. - Hamburg: Kovač, 2010. - 225 S. (Schriftenreihe Studien zur Geschichtsforschung der Neuzeit; 62)

B 3. Politische Beziehungen

Cromme, Gerhard: Le retour aux fondamentaux: les relations franco-allemandes en 2010. - Paris: [Ambassade d'Allemagne], 2010. - 10 S. *Online verfügbar unter http://www. cidal.diplo.de/Vertretung/cidal/fr/__pr/actualites/nq/2010__06/2010__06__02__ Discussion__Cromme__all__datei,property=Daten.pdf*

Deutsch-Französische Agenda 2020. Hrsg. v. d. Bundesregierung. - Berlin, 2010. - ca. 7 S. *Online verfügbar unter http://www.bundesregierung.de/Content/DE/Artikel/2010/02/2010-02-04-deutsch-franzoesische-agenda-2020.html*

Deutschland – Frankreich: Fünf Visionen für Europa = France – Allemagne: cinq visions pour l'Europe. Hrsg. v. d. Auslandsbüro der Konrad-Adenauer-Stiftung in Frankreich. Verantwortlich: Jörg Wolff. - Paris, 2010. - 172 S. (KAS Publikation Deutsch-französischer Dialog; 2). *Online verfügbar unter http://www.kas.de/wf/doc/kas_19732-544-1-30.pdf*

Eine neue Agenda für die deutsch-französischen Beziehungen = Un nouvel agenda pour les relations franco-allemandes. Hrsg. v.Claire Demesmay et al. – Genshagen: Stiftung Genshagen, 2010. - 23 S. (Genshagener Papiere; 1). *Online verfügbar unter http://www.stiftung-genshagen.de/allg_grafik/genshagenerpapiere/Genshagener%20Papiere_2010_01.pdf*

Frankreich – Deutschland – Polen: Partnerschaft im Herzen Europas. Hrsg. v. Wolfram Hilz et al. - Bonn: ZEI, 2010. - 75 S. (ZEI Discussion Paper; C199)

Hecker, Christiane; Hecker, Andreas: Ein neuer Anlauf für das Weimarer Dreieck: Trilaterales Kolloquium Donnerstag 2. April 2009 in der polnischen Botschaft Paris; Zusammenfassung [Paris]: Association Réaltiés et Relations Internationales, 2009. - 7 S. *Online verfügbar unter http://www.weimarer-dreieck.eu/fileadmin/templates/multiflex3/PDF/Kolloquium_Zusammenfassung__Ein_neuer_Anlauf_fuer_das_Weimarer_Dreieck__Paris_2.4.09.pdf*

La relation franco-allemande depuis 1945. - Paris: Konrad-Adenauer-Stiftung, 2010. (Länderberichte)

Das Weimarer Dreieck in Europa: Die deutsch-französisch-polnische Zusammenarbeit; Entstehung – Potentiale – Perspektiven = Le triangle de Weimar en Europe. Hrsg. v. Klaus-Heinrich Standke. - Toruń: Marszałek, 2009. - 931 S. (Seria: Trójkąt Weimarski)

Ziebura, Gilbert: Deutschland und Frankreich in der entstehenden Weltgesellschaft. - Genshagen: Stiftung Genshagen, 2010. - 17 S. (Genshagener Papiere; 2). *Online verfügbar unter http://www.stiftung-genshagen.de/allg_grafik/genshagenerpapiere/Genshagener%20 Papiere_2010_02.pdf*

B 4. Kulturbeziehungen

Bock, Hans Manfred: Topographie deutscher Kultur im Paris des 20.Jahrhunderts. - Tübingen: Narr Francke Attempto, 2010. - 400 S. (Edition Lendemains; 18)

Die Deutsche Woche im Languedoc-Roussillon vom 25.9.2009 bis 4.10.2009. Hrsg. v. Deutschen Kulturinstitut Heidelberg-Haus in Montpellier. - Montpellier: Maison de Heidelberg, 2009. - 104 S.

Frankreich-Jahrbuch 2009: Französische Blicke auf das zeitgenössische Deutschland. Hrsg.: Deutsch-Französisches Institut in Verbindung mit Frank Baasner. Red.: Wolfram Vogel. - Wiesbaden: VS Verl., 2010. - 266 S.

Fremde?: Bilder von den „Anderen" in Deutschland und Frankreich seit 1871. Im Auftrag der Stiftung Deutsches Historisches Museum, Berlin hrsg. v. Rosmarie Beier-de Haan ... - Dresden: Sandstein, 2009. - 360 S.

Gougeon, Jacques-Pierre: Der kulturelle Austausch zwischen Deutschland und Frankreich: Eine Bestandsaufnahme. - Paris: Friedrich-Ebert-Stiftung, 2009. - 6 S. (Frankreich-Analyse). *Online verfügbar unter http://www.fesparis.org/common/pdf/publications/Kulturaustausch.pdf*

Herzog, Werner: Vom Gehen im Eis: München - Paris 23.11. bis 14.12.1974. - Frankfurt/Main: Fischer-Taschenbuch-Verl., 2009. - 111 S. (Serie: Fischer; 18347)

Interkulturelle Kommunikation in Texten und Diskursen. Hrsg. v. Ulrike Dorfmüller et al. - Frankfurt/Main ...: Lang, 2010. - 126 S.

Nacht und Nebel: Richard Wagner und die Franzosen; Ausgewählte Aufsätze = Nuit et brouil-
lard. Hrsg. v. Joachim Schultz. - [Bayreuth]: [Studiengang Literaturwiss.: Berufsbezogen
an der Univ.], 2009. - 63 S. (Hagel; 15)

Nies, Fritz: Schnittpunkt Frankreich: Ein Jahrtausend Übersetzen. - Tübingen: Narr, 2009. -
254 S. (Transfer (Tübingen); 20)

Papouschek, Iris: Routine oder reger Austausch?: Eine Analyse deutscher Gegenwartsliteratur
in Lizenzausgaben auf dem französischen Buchmarkt von 2000 bis 2007. - Erlangen:
Univ. Erlangen-Nürnberg: 2009 - 121 S. (Alles Buch; 31). Zugl.: Erlangen-Nürnberg,
Univ., Mag.Arb., 2009. *Online verfügbar unter http://www.buchwiss.uni-erlangen.de/
forschung/publikationen/online-reihe-alles-buch.shtml*

Varga-Behrer, Angelika: „Hut ab, ihr Herren, ein Genie": Studien zur Chopin-Rezeption in
der zeitgenössischen Musikpresse Deutschlands und Frankreichs. - Mainz ...: Schott:
2010. - 257 S.

Wege der Verständigung zwischen Deutschen und Franzosen nach 1945: Zivilgesellschaftliche
Annäherungen. Hrsg. v.Corine Defrance et al. - Tübingen: Narr, 2010. - 412 S. (Edition
Lendemains; 7)

Wolf, Fritz: Begegnungen: Das deutsch-französische Zusammenwachsen. Ausstellung/Idee
und Materialsammlung: Georg Erb. Ausführung: Eilhard Cordes. Im Auftrage der Fritz
Wolf-Gesellschaft Osnabrück - Osnabrück, 2009. - 41 S.

B 5. Gesellschaft/Bildung/Information

Deutsch-französische Berührungs- und Wendepunkte: Zwanzig Jahre Forschung, Lehre und
öffentlicher Dialog am Frankreich-Zentrum. Hrsg. v. Rolf G. Renner et al. - Freiburg/Br.:
Frankreich-Zentrum, 2009. - 505 S.

Deutsches Historisches Institut Paris: Pressespiegel 2008/2009. - Paris, 2009. - [37] S. *Online
verfügbar unter http://www.dhi-paris.fr/uploads/media/Pressespiegel_2008-09.pdf*

Deutsch-Französisches Jugendwerk: Texte des directives de l'Office Franco-Allemand pour
la Jeunesse=Texte der Richtlinien des Deutsch-Französischen Jugendwerks.Version du
18 mars 2010. - Berlin, 2010. - 37 S. *Online verfügbar unter http://www.dfjw.org/sites/
default/files/D+F_Richtlinien_directives-%20Version%202010_0.pdf*

DeutschMobil: Zehn Jahre für die deutsche Sprache und Kultur durch Frankreich; Rückblick
– Gegenwart – Perspektiven. Föderation Deutsch-Französischer Häuser, Red.: Nadine
Gruner. - o.O, 2010. - 159 S.

Docteurs & Co: Le magazine des jeunes docteurs qui choisissent l'entreprise. - Berlin:
DUZ-Deutsche Universitäts-Zeitung, 2009. - 16 S. (duz special). *Online verfügbar unter
http://www.duz.de/docs/downloads/duz_spec_France2009_kl.pdf*

Fremdsprachenmethoden und -inhalte: Was gibt es Neues in Europa/quoi de neuf en Europe? Jahrestagung des Carolus-Magnus-Kreis, 12.–16. November 2009 im Hôtel François de Lapeyronie, Montpellier. Red.: Hans-Günter Egelhoff et al. Hrsg. v. Carolus-Magnus-Kreis - o.O, 2010. - 47 S.

Knabel, Klaudia: Länderinformationen Frankreich. - Bonn: Gate Germany, 2009. - 18 S. *Online verfügbar unter http://www.gate-germany.de/imperia/md/content/netzwerkkonferenz/website_download_fra.pdf*

Kolloquium für Bürgermeister und kommunale Verantwortliche aus Deutschland, Belgien und Frankreich: Zuwanderung aus der Türkei – Besonderheiten eines Integrationsverlaufs; 2.–3. Dezember 2009 in Berlin = Consultations franco-germano-belges avec des maires et des responsables communaux. Eine Initiative der Robert Bosch Stiftung ... in Zusammenarbeit mit dem dfi. - Ludswigsburg: Deutsch-Französisches Institut, 2010. - 175, 171 S. (DFI compact; N° 9)

Nix, Sebastian: Das Internet als Informationsressource für die Frankreichforschung: Eine Befragung deutscher und französischer Experten. - Berlin: IfBB, 2010. - 91 S. (Berliner Handreichungen zur Bibliotheks- und Informationswissenschaft; 262). Zugl. Berlin, Humboldt-Univ., Masterarb.

Quatrième rencontre entre les recteurs d'académie et les ministres de l'éducation des Länder allemands = Vierte Konferenz der Kultusminister der deutschen Länder und der französischen Recteurs d'académie. Hrsg. v. Ministère de l'Education Nationale. - Paris, 2009. - 48 S. *Online verfügbar unter http://media.education.gouv.fr/file/11_novembre/76/7/ Dossier_participants_4e_reunion_franco_allemande_124767.pdf*

Telemann und Frankreich, Frankreich und Telemann: Bericht über die Internationale Wissenschaftliche Konferenz, Magdeburg, 12. bis 14. März 1998, anläßlich der 14. Magdeburger Telemann-Festtage. Hrsg. v. Carsten Lange et al. - Hildesheim: G. Olms, 2009. - 310 S. (Telemann-Konferenzberichte; XII)

Umfrage GIRAF-IFFD 2009: Der Berufseinstieg der NachwuchswissenschaftlerInnen der Geistes und Sozialwissenschaften in Frankreich und Deutschland; Bilanz, Erfahrungsberichte und Zukunftsperspektiven. - o.O.: GIRAF-IFFD, 2009. - 20 S. *Online verfügbar unter http://www.giraf-iffd.ways.org/files/Synth%C3%A8se%20GIRAF%20 Inserpro%20de%20091023.pdf*

Weis, Martina: Stereotyp, et alors?: Das Frankreichbild bayerischer Schüler im Kontext von Lehrplan, Schulbuch und individueller Frankreicherfahrung. - Tönning ...: Der Andere Verl., 2009. - XII,217 S. Zugl.: Passau, Univ., Diss., 2009.

B 6. Grenznahe Beziehungen/Jumelages

Bezirkspartnerschaft Unterfranken – Calvados = Jumelage Basse-Franconie – Calvados.. - Würzburg: Bezirk Unterfranken, [2009]. - 27 S.

Derrer, Regina; Thummel, Simon: Die trinationale Regio-S-Bahn Basel. - Baden-Baden: Nomos, 2009. - XVI, 230 S. (Grenzüberschreitende Zusammenarbeit; 1)

Döblin, Alfred: Meine Adresse ist: Saargemünd: Spurensuche in einer Grenzregion. Zusammengetragen und kommentiert von Ralph Schock. - Merzig: Gollenstein, 2009. - 319 S. (Spuren)

Der Eurodistrikt Strassburg Ortenau: Konstruktion eines lebendigen Europa = L'Eurodistrict Strasbourg-Ortenau. Hrsg. v. Eric Maulin ... - Vevey: Ed. de la Salde, 2009. - 250, 228 S.

Europakompetenz entwickeln – Interregionskompetenz stärken: Für die Hochschule und die Arbeitswelt; Forschungsergebnisse der Kooperationsstelle Wissenschaft und Arbeitswelt der Universität des Saarlandes. Hrsg. v. Luitpold Rampeltshammer et al. - Saarbrücken: Verl. Alma Mater, 2009. - XV,226 S.

Die Grenzregionen als Labor und Motor kontinentaler Entwicklungen in Europa: Berichte und Dokumente des Europarates sowie Reden zur grenzüberschreitenden Zusammenarbeit in Europa. Hrsg. v. Karl-Heinz Lambertz. - Baden-Baden: Nomos, 2010. - X, 261 S. (Schriften zur grenzüberschreitenden Zusammenarbeit; Bd. 4)

Grenzüberschreitende Preisvergleichsstudie Baden-Württemberg – Elsass: Durchgeführt vom 3. bis 25. Juli 2008. – Kehl: Euro-Info-Consommateurs, 2009. - 39 S. *Online verfügbar unter www.euroinfo-kehl.eu/media/fichiers/file20081128304.pdf*

Grenzüberschreitende Zusammenarbeit im Gesundheitswesen: Ausgewählte Rechtsfragen am Beispiel des Basler Pilotprojekts. Hrsg. v. Kerstin Odendahl, Hans Martin Tschudi, Andreas Faller. - Zürich: Dike-Verl, 2010. - XXIII,521 S. (Schriften zur grenzüberschreitenden Zusammenarbeit; 3)

Herrmann, Dorit: Varietät über Grenzen hinaus: Zum Französischen in der regionalen Tagespresse des französisch-schweizerischen Grenzgebietes. - Frankfurt/Main ...: Lang, 2009. - XII, 392 S. (Sprache, Mehrsprachigkeit und sozialer Wandel; 10). Zugl.: Leipzig, Univ., Diss, 2008.

Medien zwischen Demokratisierung und Kontrolle. (1945–1955). Hrsg. v. Rainer Hudemann. - München: Oldenbourg, 2010. - VI,487 S. (Medienlandschaft Saar von 1945 bis in die Gegenwart; 1)

Ratgeber für Grenzgänger aus Deutschland und Frankreich = Guide pour les frontaliers d'Allemagne et de France. [Bearb.: Jutta Huwig, Barbara Köhler, Céline Laforsch]. EURES. 11. Aufl., 106.001 – 118.000. - Saarbrücken: Arbeitskammer des Saarlandes, 2010. - [231] S.

Reichertz, Ingrid: Steuererleichterungen: Das Praktikerhandbuch für Grenzgänger Deutschland-Frankreich. - Saarbrücken: VDM Verl. Dr. Müller, 2009. - 93 S.

Studie zur Wahrnehmung von Nachbarschaft in der Großregion SaarLorLux durch Bürger und lokale Medien am Beispiel QuattroPole: Teil 4: Bürgerbefragung Metz; Sommersemester 2009. Ergebnisse einer Projektstudie von Geographie-Studenten unter Leitung von Peter zur Nieden. - Trier: Univ., 2009. - 80 S. (Wahrnehmung von Nachbarschaft in der Großregion SaarLorLux durch Bürger und lokale Medien am Beispiel von QuattroPole; 4) *Online verfügbar unter http://www.quattropole.org/assets/2010_3/1269337966_endbericht_studie_teil_4_metz.pdf*

Zapf, Elke Christine: Interkulturelle Wirtschaftskommunikation im kaufmännischen Schulwesen: Eine Untersuchung im deutsch-französischen Grenzraum. - St.Ingbert: Röhrig Univ. Verl., 2009. - 471 S.(Saarbrücker Studien zur interkulturellen Kommunikation;10)

B 7. Wirtschaftsbeziehungen

Behrens, Kai; Clouet, Louis-Marie: Die Europäisierung des EADS-Konzerns. - Berlin: Deutsche Gesellschaft für Auswärtige Politik, 2009. - 22 S. (DGAP-Analyse: Frankreich; 2009, 7) *Online verfügbar unter http://www.dgap.org/midcom-serveattachmentguid-1ded3adb85872cad3ad11deaf1ad9fc7c939fd59fd5/2009-07_dgapana_f_behrens-clouet_eads_www.pdf*

Blot, Christophe; Kooths, Stefan: Zwei Wirtschaftssysteme in der Bewährungsprobe: Die deutsch-französische Debatte über die Wirtschaftskrise. - Berlin: Deutsche Gesellschaft für Auswärtige Politik, 2009. - 24 S. (DGAP-Analyse: Frankreich; 2009, 9) *Online verfügbar unter http://www.dgap.org/midcom-serveattachmentguid-1defa1140492182fa-1111de9796e1e0b9320b320b32/2009-09_dgapana_f_blot-kooths_wirtsch_www.pdf*

Deutsche Unternehmen in Frankreich: Eine aktuelle Bestandaufnahme. – Düsseldorf: Invest in France Agency, 2010. - 26 S. + Beil. *Online verfügbar unter http://www.invest-in-france. org/Medias/Publications/1039/Deutsche%20Unternehmen%20in%20Frankreich.pdf*

Duscha, Waldemar; Dahm, Karl-Heinz: Frankreich. - Köln: Germany Trade and Invest, 2010. - 11 S. (Verhandlungspraxis kompakt) *Online verfügbar unter http://www.gtai.de/ext/ anlagen/PubAnlage_7370.pdf?show=true*

Förster, Alexander: Lebensstile als Instrument zur Segmentierung von Markt und Marken: Ein Fallbeispiel in einem deutsch-französischen Unternehmen der Automobilindustrie. - Saarbrücken: Pirrot, 2009. - 274 S. Zugl.: Kaiserslautern, Univ., Diss., 2009.

Ihr Unternehmen in Frankreich. - Düsseldorf: Invest in France Agency, 2009. - 91 S.

Menneken, Andreas: Ein Vertriebskonzept für Drahterzeugnisse am französischen Markt. - Lohmar [u.a.]: Eul, 2009. - XIV, 141 S.

Schiffels, Edmund: Der Einfluss interkultureller Unterschiede auf die Effizienz einer Kooperation zwischen KMUs: Eine empirische Studie zu Deutschen und Franzosen. - Radolfzell, 2010. - 27 S. *Online verfügbar unter http://opus.bsz-bw.de/htwg/volltexte/2010/124/pdf/Bericht_Endfassung_2.6.10.pdf*

Umweltpolitische Ziele der EU: Deutsch-französische Beiträge zur Zielerreichung; Tagungsband des ersten deutsch-französischen Workshops Energiewirtschaft und Nachhaltigkeit in Karlsruhe am 29.–30. Januar 2009 = Concepts franco-allemands pour atteindre les objectifs environnementaux de l'UE. Hrsg.v. S. Cail ... - Karlsruhe: KIT Scientific Publishing, 2009. - 139 S. *Online verfügbar unter http://digbib.ubka.uni-karlsruhe.de/volltexte/1000014506*

Unternehmerische Betätigung in Frankreich. Hrsg. v. Equipe Franco-Allemande/Deutsch-Französisches Team. - o.O: Ernst & Young, 2010. - 223 S.

Uterwedde, Henrik; Kauffmann, Pascal: Deutschland, Frankreich und die Eurokrise: Auf der Suche nach der verlorenen Konvergenz. - [Ludwigsburg]: [Deutsch-Französisches Institut], 2010. - 26 S. *Online verfügbar unter http://www.dfi.de/de/pdf/VerloreneKonvergenz.pdf*

C. Vergleichende Studien

Akademie und/oder Autonomie: Akademische Diskurse vom 16. bis 18. Jahrhundert. Hrsg. v. Barbara Marx, Christoph Oliver Mayer - Frankfurt/Main ...: Lang, 2009. - XVIII, 420 S.

Barboza, Kulkānti: Repräsentative und symbolische Zeichen des klassischen Tanzes in Indien und in Europa: Eine interkulturelle, vergleichende Analyse des indischen bharatanātyam und des französischen Balletts. - [Münster]: Sign-and-Science Publisher, 2009. 456 S. + 1 CD-ROM. - Zugl.: Münster, Univ., Diss., 2006.

Bauten der Boomjahre, Paradoxien der Erhaltung:Tagungsband des Instituts für Denkmalpflege und Bauforschung (IDB) der ETH Zürich = Architectures de la croissance, les paradoxes de la sauvegarde. Hrsg. v. Jutta Hassler. - Gollion: Infolio Ed.: 2009,: 360 S.

Bomnüter, Udo; Scheller, Patricia: Filmfinanzierung: Strategien im Ländervergleich; Deutschland, Frankreich und Großbritannien. - Baden Baden: Nomos, 2009. - 123 S.

Braesel, Michaela: Buchmalerei in der Kunstgeschichte: Zur Rezeption in England, Frankreich und Italien. - Köln ...: Böhlau, 2009. - 568 S., [8] Bl. (Studien zur Kunst; 14)

Brandes, Kirsten: Probleme des Cultural Misfit in einer globalisierten Arbeitswelt: Grenzüberschreitende Akquisitionen und Zusammenarbeit im interkulturellen Kontext - Hamburg: Kovač, 2009. - XXIV,442 S. (Strategisches Management; 74) Zugl.: Lüneburg, Univ., Diss., 2008.

Brinkmann, Wiebke: Kompetenzprofile von Hochschulabsolventen für den Berufseinstieg: Ein interkultureller Vergleich. 2. Aufl. - Taunnusstein: Driesen, 2009. - 97 S. (Driesen Beiträge zum Human Resource Management). Zugl.: Dortmund, International School of Management, Dipl.Arb, 2004.

Burgert, Denise: Politisch-mediale Beziehungsgeflechte: Ein Vergleich politikfeldspezifischer Kommunikationskulturen in Deutschland und Frankreich. - Berlin: LIT-Verl., 2010. - 402 S. (Studien zur politischen Kommunikation; 3)

Le dieu caché?: Lectura christiana des italienischen und französischen Nachkriegskinos. Hrsg. v. Uta Felten, Stephan Leopold. -Tübingen: Stauffenburg-Verl., 2010. - 279 S. (Siegener Forschungen zur romanischen Literatur- und Medienwissenschaft; 20)

Dreyer, Rahel: Frühkindliche Bildung, Betreuung und Erziehung in Deutschland und Frankreich: Strukturen und Bedingungen, Bildungsverständnis und Ausbildung des pädagogischen Personals im Vergleich. - Hamburg: Kovač, 2010. - 463 S. (EUB; 147). Zugl.: Köln, Univ., Diss., 2009.

Europäische Raumentwicklung, Metropolen und periphere Regionen. Hrsg. v.Eckart Güldenberg, Tobias Preising, Frank Scholles. - Frankfurt/Main ...: Lang, 2009. - 167 S. (Stadt und Region als Handlungsfeld; 8)

Gerhard A. Ritter: Der Sozialstaat. Entstehung und Entwicklung im internationalen Vergleich. - 3., um einen Essay erg. Auflage. - München: Oldenbourg, 2010. - XII, 281 S.

Groß, Thomas; Karaalp, Remzi N.; Wilden, Anke: Regelungsstrukturen der Forschungs-förderung: Staatliche Projektfinanzierung mittels Peer-Review in Deutschland, Frankreich und der EU. - Baden-Baden: Nomos, 2010. - 198 S. (Interdisziplinäre Schriften zur Wissenschaftsforschung; 10)

Haller, Michael: Gratis-Tageszeitungen in den Lesermärkten Westeuropas. - Baden-Baden: Nomos, 2009. - 216 S. (Stiftung Presse-Grosso; 5)

Halwachs, Inga: Frauenerwerbstätigkeit in Geschlechterregimen: Großbritannien, Frankreich und Schweden im Vergleich. - Wiesbaden: VS Verl., 2010. - 266 S. Zugl.: Frankfurt/ Main, Univ., Diss., 2010.

Hartmann, Heinrich: Organisation und Geschäft: Unternehmensorganisation in Frankreich und Deutschland 1890–1914. - Göttingen: Vandenhoeck & Ruprecht, 2010. - 372 S. (Kritische Studien zur Geschichtswissenschaft; 185). Zugl.: Berlin, Freie Univ., Diss., 2006.

Hejazi, Ghodsi: Pluralismus und Zivilgesellschaft: Interkulturelle Pädagogik in modernen Einwanderungsgesellschaften; Kanada – Frankreich – Deutschland. - Bielefeld: transcript Verl., 2009. - 371 S. (Pädagogik). Zugl.: Frankfurt/Main, Univ., Diss., 2008 u.d.T.: Interkulturelle Pädagogik in der modernen bürgerlichen Gesellschaft: Kanada – Frankreich – Deutschland.

Hils, Sylvia; Streb, Sebastian: Vom Staatsdiener zum Dienstleister?: Veränderungen öffentlicher Beschäftigungssysteme in Deutschland, Grossbritannien, Frankreich und Schweden. - Bremen: Sonderforschungsbereich 597, 2010. - 38 S. (TranState Working Papers; n° 111) *Online verfügbar unter http://www.econstor.eu/dspace/bitstream/10419/30155/1/618676503.pdf*

Horn, Gustav Adolf; Joebges, Heike; Zwiener, Rudolf: Einseitige Exportorientierung belastet Wachstum: Frankreich besser als Deutschland. - Düsseldorf: Hans-Böckler-Stiftung, 2010. - 12 S. (IMK Policy Brief). *Online verfügbar unter http://www.boeckler.de/pdf/p_imk_pb_1_2010.pdf*

Horn, Gustav Adolf [u.a.]: Von der Finanzkrise zur Weltwirtschaftskrise (III): die Rolle der Ungleichheit. Düsseldorf: Institut für Makroökonomie und Konjunkturforschung - 2009. - 24 S. (IMK Report; 41). *Online verfügbar unter http://www.boeckler.de/pdf/p_imk_report_41_2009.pdf*

Jonas, Alexandra; Ondarza, Nicolai von: Chancen und Hindernisse für die europäische Streitkräfteintegration: Grundlegende Aspekte deutscher, französischer und britischer Sicherheits- und Verteidigungspolitik im Vergleich. - Wiesbaden: VS Verl., 2010. - 217 S. (Schriftenreihe des Sozialwissenschaftlichen Instituts der Bundeswehr; 9)

Klinker, Sonja: Maghrebiner in Frankreich, Türken in Deutschland: Eine vergleichende Untersuchung zu Identität und Integration muslimischer Einwanderergruppen in europäische Mehrheitsgesellschaften. - Frankfurt/Main ...: P. Lang, 2010. - 356 S. (Hildesheimer Schriften zur interkulturellen Kommunikation; 2). Zugl.: Hildesheim, Univ, Diss., 2009.

Konkurrenzkulturen in Europa: Sport – Wirtschaft – Bildung und Wissenschaft. Hrsg. v. Gunter Gebauer. - Berlin: Akad.-Verl., 2009. - 181 S. (Paragrana Beiheft 4)

Kulick, Reinhard: Auslandsbau: internationales Bauen innerhalb und außerhalb Deutschlands. 2., erw. und aktualisierte Aufl. - Wiesbaden: Vieweg + Teubner/GWV Fachverl., 2010. - XIX, 263 S. (Leitfaden des Baubetriebs und der Bauwirtschaft)

Kutt, Mareike: Auf dem Weg zur Macht: Politische Kommunikation in Deutschland und Frankreich; Die Darstellung von Angela Merkel und Ségolène Royal in der Wahlkampfberichterstattung überregionaler Tageszeitungen. - Duisburg ...: WiKu-Verl., 2010. - 347 S. Zugl.; Berlin, Freie Univ., Diss., 2010.

Ledl, Jürgen: Kernberuflichkeit in der Luftfahrt: Verschiedene Ausbildungswege mit einem Ziel. - Mannheim: Verl. MetaGIS-Systems, 2010. - 264 S. Gek. Fass. der Diss.: Bremen, Univ., 2009.

Leupold, Bettina: Krankenhausmärkte in Europa: Aus der Perspektive des europäischen Beihilfenrechts. - Baden-Baden: Nomos, 2009. - 419 S. (Schriftenreihe: Institut für Energie- und Wettbewerbsrecht in der Kommunalen Wirtschaft e.V. an der Humboldt-Universität zu Berlin, 35). Zugl.: Berlin, Humboldt-Univ., Diss., 2008.

Materielle Hofkultur Westeuropas vom 12. bis zum 18. Jahrhundert. Hrsg. im Auftrag des Deutschen Historischen Instituts London v. Werner Paravicini. - München: Oldenbourg, 2010. - 285 S.

Mayer, Michael: Staaten als Täter: Ministerialbürokratie und „Judenpolitik" in NS-Deutschland und Vichy-Frankreich; Ein Vergleich. - München: Oldenbourg, 2010. - X,479 S. (Studien zur Zeitgeschichte; 80)

Migration und Integration in Europa. Hrsg. v. Frank Baasner (Hrsg.). - Baden-Baden: Nomos, 2010. - 350 S. (Reihe Denkart Europa; 11)

Mililli, Daniela Giuseppa: Deutschland, Frankreich und Italien: Kulturelle Dimensionen in der Geschäftskommunikation. - Saarbrücken: VDM Verl. Dr. Müller, 2009. - I – IV, 107, V – XXXV S.

Müßig, Ulrike: Der gesetzliche Richter im historischen Vergleich von der Kanonistik bis zur Europäischen Menschenrechtskonvention, unter besonderer Berücksichtigung der Rechtsentwicklung in Deutschland, England und Frankreich. 2., korrigierte und erg. Aufl. - Berlin: Duncker & Humblot, 2009. - 630 S. (Schriften zur Europäischen Rechts- und Verfassungsgeschichte; 44). Teilw. Zugl.: Würzburg, Univ., Habil.-Schr., 1999/2000.

Naderer, Sabine: Die Tagesshows – Fernsehnachrichten auf dem Prüfstand: Ein Vergleich öffentlich-rechtlicher Hauptabendnachrichten in Österreich, Deutschland, Italien, Frankreich und der Schweiz. - Saarbrücken: VDM Verl. Dr. Müller, 2009. - V, 202 S.

Das 19. Jahrhundert als Mediengesellschaft = Les médias au XIXe siècle. Hrsg. v. Jörg Requate. - München: Oldenbourg, 2009. - 195 S. (Ateliers des Deutschen Historischen Instituts Paris; 4)

9/11 als kulturelle Zäsur: Repräsentationen des 11. September 2001 in kulturellen Diskursen, Literatur und visuellen Medien. Hrsg. v. Sandra Poppe, Thorsten Schüller, Sascha Seiler. - Bielefeld: transcript-Verl., 2009. - 341 S. (Kultur- und Medientheorie)

Peters, Stevka: Fähigkeitskonzepte beim selbstregulierten Lernen mit Multimedia: Ein deutsch-französischer Vergleich. - Hamburg: Kovac, 2010. - XIII, 441 S. (Schriften zur pädagogischen Psychologie; 45). Zugl.: Dresden, Techn. Univ., Diss., 2009.

PPP – Krankenhäuser: Qualitative und quantitative Risikoverteilung und die Lösung von Schnittstellenproblemen bei der Umstrukturierung von Kliniken. Hrsg. v. Dieter Jakob. - Freiberg: Technische Universität Bergakademie Freiberg, 2009. - IX, 212 S. (Freiberger Forschungshefte: D: Wirtschaftswissenschaften; 233)

Preunkert, Jenny: Chancen für ein soziales Europa?: Die Offene Methode der Koordinierung als neue Regulierungsform. - Wiesbaden: VS Verl., 2009. - 337 S. (VS Research: Organization & Public management). Zugl.: Oldenburg, Univ., Diss., 2009.

Raabe, Beate: Bibliotheksleitbilder im internationalen Vergleich. - Berlin: Humboldt-Univ., Inst. für Bibliothekswiss., 2009. - V, 155 S. (Berliner Handreichungen zur Bibliothekswissenschaft; 258)

Raffelhüschen, Bernd [u.a.]: Ehrbare Staaten?: Die deutsche Generationenbilanz im internationalen Vergleich. - Berlin: Stiftung Marktwirtschaft , 2009. - 16 S. (Argumente zu Marktwirtschaft und Politik: 107)

Rechtsextremismus in Deutschland und Europa: Aktuelle Entwicklungstendenzen im Vergleich. Hrsg. v. Holger Spöhr, Sarah Kolls. - Frankfurt am Main…: Lang, 2010. - 205 S.

Salden, Claudia: Rumänien und seine Stereotype in der Presse: Am Beispiel deutscher und französischer Zeitungen; 2003 bis 2008. - Hamburg: Kovač, 2010. - XVII, 283, XXXIII S. (Schriften zur Medienwissenschaft; 24). Teilw. Zugl.: Leipzig, Univ., Dipl.Arb., 2009.

Schepers, Verena: Wohnungsmodernisierung des Vermieters in Deutschland und Frankreich. - Berlin: Lexxion Verl., 2009. - XIII, 195 S. (Praxis und Theorie des Bau- und Immobilienrechts; 14)

Schivelbusch, Wolfgang: Die Kultur der Niederlage: Der amerikanische Süden 1865, Frankreich 1871, Deutschland 1918. Erw. Lizenzausg., 2. Aufl. - Berlin: Fischer-Taschenbuch-Verl., 2007. - 476 S. (Fischer-Taschenbücher; 15729)

Schutz vo(r)m Staat: Industriepolitik in Deutschland und Frankreich; Akten des gleichnamigen Kolloquiums am Frankreich-Zentrum, 13.–14. November 2008. Hrsg, v. Uwe Blaurock, Fernand Hörner, Klaus Mangold. - Freiburg/Br., 2010. - 126 S. (Journées d'étude/Frankreich-Zentrum der Albert-Ludwigs-Universität Freiburg; 9)

Sievert, Stephan; Klingholz, Reiner: Ungleiche Nachbarn: Die demografische Entwicklung in Deutschland und Frankreich verläuft gegensätzlich – mit enormen Langzeitfolgen. - Berlin: Berlin-Institut für Bevölkerung und Entwicklung, 2009. - 19 S. (Discussion Paper/Berlin-Institut für Bevölkerung und Entwicklung; 2). *Online verfügbar unter http://www.berlin-institut.org/fileadmin/user_upload/Veroeffentlichungen/Frankreich/ Ungleiche_Nachbarn_online_NEU.pdf*

Simon, Vera Caroline: Gefeierte Nation: Erinnerungskultur und Nationalfeiertag in Deutschland und Frankreich seit 1990. - Frankfurt/Main: Campus Verl., 2010. - 415 S. (Historische Studien (Frankfurt/Main); 53). Zugl.: Florenz, Univ., Diss., 2009.

Umstrukturierung und Erweiterung bestehender Krankenhausstandorte mit Hilfe von PPP: Deutsch-französische PPP-Konferenz, 20. November 2008. Hrsg.v. Dieter Jacob. - Freiberg: Technische Univ. Bergakademie Freiberg, 2009. - 112 S. (Freiberger Forschungshefte: Wirtschaftswissenschaften; D 235)

Vertiefender Vergleich der Schulsysteme ausgewählter PISA-Teilnehmerstaaten: Kanada, England, Finnland, Frankreich, Niederlande, Schweden. Hrsg. v. d. Arbeitsgruppe Internationale Vergleichsstudie. - Unveränd. Nachdr. - Bonn: BMBF, Referat Öffentlichkeitsarbeit, 2010. - 272 S.

Weber, Petra: Gescheiterte Sozialpartnerschaft – Gefährdete Republik?: Industrielle Beziehungen, Arbeitskämpfe und der Sozialstaat; Deutschland und Frankreich im Vergleich (1918–1933/39). - München: Oldenbourg, 2010. - 1245 S. (Quellen und Darstellungen zur Zeitgeschichte; 77)

Zehnpfund, Olaf; Rhomberg, Aleksandra: Parlamentarische Mitwirkung in Angelegenheiten der Europäischen Union in Dänemark, Frankreich, Österreich, Polen, Tschechien und im Vereinigten Königreich. - o.O.: Deutscher Bundestag, Wissenschaftliche Dienste, 2009. - 29 S. (Infobrief/Wissenschaftliche Dienste des Deutschen Bundestages; 129/09). *Online verfügbar unter http://www.bundestag.de/dokumente/analysen/2009/ Parlamentarische_Mitwirkung_in_Angelegenheiten_der_EU.pdf*

Zirra, Sascha: Die Europäisierung nationaler Beschäftigungspolitik: Europäische Koordinierung und institutionelle Reformen. - Wiesbaden: VS Verl., 2010. - 381 S. (VS Research: Organization & public management). Zugl.: Oldenburg, Univ., Diss., 2009.

Die Zukunft der Demokratie = l'avenir de la démocratie. Hrsg. v.Thomas Bedorf et al. - Berlin: LIT-Verl., 2009. - 232 S. (Kultur und Technik; 12)

Zwischen Medellín und Paris: 1968 und die Theologie. Hrsg. v. Kuno Füssel. Michael Ramminger.- Luzern: Ed. Exodus; Münster: Ed. ITP-Kompass, 2009. - 260 S.

D. Unveröffentlichte Dissertationen, Diplom-, Bachelor- und Magister-/Masterarbeiten

Ackermann Ettinger, Christine: „Die Schweiz ist ein politisches Versuchsfeld ...": Die Bedeutung Deutschlands und Frankreichs im Lernprozess nationaler Identität 1870 – 1900. Zürich, Univ., Diss., 2009. - 241 S.

Baumann, Katharina: Die Auswirkungen der Politik in Europa auf die Fußballweltmeister- schaft 1938 in Frankreich. - Mittweida, Hochschule, Bachelorarb., 2010. - X, 82 S.

Becker, Helen: Jugendarbeitslosigkeit in Frankreich. - Freiburg/Br., Frankreich-Zentrum, Masterarb., 2009

Bingmann, Annika: Erbfeinde oder Erbfreunde?: Die Darstellung der deutsch-französischen Beziehungen nach dem Zweiten Weltkrieg in der Süddeutschen Zeitung und in *Le Monde*; Eine vergleichende Inhaltsanalyse. - Münster, Univ., Mag.Arb., 2009. - 103, LVII S.

Boekstiegel, Martin: Rigueur und Stabilität: Geldpolitische Denkweisen in Frankreich und Deutschland in ihren institutionellen und kulturellen Kontexten; Eine Analyse im Spiegel von Wirtschaftszeitschriften. - Passau, Univ., Dipl.Arb., 2009. - 122 S. nebst Anhang; 1 CD. *Online verfügbar unter http://www1.domestic.de/cgi-bin/aa.pl?db=db2&what=chUpl&url=60283*

Brägger, Annika: Gestaltung von Unternehmensimages im Rahmen einer Corporate-Identity- Politik: Eine vergleichende Betrachtung anhand des Möbelkonzerns IKEA in Deutschland und Frankreich. - Freiburg/Br., Frankreich-Zentrum, Masterarb., 2009.

Brüggemann, Anne: Zivilrechtliche Umwelthaftung in Frankreich und Deutschland. - Münster, Univ., Diss., 2009. - XVIII, 532 Bl.

Daubenthaler, Heike: Frankreichs Industrie: Gründe und Bedeutung der moderaten Dynamik im französischen Industrialisierungsprozess. - Freiburg/Br., Frankreich-Zentrum, Dipl. Arb., 2009.

Dietrich, Caroline: Die medizinische Grundversorgung in Deutschland und Frankreich: Ein Vergleich. - Heidelberg, Univ., Dipl.Arb., 2009. - 114 S. *Online verfügbar unter http:// www1.domestic.de/cgi-bin/aa.pl?db=db2&what=chUpl&url=60922*

Dittebrand, Julia: Die Bilder der maghrebinischen afrikanischen und asiatischen Immigranten im französischen Kino von 1970 bis 2009. - Freiburg/Br., Frankreich-Zentrum, Dipl.Arb., 2009.

Dörr, Patrick: Migrantenunruhen 2005: Warum Paris und nicht Berlin? - Bochum, Ruhr-Univ., Hausarb., [2009]. - 17 S.

Drexler, Dóra: Landschaft und Landschaftswahrnehmung: Untersuchung des kulturhistorischen Bedeutungswandels von Landschaft anhand eines Vergleichs von England, Frankreich, Deutschland und Ungarn. - München, Techn. Univ., Diss., 2010. - 255 S.

Feick, Sarah: Die französische EU-Ratspräsidentschaft 2008 als Beispiel europäischer Mitführung: Eine kontingenztheoretische Analyse. - Passau, Univ., Dipl.Arb., 2010. - XVIII, 532 Bl. *Online verfügbar unter http://www1.domestic.de/cgi-bin/aa.pl?db=db2 &what=chUpl&url=66390*

Funk, Janina: Der nationale Parlamentarismus im Prozess der europäischen Integration: Frankreich und Deutschland im Vergleich. - Erlangen-Nürnberg, Univ., Mag.Arb, 2009. - 110 Bl.

Goeke, Stefanie: Die Entwicklung der Europäischen Sicherheits- und Verteidigungspolitik (ESVP) unter deutsch-französischem Vorzeichen: Eine vergleichende Analyse der deutschen und französischen. - Bremen, Univ., Bachelorarb., 2009. - 57 S. *Online verfügbar unter http://www1.domestic.de/cgi-bin/aa.pl?db=db2&what=chUpl&url=59163*

Graß, Eva: Die soziale Position und Wahrnehmung der maghrebinischen Minderheit in Frankreich. - Erlangen-Nürnberg, Univ., Mag.Arb., 2009. - 99 Bl.

Herrmann, Tanja: Die Städtepartnerschaft Wolfsburg-Marignane: Ein Baustein der deutsch-französischen Versöhnungsgeschichte? - Mainz, Univ., wiss. Prüfungsarb., 2010. - 139 S. *Online verfügbar unter http://www1.domestic.de/cgi-bin/aa.pl?db=db2&what=chUpl& url=66582*

Herzog, Julika: Die blockierte Stadt: Der NATO Gipfel in Straßburg. - Freiburg/Br., Frankreich-Zentrum, Masterarb., 2009.

Hunold, Dagmar: Die Wahrnehmung von Menschen ohne regulären Aufenthaltsstatus: Kontextualisierung und Argumentationen zu Illegalität und Illegalisierung in deutschen und französischen Printmedien; 1992–2001. - Dresden, Techn. Univ., Diss., 2009. - 264 S. *Online verfügbar unter http://www.qucosa.de/fileadmin/data/qucosa/documents/2517/ DissertationDagmar%20Hunold.pdf*

Iffländer, Maren: Kulturelle Vielfalt und Qualität im Bologna-Prozess. - Erlangen-Nürnberg, Univ., Dipl.Arb., 2009. - VI,100 S. *Online verfügbar unter http://www1.domestic.de/ cgi-bin/aa.pl?db=db2&what=chUpl&url=58360*

Kuzavleva, Polina: Kultur und Außenhandel: eine Wechselbeziehung; Am Beispiel der deutsch-russischen und französisch-russischen Handelsbeziehungen. - Freiburg/Br., Frankreich-Zentrum, Masterarb., 2009.

Mälzer-Semlinger, Nathalie: Die Vermitllung französischer Literatur nach Deutschland zwischen 1871 und 1933. - Duisburg-Essen, Univ., Diss., 2009. - 347 S. *Online verfügbar unter http://duepublico.uni-duisburg-essen.de/servlets/DerivateServlet/Derivate-21883/ Diss_Maelzer-Semlinger.pdf*

Mariathas, Marina: Neue Herausforderungen für Transportmittel in den Metropolen: Das Beispiel von Shanghai, New Delhi, Paris und Berlin. - Freiburg/Br., Frankreich-Zentrum, Masterarb., 2009.

Moevi, Marrianick: Der faire Handel in Deutschland und Frankreich. - Freiburg/Br., Frankreich-Zentrum, Masterarb., 2009.

Moser, Katharina Angelika: Die Effekte des Sporttreibens auf die kognitive Leistungsfähigkeit im schulischen Kontext. - Freiburg/Br., Univ., Diss., 2010. - 214 S.

Müller-Suhre, Jutta: Personenwahrnehmung und soziale Urteilsbildung im interkulturellen Kontext in der offenen deutsch-französischen Begegnungssituation aus der Perspektive 20–45-jähriger Akademiker: Eine empirische Untersuchung mit sozialpsychologischem Ansatz. - Osnabrück, Univ., Diss., 2009. - 445 S. *Online verfügbar unter http://repositorium.uni-osnabrueck.de/handle/urn:nbn:de:gbv:700-2010012910*

Nolte, Petra: Verständigung im Strafprozess in Deutschland und Frankreich: Eine rechtsvergleichende Untersuchung. - München, Univ., Diss., 2010. - X, 307 S

Pokorny, Kristin: Die französischen Auslandskorrespondenten in Bonn und Bundeskanzler Konrad Adenauer 1949–1963. - Bonn, Univ., Diss, 2006. - 345 S.

Rüther, Christina: Europäisierung politischer Parteien?: Optionen und Restriktionen am Beispiel der Parti socialiste von 1971 bis 2005. - Eichstätt-Ingolstadt: Kathol. Univ., Diss., 2009. - 341 S. *Online verfügbar unter http://deposit.d-nb.de/cgi-bin/ dokserv?idn=100062434x&dok_var=d1&dok_ext=pdf&filename=100062434x.pdf*

Schilling, Alice Theresa: Bildungschancen und Förderungsmöglichkeiten von Schülern mit Migrationshintergrund in der Großregion am Beispiel von Lothringen und Luxemburg: Eine Machbarkeitsstudie zur Einführung des START-Stipendienprogramms. - Saarbrücken, Univ., Mag.Arb., 2009. - 103 S. + 1 CD-ROM.

Simon, Franziska: Die französische EU-Ratspräsidentschaft 2008: Eine Analyse des französischen Vorsitzes im Georgien-Konflikt. - Freiburg/Br., Univ., Dipl.Arb., 2009. - III,44 S. *Online verfügbar unter http://www1.domestic.de/cgi-bin/aa.pl?db=db2&what=chUpl& url=59734*

Taubald, Claudia: Konsensuale Erledigung von Strafverfahren in Deutschland und Frankreich. - Tübingen, Univ., Diss., 2009. *Online verfügbar unter http://tobias-lib.ub.uni-tuebingen.de/volltexte/2009/4226/pdf/Konsensuale_Erledigung_von_Strafverfahren_ in_Deutschland_und.pdf*

Terhalle, Sofia: Ein deutsch-französischer Textvergleich oder Warum die Franzosen Milka essen. - Regensburg, Univ., Bachelorarb., [2009]. - 54 Bl.

Treu, Nina: Frankreichs Klimapolitik: Entwicklung und Einflussfaktoren von 1989 bis 2010. - Heidelberg, Univ., Mag.Arb., 2010. - IV,151 S. *Online verfügbar unter http://www1. domestic.de/cgi-bin/aa.pl?db=db2&what=chUpl&url=65698*

Voisin, David: Die deutsch-französischeZusammenarbeit bei EADS. - Freiburg/Br., Frankreich-Zentrum, Masterarb., 2009.

Wenzel, Kathrin: Entwicklung interkultureller Synergien in deutsch-französischen Unternehmensbeziehungen. - Lüneburg, Univ., Mag.Arb., 2009. - V,143 S.

Willnauer, Sibylle: Berufseinstieg über Zeitarbeit. Startbahn oder Sackgasse?: Eine Studie am Beispiel junger Akademiker in Deutschland und Frankreich. - Freiburg/Br., Frankreich-Zentrum, Dipl.Arb., 2009.

Wittenbrink, Pablo: Die französische Ratspräsidentschaft 2008: Zwischen europäischen und französischen Interessen. - Osnabrück, Univ., Bachelorarb., 2009. - 81,XVIII S. *Online verfügbar unter http://www1.domestic.de/cgi-bin/aa.pl?db=db2&what=chUpl&url=56878.*

E. Bibliographische Arbeiten

Literaturdienst Frankreich Reihe A: Französische Außenbeziehungen; deutsch-französische Beziehungen. - Ludwigsburg: Deutsch-Französisches Institut, Nr. 20 [1.3.2009–28.2.2010], April 2010. - CD-ROM

Literaturdienst Frankreich Reihe B: Sozialwissenschaftliche Frankreichliteratur. - Ludwigsburg: Deutsch-Französisches Institut, Nr. 19 [1.10.2008–30.9.2009], Oktober 2009. - CD-ROM

F. Übersetzungen aus verschiedenen Wissenschaftsbereichen

Bourdieu, Pierre: Algerische Skizzen. Hrsg. und mit einer Einl. v. Tassadit Yacine. A. d. Franz. v. Andreas Pfeuffer. - Berlin: Suhrkamp, 2010. - 522 S.

Bourdieu, Pierre [u.a.]: Das Elend der Welt. Gekürzte Studienausg., 2. Aufl. - Konstanz: UVK-Verl.-Ges., 2010. - 452 S. (UTB; 8315)

Braudel, Fernand: Frankreich. - Sonderausg. - Stuttgart: Klett-Cotta, 2009

Cioran, Emile M: Über Frankreich. A. d. Rumän. v. Ferdinand Leopold. - Berlin: Suhrkamp, 2010. -104 S.

Debussy, Claude: Monsieur Croche: Sämtliche Schriften und Interviews zur Musik. Hrsg. v. François Lesure. A. d. Franz. übertr. v. Josef Häusler. - Stuttgart: Reclam, 2009. - 356 S. (Reclams Universal-Bibliothek; 18713)

Dubois, Jean-Paul: Heute wird das nix!: Mein Jahr mit Handwerkern. - Dt. Erstausg. - Reinbek bei Hamburg: Rowohlt, 2010. - 157 S. (rororo; 62569)

Guittard, Célestin: In Pantoffeln durch den Terror: Das Revolutionstagebuch des Pariser Bürgers Célestin Guittard; 1791 – 1796. A. d. Franz. v. Claudia Preuschoft. Ausgew. und eingel. v. Wolfgang Müller. - 1.–7. Tsd., [nummerierte Ausg.]. - Frankfurt/Main: Eichborn, 2009. - 429 S. (Die Andere Bibliothek; 300)

Hugo, Victor: Der Rhein. Mit Zeichnungen des Autors, hrsg. u. übers. v. Annette Seemann. - Frankfurt/Main: Insel-Verl., 2010. - 107 S. (Insel-Bücherei; 1328)

Polk, William Roe: Aufstand: Widerstand gegen Fremdherrschaft; Vom Amerikanischen Unabhängigkeitskrieg bis zum Irak. A. d. Engl. v. Ilse Utz. - Hamburg: Hamburger Ed., 2009. - 340 S.

Prado, Plínio: Das Prinzip Universität (als unbedingtes Recht auf Kritik). A.d. Franz. v. Regina Karl. - Zürich: Diaphanes, 2010. - 90 S. (Unbedingte Universitäten)

Schuman, Robert: Für Europa. 2. Aufl. – Hamburg…: Ed. Nagel, 2010. - 156 S.

Veyne, Paul: Foucault: der Philosoph als Samurai. - Stuttgart: Reclam, 2009. - 217 S.

Abkürzungen

ARD	Arbeitsgemeinschaft der öffentlich-rechtlichen Rundfunkanstalten der Bundesrepublik Deutschland
ARTE	Association Relative à la Télévision Européenne
BRD	Bundesrepublik Deutschland
CCNE	Comité consultatif national d'éthique
CDU	Christlich Demokratische Union Deutschlands
CIERA	Centre Interdisciplinaire d'Etudes et de Recherches sur l'Allemagne
CIRAC	Centre d'Information et de Recherche sur l'Allemagne Contemporaine
CNRS	Centre national de la recherche scientifique
CO_2	Kohlenstoffdioxid
COGEMA	Compagnie Générale des Matières Premières
CSU	Christlich-Soziale Union
CUEJ	Centre universitaire d'enseignement et de journalisme
DDP	Deutscher Depeschendienst
DDR	Deutsche Demokratische Republik
DFH	Deutsch-Französische Hochschule
DFJW	Deutsch-Französisches Jugendwerk
DNA	Dernières Nouvelles d'Alsace
EG	Europäische Gemeinschaft
EHESS	Ecole des Hautes Etudes en Sciences Sociales
ENS	Ecole Normale Supérieure
EU	Europäische Union
EUCOR	Europäische Konföderation der Oberrheinischen Universitäten/ Confédération Européenne des Universités du Rhin Supérieur
EWG	Europäische Wirtschaftsgemeinschaft
EWS	Europäisches Währungssystem
EZB	Europäische Zentralbank
FDJ	Freie Deutsche Jugend
FR3	France 3
FU	Freie Universität, Berlin
FZ	Frankreichzentrum
GASP	Gemeinsame Außen- und Sicherheitspolitik
HJ	Hitlerjugend
IPI	International Press Institute
ISFJ	Institut Supérieur de Formation au Journalisme
JORF	Journal officiel de la République française
KZ	Konzentrationslager

LEA	Langues Etrangères Appliquées
LLC	Langue, Littérature, Civilisation
NS	Nationalsozialismus
NSDAP	Nationalsozialistische Deutsche Arbeiterpartei
OSI	Otto-Suhr-Institut
PDS	Partei des Demokratischen Sozialismus
RDA	République Démocratique Allemande, DDR
RFI	Radio France Internationale
RK	Regierungskonferenz
SED	Sozialistische Einheitspartei Deutschlands
SPD	Sozialdemokratische Partei Deutschlands
SWR	Südwestrundfunk
TF1	Télévision Française 1
UDF	Union pour la démocratie française
UdSSR	Union der Sozialistischen Sowjetrepubliken
UMP	Union pour un Mouvement Populaire
UNESCO	United Nations Educational, Scientific and Cultural Organization
UNO	United Nations Organization
WWU	Wirtschafts- und Währungsunion
ZDF	Zweites Deutsches Fernsehen

Personenregister

Zu den Autoren

Sonja COMBE, Dr. phil. habil., Forscherin am Institut des Sciences sociales du Politique/ CNRS, Université de Paris Ouest und am Centre Marc Bloch, Berlin, sonia.combe@ gmail.com

Sven Bernhard GAREIS, Prof. Dr. Phil., Führungsakademie der Bundeswehr, Fachbereich Human- und Sozialwissenschaften, Blomkamp 61, 22549 Hamburg, svengareis@web.de

Stephan GEIFES, Wissenschaftlicher Koordinator am Deutschen Historischen Institut Paris, Hôtel Duret-de-Chevry, 8, Rue du Parc-Royal, F-75003 Paris, sgeifes@dhi-paris.fr

Blandine KRIEGEL, emeritierte Universitätsprofessorin (Paris X-Nanterre) für Politische Philosophie, Studiendirektorin an der Ecole pratique des hautes études

Samuel KUHN, Doktorand an der Université de Grenoble, LARHRA (laboratoire de recherches historiques Rhône-Alpes), UMR du CNRS 5190, samuel.kuhn@sfr.fr

Nina LEONHARD, Dr. phil., Führungsakademie der Bundeswehr, Fachbereich Human- und Sozialwissenschaften, Blomkamp 61, D-22549 Hamburg, nina.leonhard@berlin.de

Kolja LINDNER, Center Marc Bloch, Friedrichstraße 191, D-10117 Berlin, kolja.lindner@cmb.hu-berlin.de

Ursula MATTHIS-MOSER, Dr. habil., Universitäts-Professorin für Romanistik, Universität Innsbruck, Institut für Romanistik, Innrain 52, A-6020 Innsbruck

Nicolas OFFENSTADT, Dr. phil, agrégé d'histoire, Akademischer Rat für Mittelalterliche Geschichte und Historiographie an der Universität Paris I Panthéon-Sorbonne

Dirk PETTER, M.A., Christian-Albrechts-Universität zu Kiel, Historisches Seminar, Olshausenstraße 40, D-24098 Kiel, dirk.petter@gmx.de

Jacques REVEL, Dr. phil, Professor und Studiendirektor am Centre de Recherches Historiques an der Ecole des Hautes Etudes en Sciences Sociales (EHESS), 54, Bd. Raspail, F-75006

Stefan SEIDENDORF, Dr. rer. soc., Deutsch-Französisches Institut, Asperger Str. 34, D-71634 Ludwigsburg, seidendorf@dfi.de

Ruthard STÄBLEIN hat an der Pariser Sorbonne über Baudelaire und die französische wie österreichische „décadence" gearbeitet und ist jetzt Literaturredakteur beim Hessischen Rundfunk.

MIX
Papier aus verantwortungsvollen Quellen
Paper from responsible sources
FSC® C105338

If you have any concerns about our products,
you can contact us on
ProductSafety@springernature.com

In case Publisher is established outside the EU,
the EU authorized representative is:
**Springer Nature Customer Service Center GmbH
Europaplatz 3, 69115 Heidelberg, Germany**

Printed by Libri Plureos GmbH
in Hamburg, Germany